新兴棋牌微妙

棋牌文化学及新型传统象棋

张群辉 著

河海大学出版社
HOHAI UNIVERSITY PRESS
·南京·

图书在版编目（CIP）数据

新兴棋牌微妙 : 棋牌文化学及新型传统象棋 / 张群辉著. -- 南京 : 河海大学出版社, 2021.1

ISBN 978-7-5630-6508-0

Ⅰ. ①新… Ⅱ. ①张… Ⅲ. ①中国象棋—体育文化—研究 Ⅳ. ①G891.2

中国版本图书馆CIP数据核字（2020）第193468号

书　　名 / 新兴棋牌微妙：棋牌文化学及新型传统象棋
XINXING QIPAI WEIMIAO: QIPAI WENHUAXUE JI XINXING CHUANTONG XIANGQI
书　　号 / ISBN 978-7-5630-6508-0
责任编辑 / 毛积孝
特约校对 / 董　瑞
装帧设计 / 刘昌凤
出版发行 / 河海大学出版社
地　　址 / 南京市西康路1号（邮编：210098）
电　　话 /（025）83737852（总编室）
/（025）83722833（营销部）
经　　销 / 全国新华书店
印　　刷 / 三河市双峰印刷装订有限公司
开　　本 / 710毫米×1000毫米　1/16
印　　张 / 28
字　　数 / 398千字
版　　次 / 2021年1月第1版
印　　次 / 2021年1月第1次印刷
定　　价 / 98.00元

棋牌天下　博弈人生

谨以此书纪念逝去的岁月

和亲爱的父亲

愿——

普天下的老一辈

少年儿童和青年一代

以及我们这代人

携手走进棋牌新文化

序

话说微妙

让一个没有文化的人自己张罗着为自己的书写序，那可真是勉为其难了。莫说序了，书名尚被质疑，人还颤颤巍巍的，眼也昏昏花花的；可几十年单枪匹马地拼杀，一方面是身体的伤病累累，另一方面文化思想上还真没遇到过一个知音，一个能理解新棋牌文化的人。既然如此，临到该办这件事了，走路赶对脚步了，又舍我其谁呢？

新兴棋牌微妙在于棋牌文明自身，文明的新文化基因产生于棋牌发明的全过程。棋牌发明本身是一个整体。棋牌发明是在传统棋牌玩具和棋牌文化的母体之中逐渐孕育、衍化而来，是由每个个别的、零散的、带有突破性实质意义的新文化因素集合而成的。有些新文化因素并不是单纯思想观念的自我发挥，当你抓住某些特殊性新文化因素背后反映的新文明特点、新文化特征时，当你把中国象棋中炮的着法正本清源，把五人为伍的兵制两翼对称，兵线中心增加一枚表示金、鼓、旗指挥核心的旗，把将、帅改为王，让两王可以出宫、越界，白刃相见，为一王天下争，并增加一枚后，棋局必然性地增加一道横线并加入对角线时，尽管你还不知道怎么下，活动规则是什么，但你会突然领悟到这时传统象棋已经发生了质的变革，产生了一次艺术本质的飞跃。对于封建社会政治及军事斗争形式概括的传统象棋既是如此，那么对于现代社会的军事战争形式，现代资本主义社会的竞争形式，社会主义、共产主义社会的竞争形式的概括不也一脉相承、触类旁通，同样如此吗？

新兴棋牌艺术形式简洁，内涵深邃，微则微矣，可以见真，妙则妙通，可以喻大。象棋盘 9×11 道线加对角线，是新型围棋盘天文形式的对角内切，是自然和人文历史运动时空地理局道的横断面。棋子是社会主体、客体因素的概括，既有王、统帅，资本必然王国和半必然半自由王国、自由王国子，也有兵、旗、车、马、炮、士、象、后，各军、兵种战斗员和武器，各种不同社会的分工职能、劳动技能、人的素质功能和各种客体工具、资源子；既有绝对客观的时空条件因素，也有相对主观的客体所能利用激活的时间和创造因素子；既有一般自然、社会发展形式及其客观必然性的使然，也有每个个别特殊性主体的我及我的主体的物质与精神的思维与行动。我穿透彼岸历史时空的大棋局，运筹每个个别思谋竞争的小棋局，我以一只大手握着每一只不同属性权重的棋子，擎举着穿破棋盘的时空地理局道，高喊着："我来了，'我算不了什么，但我必须主宰一切！'"（《马克思恩格斯选集》第一卷，第12页）

新兴棋牌艺术之微之妙，微在五行因素的存在，妙在五行之性的变化。

五行因素之微，微观世界如阴阳水火两极世界之不同层次分子、原子、电子、中子、质子、光子之类，太阳之火中氢、氦原子与太阴之水中氢、氧原子的对立。宏观世界亦如天地阴阳四象五行因素之具体化、具象化的各种物质形态，自然与社会现象及各种事物特有属性的细化分类，从阴阳四象一日四时、一年四季天地之象到物质的五行、五温、五音、五色、五味、五种运化五行之性；从人体的五脏六腑、五官、五体功能到人的物质与精神、思维与行动的五行之性；从传统社会各种人文历史、政治、经济、道德伦理、文化交往活动、交往形式，事业情态的五行之性到人类社会发展的五种连续形态的五行之性；从自然、社会运动的五行之性再到思维领域大文化科学体系的五行之性；从自然、社会本质概括的棋文化形式再到人文思维领域一道亮丽风景线（文化要素概括）的棋牌文化形式；又从彼岸一般自然、社会和思维运动的五行因素到此岸特殊性主观世界反映这一体系实现过程的五行构建法形式体系及思维自身运动规律的五行之性；从整个五行因素建构的五行体系再到依据这一体系而生成的至微至臻的五行生克关系、五行三合关系及五行对立转化关系及其运动机制等，无一不涵盖和浸染了五行因素和五行之性。这仅仅是为整个五行体系和五行之性的发展开了个头，其变化不可谓不深邃浩繁，不能不说是上下细分微末，以至无穷。

五行因素和五行之性之妙，不仅在于其自身对于自然、社会和思维运动的定性、定位、定量关系及其架构体系的概括之妙，在于基于五行体系而生成的内在的五行生克关系、五行三合关系、五行对立的转化关系及其运行机制概括之妙，在于其对于概念运动的形式逻辑基本规律和主观辩证法的基本规律的概括之妙，还在于通过它从独特艺术视角出发对这一五行体系集大成多层次、多方面艺术形式的概括之妙。于是乎新兴棋牌微妙既有其产生根源的五行体系发生之微之妙，也有依据五行因素生成的五行之性运动变化之微之妙，还有棋牌艺术自身特点和弈法规则之微之妙，以及思考过程辩证思维运动之微之妙。

那么，新兴棋牌微妙在科学形式中又是如何具体表现的呢？因为彼岸是一级自然界、二级自然人类社会及人的精神反作用运动之一般人文思维形态的存在，他们自有自身科学交往形式中人文科学自然和必然性的具体表现。例如自然界的天文形式的运动，不同发展阶段、不同社会本质的社会形态的运动，思维的一般人文形态的运动，这是彼岸基元性自然和文明物质世界三级存在的基础，它们本身与自然科学的数、理、化、生物、机械学的五行分类，与社会科学的五行分类，并没有直接等同的关系，它们反映在文化交往形式的棋牌形式这一板块，构成棋牌文化学的基核因素，并主导着文化学中科学体系本质形态的构成，说明这些棋牌形式的本质内涵是什么，从而建立起棋牌文化学的形式体系，建构起博弈科学的本体模型。这其中当然也包含了自然科学的主要是从数学形式出发对棋牌决策模型的制导、解析和运筹作用，包含了社会科学系统核心的博弈科学，即一般宽泛的智慧学、谋略学的发展形式，但它们是各自独立又相互制约、相互交融从而统一性地运行的。虽然三位一体的外部世界是自由自在地存在和运动着，而不管此岸世界有什么主体的文化、科学、生产、生活交往形式直接或间接的关联性的表现和制约作用，但人类思维会“跳出”这三界外，留在五行中反观这一切，并会从棋牌文化交往形式的棋牌文化学，自然科学的数学科学，社会科学的博弈科学等多角度、多层面的形式体系切入，综合交错地来认识和解析这三者的一切。故而自然界、社会和思维运动有多细微严谨，妙法横生，数学形式有多玄奥微妙，无难题不解，棋牌文化学、博弈科学就会有多深邃浩繁，微妙无垠，就会以自己的方式建构起文化交往的必然形式，提供给大众通俗益智的娱乐玩具和思维工具，阐明博弈科学的本体模型，从而为博弈科学，即所谓一般宽泛意义上的智慧学、谋略学奠定基础。

《新兴棋牌微妙》作为一本综合了棋牌文化学及其第一篇新型传统象棋体系与弈争规律的书，其最高意蕴主旨既基于对宏观基础性自然、社会和思维运动三位一体最大化五行体系及其原理的概括追寻和特殊化艺术形式的探索与创新，也基于改变自身命运的抗争。20世纪90年代初，在发明和研究的初期，书名就想好了，并由某出版社建议将十项发明作为一个总题目来分别介绍。那时对于能成书的想象感觉真难于上青天，只有一腔热血和坚定的信念，相较而言发明就要容易得多了。对棋牌文化的研究一点也离不开发明和推广的实践。发明和应对实质审查的工作一直持续到2003年。中间又申请注册了四项产品和服务商标。一开始是零散的棋牌理论和弈法规则的研究推敲，2002年完成了全书初稿的写作，但那实在是拿不出手，其实是急迫地想找到高人或志同道合者得到指点和帮助。

关于《新兴棋牌微妙》的书名，应该做到名称与内容相符，既要通俗，又不能媚俗；既要严谨、有科学性，又不能缺少艺术和趣味性。前者是在搭建科学体系，应尽可能阐明其中科学和艺术之微妙，若专业知识不足尚可以勤补拙；后者纯粹是艺术和智慧精灵之为，偶有所获当属天工造化，但凡差错和外行轻言之处就叨请各位多多包涵，一笑了之了。

至于微妙一词，最好的解释莫过于我的“弈者心联”所云：

上联：走子走着走凡尘过客各色担当恰风云五千载走大局观豪迈志破艰险克难关走遍天涯海角远近偏正走不出棋枰世界芸芸众相

下联：弈谈弈心弈变通至理制胜之道于玄微一瞬间弈兵战法经验说有所思必可用弈来妙手无敌强弱疏密弈得下冷暖乾坤朗朗真谛

横批：大写人字

只不过在那里是讲象棋、围棋的弈理弈法之微之妙，而在这里是讲棋牌文化的社会运动，讲文化科学本体的建构及其内在运行机制之微之妙罢了。

《新兴棋牌微妙》一书是新棋牌文化运动的开路先声，是新棋牌文化运动实践的初次检验。《新兴棋牌微妙》是为整个十项新棋牌发明及其文化实践的社会运动而名，而不只是为既成的棋牌文化学和单个的新型传统象棋而名。一本书的价值并不在于它的文字语言、语法逻辑多么隽美，而在于它印证了多少彼岸自然、社会和思维运动的客观事实，总结并揭示了多少科学知识和真理，为人们的社会实践提供了多少有用的工具和理性思维的指导。例如棋盘的179个点可以矩阵一步闭合，实现最短邮路的问题；顺手炮、逆手炮等着法名称术语真实蕴涵的正本清源的问题；新型传统象棋弈局的变化范畴大约为：$200^{20}\times150^{80}\times100^{100}$；以及弈局中常常会出现如基本战术（63）所述精彩杀法：“形成一种双方强子对杀叫将中，彼此一杀一将还一将一杀，接一解将还杀再接还一立马炮将马抽杀，直至逼迫红方弃车换炮转为劣势的基本战术。”其弈理之玄微，弈法之精妙，令人击节赞叹，嗟吁不已！

追问棋局的变化范畴和意义。比照现在的互联网IPv4有43亿网址，又开发了IPv6，容量是2^{128}，可以解决地球上每一粒沙子的网址。山东大学王小云教授破解了美国认为最安全的密码MD5和SHA-1，其MD5运算量达到2^{80}，即便是使用中国最先进的超级计算机要想破解这一密码至少也要计算100年。而新棋牌的变化，仅新型传统象棋的开局就有200^{20}种，更无论新围棋入局和破局两个阶段的数模的变化了。真正给人类智力提出了更严峻、更理性、更实用化、更生活化的难题。

说到“型”与“兴”的区别，型就是一个主观认识、主体创造的玩具和思维工具技术体系，一副棋盘和46枚棋子，既简单又透彻。当我把它放到客观世界，融入几千年棋牌文明文化历史加30年新棋牌实践中，它就成为彼岸自然、社会历史和社会交往活动的一项新兴运动，它获得了自然、社会历史无穷无尽微妙的机理和养分，从中可以引申发掘出与自然、社会历史同步演进的无穷无尽的科学奥妙和弈法规律。它因此而获得了永恒的生命。

棋牌发明与其他技术发明的区别。在第13类教育、体育发明中，其他都是关于这些活动用品、器械器具生产技术的创新，分分钟被新技术取代，而新棋牌发明涵盖了一整个比照生产交往活动车、钳、仪、冶、造发展形式之文化交往形式琴、棋、书、画、思发展的大类，它要在文化科学的普遍意义上追根究底，探寻本源，实现自然、社会、思维形态与文化、科学、艺术的统一。正如一个时代一定生产工具的变革代表并决定着这一时代物质生产力发展的水平，一个时代新棋牌游戏、思维工具的变革也代表并决定着这一时代精神生产力发展的水平。

棋牌发明推广难，在新型传统象棋质疑南宋中国象棋的炮在吃子的同时要把炮体炮位连同炮弹一块儿打出去，还可连续叫杀，又造成对方以屏风马等均可阻遏当头炮的错上错的悖论等几十种弈法名术错误的认识中；而在普通百姓眼里是以一种习惯、约定俗成和保守的文化心态看问题。有人说：“那就是个要物，你搞的没有价值，那只是你的价值，并不是市场的价值。有传统象棋就够了，就为了兴趣和娱乐，就想简单打发一段时间为什么要复杂？你的逻辑对我下棋没有关系，我就是当头炮，马来照，不需要改变。”“棋类游戏创造的目的是娱乐和修心，附带竞技。你认为炮打子不合常理，那我只能说，大家一起吃西瓜，你说西瓜有黑瓜子又黑又硬不好吃，没问题呀，你不吃就行了，别影响别人吃瓜瓤的。”“没有什么对与不对，只是一个游戏规则而已，跟常识没有关系，就像是法律一样，制定了就要去遵守。”

当然也有质疑中国象棋的声音。如和局太多，开局即成启衅，造成双炮兑双马兑子求和不合理条件和容易故意下成和局的非必然因素，兵不能退，将帅不出城，隐藏不见面，却又露将三把手，封杀一条线，等等。尤其20世纪90年代深圳工人文化宫一位年届花甲三棋教练来信提出建议，既表达有些棋规的限制需要更新与修改的共同心声，也建议推广要从娃娃抓起，他们没有腐朽观念的束缚，令人十分感动。

棋牌发明推广之难，在体育界是一项既有的竞赛项目，有严格的竞赛规则，深厚的文化积淀、技术积累，强大的市场效应和运行机制。他们是棋牌运动的管理者，同时又是新棋牌变革的旁观者。

棋牌竞技的意义及其与人工智能的关系。由于棋牌竞技数学变化的无穷性，技艺发展的无限性，是不可穷尽的，虽然人工智能已经把整个专业棋手打得颜面扫地，不能炫耀自身思维的极致和最高荣誉，但人工智能只是人类大脑一般系统化显性整体思维的辅助工具，其包括了所有思维与行动的五行之性功能，包括了感性的感觉和印象，理性的判断和推理，惯性的分析与综合，悟性的归纳与演绎，及知性的摹拟与论证功能的应用和检验。人工智能的胜出，让我们认识了科学技术的力量，认识了每个个别思维的局限性和一般整体思维的无限性。这里并不存在什么相关棋类的“完全信息博弈”和相关牌类的“不完全信息博弈”，而只有相关棋牌主体的“不完全信息博弈”和相关人工智能客体的“完全信息博弈”之分。人工智能就是人脑程式化博弈的步步模拟和论证过程的显化。人脑推动电脑发展，电脑反过来又不断战胜每个个别人脑的发展过程，不仅推动了科技的发展，也提出了艺术本身变革的新要求，以适应先进科学文化的普世价值和精神理念普遍标准的施行。在此意义上人脑和电脑的发展，人脑之间及人脑与电脑之间的对抗永无止境。所谓棋牌的“艺术止境”，只是针对棋牌本身本体模型的建构而言。它是凝聚的也是流动的，只有当它实现了艺术与自然、社会及思维运行体系的完美对应，抽象出几何形式的棋盘局道和棋子、牌张本质因素之真之美，才能最终返回到与外部世界和思维规律同步运作的无限博弈发展总和的止境之中。

新棋牌发明的三个来源，是三个层次三种交往形式之间相互交叉相互叠加的效应。《周易》奠定的中国传统阴阳五行太极八卦学说是客观认识论、方法论之源，支撑奠定了外部世界五行体系的本质存在和基本特性，同时也主导了描述这一体系发生运行的动因和动力机制，给我们以天人交往的工具，打开与外部世界沟通的理性管道。棋牌艺术是对自然形式、社会连续发展交往形式和思维运动本质的典型化、艺术化的抽象概括，是思维工具物种的必然衍进，它对应了外部世界最基本五行物质元素、形态、现象及其特有属性，是科学的最高、最大化体系的抽象，奠定了棋牌文化意识形态的基础，可以映射三位一体外部世界运动体系，从而涵盖整个大文化科学体系，又以文明形态的生活娱乐用品、思维教示工具和约定俗成的观念及道德文化的规范规则走入现实生活。最后我们拥有了马克思主义这一人类最伟大最精湛思想体系的指导，按照科学社会主义理论和人类社会发展五种连续形态说科学体系，才可能运用辩证思维揭破全部辩证法和形式逻辑的基本规律和奥妙，才可能实现由于应用辩证法则对应的由思维构建法所描述的对最大化外部世界五行体系全貌的描述，反映出自然、社会及人文思维形态的运动的细节，在科学世界体系的抽象中反映出围棋的天文形式、五种象棋的社会必然连续形式及一种新型四人象棋系列，反映出宏观人文思维体系的牌的形式和五行博塞棋的形式。它们之间既血脉相融，环环相扣，又各自独立，各管一块。这是新兴棋牌微妙之中的微妙。

新棋牌发明的目的是要颠覆传统，要在本来的意义上扬弃传统，就是说要批判地消灭旧的形式，突破旧观念体系的遮蔽和思维竞赛体系的束缚，但是要救出通过这个形式获得的新内容，建立新体系，实施新规则。这是彻底颠覆性的变革，不像一些生产工具、技术的变革只是一般原有技术惯性的发掘拓展和细节质的跃升，而是整体构成、规则完全相反相对否定之否定的创新，它不仅仅是文娱竞技，更是文化科学，是博弈本体模型，是高新文化技术网络游戏平台的开发，是教育新产业思维技术必修课。所以主观世界的

"艺术止境"是不存在的。

至于书、文化学、棋艺的价值内涵方面——书是人生文化总体概括，是上层建筑文化意识形态，也是社会实践经验的总结。新棋牌文化不是一般传统意义上的文化，不是旧的棋牌文化常识、人文历史典故、政治理念及其任意性主观逻辑思维和虚幻技巧的训练，而是囊括、衔接了普遍科学知识，反映出广义天文、地理时空局道最佳决策域和人文权重系统数学、决策科学运筹模型的文化科学，社会发展五种连续形态运筹模型的文化科学，以及反映出一年四季四种花色属性、52星期、72候物性数字能量等因素形成的二度博弈决策系统的文化科学。而新棋艺则是技术发明、竞技技巧，逻辑思维和兵、战法理论极限的归纳、演绎和摹写印证，例如"无邀正正之旗，勿击堂堂之陈"，新型传统象棋以典型艺术的普遍形式，层叠轮番对应地展开证明为什么炮打中旗会先手变后手，对方棋原位后行先手复旗，我方炮后手复炮会被反先一步；若对方旗拉开卒林中心点直进两格变式守住我方可能出子垫炮的点，在吃过路兵垫子的同时，炮继续叫杀我方垫将的白子炮，则会后手反先两步。若形成这种局面，则无论我方怎样变着，都好像是天造地设的一般，怎样也走不出这种被动挨打被反超两步的窘境。各种最高艺术概括的开局形式、战术形式和残局胜负形式是实操的可重复实现的普遍形式！

在整个棋牌发明和文化研究过程中还有个顺序发生的问题。最早先确定的申请是新型传统象棋，之后是军事象棋、围棋……五项象棋的推敲研究，新型传统象棋又是最后一个出场，但却耗去了我20多年主要的时间和精力，才得以比较完善起来。这十项发明大体将分为十篇棋书，分别予以撰述介绍。成书顺序并无什么绝对的先后关系，只是既考虑了社会大众的容易接受程度，又凭自己的一种感觉，抓住某一项就这样顺水推舟地推出来了而已。我何尝不想有自己的工作室或公司，找到志同道合者，全面投入研究，配合市场开发，全面铺开，全面推广呢？

综合来说，新兴棋牌之微妙，既在书中，又在书外；既在棋中，又在棋外；既在文化科学体系中，又在社会实践活动中。从新棋的社会推广的层面说已经20多年了，没有这些年坚持不懈的推广努力而能有成书的一天是不可想象的。其实在民间和民众之中本已蕴藏着一股巨大的文化变革的需求，稍加推动给他一个新产品就会形成一个巨大的新市场。这本书既证明了一门新文化科学、新艺术形式产生的必然性，表达了我想要继承和发扬光大祖国优秀传统文化的意志与决心，也记录了我太多对过往历史岁月和人生经历的回顾与寄托，这里有对生活的热爱，对科学的执着、坦诚，对生命的尊重，对成功的渴望，对父亲的怀念，对母亲的敬重，对女儿的希望，对社会的感恩……

值此新书即将问世之际，在新书与发明，思维与实践，文明与文化等等因素孰先孰后、孰轻孰重关系的认识方面，一般说总是完整悟性发明的物质成果在前，理性新文化及弈争体系在后；但反过来说相对于新文明基因单个组分反映的新文化观念，又总是先于新发明而激活于脑海中，付诸行动中，才能最终质变为新发明的物质成果。发明是一种悟性的灵感、常识化生活经验的积累 ，把一些个别特殊的合理性要素综合起来，最终在一般科学的普遍形式上加以摹写、论证，这一过程中理论经验的指导启迪作用就逐渐显现出来了！高深且渗入精髓的理论会像灯塔一样照亮前行航程，在理性思维的火焰下，发明又不过是一些雕虫小技罢了。只不过个别的雕虫小技在彼岸科学普遍性的广义形式中却可映射整个外部世界，沟通激活全部科学原理乃至认识方法论体系。微观生产技术的发明证实的只是局部小细节的仿真必然性的价值，不能表现并且证明自然界、人类社会和思维自身运动的全貌以及客体科学实质的衍进过程与真理体系，而这一终极目的和历史担当是非十项新型棋牌发明无法胜任的，这正是新棋牌文化技术发明的意义之所在。我激活了理论的科学知识体系，让它更有实证的说服力，梳理了认识方法论的全息发生运行体系，使它融入思维的普遍形式，回归到生活交往形式约定俗成常识性观念的交流活动中，让一切生产、生活、科学包括服务于最高文化之火的运行、调节，最后都归纳于天人交往的彼岸性世界体系中。而我们应用棋牌新文化娱乐、思维工具的目的不在于其自身有多么宏大、高精、益智、有趣，而在于我们认识了彼岸世界和自身，依据生产工具现代科学基础，对照科学理论奠基起一座科学的大厦，我们获得了可以概括彼岸世界体系存在的此岸客体的，一个归纳于思维运动过程与自然、社会同步发展永无止境的科学世界体系，使得天人交往不再是细节和空洞的大话，我们使此岸绝对真理体系与彼岸相对事物本质相互统一了起来，当然绝对真理不一而足，不会有停顿的时候，但认识绝对真理主导权完全在我，在世界的无穷运动、矛盾的对立斗争，找到认识真理的唯一途径，不过是掌握了一项最好的必然衍进思维工具新物种，以更便捷地从事社会变革而已，我们与自然融为了一体，在最高精神层面还是永远的统治者、相对真理的不断发现者和绝对真理体系的修改完善者。所以说文明是文化的昌明，文化是文明的衍化，此一时，彼一时，非此即彼，亦此亦彼。这对于人生也同样如此，人是自然和社会发展的产物，人只有通过社会实践才能造成一定现实社会的生产和交往关系形态，而在一定生产和交往关系的基础上人们才有可能更真实真切地认识自己和认识自己生存其中的社会。因而在此意义上说，认识新兴棋牌就是认识了你自己，珍爱新兴棋牌其实也是对你自己和人生的一种珍爱。

最后，恭祝各位读者幸福安康，心想事成。

愿

普天下的老一辈，

少年儿童和青年一代，

以及我们这代人，

携手走进棋牌新文化。

是为序。

作者丙申季夏于

山西晋中榆次

目录

contents

棋牌文化学

新型传统象棋

棋牌文化学

引论

棋牌文化是人类文化的一个组成部分，是艺术的一类普遍形式，是工具理性和透视自然与社会人生的一门科学，是博弈科学的文化本体，是智力因素和竞技体育不断被再生产出来的一种社会生产，也是人类精神生活领域一个最基本的枢纽系统。

棋牌文化的含义，首先是指一定时代、一定思想和文化结晶的各种棋牌工具、玩具形态，使用这些棋牌进行各种思维、竞技和娱乐活动的人及由此构成的文化交往形式，在此之后或因此而产生的各种不同类型、不同层次棋牌文化体系、弈法体系及各种思想与经验材料的总和，以及由一般主体思维手段、思维方式所决定的文化思维能力和思维效应等。这些方面总合起来构成文化的一个特定范畴，即我们所称琴、棋、书、画、思文化体系中棋文化的范畴。

棋牌文化本于社会历史的存在而存在，它们客观地反映出与其相对应的一定自然与社会运动及思维发展的状况。它们是历史的文化，是一定自然与社会交往形式和思维形式演进的文化，是各种社会政治、经济及文化斗争与竞争模式的文化，是科学必然性发展的文化。同时，它们又是人们主观创造的文化，一个伴随着人类理性实践不断进步而进步的文化，一个融进了不同时代、不同民族国家、不同政治文化心态和思想感情的文化，一个可以规范并整合宏观思维走入工具思维领域的文化，一个寓教于乐、可以培养和检验智力、启迪智慧的文化。

棋牌文化的形成和发展离不开社会文明的滋养和科学认识的推动。每一时代的棋牌文化都是当时社会政治、经济和文化的反映，都是当时物质文明和棋牌文明成果的具体表现。人们的社会实践创造了物质文明，物质文明之上也就包含了整个精神文明系统。

虽然一般说文明决定文化的发展，但是同一时代文化中某些超前因素的出现往往起着对旧文明形态、旧思想文化批判否定的积极作用，并且这种主体文化基因的不断聚合总会再反过来促进新文明形态的转化和生成。由此说，文化是文明的衍化，文明是文化的昌明。棋牌文明文化的关系亦如此。

那么，棋牌文化的社会意义及它在文化科学中的定位究竟如何呢？它与直接文化艺术体系的关系及与整个文化科学体系的关系到底怎样呢？棋牌文化首先是狭义文化体系的一个子系统。狭义文化体系即我们通常所说琴、棋、书、画、思文化体系这一分支系统。琴棋书画思这一体系不仅仅是指四大传统艺术，而且是指文化艺术的五种分类形式及由其文化特质所代表的一个大范围文化交往形式和文化科学的体系。这一体系中的每一个子系统都有很强的内涵和外延性。例如，琴是指琴弦鼓乐、歌舞曲艺等整个音乐舞蹈艺术，棋是指象棋、围棋、博塞棋、扑克牌、雀牌等整个棋类牌类艺术，书是指诗书文章、光盘软件等整个传媒信息艺术，画是指雕塑绘画、书法映画等整个塑画影视艺术，思是指所有文化艺术的欣赏、思考、情感联动的效应。其系统形式内新旧内涵的不同只是在于，例如传统手工绘画、制图与现代摄像映画、电脑制图绘画相比在技术手段和表现形式上有了巨大的改进，传统棋牌与现代棋牌相比在科学内涵和艺术层次上有了实质的进步。在这一个四方五位的文化体系中，琴舞居上（属火），棋牌居下（属水），书盘居左（属木），塑画居右（属金），思想居中（属土），它们作为广义大文化科学体系的一支而与体系共存，并按照新的五行生克关系运行着。

广义的文化体系即大文化科学体系是包含了狭义科学体系、文化体系、生活体系、生产体系及天人交往关系体系的综合系统，是涵盖了一切物质文明成果的认识领域和文化的表述形式，是全部文化科学的总汇和认识的最高形式。在整个大文化科学体系中，文化交往形式居上，属火；科学交往形式居下，属水；生活交往形式居左，属木；生产交往形式居右，属金；天人交往形式居中，属土。这是此岸性最大化人文思维体系的概括。在彼岸自然基元的五行要素和五行体系的基础上，在人的物质与精神互动的五行之性的作用下，整个科学体系中的每一个分支系统、子系统要素及其五行之性都在往复不断地发生着相互作用和相互转化。例如在自然五行之性和人的物质与精神互动的五行之性的支配作用下，此一时，文化体系本身属火，并以理性的思维与行动的五行之性面对其他四行体系；而彼一时文化体系中，琴舞再上升为理性中的理性的思维与行动，棋牌升降为理性中的感性的思维与行动，书盘升平为理性中的悟性的思维与行动，塑画升平为理性中的惯性的思维与行动，思想升合为理性中的知性的思维与行动。这是由于客观五行要素及五行之性的归纳是彼岸平面宇宙时空系统的对应，而加入人的物质与精神运动的五行之性是彼岸自然与人的客观性与此岸人的精神的主观性的互动叠加。因此说棋牌的子系统与科学交往形式的分支系统同为感性，属水，一方面是说它们的分类层次和分支属性不同，另一方面是说科学体系在本质上与外部世界的联系是感性的，与棋牌概括反映自然、社会本质的感性对应功能相似，而不是说棋牌文化能够跳出理性思维和文化体系之火的属性，变为纯水的属性了。

恰恰相反，在棋牌文化的科学思维中，主体正是应用了全方位思维的五行之性，才能经过判断和推理，分析和综合，归纳和演绎，论证和摹写，最后转变回复为感性感觉和印象的体系、数据、图谱和格局。更进一步，这些不同五行之性的生克关系还制约着它们相互作用、相互转化的结果。它们说明，例如从正题看如果书盘体系（木，悟性）中诗词曲谱、文案策划是琴舞体系（火，理性）的艺术底本和文学基础；那么反过来讲琴弦歌舞表演则是对诗书文章、人类精神内涵再抒发、再创造的过程；从而合题，典型情境、典型生活中典型形象、典型音韵舞蹈才艺的表现是思想内容与艺术形式的统一。二者五行之性相生。同样，从正题看如果塑画体系（金，惯性）中雕塑绘画、影视映画等是以制作手段塑造和表现了一般现实中每个个别的典型生活中的典型形象、典型情节；那么反过来讲，棋牌体系（水，感性）中棋子、牌张则是以其对一般自然、社会和思维形态中特殊性主、客体分类功能、属性的抽象概括，诠释了一般人的总体职能功能；合题，顺从塑画的主旨则每个个别的塑画艺术形象是棋牌形式分类的一般性表现，顺从棋牌的主旨则一般自然、社会和人文思维形式的抽象是每个个别塑画形式的普遍几何时空域和主体权重形象符号的表现。二者五行之性相生。同时，这四方四行体系的运行当然一点也离不开核心知性的思想、思维体系的联结和沟通作用。由此，我们已经走到了棋牌文化体系的大门口。

再回到大文化科学体系。大文化科学体系又是科学学的基本框架，当然也是棋牌文化学的科学母体。这正是为什么我们在谈到棋牌文化的时候会首先引出这一大文化科学体系，并好像处处离不开新体系的描述的原因所在。这好比是一个知识架构的百宝箱和聚宝盆，什么东西都可以装进去也可以从中取出来。然而这仅仅是建立学科系统联系的形式体系方面，大文化科学体系只是由五行构建法描述的五行体系中自然、社会和思维运动定性关系发展的最后形式，而不是体系的基本构成因素、内在依据和运行机制本身。只有五行构建法叙述的五行体系借助棋牌文化的实体模型，才最终使宏观系统思维与棋牌游戏的工具思维体系相互印证，融为一体了。它们的着眼点同样是最广义天文地理范畴的时空域，最基本自然物性和社会分工要素的体系和运行机制，同类的文化思维模式以及各种构建法则，如数学模型等。难怪棋牌文化的系统架构总是与整个文化科学体系的架构如出一辙，棋牌文化的理论思维总是与整个人类文化、科学思维的实践密不可分。接下来，我们可以直接进入棋牌文化的科学体系了。

第一章　科学体系

棋牌文化的科学体系是指这一文化形式本身科学状态的问题，是要说明这一体系的科学分类和在大文化科学体系中的位置、作用，它们整个体系的基本要素和各个分支系统的单元要素的集合，它自身系统的发生、价值取向及与外部世界的联系等。

棋牌文化的科学体系即指狭义文化科学体系——琴、棋、书、画、思体系中棋牌文化体系所概括的一类形式。人们在历史文化的进程中，尤其在中华象形文化思维和认识中，总会选取一些最通俗、最普及、影响最大的事物名称来代表这一类事物的发展形式，而琴、棋、书、画、思如此简约、典型的分类名称被人们选中，并且是与社会分工的工、农、商、学、兵，物质生活的衣、食、住、行、用等最普遍社会现象的概括意义等量齐观、相提并论，就显得尤为自然和恰当了。这一体系并不单指棋类，它包括以围棋为代表的投子游戏棋类、象棋类、雀牌类、扑克牌类及博塞游艺棋类五大类。

棋牌文化的科学体系在其历史发展的不同阶段各有其不同的表现形态，各种不同棋艺形式用以促进自身发展的各种工具载体和文化思维体系，说明了人类在一定生产方式和生产力水平上使用一定思维方式、思维工具来反思人类自身和透视社会发展的认识能力、认识水平。这些由前人不同文化实践者所完成、所演绎的各种棋牌文明玩具、文化体系的连续形态，构成了传统棋牌文化发展的整个脉络。抓住这些基本特点和本质要素，以这些文化的科学要素和普遍形式为着眼点，分析隐藏在这些文化现象背后更为基础的文化思维的方式方法，同时吸收借鉴各个民族各种先进文化的思维特点和特殊概括能力，就会逐步理清、发现和重新建立起棋牌文化的统一性科学体系，奠定这一系统的文明和文化基础。

最早棋文化的科学因素是对投子游戏形式的概括。古人以一定线路交叉的棋盘表示一定时空地理范畴的局面，以一些石子、木棍表示阴阳两极、两方物质能量和数量形态的子力作用，用以进行相互围堵和攻杀，简洁而朴实；于是，最初的表示两方对抗、两军相争的棋文化的萌芽因素出现了。

从中华文化的各种投子游戏、围棋、六博棋、塞戏，到古印度的波罗塞戏，是棋文化从对自然形式概括的投子游戏向对社会政治和战争形式抽象概括的本质游戏的过渡性转变。当时如《楚辞·招魂》篇中所记叙的"菎蔽象棋"句，只是说一种以玉石装饰的用来投箸掷采的博具和以象牙为材质的棋子，该游戏有一个枭雄伍长，五个散卒子，五人为伍，对博以掷得高采成枭即可杀枭判胜负。至于后来逐渐被称为象棋，是由于人们一开始对作为世界上最大的陆地动物大象之象的象形寓意及表意字的应用和后来对于反映社会事物普遍现象最广义科学抽象之象名称的契合，而自然而然地走到一起来了。

之后，据说西汉名将韩信发明了一种牌戏。牌戏的出现是人们开始利用数字及不同花色的功能来反映自然运动规律和社会文化理念的一种新的游戏形式，是人们对自然和社会总体人文运行模式的二度抽象。

南北朝时的"象戏"并未留下对象棋有什么实质性改革的记叙，只是在《象戏经赋》中对象棋反映天象、地象、世象、君权德治之功方面的意义做了大肆的渲染和烘托，使象戏在古代文化中逐步成为封建统治者宣扬其意识形态和政治理念的工具。

唐"宝应象棋"是象棋科学形式的首次出现，它提出并设定了许多象棋棋子的基本特点和子力特征。如：天马斜飞，跳日字角；上将横行，辎车直入；六甲（兵）次第前行，一步一格等。

北宋时的象戏，最先由方格中的面上落子改为交叉点上落子，设定了将、帅的中点和棋局的中心线位置，并增加了炮子。但当时人们对炮子使用形式的认识还很肤浅，只看到了炮的隔子威慑，可以利用炮弹的弧线落点攻吃对方棋子的作用，却把炮体发射矢雷火药、炮弹的作用与炮体和炮兵炮位的作用混为一谈，完全违背了炮的定点发射、定位用炮，两炮相对相互威慑，后手用炮后发制人，炮打先翻己炮落为后手，缓着一步装弹复炮方可继续使用的战法原则。因此，中国象棋的炮，在一开始创立的时候就把自己摆到一个虽然子力创新，但从其形式到内容却都是一个悖理的和主观唯心的角色上。

在北宋，人们还利用三枚色子连掷所出现的码点图形和博彩功能及与双陆棋、酒令文化的杂合发展出另一种称为“打马”的游戏。这是中国骨牌、麻将的原始雏形。其中的码点图形后来直接演变为牌九骨牌和西方多米诺骨牌的内容。

之后，据说13—14世纪在西亚古埃及的波西米亚地区出现了一种塔洛特纸牌。塔洛特纸牌是一种以占卜为目的，借助神秘主义图形及象征符号，并加入数字功能和人文社会崇拜内容的纸牌。由于其逐步揭示出各种花色及数字牌张与自然物性及四季、星期变化的某些联系，搭建了一个可以表现出整体自然时空、物质要素、人文物性要素及其时空流转运动变化、生生不息规律的文化模式；因此，应该说塔洛特纸牌是在人类文化中首次将复杂的哲学观念应用于通俗的娱乐玩具中的成功的尝试，从而首创了在主观人文思维领域第一个较为科学、实用的智趣游戏牌体系。

到明中叶出现合四十叶纸牌的叶子戏，是在以往牌戏的基础上，受到“打马戏”的影响，并借助钱财物品的数码形式发展而来的一种纸牌游戏。之后，叶子戏与骨牌形具相结合衍生出马吊牌，并发展为后来的麻将雀牌形式。中国麻将的文化内涵，与自然和社会发展规律的对照还很牵强、隔膜和外在化，只是充斥着一种升官发财的世俗心态和表达出一种精神上的夜郎自大、自我陶醉的保守和颓废性质。

之后，15—16世纪国际象棋在欧洲的出现，是在继承了传统象棋文化精髓的基础上而又重新加以修改、变革，推广出来。到现代，又有诸如军棋，数不清的各种康乐棋、游艺棋、学科教具棋、球类游戏棋等这类博塞棋形式的回潮涌现。但它们大都仅仅只是看到生活的或科学形式的某个片段，某些表面现象或军阶大小，或某种娱乐功能，或某种竞争形式，便就事论事，生搬硬套地模拟、拼凑出来。有些游戏或电脑游戏，在提供给人们一种具有娱乐消遣功能的用品和文化诱惑产品的同时，也兼有一些可以训练思维的敏捷性和封闭式逻辑思维的功能，或者主要是出于完善、提高其自身为了游戏而游戏，为了提高电子游戏功能和操作手段，吸引受众，扩大市场的目的而去开发游戏而已；而对如何探究自然、社会的本质和发展规律，如何在主观科学世界建立一套认识、把握客观规律的人文思维的认识体系，引发科学现实的理论思维和行动，则一点益处没有。大有游戏人生而无人生智力游戏之意味了。

总结以往棋牌文化科学要素的萌芽和发展，人类在这一艺术领域的创造已经走过他的童年、青少年时期，而临近他的成熟期。仅就社会领域象棋艺术的发展而言，人类社会所走过的漫长历史阶段，包括原始公社制社会、奴隶制社会和封建制社会形态，都不过是建立在同一本质上的以小农经济为基础的，以传统人治社会和人的依赖性关系为特征的宗法的、君主制的个人权力光环下的一种社会发展形式。因此，对于广义的传统社会形态的概括来说，小生产的社会分工和生产关系是被以君权统治为核心的国家权力所掩盖和抹杀的，人的社会存在往往被异化为封建国家的政治和战争工具，社会生产力往往被周期性的战争和政权更迭所破坏和禁锢，其社会发展的最高形式或政治的本质，最终都不过表现为两国交兵、两王相争、改朝换代的形式，表现为传统象棋的竞争模式。因为小生产者在封建社会是没有发言权的。不管是自然生产力代表的马，一般生产工具代表的车，更先进生产力因素代表的炮，士大夫阶级代表的文化知识生产力等，都被取之于国家，用之于国家，被一个以君权统治为目的的国家机器无偿地占有了。所以说，五千年传统社会及封建社会历史都不过是一个传统象棋的横断面。它定格和凝缩了封建社会的历史，同时也十分典型、集中地概括反映出封建社会及战争的普遍形式。这是传统社会和历史发展阶段的第一个必然性的终结。对于这一历史的、暂时的社会形态的艺术概括，不仅以往各个不同时代、不同民族、不同区域地缘政治国家有其各自不同政治理念和文化心态的概括，而且现代社会现代思维的人还会有现代科学的概括，并且对于现代和未来不同社会发展阶段、不同本质的其他社会形态还会有其他不同象棋艺术形式的发展与概括。这是必然的和不以人的意志为转移的客观规律。

那么，建立在现代生产力和科学认识基础上的对于整个传统棋牌文化体系的革命性批判和对于整个新棋牌文化科学体系的创造性变革是怎样引发和实现的呢？

就是说它的工具理性和现代文化技术体系对于整个棋牌艺术领域的终极关怀和对于新棋牌工具、玩具物质文明体系的现实性创造是如何引发和实现的呢？导致这些物质文明思维工具质的飞跃和历史演进的指导思想和理论基础又是什么呢？当然，这首先要依据一种正统基元的文化历史观和认识论、方法论体系，这就是中华传统文化精髓的阴阳五行、太极八卦朴素辩证法、唯物史观和五行构架体系及其生克关系机制。还要有象形文字文化本体思维和认知体系的支撑与保障。然而仅仅有这些是不够的，起码在社会领域是这样。现代社会中，各门基础科学、应用科学的研究蓬勃发展，不断引发知识爆炸。但理论思维和文化科学领域的发展却相对滞后，更不要说能从人文科学的基点上识破以往及未来自然、社会发展规律和科学的本质内核，并代入艺术形式做宏观整体的“壁上观”和真切实用的“掌中玩”了。只有马克思、恩格斯这两位思想和社会革命的巨匠出来才打破了这一领域空旷许久的沉默，发出一片人文启迪的亮光。马克思所揭示的与人类社会三个发展阶段（三种经济本质的天人关系形态）——“人的依赖关系”（自然经济）阶段，“以物的依赖性为基础的人的独立性”（商品经济）阶段，“自由个性”（产品经济）阶段相对应的原始社会、奴隶制社会、封建社会、资本主义社会、社会主义社会（共产主义社会）五种社会形态和历史现象科学体系的划分，为新型象棋系列体系——新型传统象棋、军事象棋、现代象棋、过渡象棋和大同象棋的发明奠定了理论基础。虽然马克思时代的革命有其历史和科学的局限性，马克思的思想体系尚未将人类历史中经过社会主义、共产主义革命运动尝试的伟大实践及其科学形式变为历史的真实，也未将其提纯并还原为可以代入实验人文科学、工具思维体系和文化艺术体系的现实形态之中，从而达到一种使每个普通人都可以通过直觉直观形象地把握和在理论思维中真切领悟到的类似自然物种衍化和现实生活演绎的文明产物和思维工具的价值层次。但他思想体系之缜密严谨的逻辑和辩证思维为我们认识、破解各种不同社会形态的本质及其运行规律提供了行动的指南和武器，使我们可以站在现代生产力和科学文化水平的高度将理论的科学形式转变为文化技术体系和思维工具用品的形式。当然，马克思的思想体系并未终止真理的研究和艺术的探索，尤其在人类棋文化发展的领域——这里所有的艺术元素都在社会现实中和科学必然性中存在，所有艺术形式都是现实生活和科学必然性的反映，或者是牌的主观科学世界人文思维体系的一道风景线。这里，纯文化的理论往往显得苍白，而经验科学的理论纷纷被激活和派上用场，在艺术和科学普遍性规律的探索中，比比皆是实证的科学推演，步步依托可以把握的实验模型。正如黑格尔所说：“哲学和自然经验不仅必须一致，而且哲学科学的产生和发展是以经验物理学为前提和条件。”（黑格尔：《自然哲学》第9页）于是，我们不仅可以在自然、社会领域识破围棋、象棋艺术形式的本质，而且可以在主观人文思维领域揭破雀牌、博塞棋、扑克牌艺术形式的本质，重建起它们各类分支系统、系列的统一模型，进而从每个个别民族传统社会历史和政治、文化心态的片面的、扭曲的抽象思维回到工具理性的科学思维之中。

对照棋牌文化历史演进和科学认识不断更新的进程，可以看出，棋牌文化科学体系的形成和最终建立，根本上是由于社会历史的进步，人类物质生活条件的改善，对自身生存方式和文化交往形式本质内涵认识的不断醒悟与提升，尤其是在现代交往中人们对物质生活、精神文化生活有更新更高的需求。这种生活本身的原动力作用所导致的更先进社会生产力、生产关系的变革和科学文化交往与思维方式的变革，成为一切艺术包括棋牌文化艺术发展的不竭之源。归结到一点，棋牌文化的科学体系就是以艺术和思维工具的形式来概括反映自然与社会现实性和必然性的发展，就是概括抽象出各个层面最广义时空地理局道系统的棋盘，概括反映出表现两极物质核心与一般能量形态的棋子及表现各种不同社会主体分工职能、技能和素质功能，客体工具和资源使用价值功能的棋子，概括反映出表现自然五行物质属性关系、整体数字功能及与社会人文始祖、智慧道德化身、权力和最佳个体价值崇拜因素相统一的人文思维系统一道亮丽风景线的牌张艺术的形式，最终提供给人们一系列回归文化、生活世界的智趣玩具用品，提供给人们从事科学和智力因素再生产的博弈应用科学的本体模型和理性思维的参照系。

那么，具体地说，这五大类棋牌文化的科学形式究竟是什么呢？

围棋是关于广义天文形式抽象概括的一种辩证思维体系，是一种由概括了最大化时空地理局道因素的棋盘和阴阳两极、两种物质核心与一般能量因素的棋子构成的一种抽象本质的投子游戏棋类，尤其对于由人类思维模拟、重建的天文竞技系统来说，就不仅是一种要在入局阶段经由各枚“兵”子围打攻杀过程所实现的以子目实空多寡优劣效应和体势优劣效应形成的竞争模式，而且更是一种要在破局阶段现实的由出动“王”子以再次检验在入局的双效应基础上演绎体势优劣效应和目标破杀效应所形成的二阶运筹的目标决策模型。

象棋是关于人类社会历史发展各个阶段、各种不同社会形态和历史现象本质抽象的艺术形式，是由一定时空地理局面的棋盘和各种社会核心代表的国王，必然王国或自由王国抽象的棋子，各种主、客体分工职能，技能、素质功能，工具、资源使用价值功能棋子等因素构成的一类社会本质竞争的游艺棋类，是由五种社会发展连续形态和历史现象概括反映的系列系统艺术的对照模型。

雀牌是关于自然和人文历史思维运动一道抽象的亮丽风景线的艺术形式，是对自然和人文历史中各种物质属性，二进制、十进制数字功能及各种典型人文历史现象的各种因素加以概括提炼，从而以各种物性花色标记、数字符号、尊者和最佳个体人物价值功能等元素加以表现的一种牌张艺术形式，一种二度抽象的可以进行二度博弈的开放式人文思维系统的竞争模型。

五行博塞棋是采用新雀牌基本形式，重组部分牌张功能改称棋子，并配以增加了隐蔽点和大本营的围棋盘作为棋盘，从而形成一种可以利用各枚棋子不同属性和数字功能，王牌及变弦牌功能，对内进行不同牌张棋子生合重组和加倍保护，对外进行相克相灭、相生相持和减倍抵消，总体展开博塞攻杀冲破竞争的智趣游戏模型。

五行扑克牌是采用五行物质属性五种花色标记，利用原有扑克牌数字、字母数值功能，并将大、小王和尊者人物引申、拓展为古希腊神祇人物形象，从而提供了一种可以概括反映四季交替、日月星辰流转，人文社会诸要素对照其中的关于人文思维体系及其普遍运动规律二度抽象、二度博弈的智趣游戏模型。

透过棋牌文化科学体系的取景器，我们可以回顾一下棋牌文化的历史。

第二章　历史演进

棋牌文化是在历史进程中不断发展的文化，是依托旧形式演绎新内容的文化，是站在新台阶上利用新知识创造新体系的文化。

棋牌文化的演进同样经历了一个从简单到复杂，从粗浅到成熟的漫长过程。

棋牌文化作为世界历史的存在，在历史发展中必然受到那个时代不同民族、不同国家，不同区域地缘的政治、经济、文化及意识形态的影响，在艺术上也必然会有这样或那样的局限与不足。但棋牌文化也会随着历史的进步而进步，它们的最终目标是将自身种种合乎科学规律的发展形式，与它们所要表达的现实世界或人文思维的本质内涵协调一致，达到它们自身物性要素构成与辩证思维形式之间不受人为因素干扰的自组织运动的完善与和谐。

棋牌文化的历史演进过程充满现实生活的烙印。现实生活怎样，在艺术形式中就必然有所反映。这种反映，在各个时代，各种不同民族、国家，不同经济、政治、文化背景下各不相同，但它们在艺术本源和科学标准的意义上都有着文化因素的相似性和基本形式的可比性。并且在大文化整体的范围内它们总是相互渗透、相互促进，共同发展的。

每个国家的主要民族或多或少都有着自己的棋牌文化的发展历史，经历过自身棋牌文化发展的雏形阶段。但要上升到更高层次的科学形式，就必须要有一定与其社会经济发展相适应的同时代最先进文化思想观念和思维生产方式的孵化作用，同时还要有一种本质本体文化认识论、方法论的支持。中华象形文字、文化思维体系在这方面具有得天独厚的优势。

考证棋牌文化历史，古今中外见诸文字记载并有较大影响和代表性的棋牌形式及文化形制，按其发生的年代排列，大体有如下一些项目：围棋、六博棋、塞戏、古印度波罗塞戏、双陆、南北朝时期的象戏、唐“宝应象戏”、宋代象戏、蒙古象棋、打马戏、骨牌、西方多米诺骨牌、南宋初定制的中国象棋、13—14世纪波西米亚塔洛特牌、明朝中叶的叶子戏——马吊牌、16世纪欧洲扑克牌、清代麻将、国际象棋、军棋等。

那么，这些棋牌文化的总体演进是怎样进行的呢？它们各自不同艺术形式是怎样逐渐形成和不断演变，它们在各个不同民族、国家，不同艺术形式之间是怎样相互促进、相互交融、共同发展的呢？

棋文化的发端是投子游戏。中国围棋作为投子游戏的高级形式，同中华文明的历史相伴而生或稍后，距今已有四五千年的历史了。中国文化自古就有“尧造围棋”“舜制象棋”“以教子商均”的传说，虽不足为证，但那时的人们以一些线道的交叉为棋局，以木棍、石子为棋子，即可喻一定时空地理局道，喻两方一定物质或兵力的较量，却是不争事实。这从至今仍流传于中国民间的各种投子游戏，如成三棋、五道方、推小车、天下太平棋等棋艺中就可窥见一二。如成三棋、五道方是在棋局中形成直、斜线的三子相连，即可提吃对方一子以争得子力和局面的优势而取胜；推小车是在直线上以多胜少将对方棋子吃杀推出局外取胜；天下太平棋是各四子在16个点上以每着行四步，唱子行棋的同时吃掉停棋落点上的敌子取胜。围棋艺术正是在种种民间投子游戏的文化积累和潜移默化作用下，在当时现实生活中频繁发生的各民族部落间战争的经验中受到启发而发展起来的。围棋盘是由最初的十一、十三、十五……直到十九道线逐渐演变而来，棋子、对弈方式及弈法也经历了一个由简单到复杂、由浅到深不断变化的过程。直到今天，传统围棋在弈争技巧和逻辑思维上虽然大大地发展了，但在艺术的基本形式上却仍停留在原始棋文化讲方格系统、斜线无定、任意交叉围打紧气即吃，并仅以吃子和围得实空多少判胜负的模式中。

围棋之后，一类并称为博 一 塞棋的艺术形式发展起来。《史记·殷本纪》载：“帝武乙无道，为偶人，谓之天神。与之博。”这是关于博戏最早的传说。还有中国古代的小说《穆天子传》提道：公元前970年的周穆王姬满，是个大游历家和“六博棋”迷，他跟井公下了三天棋才分出胜负。这个故事，在汉魏时代被形容为仙人下棋。如曹植诗云：

“仙人揽六箸，对博泰山隅。”博塞棋发展的鼎盛阶段是春秋战国时期。春秋战国时期，战争成为一种普遍的社会现象。当时人们对战争一般规律的认识已臻于完美，如吴国大将孙武的《孙子兵法》。但反映在棋类艺术形式上还较为幼稚。最早见于文字记载较详细的博棋出自《楚辞·招魂》篇中，其云：

菎蔽象棋，有六簙些。

分曹并进，遒相迫些。

成枭而牟，呼五白些。

这是说一种主要使用以玉做装饰形似筷子的箸来掷采行棋，反映一定战争现象的以象牙为材质的棋子有一枭五散各六枚棋子；比赛时两人对局先投箸后行棋各凭掷出的不同彩点相互逼迫；当进行到最后关键的时刻，投箸成“五白”成枭采，而可以杀对方枭取得胜利时，迸发出激情的呼喊声。这种六博棋由于只是对战争的个别或局部的表面形式做了抽象对照，认不清弈争的本质特点和子力特性，一味只是从对战争的强烈表现欲和争强好胜的心理出发，只好求助于投箸掷采，靠这种希冀运气和概率的天平更多地倾向自己一边而博取胜利。

在与博棋出现的同时，大概同样是从投子游戏中受到启发，并在六博棋的基础上衍化出一种叫“塞”的棋戏。由于塞戏是在博棋的基础上脱胎出来，从棋盘到棋子大体相同，古文献中常以“博塞”并称。《庄子·骈拇篇》有“问谷奚事，则博塞以游”句。成玄英《疏》说：“投琼曰博，不投琼曰塞”。塞又写成簺，汉代也叫格五，可惜其法不传，但既然说格五行塞法，怎么行塞呢？古人又说塞戏“以五木为簺，有枭、卢、犊、雉、塞五彩”，这是否要靠划拳行令或仍以掷采获筹行棋呢？古人亦有“呼卢唱雉连朝暮”之语。当一方行令掷采克胜对方即以该采名分值行棋，以最终压制对方不能行棋为胜。这仅是一种推测。

从春秋战国时期到秦汉时期博塞棋一直非常盛行。这期间塞戏制度基本未变，而博棋在东汉时期出现一次变革。革新的博叫小博，而前者叫大博。它们的区别首先是“箸”。

据颜之推《颜氏家训》说："古者大博则六箸，小博则二茕（琼）。"大博就是前面所述春秋战国时期的棋制，小博在张湛注《列子》中引《古博经》讲的较为详细，其云："博法，二人相对坐而局。局分十二道，两头当中名为水，用棋十二枚，古法六白六黑。又用鱼二枚，置于水中。其掷采以琼为之……锐其头，钻刻四面为眼，亦名为凿。二人互掷采行棋，棋行到处即竖之，名为骁棋。即入水食鱼，亦名牵鱼。每牵一鱼，获二筹；翻一鱼，获三筹……获六筹为大胜也。"（转引自李松福《象棋史话》第15页）

这时的小博棋已改变了大博棋仅靠投箸成枭而杀枭的方法，而发展出可以凭借投琼掷出四面不同的采点行棋，棋行步数可以累加，可以竖棋，并可以累计筹码分数的方式方法。

随后，到魏晋南北朝时期（220—581），盛行一时的古老博塞戏已逐步被时代所淘汰，被另一种棋戏——象戏所代替。同时，从印度传入的一种"波罗塞戏"也为我国人民所爱好。有关这一期间在中国流行的各种棋艺，尤其是从印度传入的"波罗塞戏"与其在中国演变而成的双陆棋戏的渊源关系及具体内容，我国棋艺史学家李松福先生在《象棋史话》中做了翔实的论述，其在关于波罗塞戏一节中说：

我国研究印度文化的著名学者常任侠先生，20世纪50年代在印度大学演讲时说："波罗塞戏梵语原为Prasaka，即是象棋。"波罗塞一词，我国文献最初见于后秦释道朗《大般涅槃经·现病品第六》："樗蒲围棋，波罗塞戏，狮子象斗，弹棋六博，拍毱掷石，投壶牵道，八道行城，一切戏笑，悉不观作。"这里列举的十多种游戏中，如围棋、弹棋、六博、拍毱、掷石、投壶等，都是我国古有的游戏，而樗蒲、波罗塞戏等在我国古文献中公认从西方传入。对于波罗塞戏的解释，智周《涅槃经·疏》说："波罗塞戏者，此翻象马斗，是西国象马戏法。"又据《梵纲法藏·疏》说："波罗塞戏是西域兵戏法，二人各执二十余小玉，乘象或马，于局道争得要路，以为胜也。"这两个注解，从文字上看有点似象棋，但又不像。据西方学者说，印度古象棋为四人对局，每方八子，后改为二人对局，每方增至十六子。但与这里讲的由四人或二人对局的象棋却对不齐口径。从“于局道争得要路以为胜”看来，颇似双陆的着法。北宋初晏殊《类要》指明双陆“始自天竺，即《涅槃经》之波罗塞戏，三国魏黄初间流入中国”。南宋初洪遵在《谱双》序中考之甚详，他说：

双陆最近古，号雅戏。以传记考之，获四名：曰“握槊”；曰“长行”；曰“波罗塞戏”；曰“双陆”。盖始于西竺，流于曹魏，盛于梁、陈、魏、齐、隋、唐之间。我太宗皇帝播之声诗，纪于奎文，双有光焉。

双陆与象棋是有明显区别的，白居易的诗就是最好的证明：

何处春深好，春深博弈家。

一先争破眼，六聚斗成花（围棋）。

鼓应投壶马（投壶），兵冲象戏车（象戏）。

弹棋局上事，最妙是长斜（双陆）。

双陆的玩法甚多，形制也各异。据宋洪遵《谱双》所收双陆局，有北双陆、广州双陆、大食双陆、真腊双陆、日本双陆等多种。唐时传到日本的双陆，其形制仍留在日本《双陆锦囊抄》中，其大意云：

棋盘上下各十二道（注：实则棋盘分为上下两块，中间留有间隔，每方各由十三道线组成十二块长方形的面，棋子停在面上）。棋子黑白各十五枚。黑棋自上左向右行，复由下右向左行；白棋由下左向右行，复由上右向左行。二人对坐，轮流掷骰子行棋。

骰子二枚，每枚上下左右前后六面标上⚀⚁⚂⚃⚄⚅的点子，如掷得⚁⚂，掷者可在自己棋中，一子走两步，一子走三步。同色之棋，一道中可任重数子，一道中有二枚同色之棋者，敌棋不得入，已入者取去，取掉的棋可于敌方下次掷骰时入局。如取掉棋不得入局则他棋均不能行。一方不能行棋，即由对方掷骰行棋。如一方棋均入最高的六道（黑为下内六道，白为上内六道）者胜。

这种以掷点行棋的着法，与古印度的恰图朗加即四队棋有许多相似之处。

因此，我们从古印度传入我国双陆的形制考察，所谓古印度象棋是否即为双陆呢？不然，为什么《涅槃经》中提到那么一大堆游戏的名单，唯独缺少印度象棋呢？如果说波罗塞戏就是古梵文中印度象棋的话，那么，古印度象棋即为双陆，这是由中国古代一系列史料证明了的。[1]

从以上论述可以看出中、印各国在魏晋南北朝之前所称的象棋艺术的发展，在中国不过是通过博塞棋形式点明了意欲概括社会战争现象，反映兵制搏杀形式的用意和思路，远未触及象棋艺术的本质和特点，充其量只是棋子采取象牙材质为象棋之象与兵制枭杀现象之象二者字意、用意的巧合。至于在此期间印度棋艺的发展，除波罗塞戏有据可查，可以认定其为当时流行于印度的一种象戏外，其他关于“在二世纪的古印度已流行象棋”“公元 570 年左右中国象棋由印度传入”之类的说法，多为一些西方学者的臆断和附会。英国人威廉·琼斯（William Jones）认为：“中西象棋大体相同，其源必无异；中国古代不产象，印度则是产象国，中国棋艺既名象棋，且棋中有象，这是由印度传入的证据。[2]”持这种观点，真难为西方人了。殊不知，中国自古就是产象国，中国人之造出“象”字，中国文化之有象棋且其中有象，不仅自古就是泛指广象、大象、相像、形象、丞相和社会现象之意，而且，若是一种棋其中有几个动物就可以定为代表这种艺术的实质内涵，从来不是中国人的认识方法和思维习惯。

中国传统文化中第一次挑明象戏名称并意图使象戏艺术与自然、社会现象相联系做出积极努力的是中国南北朝后期北周武帝宇文邕。他于公元 570 年主持制定了《象经》。从王褒《象经·序》所叙十二条看，无非写了天文、地理、阴阳、时令、算数、律吕、八卦之属，与汉边韶的《塞赋》甚是相近，《塞赋》也提到日月、乾坤、时令、六爻、律吕等。说明北周时的象戏是以两汉时流行的塞戏为依据，无论从理论说教到艺术形制上都不过是汉塞戏的延续，只是在名称上有了变化。边韶在其《塞赋》中说：“塞之义，盛矣，大矣，广矣，博矣，质象于天……施之于人，仁义载焉”，其阐述更合乎帝王统治者之意。因此就在一个本为博塞棋艺术和文化氛围的基础上将艺术与现实的关系无限夸大，把天地人间所有的合理现象都与君权统治、武备礼仪等画上等号，无非是想以此来证明其君权统治是受命于天，君权神授，为其统治的合法性寻找托词罢了。至于象戏究竟有无象棋的实质内容，我们分析当时著名辞赋家庾信《象戏经赋》中一段："绿简既开，丹局正直……马丽千金之马，符明六甲之符……既舒元象，聊定金枰……从月建而左转，起黄钟而顺行，阴翻则顾兔先出，阳变则灵乌独明"叙述的文字，结合《象经·序》中所称"九曰君臣，以定其礼，不可以贵凌贱，直而为曲，不可以卑亵尊，隐而无犯是也……或升进以报德……或黜退以贬过……"之类，再对比一下汉边韶《塞赋》中"棋有十二……赤白色者，分阴阳也……行必正直，合道中也；趋隅方析，礼之容也；迭往迭来……周则复始……"的描述，可以看出这两种棋艺的实质是讲棋盘长方形或方形直线行棋，被罚出局后重新开始的塞戏——双陆规则。从"从月建而左转，起黄钟而顺行"可以看出是仿效双陆按左旋方向分上下两区的行塞之法，而"阴翻则顾兔先出，阳变则灵乌独明"则说明走棋是凭借掷骰子得出的奇偶数码点行变的。推想此时北周的象戏，大概是在塞戏文化传统的基础上，又借鉴吸收了印度波罗塞戏和在中国本土化双陆棋戏的特点，尤其是在政治、文化理论上大加烘托渲染而来。据明代杨慎在《丹铅杂录》中评价说：其"意者从兵机弧虚冲破寓于局间，绝非今之象戏车马之类也"[3]，较为中肯。北周象戏虽如此，但它毕竟拓展了博塞棋艺术思维，把棋艺与社会和战争之象相联系，给后人留下遐想的广阔空间，为真正象棋艺术的发现做了铺垫。

人类历史上第一次有明确文字记载并说明具体棋子形制及弈法规则的象棋艺术，是中国唐宝应元年（公元762年）记叙的唐代象戏。由唐丞相牛僧孺所作《玄怪录·岑顺》一文，通过一个民间传说中主角汝南岑顺之口，讲述了一段梦境中战争场景被神化，神化力量极具现实性，最终又被艺术化的故事。

据牛僧孺《玄怪录·岑顺》说：

汝南岑顺字孝伯，少好学有文，老大尤精武略。旅于陕州，贫无宅第。其外族吕氏有山宅，将废之。顺请居焉，人有劝者，顺曰："天命有常，何所惧耳！"卒居之，后岁余，顺常独坐书阁下，虽家人莫得入。夜中闻鼓鼙之声，不知所来；及出户，则无闻。而独喜自负之，以为石勒之祥也。祝之曰："此必阴兵助我。若然，当示我以富贵期。”数夕后，梦一人被甲胄，前报曰：“金象将军使我语岑君，军城夜警，有喧诤者，蒙君见嘉，敢不敬命。君甚有厚禄，幸自爱也。既负壮志，能猥顾小国乎？今敌国犯垒，侧席委贤，钦味芳声，愿执旌钺。”顺谢曰：“将军天质英明，师真以律：猥烦德音，屈顾疵贱。然犬马之志，惟欲用之。”使者复命。顺忽然而寤，恍若自失，坐而思梦之征。俄然鼓角四起，声愈振厉。顺整巾下床，再拜祝之。须臾，户牖风至，帷帘飞扬，灯下忽有数百铁骑，飞驰左右，悉高数寸，而被坚执锐，星散遍地；倏闪之间，云阵四合。顺惊骇，定神气以观之。须臾，有卒赍书云：“将军传檄。”顺受之，云：“地连獯虏，戎马不息，向数十年。将老兵穷，姿霜卧甲，天设勍敌，势不可止。明公养素畜德，进业及时，屡承嘉音，愿托神契。然明公阳官，固当享大禄于圣世，今小国安敢望之。缘天那国北山贼合从，克日会战，事图子夜，否灭未期，良用惶骇。”顺谢之，室中益烛，坐观其变。夜半后，鼓角四发。先是东面壁下有鼠穴，化为城门，垒敌崔嵬，三奏金革，四门出兵，连旗万计，风驰云走，两皆列阵。其东壁下是天那军，西壁下金象军，部后各定，军师进曰：“天马斜飞度三止，上将横行系四方，辎车直入无回翔，六甲次第不乖行。”王曰：“善。”于是鼓之，两军俱有一马，斜去三尺止。又鼓之，各有一步卒横行一尺。又鼓之，车进。如是，鼓渐急，而各出，物包矢石乱交。须臾之间，天那军大败奔溃，杀伤涂地。王单马南驰，数百人投西南隅，仅而免焉。先是西南有药，王栖臼中，化为城堡。金象军大振，收其甲卒，舆尸横地。顺俯伏观之。于时，一骑至禁，颁曰：“阴阳有厝，得之者昌。亭亭天威，风驱连激，一阵而胜，明公以为何如？”顺曰：“将军英贯白日，乘天用时，窃窥神化灵文，不胜庆快。”如是数日会战，胜败不常。王神貌伟然，雄姿罕俦。宴馔珍筵与顺，致宝贝明珠珠玑无限。顺遂荣于其中，所欲皆备焉。后遂与亲朋稍绝，闲间不出。家人异之，莫究其由，而顺颜色憔悴，为鬼气所中。亲戚共意有异，诘之不言。因饮以醇醪，醉而究泄之。其亲人僭备锹锸，因顺如厕而隔之。荷锸乱作，以掘室内，八九尺忽坎陷，是古墓也。墓有砖堂，其盟器悉多，甲胄数百，前有金床戏局，列马满枰，皆金铜成形，其干戈之事备矣。乃悟军师之词，乃象戏行马之势也。既而焚之，遂平其地。多得宝贝，皆墓内所畜者。顺阅之，恍然而醒，乃大吐。自此充悦，宅亦不复凶矣。时宝应元年也。[4]

对唐“宝应象戏”，元僧释念常撰《藏经·佛祖历代通载》中说：“唐文宗开成己未制象棋。”又注云：“昔神农以日月星辰为象，唐相国牛僧孺用车马士卒加炮代之为机矣。”[5] 由上所述可以推断，以前所言无论是动物的大象之象，抑或是日月星辰的天象之象，都与象棋艺术的本质没有直接的联系。只有“宝应象戏”出现，其以车马士卒各子特定子力的运行之机来反映战争和社会之象，就使内外物我各象之象融合一处，并在反映社会本质现象的象棋之中首次真正复活了。这已经构成了较为完整的象棋艺术的初级体制，揭示出一些棋子基本物性的子力特征及分类方式方法。至于当时的棋盘虽无明确记载，但从棋子弈法中可以推断，应为八八六十四格的棋盘，亦可以认定为在面上落子，这也是双陆棋艺的延续。另一方面，从至今仍保存的北宋初苏州织锦琴棋书画四大艺术图案中可以看到，棋的图案是黑白相间的八八六十四格象棋盘，与现代国际象棋盘一模一样。这些翔实的资料和文物为我们认识什么是真正的象棋艺术做了最好的证明。

北宋是中国古代象棋史上的大革新时代，是一个象棋发明不断涌现，象戏文化不断变革的年代。由于宋代在军事上已普遍使用火炮，其威力之大，射程之远，往往超过其他武器，宋人称它为“震天雷”。因而作为象征战斗游戏的象棋，也吸收了这种新式武器。炮在中国象棋中的出现，促进了象棋棋制的改变。先是北宋第一个象棋谱学家尹洙（1001—？）写出《象戏格》和《棋势》等书。尹洙和范仲淹称师友，常出入兵间，深谙兵机，颇好象棋。后人对其所著《象戏格》多有记叙，可惜书不传。

司马光（1019—1086）发明《七国象棋》。棋盘采用围棋盘，首次将面上落子改为交叉点上落子。棋子方面，首次增加了砲，并明确规定砲“直行无远近，前隔一棋乃可击物，前无所隔，及前隔两棋以上，则不可击。”司马光突出中军主将的作用，规定将“直斜行无远近”。说明当时的棋局中尚无九宫的限制，将的威力最大，与今天国际象棋后的威力一样，亦与国际象棋王可以控制八个方向八个点的思路相同。司马光废象又废车，认为“车即将及偏裨所乘”，而以偏（将）和裨（将）代之。并规定偏“直行无远近”。偏行车步法，与现代中国象棋和国际象棋的车一样。裨“斜行无远近”。又与国际象棋中的象完全一样。司马光认为“象不可用于中国也”，是在整体艺术形式上承认象戏的概括意义，又在单个象子的内涵上加以曲解。以古人的认识局限不足为怪。司马光废马改为骑，又把八个卒改为兵种：弓一、弩一、刀二及剑四，并以“一骑当弓、弩、刀、剑之二，砲当三，裨当四，偏当五”来分配各子的地位与威力。就《七国象戏》的艺术价值而言，它贪大，又流于细节的琐碎，在这一整体构思上是失败的。但它却为我们保留了一份北宋前后珍贵的象棋史料，其间对象弈改革所做的种种努力令人钦佩。

司马光之后，可以反映北宋初某种棋制的是当时著名理学家程颢（1032—1085）的一首“咏象戏”诗。诗云：

大都博弈皆戏剧，象戏翻能学用兵。
车马尚存周战法，偏裨兼备汉官名。
中军八面将军重，河外尖斜步卒轻。
却凭纹楸聊自笑，雄如刘项亦闲争。

从程诗中“中军八面将军重”句，再参考司马光将“直斜行无远近”可以推断，当时的象棋应为纵九路，“将”行棋八面威风，与国际象棋的“后”相同，并确定了将的中点和棋的中心线位置。“车马尚存周战法”，说明当时两人对弈的棋仍然倚重车和马。“偏裨兼备汉官名”，说明仍沿袭司马光偏走直裨走斜线并护卫将的形式。未提及炮和象，说明当时对这两种棋子的使用还不能适应或作用并不突出。“河外尖斜步卒轻”，尖斜是围棋用语，说明棋盘已改为9×10道线，在交叉点上落子，并有了河界区域，兵卒过河后除直行外，还可斜进。这种“程氏象戏”应该是尹洙《象戏格》之后向大象戏过渡的一种棋制，它在棋盘形式上向现行的中国象棋靠拢，但在棋子构成和弈法原则上大都保有唐代象戏典雅朴实的风格。

中国象棋向海外的流传，从后来流传于蒙古的古代象棋中可以发现这种文化的渊源关系。据清代叶名澧（1662—1721）《桥西杂记》，在我国蒙古族当时流行一种“八八象棋”，与《七国象戏》相同，也只有一只炮：

> 局纵横九线六十四罫，棋各十六枚，八卒、二车、二马、二象、一炮、一将……将居中之右，炮居中之左……车马象左右列，卒横于前……其棋形而不字。将刻塔，崇象教也，象改驼或熊，迤北无象也……马横行六罫，驼横行九罫……满局可行，无河为界……卒直行一罫至底……斜角食敌之在前者，去而复返，用同于车……众将还击一塔，无路可出，始为败北。[6]

蒙古族是我国古代北方的民族之一，汉代时属东胡族，部落甚多，及至12世纪末才由铁木真逐渐统一各部落，建立了蒙古国。流传在蒙古的古象棋可能是北宋初传去。按《桥西杂记》所述，蒙古象棋延续了唐宋黑白相间64格棋盘，32枚棋子形式。棋子除炮之外，马横行六罫，即横一直二，走六个方格的斜对角——跳日字；驼横行九罫，即每着走九个方格的对角线，满局可行，无河为界，与今中国象棋象的走法相同，但可以过河；尤其是卒直行一罫至底，斜路吃子变线，去而复返，用同于车，又完全是国际象棋兵沉底升变的模式。这种蒙古象棋应该是在保存了北宋初中国象棋基本特点的基础上有所发展而来。据此分析，这一时期的中国象棋，不管是从八八《象戏格》向旁支蒙古象棋的流传，还是向主流象棋文化“程氏象戏”的发展，它们尚都带有唐代象棋那种原生型简明朴实、思路开放、艺术纯真的特点，并在反映封建战争形式上有所建树。正如“程诗”所言，以前的博弈都不过是一些可以娱乐玩耍的游戏，象戏却是直接可以教学用兵的，当你在艺术与现实之间信步徜徉，你尽可凭临棋局聊以自乐，扮演一回刘邦项羽楚汉相争的角色倒也悠闲。

“程氏象戏”之后，中国象棋在北宋末那样一种政治腐朽、政权危亡、思想保守、文化颓废的环境中加速了其最后阶段游离于艺术本质之外的定制。这一时期大体经历了大象戏、小象戏和广象戏的演变，最后定制为今天的中国象棋。关于大象戏北宋时代的信史，我们只能从当时一位棋艺家晁补之（1053—1110）所写的《广象戏·序》中知道一点："局纵横路十一，棋三十二，为两军耳。"对此，据清人俞正燮《癸巳存稿》的考证说：

> 宋晁补之撰《广象戏图》：象棋纵横十一路，棋三十二，试以局纵横十九路，棋九十八广之，其新旧二法皆与纵十路横九路者不同。古十一路，盖兵卒相去中路三，今中二路，其第一路，炮居两旁，兵卒则居纵路之二、四、六、八、十，炮马士两敌相对，炮无架，马旁行，士不出帷幄，三者具不启衅也。[7]（注：文中"纵十路横九路者"说，疑其提法不同，应为纵九路横十路之误。）

这种大象戏文中已讲明，除两边各增加一条线为炮路，中界多一路外，其余无论棋局或棋子均与稍后的小象戏即现行的中国象棋无二。原来大象戏是在"程氏象戏"9×10道线基础上，为增加双炮，又恐置炮时两炮相对开局即成启衅造成双炮兑双马局面因而拓宽两条边线，使炮与车沉底并排而置，又增加一条横线的结果。由于炮的增加，对炮子实际使用形式和攻击效果的主观判断，使得动炮隔子打吃敌子时要将炮位和炮体本身连同炮弹一块打出去，并且不讲两炮相对后手炮可置间歇的先手炮于死地威胁的存在，甚至先炮在隔子打吃飞炮进位的同时还可不缓一着地连续叫杀，炮的这种使用方法的设立是导致中国象棋从古代经典艺术思维走向主观随意性思维的一个主要陷落点。继炮之后，与当时各种政治因素的干扰及艺术上的幼稚短见、随心所欲相适应，诸如象飞田，不能过河，兵直走直吃，沉底不能后退，士不出帷幄，将不出九宫，两将不能照面等弈法规则相继出台。这种政治的趋炎媚上和艺术的浅薄臆造，使得中国象棋在从"程氏象戏"到大、小象戏的改变中，在某些方面有所发展的同时，在艺术本质上其实是一种倒退。从那以后，中国象棋就在这一封闭式体系内，不问现实，不管战争规律如何，一味只安于其传统政治理念和文化心态的自圆其说，追求其形式逻辑和主观弈法的自我发展，沉湎于纯艺术、技巧和娱乐的狭小天地里。这一沉沦就是八九百年，也禁锢了中国人的象艺文化思维八九百年。

当传统中国象棋、围棋在艺术形式上止步不前，安于一般竞争技巧和逻辑思维的精雕细琢和抽象发展的时候，整个棋牌文化艺术并未停止前进的脚步。首先是纸牌游戏随着棋类游戏的发展渐渐萌发了。相传中国纸牌游戏起源于汉朝。韩信在军中发明了“叶子戏”，为了使士兵减少乡愁，供其娱乐用。朱育珉、江更生在《游艺百宝箱》一书中对纸牌游戏的起源做了一番考证——

根据古书上记载，则是始于唐代中叶《咸定录》中说：“唐李郃为贺州刺史，与妓人叶茂莲江行……因谓‘叶子戏’。”另一个说法是唐代有位妇女叫叶子青，她撰写了本纸牌专著《叶子格》，所以纸牌叫“叶子戏”。唐代的叶子戏已深得人们的偏爱。

到了宋代，纸牌娱乐已风靡全国。关于叶子戏的书籍大量涌现。宋代学者郑樵在他的名著《通志》里就录有《偏金叶子格》《新定偏金叶子格》《小叶子格》《击蒙叶子格》等多种牌谱。

这种纸牌不但民间百姓爱玩，连许多文人学士也乐此不疲。当时西昆诗体的领袖杨亿还将纸牌改良成“鹤格”叶子戏（见欧阳修《归田录》）。当时民间的纸牌还传到宫中，成了帝王和宫娥的消遣物。宋太祖还专门命宫人们学打叶子戏以为消夜的娱乐（见《真逸农田余话》）。[8]

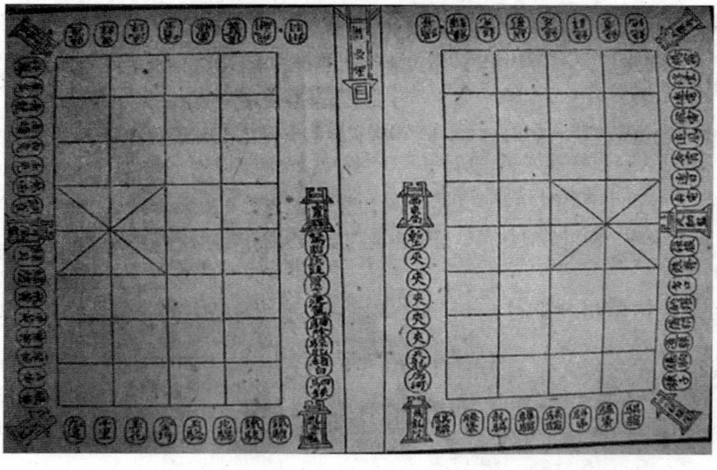

“打马图”

然而这时的叶子戏尚未见有数字牌点的记载，它作为游戏的功能也许只是类似于酒令文化那样，凭借个人的知识和机敏以求得一乐而已。到北宋末在博弈之外，初期叶子戏开始分化重组之时，又有一种称为“打马”的游戏盛行一时。这种“打马”游戏，据《词源》说：“打马，即打双陆。双陆棋子称马，故也称打马。”宋李清照《打马赋》云：“打马爰兴，樗蒲遂废。实博弈之上流，乃深闺之雅戏。”[9] 她把“打马”游戏看得高于博弈。又据《汉语大词典》：“打马，古代博戏名。宋李清照《打马图经序》：‘打马世有两种，一种一将十马，谓之关西马；一种无将二十马者，谓之依经马。”[10] 这里又表明当时的打马牌游戏已经发展出了有将和无将的玩法。这种游戏从宋陈元靓《事林广记》收录的由李清照所保留下来的“打马图”中可以观其大略。[11]

这一“打马图”是附刻在一副 9×10 道线的中国象棋盘中，四周按划定的长方格有序排列着各种掷骰子得来的码点图形及其花点名称，如角搜（实际中应该摞起来看）、光八、小浮图、夹九、拐九、堂印等，中间有四个花点为满盆星浑、拍板儿浑六、桃花重五、雁行儿浑九，用浑字表示成三、六、九的同花点筹码，可能有“将牌”的功能，共有 56 种。内圈还有更为复杂的诸如才逸、千里、玉花、金竹、险幽、绝足、越影、超先、流珠、丝衣等 62 个或为行令之类的名称用语，并在四角四正之处设有八门及出入通道之类的机关。这是一种什么样的游戏呢？李清照在《打马图经序》中说：“予性喜博，凡所谓博者，皆耽之昼夜，每忘寝食。”这里所谓博是指博戏的形式和掷骰子博胜的意思。这是宋人在延续了春秋战国时六博棋、塞戏、三国双陆及北周“象戏”掷骰博胜的方式，沿用了三国双陆六面刻有码点骰子的基础上，在精神文化领域，在反映人们内心世界的思维体系上开拓的又一全新文化形式的雏形。李清照在另一篇《打马赋》中赞扬了打马游戏类似象棋的神奇之处，“或出入用奇，有类昆阳之战”。她把掷得某一奇数采名，可以在游戏中出奇制胜（遇偶数停）的方式类比于黄帝与蚩尤之战“驱猛兽以为阵”的情形。由于这种游戏只是采用三枚骰子同掷，单纯凭借其掷得的高低奇偶采花作为唯一竞争手段，虽然也附加了一些类似行令或其他文字游戏的娱乐功能，但总归并未形成自身艺术的实质内容，因此社会影响有限。但是通过“打马戏”艺术形式的传续，其采用的组合式码点数字的功能及其种种采名与博采的方式，再加之“叶子戏”及其他博塞戏文化的交互影响，却为以后中国文化的牙牌、骨牌、马吊及麻将牌的产生起了铺垫和推动的作用。

牙牌应该说是一种更为古老的牌文化。牙牌文化形式的演变据《汉语大词典》说共经历了四个发展阶段：1. 唐代以前为一种用象牙或骨角制成的记事签牌。2. 宋代为证明官员身份的象牙腰牌。3. 分化为骨牌，一种赌具。4. 行酒令用的筹签。[12]

牙牌是前骨牌文化的别称。骨牌按《辞源》上解释：“《正字通》：‘牙牌，令戏具。俗传宣和二年（公元1120年左右）设，高宗时诏颁行天下，谓之骨牌，如博塞格五之类’。”[13]这里指出牙牌曾是行酒令的戏具，并与博塞戏同类。《汉语大词典》说：“骨牌，牌类娱乐工具，每副三十二张，上面刻着以不同方式排列的从两个到十二个点子。俗传始于宋代，也称牙牌。……清梁章钜《浪迹续谈·骨牌草》‘骨牌之戏，自宋有之，《宣和谱》以三牌为率，三牌凡六面，即骰子之变也。近时天九之戏，见于明潘之恒《续叶子谱》，云近从睦好事家，变此牌为三十二叶，可执而行，则即今骨牌掽湖之滥觞也’。”[14]由此可见牙牌其实原本是一种记事表征的牌，后来人们在其中注入码点数字的功能并采用了木块、骨头块形制而形成一种新的斗牌游戏。现今的中国骨牌有多种。其中一种民间流传的骨牌有24张，用竹子块刻成。牌面分为两个方区，分别刻有从一至六不等的点子，牌与牌之间按首尾相接的方式构成一种基本联系。其形式是：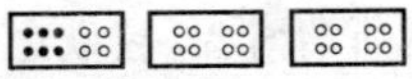
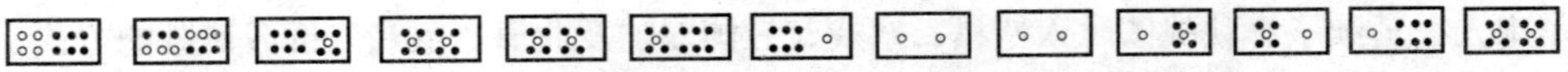
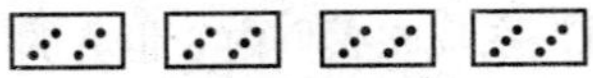（图中实点为黑点，圆圈为红点），最后二见三就算打完。牌的名称及张数分别为：小二2张，腰八1张，大天1张，红八2张，红十1张，大天1张，虎头1张，大五2张，虎头1张，幺六1张，幺板儿2张，幺五2张，幺六1张，拐九1张，大三2张，幺三2张。起牌以掷骰子争先，每人六张牌，出牌的方式是接对，以谁最先出完牌为胜。如都没有出完，则亮牌以点数最小的获胜。这里可以对比一下中国骨牌与西方多米诺骨牌的内容。据《大英百科全书》说：

多米诺骨牌（Dominoes）是一种博戏。呈小方块状，正面有数量不等的点。

每张骨牌的正面有一直线或凸纹，分成两个方区，并排标出号码，有一些方区则空着（用“0”表示）。一副牌有28张（每张牌面上的两个方区内分别由从0至6不同数量的点组成）。尾数相同的牌为一套，每套牌有一对牌。中国骨牌的渊源可追溯至公元12世纪。西方的多米诺骨牌可能与中国骨牌无关。……骨牌游戏原理大致相同，即把尾数相同或相对者相配。……抽出牌点最高者领局，开局后各家轮流抽牌，一般每家7张，余下的牌为“剩牌”。领局者先出，一般均出最高点牌（因为最后点数最少者为胜）。有时规定一家出对牌后还可再出一张点数相同的牌，例如，出双6则还可再出一个尾数为6的牌。下一家需打出尾数相配的牌，并置于其旁。对牌则横置。如无牌可打则叫“过”，由另一家接打。一家将手中牌全部打完，则呼“多米诺”胜一盘。[15]

由此可以看出中国骨牌与西方多米诺骨牌的渊源。与中国牌文化的萌芽阶段相对照，13世纪在中亚及西欧特别是流行于意大利的一种纸牌逐渐兴起。纸牌的原始形态称为塔罗特牌，是与中世纪的宗教活动及占卜、算命的神秘主义文化相伴而生的。据《大英百科全书》说：

“塔罗特牌[16]是14世纪流行于意大利的一种画片纸牌，22张，无同花牌组，绘有各种善恶角色如国王、皇后等。之后演变为塔罗克牌，增至54张，有了牌点和花色。”

然而这一牌戏的最初发明者却不是意大利人，而是古印度或古埃及的吉卜赛人。事实上，在英C. 索普撰写的一本《扑克占卜》的小册子中，他引用另一位《塔罗特纸牌》作者巴布斯的话写道：

关于波西米亚发明的塔罗特纸牌最完整的著作。……是“由吉卜赛人一代一代传下来的……古代占卜思想的原始著作”。……是“对古埃及重视的哲学和科学的诠释”。[17]

C. 索普又引据另一位《纸牌占卜》作者富利的观点，分析道：他没有把这一传统归之于埃及人而是早期印度人，是由他们中一批低等民在迁居时经埃及带到西方来的。富利说：“可以肯定，当初纸牌叫 Naibi，希伯莱语、阿拉伯语里 Nabi、Naba、Nabad，表示‘预知’。许多人还认为用纸牌进行游戏的想法是后来的事情，它们最初的目的是占卜。”[18]

由此推断关于纸牌的发明，如果从前置条件说是中国的造纸技术及纸牌文化中的某些信息曾经影响和推动了中亚及西方文明的进步，那么仅就现在流行的纸牌——扑克牌文化形式及其思维特点来说，则应该是由古印度、古埃及的吉卜赛人首先发明，并在阿拉伯文化、希伯来文化的土壤中独立生长，最终在意大利文艺复兴时期加以完善而产生的。

整个扑克牌文化在西方的发展，经塔罗特牌、塔罗克牌之后，进入凯旋牌和惠斯特牌的发展时期。扑克牌据《大英百科全书》说：

> Poker 是一种牌戏，更确切地说是一个牌戏科目的通称。最早见于欧洲，1526 年始见于文献资料。经常是用 52 张一副的牌，各花色价值相等，每种花色内各牌分值自大至小次序为 A、K、Q、J、10…2，但 A 也可以当作 1。[19]

扑克牌的内容充分体现了西方人文思维的特点。它的一张牌代表 1 个星期，每种花色有 13 张牌代表一季 13 个星期，四色合起来为一年四季 52 个星期 52 张牌。它的 12 张尊者牌表示国王、皇后及侍从。其中国王的含义具体为：梅花 K 代表马其顿王亚历山大，黑桃 K 代表以色列王大卫，方块 K 代表罗马王凯撒，而那张红心 K 在法国代表查理一世，在英国它却代表亨利八世。扑克牌玩法尤其在桥牌形式上最具智慧。据《大英百科全书》说：

> 桥牌（Bridge）一方面指现代的定约桥牌，另一方面指过去的竞叫桥牌

和惠斯特桥牌。它们先后从较为古老的惠斯特牌演化而来……惠斯特牌和各式桥牌都起源于英格兰，它们的共同祖先主要是凯旋牌。惠斯特牌大概始见于17世纪，后来为惠斯特牌所取代。[20]

在西方牌文化发展的期间，中国棋牌文化的发展又是怎样的呢？据明代中期的著名文人、艺术家唐寅（1470—1523）《谱双·书后》说："今樗蒲，弹戏俱格废不传；打马、七国棋、汉宫仪、五木等戏，其法具在，时亦不尚；独象棋、双陆盛行。"[21] 可见至明代中叶，在中国传统棋文化的又一个繁荣时期，真正具有实质意义的牌文化还尚未形成。中国牌文化中端层次的变革应始于明代晚期的马吊牌。明代文人冯梦龙（1574—1646）作有《马吊牌经》一文。据《汉语大词典》：

马吊，古代博戏，始于明代中叶。因合四十叶纸牌而成，故又称"叶子戏"。牌分十字、万字、索子、文钱四门，前两门画《水浒》人像，后两门画线索图形，四人同玩，每人八叶，余置中央，出牌以大打小。清顾炎武《日知录·赌博》云："万历之末，太平无事，士大夫无所用心，间有相从赌博者。至天启中，始行马吊之戏……"。[22]

据《霞外捃屑》一书介绍，明代文学家徐渭曾经绘过四十张素纸叶子戏，每张宽三寸，长九寸，"杂引周秦以来史册"，别具一格。明末大画家陈洪绶对叶子戏也颇偏爱，他花了整整四个月时间创作了一套《水浒牌》，牌上画着四十位神态各异的梁山好汉，个个呼之欲出。明代的叶子戏牌面上标着"万万贯""百万贯""十万贯""五万贯"等数字，以此来斗胜负。

这时的叶子戏为纸牌确定无疑。本来的叶子戏为什么又称"马吊"呢？这应该与叶子戏内容和打法的改变有关。其玩法极有可能是延续了"打马"游戏称棋子为马的习惯，又称牌张为马；但已不是用掷骰子行棋，而是采用了某种吊牌或一打三争胜的方式而得名的。因此，虽说叶子戏与"打马"游戏"无关"，但叶子戏与"打马"游戏某些方面的结合却推动了中国牌文化的发展。马吊牌到了清代通过自身的改进并与骨牌形制的结合发展为由条、饼、万、风、混、箭六种共144张组成的麻将。麻将牌创造了一种新的艺术形式，它提供了一种公平、平等竞争的条件，也赋予了每张牌都有可能均等地成为将牌或催生将牌的机会。麻将牌的这种简易、通俗、趣味性和平民化的风格是其他棋牌艺术形式无法比拟的。麻将之后，古老纸牌的叶子戏也并未根绝。据《游戏百宝箱》考据："清代的纸牌长约8厘米，宽约2.5厘米，大概有两个手指般大小。当时纸牌点数的名称有了专门的术语，依照《清稗类钞》上所列的就有'一为截角、二为斜眼、三为豹牙、四为缺内、五为双白、六为双箸、七为斜齿、八为外缺、九为弦月（皆为骨牌牌点的一些称谓）。'斗牌的法则有'空汤瓶''枝花''顺''豹'等。我国纸牌最早的打法是排列法，谁翻到最大的牌，谁就获胜。"

中国传统牌文化究竟走了一条怎样的发展道路，究竟该如何评价它的功过得失呢？中国人早在周代就发明了十进位制和二进位制的数字体系，但在牌文化中却始终没有突破一至九位数的框架，没有能够发现、总结出运用十进制、二进制数字纵横重组数字功能的形式，各门牌张也仅局限于钱码的种类而没有去追寻其自然物质的属性，使得中国牌文化在形式上有所发展（如72张一套牌象征一年72候，13张一套牌重组和牌的方式）的同时，在艺术本质上却始终停留在一个小生产的封闭式文化理念和简单思维的狭小天地里。因此，一方面可以说古老纸牌的故乡是中国，但扑克牌、桥牌的故乡则必定是古印度、古埃及和欧洲各国了。

回头再看国际象棋，国际象棋是国际通行的棋种，习惯上直称"象棋"，在中国，为区别于中国象棋，故名国际象棋。据《大英百科全书》："国际象棋（Chess）是从印度或中国的一种古老棋戏演变而来。大约6世纪从印度传入波斯再传入阿拉伯。约于10世纪经阿拉伯和中亚传到意大利、西班牙和法国及欧洲各地。15.16世纪终于定型成现在的形式和棋制。"[23] 另据国际象棋界通行的说法：国际象棋的雏形为公元2—4世纪初流行于印度的一种棋戏"恰图兰格①"，6世纪传入波斯和中亚，被称为"沙特朗兹②"，此后在阿拉伯各国和中亚广泛流传。10世纪传入欧洲，逐渐成为欧洲中世纪"骑士七技"之一。16世纪上半叶，其棋盘、棋子及走法趋向定型，已与今制相同。19世纪下半叶规则完全统一，并得到普遍承认。

[①据《象棋史话》说："恰图兰格"（Chaturan）意思是'四队''四角''四方阵'。棋盘为64个方格，棋子放在四角的格子里，每方八子：王、象、马、船各一，兵四。各子步法：王直斜行一格；象斜行两格；马与今象棋一样；船直行无远近；兵与今国际象棋无异。每着棋走前掷骰子，五点是王或兵走，四点走象，三点走马，两点走船。"[24]]

[②据《象棋史话》和《国际象棋名词辞典》说："恰图兰格"流传到波斯后，公元七世纪阿拉伯人征服波斯，遂在阿拉伯上层社会流行，改称为IIIatpahjik(沙特朗兹)。棋子有将、副将（士）、战车、象、骑兵和步兵等。其中将、战车、骑兵和步兵的走法与今国际象棋相同；副将（士）在斜线上每步走一格；象在斜线上每步走两格，如行走路线上有对方棋子，只能超越而不能吃（不塞象眼）。[25]]

关于国际象棋起源于印度、波斯及阿拉伯的说法有待商榷。持这种观点的人只是简单地将他们所了解的这两种棋加以联系就直接归纳到"国际象棋"上去了，完全忽略和回避了一些根本性的问题。其一，"恰图兰格"只是掷骰子行棋的博塞戏，从"恰图兰格"到"沙特朗兹"流传了多少年？"沙特朗兹"中实质性的改进是哪一年发生的？是在中国唐、宋象棋之前还是之后？其二，从10世纪传入欧洲到15、16世纪在欧洲定型期间，象棋文化发展的具体情况如何？这一东进路线象棋文化的改进是否受到东方本体象形文化思维之源的中华文化的影响？这种领先世界的中国古代科技文明对西域及欧洲的影响是能够回避的吗？有关象棋起源及发明权的争论，其要点并不在于非要确定是谁、是哪个国家首先发明了象棋，而在于应以现代科学的精确眼光将象棋文化发展的本质要素及其演进过程调理清楚。历史地看国际象棋，它或许更多地继承和保留了中国唐、宋象棋以及印度、波斯和阿拉伯象棋中古典纯真的东西，并有所创新；而中国象棋在形式上有所发展的同时，由于受到保守的封建政治、文化理念的束缚，在艺术本质上反倒停滞不前，并大大落后了。

关于中国象棋向西域乃至西方各国、东南亚各国的流传，张如安先生在《中国象棋史》第二编雏形时期第五节、第六节中对此考据甚详，立论严谨，史料丰富，结论准确，特转引于下：

喀拉汗王朝的象戏活动

唐天宝三年（744），回纥部联合葛逻禄等部推翻了后突厥汗国，在漠北草原上建立了与唐朝有密切联系的回纥汗国。开成五年（840），回鹘汗国为黠戛斯汗国所灭。回鹘诸部于是大规模迁入西域，与当地原有回纥游牧部属和土著居民融合，开始了一个新的历史时期，于是9至13世纪，出现了初以巴拉萨衮，后以喀什噶尔为王都的喀拉汗政权，其疆域包括今巴尔喀什湖以东以南的地区及河中地区（伊犁河流域至锡尔、阿姆河之间的地区和今新疆西部地区）。这是古代维吾尔人参与建立的一个王朝，在整个中亚地区经济、文化的发展中，曾起过重要作用。

回鹘西迁以后，在经济、政治、文化、宗教、社会生活习俗等方面都发生了巨变。喀拉汗王朝时期，农业、手工业已发展成为社会生产的基本部分，定居和城市化也普及起来。喀什噶尔、巴尔楚克（巴楚）、巴拉萨衮、讹塔拉、法拉甫、撒马耳罕以及类似的大的经济、商业和文化中心，也都先后崛起，文化繁荣发达，娱乐丰富多样。11世纪喀拉汗王朝杰出文学家优素甫·哈斯·哈吉甫（1018或1019-？）在《福乐智慧》（Kutadolu Bilik）第三十三章《贤明论应派什么人做使节》中曾对当时的文化娱乐做过一段生动的记述：

使节还应懂得各种文书，
这样他才会聪明机智。
人若写、读、领会，三者兼能，
才可取得学者之名。

使节还应具备各种品德、才能，
才德会给人带来荣幸。
还应博览群书，语言精通，

既会写诗，又会把诗吟诵。

还应通晓星占、医术和圆梦，
而圆梦时又能详出梦的吉凶。
算术和几何都要掌握，
开方、测量学也应精通。

围棋、象棋的棋艺要精，
能击败对手，大获全胜。
要善打马球，箭法高超，
猎取飞禽走兽要比他人高明。

各种语言都讲得流畅，
各种文字都写得漂亮。
只有具备这些知识、本领，
使节办事才会事事成功。

这是11世纪喀拉汗王朝境域内有围棋象棋活动的最早文字记录，具有极重要的研究价值。

《福乐智慧》是用回鹘语（古代维吾尔语）写成的。在喀拉汗王朝及其前后的时期，回鹘语是中亚主要的交际工具和官方语言，是喀拉汗王朝的国语。这一时期的回鹘语在一些文献中被称作“哈卡尼亚语”（即王朝语或可汗语）。《福乐智慧》是计存一万三千二百九十行的回鹘语长诗，它所体现的文化背景具有几个最基本的特征：

第一，回鹘文化意识和传统在作品中占据主导地位，它鲜明地体现了自漠北时期便开始形成的维吾尔族自身文化传统在新条件下的延续、丰富和发展。

例如，作者奉为圭臬、广征博引的许多民间格言、谚语以及属于草原贵族人士的名言，就十分鲜明地反映了回鹘部属固有的文化意识和传统观念。《福乐智慧》一节约有六千余个根词和派生词，其中阿拉伯语和波斯借词仅有五百个左右。作品中的某些天文学名词和哲学抽象名词，均采用突厥语词语，这与当时在中亚其他地区，阿拉伯语成为通行的学术语言，波斯语成为规范的文学语言形成鲜明的对照。

第二，作品体现了中原文化与回鹘传统文化的有机融合。巴托尔德在《蒙古入侵时期的突厥斯坦》一书中就曾断言："喀拉汗朝的人是借助于回鹘人而生活在中国文化的影响之中的。"《福乐智慧》的散文体序言更是直截了当指出："它以秦地哲士的箴言和马秦学者的诗篇装饰而成。"与《福乐智慧》同时代的《突厥语词典》的释义云："桃花石乃马秦的名称。秦距契丹有四个月路程。秦本来分为三部：上秦在东，是桃花石；中秦为契丹；下秦为八儿罕。而八儿罕就是喀什噶尔。但在今日，桃花石被称为马秦，契丹被称为秦。"《福乐智慧》第四章有这样的诗句："褐色大地披上了绿色丝绸，契丹商队又将桃花石锦缎铺陈。"郝关中、张宏超、刘宾译注本云："契丹——指辽朝契丹人，或泛指中国北部。桃花石——此处指南宋或泛指汉地。"其实喀拉汗王朝是与北宋王朝并存的地方政权，《福乐智慧》中的词语中不可能出现指称南宋的现象，但"桃花石"泛指汉地，由来已久。"桃花石"（Tavolaq）一词在公元6世纪末即出现于东罗马史料，公示8世纪亦见之于古突厥文碑铭"阙特勤碑"，指称"唐朝"。回鹘诸部大规模迁入西域，即在唐文宗开成五年（840）后。因此，世界各国学者一致认为，《福乐智慧》明确表明了回鹘文化与中原文化的内在密切联系，它具有强烈而鲜明的祖国意识。"《福乐智慧》一书中，也将喀拉汗朝的汗尊称为'桃花石汗'（即东方和中国之君的意思），可见虽然有地方与中央政权之分，但是中国作为一个一统观念，从喀拉汗朝的统治者到臣民都是坚信不疑的。"

由此笔者断言，《福乐智慧》中提到的围棋、象棋，是从中原地区传入西域诸地的。围棋本是汉族地区极为盛行的一种棋戏，唐代弈风尤盛，国手辈出，形成了高潮。围棋很早就通过丝绸之路传入西域，1972 年在新疆吐鲁番阿斯塔纳唐墓中，出土了一幅“围棋仕女图”绢画。与围棋对举的象棋，同样由汉族地区传入。就时间上分析，《福乐智慧》的写作用了 18 个月，于 1069 年完成，诗中既然提到使节必须懂得象棋，那么象棋在喀拉汗王朝地区的流行必已有相当长的时间，可以推想其形制当属宝应象戏，由唐时传入。喀拉汗王朝的主要成员是回鹘人，回鹘诸部大规模迁入西域是在唐文宗开成五年后，宝应象戏传入新疆喀什诸地，可能就在这一时期。回鹘人建立的回纥汗国，原本与唐朝有着极为紧密的联系，宝应象戏曾在回鹘诸部中流传也是很自然的。我们还注意到元释念常《佛祖历代通载》中说：“唐文宗开成己未制象棋。”“开成己未”即开成四年，次年回鹘汗国即被黠戛斯汗国所灭，诸部迁入西域，这在时间上多么巧合。可能释念常依据《福乐智慧》之类的维吾尔族古代史料，推断出象棋的发明时间。

第三，《福乐智慧》吸收了外来文化诸因素的影响，主要是由包括阿拉伯传统文化在内的世界多种文化的精粹汇集而成的阿拉伯文明的影响，如第四章就有这样的诗句：“你瞧，从空中飞来天国的鸟儿，一些是印度的罗阇，一些是凯撒的使臣。”“有的从东方带来珍贵的礼品，有的从西方赶来，献一片赤心。”同样，喀拉汗王朝也频频派出使节出访他国，《福乐智慧》第三十二章国王问贤明：

无疑，你知道天下的君王，
都要派使节去他国出访。
请为我把这个问题讲明：
如果要派使节到他国出访，
国君应委派怎样的人才，
相信于他，让他把使节充当？

贤明论述了充当使节的条件，其中有一条便是“围棋、象棋的棋艺要精，能击败对手，大获全胜”。这使我们有充分理由认为，喀拉汗王朝对棋艺非常看重，曾与他国有过一定的棋艺交流。当时阿拉伯、波斯流行的是国际象棋，其形制与唐代象戏有着惊人的相似性。

《福乐智慧》一书的作者优素甫，其故乡在巴拉萨衮，汉文史籍作“碎叶”，位于七河流域楚河河谷，吉尔吉斯共和国托克玛克市以西、阿克皮心一带。《福乐智慧》的写作，在巴拉萨衮开始着笔，1068年到喀什噶尔后继续写作，次年完成。作者把它献给了当时喀什噶尔的执政者、东部王朝副可汗“桃花石·布格拉汗”，并因此荣膺“哈斯·哈吉甫”（Has Hajib御前侍臣）的称号。R.R. 阿拉特认为该书的写成是建立在作者个人经历基础之上的，书中的人物，日出国王就是桃花石·布格拉汗，月圆就是优素甫自己。月圆长途跋涉，投奔日出，侍奉国王的经历，显然就是优素甫自己的写照，而贤明可能是作者之子的形象。贤明论使节必须精通象棋、围棋，他自己可能也是一位棋坛好手。由此推想，优素甫本人对棋类并不陌生，围、象两棋在新疆的喀什和碎叶均较流行。

有不少学者认为，中国象棋和国际象棋同出一胞，都饱饮了东方智慧的甘霖。然而国际象棋是否确从唐代象戏演变而来，目前尚缺乏有力的佐证，一般认为较迟的蒙古象棋就是唐代象戏的遗存，向北流播，传至冰天雪地的西伯利亚，经过改革后定型为国际象棋。然而《福乐智慧》象棋史料的发现，似乎为探索两棋的关系找到了突破口。原来唐代象戏经回鹘人传入喀拉汗王朝统治区，在碎叶也有人知晓，而且它还通过使节与阿拉伯、波斯、印度诸国都有棋艺交往，把唐代象戏的种子撒向了中亚各国和阿拉伯地区，最终演变成国际象棋，也是言之成理的推测。

唐代象戏向四邻诸国传播的假说

唐代象戏发明后，很快从大唐东土向四邻诸国传播，促进了中外文化的交流。林托恩的文化传播“边缘遗存”理论认为，一项新的文化，最初只能发生在一定范围的源区内，等传至周围地区，这一文化特质在源区可能已有很大变化，等传至更远的地区时，源区的此项文化或许已经衰退甚至死亡，而距源区越远的地方，保留的文化特征可能越古老。当然传播的过程是很复杂的，必须考虑到损耗、交融、丰富诸因素。笔者认为，四邻诸国流传至今的古老象棋，虽然形态互异，但具有唐代、宋代象戏向外传播的“边缘遗存”特征，也就是说，它们具有同一的祖先——唐、宋象戏。

流布在马来群岛的象棋，是一种使用8×8格棋盘及使用立体棋子的象棋，其古朴的形式，曾使19世纪末的西方学者颇感惊讶。

马来语叫一般棋戏为Main Chator，后一字可能出自梵语Chaturan，意为棋戏，但历史上梵语已渗入当地的语言中，使用惯用的语言来称呼某种事物，并不表示该事物来自印度，更何况从印度的文献上找不到象棋出现早于8世纪的证明，而从中国的古籍《玄怪录》推论，雏形象棋的发明至少可以追溯到初唐，在8世纪中叶则已大盛于士大夫中间，并且出现在专门的娱乐场所——博弈之家。马来语称象棋为Main Gajah，前一字是“游戏”，后一字意为（动物的）“象”（今日一般称象棋为Catur Gaiah）。印度棋的名称中没有“象”的含义，中国唐代文献《玄怪录》里的“金象将军”，从立体的造型考虑，显然跟动物象有某种关系。看来，马来象棋的名称当出自中国。

马来象棋分布范围颇广，半岛及海岛均有，基本形制同中有异。棋盘木制，刻有对角线（与升级有关），棋子名称可分为马来及爪哇两类：马来型有raja（王）、mantri（士）、gajah（象）、kuda（马）、ter（车）、bidaq（卒）；爪哇型有ratu（王）、pateh（相）、mantri（士）、jaran（马）、prahu（船）、bidap（卒）。棋子通常用软木刻成，刻画简单，不易辨别形象。

马来棋由中国传入的假说可成立，其时当在唐代中叶。唐时，中国通往西亚的海道交通大盛，位于海道要冲的海峡两岸国家日趋繁荣，中国商旅移居或久居其地者颇众。苏门答腊岛上的大国室利佛游（梵文碑铭srivijaya）盛行大乘数，中国僧侣在其地暂居或归俗不返者多有，唐僧义净曾居住达12年之久，中国文化传入其地不足为奇。10世纪时阿拉伯马素提（Mas'oudi）在《黄金牧地》（Les Prairues d' or）中谓公元943年游苏岛时，“有许多国人在此岛耕植，而尤以巴淋邦（按，即室利佛游的都城巨港，在苏岛南部）为多，盖避黄巢之乱而至者”。中国和南海诸国的交往，在唐以后曾断绝了很长一段时期，至宋初才正式恢复，故在宋代通使时，只知其国名为“三佛齐”，已不知此即《新唐书》之室利佛游了。宋朱彧《萍洲可谈》说：“海南诸国，各有酋长，三佛齐最号大国……是国正在海南，西至大食尚远，华人诣大食，至三佛齐修船，转易货物，远贾幅凑，故号最盛。”宋代文化也必然因交往的密切而传入南海诸国。马来象棋可能是在唐代象戏的基础上，融合了宋代象棋的某些体制后演变而成的。今柬埔寨（唐称真腊）象棋亦为8×8格，棋子与爪哇型相同，唯卒子叫鱼，当属于同一血缘关系。

由中国传入的象棋，一直是南海诸国人民雅好的棋戏，在他们的文化生活中占有十分重要的地位。明代郑和下西洋时，随使马欢《瀛涯胜览》所志旧港国（巨港）云：“彼等人多好博戏，如把龟、弈棋、斗鸡之类，皆赌钱物。”查继佐《罪惟录》列传卷之三十六《三佛齐》也说：“人好赌博，如把龟、弈棋、斗鷄，皆索棋具也。”1509年，葡萄牙远征队海军将领Diogo Lopez首次到达马六甲，发现当地人下的棋和欧洲棋相当接近，便曾和当地人试下过一局。1904年，德国学者Von Oefele在研究著作中记载了在苏门答腊岛上Battak族玩棋情形说：“几乎每名Battak男子都会玩棋，而且差不多每个村落的公所都在铺木的地板上刻有一面大棋盘，以备到公所的人玩棋，而且通常都是下彩的。有时太狂热了，村主任只得下令禁玩一段时期。”他所叙述的是分布在苏岛巨港之北的一个部族，《诸蕃志》称其国为“拔沓”、《明史》称为“那孤儿”，今其族多散居多巴湖一带。

至今仍十分盛行的泰国棋（mak-rum），其祖先可能也出自唐代象戏，在发展过程中，也融合了宋代象棋的某些特点。棋子名称接近中、日，为各地鲜见。棋盘8×8格，没有刻对角线。棋子立体象形，视等级高低分别形体大小。最小是“贝”，各有八只，升级时只需把贝壳棋子反过来便成。

泰族大约是在10至11世纪开始沿湄南河南下，1257年建都于速古台（sukhotai），宋史称暹国。泰国棋可能由此途径传至中国西南大诏地区，因为他们皆以贝代钱，贝壳是最低值货币，代替小卒，正可相当。暹国习惯水战，故棋子以船代车，用本国人最熟悉的东西替代外来的陌生棋名，可以理解。泰国棋的ma，是汉字马的音译。泰国棋子布在格内，行棋落子也在格内，似是唐象戏的遗存。至于泰国棋的兵力配备和行棋步法，可能更多地受宋代象戏的影响，容在第三编比较讨论。

缅甸人称棋为sittuyin，口语作sitbuyin，棋盘叫sit-tuyinkon，亦8×8格，棋子立体象形，通常木制，分染红黑。棋子名目及走法：（1）min-gy（王）行八向，限一步。（2）sitke（士）行四向（斜角），限一步。（3）sin（象），行五向（四斜角及直前），限一步。（4）myin（马），行日步。（5）yattah（车），行车步。（6）ne（卒），红方刻作人形，黑方刻作猴子，当是比喻《罗摩衍那》人猴大战故事，向前行一步，斜行食子。

美国国立博物馆现藏古缅甸棋一副，棋子排列法，未见有与他国类同式样。国际棋史学家假定原始的国际象棋以此为代表，并且还认为：“这种棋，无论是棋子的名称、走法，还是一部分摆法（象、士保护将），全都极像中国象棋。我们毫不犹豫地设想：这是中国象棋的前身或蓝本。”这一观点我们难以接受，但缅甸棋确与中国唐宋象棋有些相似，如棋盘8×8格，画有不同对角线（与卒子升级有关），这样实际上形成了几个九宫，摆法以保护将为主，双方小卒名称有区别，也是除中国外他国尚不多见。

唐时，缅甸为骠国之地，8世纪中叶，中国云南的南诏阁罗凤统一六诏，骠国也受其控制。唐代中缅关系非常密切。贞元十八年（802），骠国王雍羌派遣悉利移、城主舒难陀率乐工35人在长安宫廷演出，受到热烈欢迎，著名诗人白居易、元稹都写过赞美骠国音乐的诗篇。此后，骠国又多次遣使来中国访问。大唐僧侣自蜀川牂牁道到印度取经，缅甸也是必经之地，高僧智岸、义辉和义朗等人还从海路到达下缅甸的郎迦戍，求经弘法，当地国王以上宾之礼接待。10至11世纪，阿奴律陀统一缅甸，建立了以蒲甘为中心的蒲甘王朝，与北宋王朝以及云南大理地方政权有着极为频繁的友好往来，中国文化曾给缅甸文化以巨大的影响。

唐宋象棋传入缅甸的推想，不至于是无稽之谈吧[26]。

中国象棋向日本的传播相传始于唐代，而到了北宋时以“大象戏”为摹本才改造为今天的日本将棋。据李松福先生考据说：“大象戏”在北宋时就已传入日本，距今九百年的一本日本古文献《台记》中记下了这一事实。日本将棋联盟编的《将棋入门》也说，关于日本将棋的确切史料，康治元年从中国传去的大象戏，才是最可靠的。……日本现在流行的是中将棋，它是在小将棋的基础上稍加改造而成，棋局和棋子名称与将棋一样，只是每边加了一只飞车和一只角行。据《将棋独稽古·序》说：“将棋者，我邦知兵者，效彼邦象戏而创制焉。”南宋时期初定型后的近代象棋，日本称之为“金鹏”，乃是受明代《金鹏谱》的影响，说明明代的《金鹏谱》也传入了日本[27]。

中国象棋向朝鲜的传播表现在现在朝鲜流行的象棋与我国近代象棋很相近。

据谢侠逊《烂柯丛话·外编》，高丽象棋着法，与吾国象棋相同，唯有四处相差：

（一）将帅照我国着法限定进退九宫内，尚可照士之走法；

（二）未开局之前，象马二处地位，亦可互相对易；

（三）相象可照田字角过河，充作杀敌功用；

（四）炮不能去炮，如隔子打子，当中隔一炮，亦不能发生打子及照将之效力[28]。

其中，朝鲜人已认识到，象应该可以过河，既有传统的线路开放之意，又有人尽其才，物尽其用之意。炮当两炮相对相互威慑时，还具有拦截对方炮火的效力，炮也不能隔炮子的头上飞过，相互拦截。可见朝鲜人的理性思维是足够明智了。

现代棋艺比较典型的发展是军棋。军棋是在古老博塞棋形式的基础上，概括出现代战争中兵力强弱代表的军衔制的高低职位及其他一些战争要素，通过棋子间的一般职位大小和武器功能的比拼相互搏杀行塞，以最终夺取对方军旗为胜的一种棋戏。这对于现代军事战争的概括仅仅是触及皮毛而已。其他棋艺则或是偏于主观发挥，或是只图博采一乐，均不足为道。整个传统棋牌文化正面临着现代思想、现代科技革命的严峻挑战和变革的呼唤。

从棋牌文化主体实践的历史演进可以进入棋牌文化社会交往活动和交往形式体系的发生机制方面去了。

注：

[1] 李松福 . 象棋史话 [M]. 北京：人民体育出版社，1981：25-30.

[2] 周家森 . 象棋与棋话 [M]. 北京：文物出版社，1981：5.

[3] 李松福 . 象棋史话 [M]. 北京：人民体育出版社，1981：32.

[4] 张如安 . 中国象棋史 [M]. 北京：团结出版社，1998：45-46.

[5] 李松福 . 象棋史话 [M]. 北京：人民体育出版社，1981：41-42.

[6] 李松福 . 象棋史话 [M]. 北京：人民体育出版社，1981：53-54.

[7] 李松福 . 象棋史话 [M]. 北京：人民体育出版社，1981：57.

[8] 朱育珉，江更生 . 游艺百宝箱 [M]. 长沙：湖南人民出版社，1984：113.

[9] 辞源（修订版）[M]. 北京：商务印书馆，1983：1208.

[10] 汉语大词典（第 6 卷）[M]. 上海：上海辞书出版社，1986—1993：320.

[11] 李松福 . 象棋史话 [M]. 北京：人民体育出版社，1981：68.

[12] 汉语大词典（第 5 卷）[M]. 上海：上海辞书出版社，1986—1993：278.

[13] 辞源（修订版）[M]. 北京：商务印书馆，1983：3472.

[14] 汉语大词典（第 12 卷）[M]. 上海：上海辞书出版社，1986—1993：400.

[15] 简明不列颠百科全书（第 2 册）[M]. 北京：中国大百科全书出版社，1985：749.

[16] 简明不列颠百科全书（第 7 册）[M]. 北京：中国大百科全书出版社，1985：604.

[17][英]C・索普 . 扑克占卜 [M]. 贵阳：贵州人民出版社，1988：1-2.

[18][英]C・索普 . 扑克占卜 [M]. 贵阳：贵州人民出版社，1988：2-3.

[19] 简明不列颠百科全书（第 6 册）[M]. 北京：中国大百科全书出版社，1985：518.

[20] 简明不列颠百科全书（第 6 册）[M]. 北京：中国大百科全书出版社，1985：645.

[21] 李松福 . 象棋史话 [M]. 北京：人民体育出版社，1981：98.

[22] 汉语大词典（第 12 卷）[M]. 上海：上海辞书出版社，1986—1993：765.

[23] 简明不列颠百科全书（第 3 册）[M]. 北京：中国大百科全书出版社，1985：555.

[24] 李松福 . 象棋史话 [M]. 北京：人民体育出版社，1981：2.

[25] 李松福 . 象棋史话 [M]. 北京：人民体育出版社，1981：3.

[26] 李松福 . 象棋史话 [M]. 北京：人民体育出版社，1981：58-68.

[27] 李松福 . 象棋史话 [M]. 北京：人民体育出版社，1981：183.

[28] 李松福 . 象棋史话 [M]. 北京：人民体育出版社，1981：185.

第三章　发生机制

棋牌文化的发生机制是主体在从事一定棋牌文化交往活动中对于构成其基础的自然、社会和思维运动普遍形式的内在发生过程和发生机制的反思与追问，是人们对概括反映出自然、社会和思维运动本质之棋牌文化形式的内在发生机制和发现模式进行揭示与重建。

棋牌文化的发生机制虽然自有其形成的特殊性，但在本质上它只不过是以一种独特的视角和回归生活世界的定位，穿透历史时空和事物的本质来对构成各种不同文化形态的发生机制和发现的模式做出完整的概括。

棋牌文化的发生机制是要阐明造成这些文化形式发生的现实世界的原因是什么？形成这一现实世界运动的基本要素和最大化科学体系是什么？这一现实世界运动的原因在棋牌文化形式中发生了怎样的演变？以及这些文化形式又有哪些特殊演进的规律和发现模式的意义？

解析棋牌文化的发生机制首先要判明主体所使用的一定民族语言文字的特点和文化思维的特性，判明所依据的一定最大化文化科学体系的本质内涵及其反映在头脑中最高工具理性和思维构建法则的意义，判明使用此种文字文化思维工具，依据此项最大化科学体系及工具思维建构的法则与概念的逻辑思维的联系，及与理论的辩证法则的联系，然后才能从自然、社会和思维运动的历史中，从人类物质与精神文化生产的积累中，从文化交往和科学认识水平的进步中找出棋牌文化形式特殊的生成原因和发展的脉络，才能沟通棋牌文化与现实世界的联系，找到棋牌文化发生的根源。

中国象形文字和文化认知系统是一种直观形象思维，尤其在宏观理论思维领域有着得天独厚的优势。在象形文字与自然界之间，此岸是主体人，彼岸是客体自然，此岸是头脑中语词激活重组的概念，彼岸是客观事物的必然运动。彼此之间，自然界有什么就反映什么，是什么就指认什么，出现什么现象就抽象表现什么，看到什么行色听到什么声音就记录表现什么，有什么本质内涵需要表达就会意引申什么，等等。这种象形文字的直观形象本体本性的思维又恰恰与概念的逻辑思维体系相通。作为象形文字体系是以每个个别符合五行之性的表征和分类的文字符号来反映事物的本质内涵及其意蕴外延，作为思想细胞的概念的逻辑思维是通过语言文字在我们头脑中合于五行之性思维法则有机联系的表达来反映客观事物的具体形态与发展，它们归根到底都与五行体系的本质内涵相互对照、息息相通。象形文字的产生在指事字方面应用了理性思维，象形字应用了感性思维，形声字应用了惯性思维，会意字应用了悟性思维，假借字应用了知性思维，转注字则相对应用了前五种思维；直到象形文字的系统分类功能也可以说是按五行体系五种属性偏旁的分类形式来规范和梳理了其万事万物的意蕴体系和发展的脉络，并最终是以构成概念之思维细胞更小的分类分子单元的语词材料和认知工具的价值形态出现的。而逻辑思维驾驭概念表达自身思维内涵时，是直接进入到了逻辑思维法则的领域。其中，感觉和印象是感性思维，属水；判断和推理是理性思维，属火；分析和综合是惯性思维，属金；演绎和归纳是悟性思维，属木；摹写和论证是知性思维，属土。

两者从前提条件的语言文字认知工具到语言工具之概念的逻辑思维的应用关系是两个层面、两种工具功效间的对立统一关系。前者是直接外部世界本体意涵的文字符号和认知方式体系，后者是经验的概念形式的认知方法、认知规则的体系。当这二者都沉淀为客观认知工具和主观客体思维法则及思维基本规律时，它们都只能为我所用。此时，主体思维的我直接面对的最大化外部世界正是五行体系，而在主观世界认知并描述出这一体系建构过程建构法则的也是我。于是要使用语言文字和逻辑思维这两种工具，对外部世界本质的五行体系进行重新激活和建构的思维活动时，仅有构建法的规则体系是太显孤单刻板，远远不够的。这时就需要纯主体作用和主观理论的辩证思维了。因此才会获得生活的色彩和生命的气息，使整个世界都鲜活起来。综合起来，百川入海，万法归宗，我们发现从文字语言工具、认知特性，到逻辑思维法则、思维的基本规律，再到辩证法的基本规律，无一不渗透、浸染了五行要素和五行之性，最终都归结为自然、社会和思维的运动，归结为最大宏观世界的五行体系，这样也为我们从一个独特典型艺术视角和文化形式出发来审视和概括这一体系做了铺垫。

那么棋牌文化形式的发生是怎样进行的呢？由于有了五行体系的概括，棋牌文化作为典型艺术形式的再概括，是五行体系的科学性、艺术性、实用性特殊视角下多层次、多形态地再应用、再创造，二者是相辅相成、相互促进而发展的。然而在不同历史时代，不同科学技术和文化思维水平的人们那里，也就有着各不相同各种本质差异的艺术形式的概括。

棋文化形式的发生起源于围棋。围棋的发生与五行构建法和博弈科学的发生原理密不可分。宋仁宗皇祐年间张拟所撰《棋经十三篇·论局篇第一》曰："夫万物之数，从一而起。局之路，三百六十有一。一者，生数之主，据其极而运四方也。三百六十，以象周天之数。分而为四，以象四时。隅各九十路，以象其日。外周七十二路，以象其候。枯棋三百六十，白黑相半，以法阴阳。局之线道谓之枰，线道之间谓之罫。局方而静，棋圆而动。自古及今，弈者无同局。传曰：'日日新。'故宜用意深而存虑精，以求其胜负之由，则至其所未至矣。"[沈子函《围棋与棋话·附录》第3—4页。文物出版社，1981年6月第一版]《论局篇》从自然数，线道，周天，四时，局路，七十二候，黑白棋子等方面对围棋系统的发生机制做了描述，从中可见中兴时期围棋理论研究的基本走向和一些闪光点。

在对自然形成的认识中，当我们尽量少添加社会存在的意义，那么我们得到的基本印象就是围棋盘和围棋子的认识。所有物质元素定性、定位的存在都会量化为广义基点的"一"，整个物质世界时空范畴的存在也会量化为一个整体形式的"一"，然后或者扩大或者细分。其从一而起的，既是无极混沌世界的"一"，物质的每个个别元素的"一"，圆心点的"一"，也是围棋盘整体的"一"。从围棋盘的天文形式看，是将一个地球经纬各180度、19道线的球形将两极散开作圆柱形的投影，组成有19×19道线的方格并在其外周奇数点上有斜线的交叉的网格形式。以平面看只是9×9的81个九宫格形式。每个九宫格是由天文形式的圆变为地利形式的方，这既有立体的一个圆心与八个角交叉的九点的意义，也有平面的一个中心加四正四隅的九点的意义，俗称为九宫格。由一个整体向四正四隅分为八方，二进制数字的八卦，一日四时、一年四季的四个区域。从圆心向外共形成九周方格九层天的形式，其九周方格交叉的点数分别为 8、16、24、32、40、48、56、64、72，九层圆周点数之和为 360。360 个方格点投射于外围，形成局面交叉点与外周点统一的 360°。这是圆周 360° 产生的缘由。从立体看为 9×9×9 共 729 个九宫格域的形式。其九宫形式从平面到立体其外周奇数点上均有斜线的交叉，表明更大一级系统与小一级系统在任意时空的交叉重合的最优化运动。729 个九宫格形式为阴阳合体的全息系统。以每日的阴阳效应看各有 729 个九宫格域的一半——364.5 个格域空间处于此阴彼阳、此消彼长的状态，要实现这一系统对太阳公转一圈的全息全周激活效应，要经过一年大约 364.5 天，大致分为 12 个月，四个季度，每季 91.125 天。一年四季还分为二十四节气，七十二物候。以 364.5 除以 72，每候为 5.0625 天。这是直接棋盘构成的原因，亦即棋盘的发生机制。

另外更深层科学的发生机制在于：在立体 729 九宫形式中，例如，从围棋盘的天文形式看，彼岸世界是无穷无尽宇宙时空的存在，此岸是将地球经纬各 180 度 19 道线的球体做圆柱形投影，组成 19×19 道线的方格并在外周奇数点上有斜线的交叉的网格形式。立体是 9×9×9 的九宫格形式，共 729 个九宫。围绕九颗星四正四隅及中心各 6 格区域为均衡三等分比例。在此基础上，从中心向上下左右前后还形成立体九层环环交错、层层叠加堆砌的九宫形式。其 1—9 层九宫的排列分别为：1、8、27、64、125、216、343、512 和 729，共计形成一个最大化 2025 个九级动态九宫集合的时空系统，为 45^2。其中 1—8 级九宫共计有 1296 个九宫，为 36^2。以奇位数 1、3、5、7、9 五层分别拥有的 1、26、98、218、386 九宫及整体 729 九宫与 45 相比，分别得到系列比值：0.02、0.58、2.18、4.84、8.58、16.2；以偶数位 2、4、6、8 四层九宫分别拥有的 8、56、152、296 九宫和整体 512 九宫与 36 相比，分别得到 0.22、1.56、4.22、8.22 和 14.22。这两种不同奇、偶位数列系统可以共同表述为一个稳定性对称格域比例形式：1，2，4，8，16，8，4，2，1。这一形式与一种新建立的物质世界核素分类理论，其常数 46，分解形式为 1，2，4，8，

16，8，4，2，1，完全相同。说明这两个奇、偶位数列九宫系统与物质世界核素能量系统的同步运作效应，其全方位时空格域有44、45、46列及其分解式的事实，并给出相应下界、中点、上界位置界定的意义。同时，常数46又与人类细胞核中46个染色体数量完全相同，并与五种新型象棋每种象棋均有9种23对46枚棋子的数量完全相同，最终还与极限的46列九宫格域的空间形式完美统一起来。[注：核素分类是物质核素体系基本性质规律的统一，其意义与元素周期律类似，就像在元素周期律的基础上建立原子的电子壳层结构理论一样，可在核素分类的基础上自然地把各种原子核理论统一成一个完美的核理论。在物质基本单位的核素分类研究中，发现了核素的稳定范围常数44，由同类核素以2等差、等比、重等比递变的规律，分解常数为2，4，8，16，8，4，2，两边顺延两个1后，变为1，2，4，8，16，8，4，2，1，能解释稳定核素区分布有44.45.46列的基本事实。常数46还能说明人类细胞核中46个染色体以1，2，4，8，16，8，4，2，1分布，两端的两个1是两个性染色体。（见《中国科技经典文库》下P3404—3406）]进而在这一动态九宫系统之上，还可以表现为一种两极物质能量关系均衡对称冲克变化的形式。以彼此相对的正反两个整体与长格域线段之比1296/2025（0.64，亦表示能量值）在保留各自整体与短格域之比729/2025（0.36）肯定域的前提下，又使双方在前端整体与第三格域之比567/2025(0.28)不定域线段交叉重叠，由此造成与一级三段式之比相对应的二级三段式之比729/1296(0.5625)，567/1296(0.4375)，729/1296（0.5625）分割的比例关系。接下来，再以彼此相对的两个二级整体与长格域之比729/1296按2025九宫系统分割模式进行分割，又得到第三级的三段式分割的比例关系。以此类推，再经729、567、405系统，到243系统的分割模式，为两个81/243(0.667)的交叉分割，形成81/243：81/243：81/243比例关系，重又回到了围棋盘九星九个六×六格星区四正四隅均衡三等分比例关系模式上。这一系列系统模式逐级细化分割的对应关系，呈现一种最优化分割的比例关系和变化规律。其特征在于：以前一级系统两相对称两个整体与长格域之比交叉重合分割而成的整体为“一”的三段式比例与其对应的下一级总体为整体“一”加一个整体与长格域之比三段式比例的相互关系为据，使前一系统整体与长格域之比减去后一系统整体与短格域之比的差，等于后一系统整体与长格域之比减去前一系统整体与短格域之比的差，同时后二者的乘积亦等于该差数。这时，前一级系统整体与长格域之比大于后一级系统整体与长格域之比，则前一系统整体与短格域之比小于后一系统整体与短格域之比。如果前一级系统整体与长格域之比小于后一系统整体与长格域之比，则前一级系统整体与短格域之比大于后一系统整体与短格域之比。在 729 与 567 系统中，后一级系统整体与长格域之比的位置由两侧移到了中心。尤其是在 2025 系统中，以一级整体与长格域之比 0.64 减去二级整体与短格域之比 0.4375，等于小数 0.2025，以二级整体与长格域之比 0.5625 减去一级整体与短格域之比 0.36，亦等于 0.2025，其乘积亦等于 0.2025，说明其作为最大化 2025 九宫系统整体“一”的内涵与其一、二级系统间多个比例之差的小数形式的一致性、唯一性和绝对性。根据拓扑学是一门研究几何图形在连续改变形状和比例关系时还能保持不变的特性和得失互补规律的科学，它只考虑物体间的位置和比例，而不考虑它们的距离和大小的定义，再对照以上围棋的数学问题，不仅涵盖了最大化绝对系统，涵盖了与核素层次物质常数分解式对应的九宫系统时空域形式，涵盖了最佳决策分割法的自然形式基础，涵盖了拓扑学，也是数学科学最基础的数论和图论的基本问题。可见棋文化与数学科学的本质渊源。

围棋子分为黑、白两方，各有一枚“王”子和 179 枚“兵”子，是关于自然界阴阳两极物质核心质量及其一般能量形态对立统一形式的概括。这种王与兵的对立表明，无论在自然界和社会没有以两个核心体为支点的两极对立和没有以两王为中心展开的两方兵子的斗争都是无法想象的。

象棋是一种理性思维与行动者相互作用的形式体系，是一种在最大化的矩形系统中实现均衡对称式竞争的最优化控制模型。

象棋盘是直接从围棋盘对角内切而来，为 9×11 道线加对角线、8×10 排方格并与 160 个斜方格叠加的形式。它的发展形式从 8×10 格至 8×11 格乃至无限。从 8×10 格系统来看，其彼此相对的四排格域为己方肯定域，中间两排格域为双方不定域，实质上是由彼此相对的两个整体与长格域之比 6/10（0.6）扩大肯定域，在保留各自 4/10(0.4) 肯定域的同时，又使双方在前端 2/10（0.2）格域交叉重叠而成，同时又形成双方各自二级整体与长格域之比 4/6(0.667) 的分割。以此类推至 8×11 格系统，是以两个 7/11

（0.636）在保留各自4/11（0.363）肯定域的同时，又使双方在前端3/11（0.272）交叉重合，又形成各自二级比例4/7（0.571）的分割。取10—11格组合系统的一级比例0.6和0.636，二级比例0.571和0.667，四个比例的平均值0.618614718趋近于0.618黄金分割率，以此可以作为10—11格系统两相对称一、二级比最优化分割最佳决策域的上界和下界。同时，这一矩形系统还交叉存在着对角间二路18×18格的斜方格比例关系。这一斜向比例关系按照围棋盘均衡三等分一、二级两个比例12/18（0.667）、6/12（0.5）与象棋盘10格系统正向一、二级比0.6和0.667正反交叉对角相切的比例关系，在11格系统还存在着正向一、二级两个比例0.636和0.571（两侧缩一格）与斜向一、二级两个比例11/19（0.579）、8/11（0.727）正反交叉对角相切的比例关系。这一比例关系由于是从围棋盘对角内切而来，象棋盘的对角间二路18排斜方格正好是围棋盘的纵横18格，而象棋盘两相对称的一、二级比例6/10和4/10也正好与围棋盘的均衡三等分一、二级比例12/18和6/12正反交叉对角相切。参照这一模式向11格系统的发展，又划分出斜向一、二级整体与长格域之比11/19、8/11，取10—11格系统斜向四个比例6/12、8/11、11/19、12/18的平均值0.61822169则更为趋近于0.618033989。从而10—11格组合系统是在两相对称正斜向交叉的界定出一、二级整格比的最为趋近于黄金分割率之上、下界的意义上建构起一个最优化最佳决策域分割的系统模型，也阐明和证明了黄金分割率的科学原理和原生体系。

象棋对于社会形态的概括首先是建立在一定自然资源和社会生产、生活、科学、文化及天人交往关系的现实基础之上的。在此基础上所谓社会形态，从本质上讲不过是由这样一些不同时代、不同分工主体及其与客体劳动资料结合的一定生产力要素所构成，即由各个时代、各种不同社会发展阶段生产与政治分工的五业主体及与其相对应的由他们各自占有一定性质的政治或生产资料、工具客体相结合的性质所决定。只有依据这些现实物质生产力的要素，人们才会“在自己生活的社会生产中发生一定的、必然的、不以他们的意志为转移的关系，即同他们的物质生产力的一定发展阶段相适应的生产关系”（《马克思恩格斯选集》第二卷第82页），即同这些由各种不同主体分工职能（或技能、素质分类功能）支配的与之内部流转各个生产环节及外部相互之间流转、交换、分配其产品或服务特性竞争过程、竞争方式相适应的生产关系。“这些生产关系的总和构成社会的经济结构，即有法律的和政治的上层建筑竖立其上并有一定的社会意识形态与之相适应的现实基础。”（同上）生产关系在社会历史中只有依据一定生产力要素才能构成现实基础，才能表述为反映现实交往活动本质的经济学的结构。说明等同于生产关系的弈法规则只有依据等同于棋子的生产力属性和权重因素才能存在。同时，在一级自然物质资源基础上，在由一定生产方式能动作用不断累积转化出二级社会物质财富经济基础的过程中，同时还产生和存在着先期由经济基础和生产力决定的生产关系又反过来以其集中体现的法律的、政治的统治阶级核心意志代表的或人的本质意志代表的上层建筑反作用的形式，即存在着相对于不同历史阶段、不同社会本质的上层建筑代表的人治的王国、必然王国和自由王国的核心权力和意志的形式，以及在广义范畴内使主客体互动、天地人沟通，粒子场效应主宰其中同时也受其能量场序列条件制约的“创造”效应和“时间”效应棋子的因素。

具体说来，结合象棋艺术形式看，人类社会形态的历史演进可以分为传统封建社会的，从封建社会向现代资本主义社会演变过程中附加其上的现代军事战争形态的，现代资本主义社会的，社会主义社会和共产主义社会的五种形态。

从传统象棋的角度来看，传统封建社会涵盖了古代氏族部落酋长制的、原始公社制的、奴隶制的和封建制的多个社会发展阶段。在这些阶段，小生产方式与建立其上的各种政治形式既相互适应、又相互斗争。其基本社会经济形态是以小生产的手工业劳动和小农的自给自足经济为特征，社会政治形态是以帝王的人治和人的依赖性关系为特征，军事战争工具是以冷兵器和金鼓旗视听指挥核心为特征。在经济和政治军事二者之间，由小生产方式决定的社会形态被封建君权政治的国家形式压制和掩盖着，又将前者小生产的社会主体异化为封建政治和军事战争工具的分工。其军事分工棋子的五行之性：王、后属火、土，士、相（象）属火，车（将、帅）属金，炮属金、火，马（校、尉）属木，兵、旗属木、土，经济基础属水。所以从内部政治、军事职能和五行关系上讲，王、后克士、相，士、相克车，车克炮，车、炮克马，马克兵、旗，兵、旗克士、相。当然，其强弱生杀予夺的关系也会因人的能动性因素而互相转化。其弈法规则是在充分反映古代步军、战车、冷兵器短兵相接特点和车、马的自然畜力、机械力、火炮威慑力的基础上，完全对照古代兵法战法演绎而来。封建社会的最高本质是以擒王、改朝换代论成败。

从军事象棋的角度来看，在从封建社会向现代社会转变的整个时期，凌驾其社会形态之上，始终存在着一种现代军事战争的极端形态和社会现象。其战争形态是传统人的依赖性关系和现代以物的依赖性为基础的人的独立性关系在政治、军事形态上联合异化的登峰造极，是原始资本主义发展最高阶段帝国主义本质的最后疯狂呈现，也是正义力量用以遏制非正义力量的极端暴力手段的应对。其战争工具是以使用现代战争的火器、武器、电子通信及网络技术手段为特征。其武器与人结合的军事分工的五行之性：军旗、统帅、参谋属火、土，雷达、飞机、火炮、坦克属火、金，工兵、民兵、步兵属火、金、木、土，经济基础属水。其弈法规则对照现代军事辩证法和战争规律演绎而来。走法吃法延续了传统象棋直斜线强、弱子各种走法，兵斜吃再斜进（等于直进两格吃过路兵）走法；炮打先翻己炮为白子炮，炮位不动，隔子吃子，落为后手，缓着复炮着法；工兵（马）走矩形对角（横一直二度三）连跳两步走法（吃子在一步以内）；仿围棋聚眼成圆，飞机的飞来去效应，任意全天候连续空停三步，直线无隔子攻吃敌子，及下三路陆停返回的着法。其最高战争本质和战略目标是歼灭敌人有生力量，夺取其最高法统象征的军旗，降服其国家主权。

从现代象棋的角度看，在封建社会基础上生长起来的现代社会是封建的君主政治和人治关系向资产阶级的民主政治和法治关系的转变，是小生产的自给自足经济向大生产的人的劳动价值商品异化的资本主义生产关系的转变，是人的依赖性关系和政治异化关系向以物的依赖性为基础的人的独立性关系的转变，是现代社会主体分工占有客体生产资料实现个人劳动价值商品异化最大利益化的市场竞争，是商品等价交换原则下资本主义生产、交换、分配和竞争关系的表现。其主体分工和客体劳动资料分类的五行之性：学者和知识属火，商人和货币属水，工人和机器属金，农民和资源属木，官兵（分工的兵就是官员的社会表现形式，官员则是社会分工中国家统治工具的兵。官是政治本体，兵是极端政治的异化。）和法律属土，以上每方每种棋子各两枚，资本的必然王国子及时间和创造子各一枚。时间子表示整个自然时空物质能量的序列发生系统、有效计时系统和人类主体运动的时间条件因素。创造子是每个个别主、客体内外基本物质元素对称对冲的转化激活机制，是重建更新物质运动时间序列和空间架构的基础能量，是从彼岸开始的物质变革的能动机制和意识的升华，意志和行动力客观实现的自然依据。没有时间的意识，自然时空一样还会流逝伸缩；而没有创造的意识，没有工作的意愿，就没有对时间机会和物质条件的把握利用，就没有人类自身和社会的发展。因而在创造的驱动下，一切都被激活了。其弈法规则是现代资本主义生产和交往关系的反映。在意识到并连通己方时间子和创造子与其他各子之间直接和间接直、斜线主客观世界内外及主客体物质内外联系的前提条件下，己方主体子按后天反向五行相克之序并按其相应的既延续传统象棋走法又本质革新对应各子的走法、吃法，依次循环相克对方下一位主体子，叫杀并首先将其翻白子，接续在下一步方可直接擒吃白子棋。对方两枚相生照应的主体子只有在反过来既相生照应己方主体子又相克反制对方主体子的情况下，才可以抵消对方（我方）主体子的相克制约。己方主体子可以随时直接叫杀擒吃相对应对方的没有主客照应的客体子。官员子在与法律子主客照应的情况下可制约翻白子或直接擒吃对方进入己方区域没有结成主客照应的各枚主体子及客体子。其竞争方式是按五行生克关系调动各子行塞搏杀全线压上，制约和擒吃对方各子，阻滞和消解对方国家资本的发展和竞争力。最终目标是夺取国际资本的控制权，将对方资本王国子翻白子制约其发展，擒杀其白子王国子，取消其竞争资格。尽管这一国际资本竞争的过程也会带来社会发展双赢的效果，但在每个回合的较量中总是非此即彼地要分出胜负的。

从过渡象棋的角度看，在现代资本主义社会即资产阶级（包括新工人劳动者、小市民中产阶级及中小资产阶级）统治的国家形态和未来共产主义社会之间，除了有一个政治形态的从前者变为后者的，又已被后来历史证明当时经济条件并不成熟，只具有某种政治尝试意义的巴黎公社无产阶级革命专政的转变时期之外，还有一个经济本质上相应的社会转变时期。对于前一个转变，马克思说："这个专政不过是达到消灭一切阶级和进入无阶级社会的过渡……"（《马克思恩格斯选集》第四卷第 333 页），说明这还只是社会变革的预演，国家的政治制度的演进，还没有进入现实新社会的门槛。在后一转变时期预期实现的社会形态，即通常所说的社会主义，在当时只表现为形形色色无产阶级解放的运动、派别和学说。在马克思思想体系中上升为从空想到科学的发展，称其为“共产主义社会第一阶段”，在此意义上可以界定为社会主义社会，但只能是从必然王国向自由王国飞跃的中间的一环。社会主义社会生产关系的变革具有实质的意义，它彻底摧毁了现代资产阶级国家机器，消灭了资本主义生产方式和商品生产，把生产资料变为社会共同占有，但仍保留着资产阶级的法权，“这里通行的就是调节商品交换（就它是等价的交换而言）的同一原则”（《马克思恩格斯选集》第三卷第11页），实行了不平等的按同一尺度的劳动的时间和强度、难度来确定的分配方式。恩格斯说：“这种解决只能是在事实上承认现代生产力的社会本性，因而也就是使生产、占有和交换的方式同生产资料的社会性相适应。……那时，资本主义的占有方式，即产品起初奴役生产者而后又奴役占有者的占有方式，就让位于那种以现代生产资料的本性为基础的产品占有方式：一方面由社会直接占有，作为维持和扩大生产的资料，另一方面由个人直接占有，作为生活和享乐的资料。”（《马恩选集》第三卷第437页）那时的公共生产资料，已经消除了现代作为阶级划分基础的分工对于社会财富私人占有的从而是有产阶级占有的性质，而仅仅保留了生产资料直接适应劳动者不同社会交往活动领域和技能需要的那些物质分类的性质。其主体劳动技能分类和客体社会交往活动领域生产资料分类的五行之性：科工（包括科学家、医生、经济学家、工程师）和科学资料属水，员工（包括演艺员、运动员、记者、作家、文员、雕塑家、画家、文化创意师、教师、律师、会计师）和文化资料属火，技工（包括电工、机械工、冶炼工、铸造工、焊工、建筑工、采矿工、电脑工操作员）和生产资料属金，普工（包括种、养殖业员工，园林、环卫工，流水线操作员，物流、搬运工，投递员，护士，司机，保安员，美容、美发师，厨师，服饰师，产品配发员）和生活资料属木，公务员（议员、公务员、社区管理员、警员）和法权资料（表面上平等，事实上的不平等）属土。以上每方每种子各两枚，半必然、半自由王国子及时间和创造子各一枚。其弈法规则是社会主义生产和交往关系的反映。具体说，在连通时间子和创造子与其他各子彼此内外联系，相互激活的前提条件下，主体子按先天正向五行相克之序并按其走法、吃法依次循环相克制约对方主体子，其他细节部分参照现代象棋弈法。其竞争方式是按五行生克关系调动各子采用行塞搏杀手段全线压上，制约和擒吃对方各子，阻滞和消解对方半必然、半自由王国的发展和竞争力。它解析和诠释了古代博塞戏“分曹并进，遒相追些”的子力竞争机制和优胜法则。最终目标是发挥已方个体及社会交往关系各个方面素质、要素的竞争力，在以个体促进社会和以社会完善个体发展条件的相互作用中，在每个个别轮次的对抗中，制约对方从而推动己方半必然、半自由王国子的飞跃，以争先一步到达对方王国子顶点论输赢。

从大同象棋的角度看，在经过共产主义社会第一阶段的发展之后，还会有新一次更高阶段本质的飞跃。共产主义是特定社会生产和交往形式本质的称谓。大同社会是这一社会形态人的素质与社会发展要素的完美统一及其社会人文本质的称谓。马克思和恩格斯说：“建立共产主义实质上具有经济的性质，这就是为这种联合创造各种物质条件，把现存的条件变为联合的条件。共产主义所建立的制度，正是这样的一种现实基础，他排除一切不依赖于个人而存在的东西，因为现存制度只不过是个人之间迄今所存在的交往的产物。这样，共产主义者实际上把过去的生产和交往所产生的条件看作无机的条件。……只有在这些条件下，生存于一定关系中的一定的个人才能生产自己的物质生活以及与这种物质生活有关的东西，因而它们是个人自主活动的条件，而且是由这种自主活动创造出来的。……这些不同的条件，起初本是自主活动的条件，后来却变成了它的桎梏，它们在整个历史发展过程中构成一个有联系的交往形式的序列，交往形式的联系就在于：已成为桎梏的旧的交往形式被适应于比较发达的生产力，因而也适应于更进步的个人自主活动类型的新的交往形式所代替……”（《马克思恩格斯选集》第一卷第77页）这一序列中，囿于人的依赖性关系和以小农、小手工业生产为基础的封建社会人的政治、军事分工职能异化的交往形式（传统象棋），被以火器、导弹和电子通信技术为手段，叠加于原始资本主义、帝国主义和现代资本主义基础之上的现代军事战争的交往形式（军事象棋）所代替，并以军事暴力的形式推动传统社会向现代社会过渡。传统社会被掩蔽着的小生产交往形式之上封建君权政治和军事战争的交往形式及附加其上不过是现代工业生产技术更新和极端政治翻版的现代军事战争形式在终极本质上被现代资本主义商品生产和竞争的交往形式（现代象棋）所代替。在这一新旧社会的交替过程中，其实也并行叠加着镌刻封建政治痕迹的现代军事战争暴力与现代资本主义经济暴力形态共存共灭的内涵。进而资本主义的交往形式又被社会主义的交往形式所代替。最终，社会主义的交往形式还会被共产主义的交往形式所代替。共产主义是人的素质和社会发展要素的全面提升与完美统一，是人的自由、自觉、自主的活动及其总和的社会交往形式本身自然和谐的自我发展、自我完善。在共产主义社会，个体自身的素质就是整个社会科学、文化、生产、生活及公仆服务的全要素的集合。这些素质和要素不仅体现在这些发展的形式方面，也体现在构成这些形式体系的主体的创造能力方面。例如生产领域所包含的车、钳、仪、治、造各种主体的功能要素与发展形式，科学领域所包含的自然、社会、人文、决策、思维科学总和的及各个分支的本质要素与发展形式，文化领域所包含的琴、棋、书、画、思各种主体的精神实质要素与发展形式，生活领域所包含的衣、食、住、行、用各种主体的消费要素与发展形式，中心公仆服务领域所包含的各种主体的立约、司约、行约、监督、民意等交往要素与发展形式。其主体素质功能和客体公共生产和交往资料分类的五行之性：科学和研资（是指主体使用、应用的各种科研仪器、工具、材料和资料）属水，文化和文资（是指主体创造文化生活、生产文化，展现典型身心风韵、生活品质、人生故事和抒发精神情怀所使用、应用的各种文化艺术形式、工具、材料和资料）属火，生活和消费［是指使用、加工、享用、保有的生活消费品，加工消费过程所依赖的各种材料、工具、资源（水、电、气等）、产品及这一过程中总结的文化资料（纯粹的生产面粉、制衣属于生产中的车工）］属木，生产和生产资料（是指生产重工、能源、轻纺、机械、电子、生物、农业等产品所使用的各种资源、材料、机器及技术资料）属金，公仆和公约［个人及其公仆主观上赞成平等的权利和义务，事实上遵从不平等的权利和义务（视个人负担、体能、技能而定），践行按需分配的原则所具备的素质功能及其所使用的公约资料］属土。所有客体子，因其公共财产的属性，其被占有的只是使用权，它们不同种类使用功能的属性都同化在公共资料这一价值属性内，因此客体子统称公资子，可以随意主客配对照应。以上每方每种主体子各两枚，客体价值子共十枚，自由王国子及时间和创造子各一枚。其弈法规则是未来共产主义生产和交往关系的反映。具体规则和竞争形式与过渡象棋相似。玩法却有质的精炼和升华。

另外，还有牌的关于人类宏观人文思维体系一道通俗人文思维亮丽风景线的形式，其在朱雀牌和扑克牌中的表现，以及牌张与围棋盘结合的五行博塞棋的形式，它们与围棋、象棋共同实现了棋牌艺术形式对于彼岸自然、社会及狭义人文思维形态的概括，由此造成此岸性工具思维的基础。

以上围棋、象棋和牌类文化形式发生机制的叙述，不仅阐明了自身科学体系的发生发展的机制，同时也证明了其自身自然、社会及思维运动本质形式在彼岸运动的普遍依据，阐明了自身体系发生的特殊视角和独特人文价值功能的意义。总括来看，五行体系概括反映了由五行构建法叙述的自然、社会和思维运动的普遍形成和发展机制，象形文字文化认知系统反映出自然、社会事物在思维中知性交流工具的本体形式，逻辑思维的基本认知法则以合于五行之性的运行机制重新揭示出客观事物五个阶段、五种性质的人的物质与精神交互运动、思维与行动相互作用发展的内在逻辑关系和思维运行机制，再基于五行体系和构建法的基础，经由二度抽象，又建立起辩证法体系及树立起辩证思维的鲜活机制。由此，主体才能立于这一体系再来反观和概括这一形式如何从科学走向文化的最高形式，如何以娱乐、文化交往方式和思维工具的形式走入现实生活，从而证明其自身体系发生的自然合理性，永恒不灭的生命力。

由棋牌文化的发生机制可以正向相克地转向这一体系实际社会效应的叙述中了。

第四章　社会效应

棋牌文化的社会效应是其文化交往活动、文化思维在现实社会和人的精神世界的最高体现。

棋牌文化的社会效应是指一定时代、一定文化素质的人，在使用一定的棋牌玩具和思维工具，从事相应棋牌文化交往活动，开展文化思维的过程中创造并表现出来的社会和文化艺术的价值效应。这些价值效应包括它的科学概括与教示作用，它的智力因素和交往形式自身生产与再生产的发展情形，它的工具理性模式、文化观念、智商和情商因素对社会生活的反作用形态，以及它的最高层次、最高目标的人的心灵与外部世界交流交往活动的体现与检验，等等。

棋牌文化社会效应的体现是一个历史发展的连续过程，是在不断跃上一个个艺术新台阶，拓展一次次文化新变革的过程中实现的。人们只有在社会和自身不断进步的基础上，在科学和文化视野不断开拓的基础上，才有可能持续不断更透彻地理解和表现棋牌文化，更真情地赞美、享受棋牌文化。

棋牌文化的社会效应在各个时代、各种社会背景下各有各的表现，然而它们相同的是对现实的概括、观念认同和对自身文化、娱乐生活及对其艺术魅力的赞美与热爱。在中华五千年文明历史中，几乎每个朝代，每次重要历史变革时期都留下了棋牌文化的烙印。

在距今约四千年左右的尧舜时代，围棋就产生了。那一时期，正是原始公社制社会理想时期，距伏羲画卦、黄帝发明文字又过去了几百年。为适应农耕文明的发展，与当时天文历法知识的产生和各种艺术形式的出现相适应，围棋的产生恰逢其时。但那时的围棋作为一种很初级的投子游戏，其产生的文化价值十分有限，只是为了开发智慧、涵养性情，并与广义的天文形式有所对照而已。

围棋之后，人们并不满足于对广义天文形式的抽象，人们还希望对社会具体事物给予抽象的概括，于是博塞戏应运而生了。博塞戏分为六博棋和塞戏。六博棋由一枭五散六枚棋子组成，反映了春秋战国时期以五人为伍，另有伍长一人的基本兵制。《楚辞·招魂篇》的叙述形象生动。这是以象棋艺术形式对社会现实事物加以抽象概括的第一次成功尝试。但是与当时兵法、战法体系的深邃发展形成巨大反差的是，博棋形式只看到了伍长与散卒的区别，却找不到整体战争对峙的实质和子力攻杀的特点与战术特性，于是只有靠投箸掷采，以投得高采的六白六黑，呼卢喝雉博取胜利了。瞿佑《骰子》诗："却忆咸阳客舍里，呼卢喝雉烛花底。"（《辞海》第 831 页）

虽然如此，六博棋没有什么艺术性，但因其作为一种博具的吸引力、独有性、简易性，在当时还是盛行一时。我国古代小说《穆天子传》说：公元前 970 年的周穆王满，就是个"六博棋"迷，他跟井公下了三天棋才分胜负。在汉魏时代，这个故事被渲染成仙人下棋，如曹植诗云："仙人揽六箸，对博泰山隅。"足见古人对棋艺的痴迷和求胜的渴望。

六博棋之后又出现一种叫塞的棋戏。塞戏与博戏略有不同。今传弈法未见实用之处，只是通过汉边韶《塞赋》的叙述了解到，塞戏制式不过是通过宏观世界的四道交正、阴阳六爻、十二吕律等现象与社会君臣礼义、王道霸业等事项相对应，极力为封建统治的合法性寻找依据，歌功颂德罢了。

春秋战国时期诸子百家从各个角度对棋文化现象、人物故事加以评说，褒贬不一，精彩思想频现。

孔子《论语》说："饱食终日，无所用心，难矣哉！不有博弈者乎，为之犹贤乎已。"孔子是在感叹：看看什么是饱食终日，无所用心者吧，这种人真是难办啊！不是有下棋的人么，而且为之者还都是些贤人达士呢。这里孔子一方面看不惯那些无所事事、沉湎于下棋的人，另一方面也承认下棋需要一定的文化修养。他既看到下棋不务正业，靡费时间的消极作用，同时也感叹这是一种难以阻挡的高雅文化。

《庄子·骈拇篇》说："问谷奚事，则博塞以游。"

《关尹子》中说：“习射、习御、习琴、习弈，终无一事可以一息得者。”

名家的代表周尹文在《尹文子》中说：“以智力求者，譬如弈棋，进退取与，攻劫收放，在我者也。”强调了智力因素和人的主动性作用。

《左传》上太叔文子的一段话：“弈者举棋不定，不胜其偶”，则深刻阐明了弈者犹豫不决，不能战胜对手的道理。

战国时期，出现了“通国之善弈者”棋手弈秋。弈秋棋艺高超，关于他的教棋生涯流传一则故事。《孟子》：“弈秋，通国之善弈者也。使弈秋诲二人弈，其一人专心致志，惟弈秋之为听。一人虽听之，一心以为鸿鹄将至，思援弓缴而射之，虽与之俱学，弗若之矣。”说明一心不能二用的道理。

《孟子》中一方面还说：“博弈好饮酒，不顾父母之养，二不孝也。”批评了一些人借下棋饮酒作乐，游手好闲的寄生虫生活。另一方面也将弈棋列为古代六艺“礼、乐、射、御、书、数”之一，指出：“夫弈之为数，小数也。不专心致志，则不得也。”又承认围棋作为数学的形式变化无穷，不努力钻研是不能领会其精髓的。

汉代以后，围棋发展很快，棋艺论述则更趋于哲理化、专门化和与政治军事密切相连了。

西汉恒宽《盐铁论》说剑客论围棋，“辩盛色而相”，把军事与围棋之道相联系。恒谭在《新论》中则指出：“俗有围棋，或言兵法之类也。上者张置疏远，多得道而胜；中者互相遮绝，要以争便求利；下者守边趋做罫目，生于小地。”阐述并证明了围棋艺术形式对战争的指导意义。

司马迁《史记》中说：“万物根棋。”从宏观思维的角度看出世间万物都可以根植和映现于棋的形式中。

东汉班固《弈旨》说：“局必方正，象地则也；道必正直，神明德也；棋有黑白，阴阳分也；骈罗列布，效天文也；四象既陈，行之在人，盖王政也。”汉边韶《塞赋》说：“始作塞者……四道交正，时之则也……行必正直，合中道也。”北周时庾信《象戏经赋》云：“绿简既开，丹局正直……局取诸乾……坤以为舆……”可以看出当时棋文化的发展都在推崇一种方正之局的观念和直线行棋的所谓神明之德的品格。其对棋理棋法的阐述则主要是围绕着阴阳之道的变化规律，同时又把一切社会活动都归结为王道政治和军事的韬略。

这一时期反对博弈的呼声也曾不断出现。

例如汉文帝的博士贾谊就大声疾呼："失礼迷风，围棋是也。"认为下棋游戏冒犯了封建等级制和帝王的威严，迷乱了社会风气。

西汉淮南王刘安在《淮南子》中说，如果用下围棋的时间去读诗书求学问，"闻者必广矣"。三国时吴国韦曜《博弈论》指出："君子……'学如不及，犹恐失之。'……今世之人，多不务经术，好玩博弈……空妨日废业，终无补益，是何异设木而击之，置石而投之哉！"等。这些反对博弈的言论，一方面是针对某些社会不良现象和副作用的具有积极意义的批评，另一方面棋文化本身的不完善，尚未争得社会文化交往生活的一个独立组成部分，也是招致批评的另一个主要原因。

然而棋文化的蒙昧、不成熟状态，并不能阻止人们对棋艺的推崇、热爱，对智力竞技技巧的追寻修炼，对弈林逸事的交口相传，还有些特别钟情棋艺之流更是超凡出世，苦心孤诣地夸张杜撰出并遗存下一些民间神话故事、地理遗迹。

今天流传下来的最古老的围棋谱之一是三国时代"孙策诏吕范弈棋局面"。这一局棋谱保留在北宋末国手李逸民编撰的《忘忧清乐集》中。唐代大诗人杜牧《重送绝句》："绝艺如君天下少，闲人似我世间无。别后竹窗风雪夜，一灯明暗覆吴图。"

由于围棋弈理玄妙，变化无穷，其所提示的胜负形式和竞争规律无所不在，无所不用其极，致围棋的别称雅号迭出。据《世说新语·巧艺篇》说："支公以围棋为手谈。"《续博物志·语林》云："王中郎以围棋为坐隐，或亦谓之为手谈，又谓之为棋圣。"两人都是东晋的围棋名家。又有东晋的名流祖纳终日以下围棋来解脱内心的痛苦，称其："聊以忘忧耳！"足见围棋文化对社会精神意志的渗透力。（参见李松福《围棋史话》人民体育出版社，1990 年版第 38 页）

关于弈棋遇仙的神话故事甚多，但唯有烂柯山的传说流传最广。南朝梁任昉《述异记》载：

"信安郡石室山，晋时王质伐木至，见童子数人，棋而歌，质因听之。童子以一物与质，如枣核，质含之，不觉饥。俄顷，童子谓曰：'何不去？'质起，视，斧柯尽烂，既归，无复时人。”（转摘自《辞海》1989年版第1760页）

这一故事无非是编得好，更典型，引来无数后人借题发挥。

唐孟郊《烂柯石》：“仙界一日内，人间千载穷。双棋未遍局，万物皆为空。樵客返归路，斧柯烂从风。唯余石桥在，犹自凌丹虹。”刘禹锡《酬乐天扬州初逢席上见赠》诗：“怀旧空吟闻笛赋，到乡翻似烂柯人。”明张以宁《题烂柯山图》：“人说仙家日月迟，仙家日月转堪悲。谁将百岁人间事，只换山中一局棋。”明徐渭《题王质烂柯图》：“闲看数着烂樵柯，涧草山花一刹那。五百年来棋一局，仙家岁月也无多。”明高启《观弈图》：“错向山中立看棋，家人日暮待薪炊。如何一局成千载，应是仙翁下子迟。”

大家明知烂柯山故事是人为编造，写作者无从查考，似以晋乘文化为根。但那之后究竟哪儿才是烂柯山发生地呢？王象之编著约宝庆三年（1227）成书的南宋地理总志《舆地纪胜》载：

> 烂柯山亦名腐柯山，山有四处，均传为樵者遇仙处：一在浙江信安县南二十里。通典谓之石桥山，以中有石桥，故名，道书谓之青霞第八洞天。一名石室山。按信安县即今衢县。虞喜志林谓：信安山有石室，王质入其室见二童子方对弈，看之。局未终，视有所执伐薪斧柯已烂朽，遂归，乡里已非矣。一在河南新安县西南三十五里，群峰秀错，中有王乔洞，相传为王乔遇仙处。一在山西沁县东北四十里，接武乡县界，小河源出此。一在广东高要县东南五十里，亦传王质遇赤松子处，西麓与高峡山相对，中有砚坑，即唐宋采砚处。（转引自周家森《象棋与棋话·要略》第7页）

从唐代到宋代是传统围棋臻于成熟，传统中国象棋发生持续变革并得到广泛流传的时期。由于“宝应象棋”的出现，博弈文化得到升华，其理论思维也愈发显得有深度、有内涵、有条理、有现实依据和规律可循了。这一时期的棋文化出现了繁荣景象，白居易的诗对当时的棋艺状况做了生动的说明：

何处春深好，春深博弈家。一先争破眼，六聚斗成花（围棋）。鼓应投壶马（投壶），兵冲象戏车（象戏）。弹棋局上事，最妙是长斜（双陆）。（引《全唐诗集》卷357，4028页）

在文化和科学认识方面。首先由于唐“宝应象棋”艺术本质的揭示，正如元朝僧人念常的《续藏经·佛祖历代通载》云：“昔神农以日月星辰为象，唐相国牛僧孺用车、马、士、卒加炮代之为机矣”，人类历史上对象棋文化的认识也就首次由中国人真正实现了从对日月星辰之象的认识进入对社会领域本质抽象认识的转变。其次，从唐代火炮的出现到宋代火炮的改进和在军事上的广泛使用，反映在艺术形式中也促进了象棋的变革。如司马光《七国象戏》中首次增加了炮，北宋纵横各11道线的“大象戏”中专为炮而增加了两条边路。程颢诗“中军八面将军重，河外尖斜步卒轻”反映出车八面威风，兵直走斜走的方法。由中华文化遗传演变的蒙古象棋中驼“无河为界，满局可行”，兵直走斜吃，“去而复返，用同于车”的方法具有创新思维。同时，古人也开始用数学的眼光来解析围棋了。据北宋科学家沈括的计算，围棋的变化“大约连书万字五十二，即是局之数”。就是说约等于10^{56}种的变化。

但另一方面北宋象棋发展也有不少错误之处。如司马光《七国象戏》中规定：炮“直行无远近，前隔一棋乃可击物，前无所隔，及前隔两棋以上，则不可击”。他所言炮的着法没有把炮子的行棋走法与吃子方法分开。他规定前隔一棋——即隔一定的距离和障碍物乃可击物，前无所隔——太近了，及前隔两棋以上——太远了，则不可击，取了抛射矢雷炮弹的抛物线形式是正确的，但他又把炮的行棋方式与矢雷炮弹的飞行形式及攻杀效果混为一谈，舍本逐末了，以至于如果他说炮隔子不能行棋的话，却又可以通过矢雷炮弹的飞吃作用而将炮隔子输送至前方；如果说飞出去的只是炮弹的话，却又将不能隔子行棋的炮借助矢雷炮弹的抛射又跃入敌阵，在吃子的同时还可连续叫杀，连得先手。这是一种两相矛盾的二律背反。由此，由司马光总结代言的，实则为整个传统文化惰性表现的似是而非之炮的着法及其文化观念竟直扭曲、误导了中国人的文化思维上千年。因此，统合来看，在南宋初定制的中国象棋，在唐“象戏”和北宋“大象戏”的基础上，在一些棋子实质和棋盘形式方面有所发展的同时，为迎合传统政治理念、文化心态的需要，却又衍生出许多人为的规定，例如兵直走直吃，沉底又“拱老了”；士、象保主护驾不能出宫、越界；说两王不能照面，先将后不将，又露将三把手，可正和，官和，正官和，封杀一条线；它开局即成启衅，造成可以双炮兑双马的不合理条件和特别容易故意下成和局的非必然因素等，使得传统中国象棋在可以提供有限娱乐和智力思维的同时，却又再次禁锢、束缚了中国人文化思维近千年，不能不说是一个沉重的历史包袱。

在政治和文化生态方面。由于棋艺是一种高雅益智的活动，又颇为符合历代帝王假天意、天命五德之象和以国家名义寻找其统治合法性理由的需要，因此无论在统治阶级上层和民间都得到普遍推广。

历代帝王中精于棋艺并挚爱有加的不乏其人。唐太宗李世民诗云：“手谈标昔美，坐隐逸前良。参差分两势，玄素引双行。舍生不假命，带死不关伤。方知仙岭侧，烂斧几寒芳。……玩此孙吴意，怡神静俗氛。”（转引自李松福《围棋史话》第63页）宋徽宗赵佶《宣和宫词》“咏象戏”诗云：“白檀象戏小盘平，牙子金书字更明。夜静绮窗辉降蜡，玉容相对煖移声。”（转引自李松福《象棋史话》第59页）

继“烂柯山”神话传说之后，由唐穆宗时丞相牛僧孺撰《玄怪录》中又记述了一篇《巴邛人》桔中仙人弈棋的故事，流传甚广。又唐人《幽冥录》也有类似记载说：“巴园人，收大橘如三斗盎，剖之，有二人相对，身长丈余，象戏。一叟曰：‘仆饿矣，须龙脯食之。’食讫，以水喷地为二白龙而去。”（转引自李松福《象棋史话》第46页）

在文化自身的诗词歌咏价值方面，由于棋文化形式概括了自然形态和社会生活的典型内容，人们借此可以抒发自己的心怀。因此这方面的佳作更是精彩迭出，不胜枚举。如杜甫诗“闻道长安似弈棋，百年世事不胜悲”的忧患；“楚江巫峡半云雨，清簟疏帘看弈棋”的闲情逸致；“老妻画纸为棋局，稚子敲针作钓钩”的温馨。元稹“死生千载异，古今一枰同。局里乾坤大，人间日月长”的感叹。白居易《池上》“山僧对棋坐，局上竹阴清。映竹无人见，时闻落子声”的清逸。杜牧与棋友王逢的畅快手谈：“玉子纹楸一路饶，最宜檐雨竹萧萧。羸形暗去春泉长，拔势横来野火烧。守道还如周伏柱，鏖兵不羡霍嫖姚。得年七十更万日，与子期于局上销。”范仲淹《赠棋者》“何处逢神仙？

传此棋上旨……泰山不碍目，疾雷不经耳。一子贵千金，一路重千里，精思入于神，变化胡能拟？成败系之人，吾当著棋史”的精思竭虑。欧阳修醉翁之意，与浮山高僧对弈，得其隐语，什么“肥边易得，瘦肚难求。思行则往往失粘，心粗则时时头撞。休夸国手，谩说神仙，赢局输筹即不问，且道黑白未分时，一着落在甚么处？良久曰：‘从来十九路，迷误几多人！’”领悟一段人生发展的艰难困惑。郑侠《观棋》：“三百六十路，精通此有门，数奇藏日月，机发动乾坤。对面知为敌，浑输却有翻，诈贪常易丧，仁守乃长存……惭愧中孚信，几危大壮藩，坐观成败者，安得不惊魂。”苏轼《观棋》诗“五老峰前，白鹤遗址，长松荫庭，风日清美……不闻人声，时闻落子。纹枰坐对，谁究此味……胜固欣然，败亦可喜，优哉游哉，聊复尔耳”表现出重在参与的心态。陆游：“茶炉烟起知高兴，棋子声疏识苦心。”“对弈轩窗消永昼，晒丝院落喜新晴。”南宋诗人赵师秀“有约不来过夜半，闲敲棋子落灯花”的痴迷（转引自周家森《象棋与棋话·要略》第 98 页）。蔡元厉称撰写了古谱《自出洞来无敌手》的棋道人棋艺高超，有诗云：“烂柯真诀妙通神，一局曾经几度春；自出洞来无敌手，得饶人处且饶人。”显出自信豁达。文天祥在《生日中与肖敬夫韵》一诗中把弈棋融入爱国情怀：“客来不必笼中羽，我爱无如橘里枰。一任苍松栽十里，他年犹见茯苓生。”（见《文山会集》卷二，商务印书馆编印本 37 页）元人耶律楚材《过闾局河四首》其二诗云：“北方寒凛古来称，亲见阴山冻鼠冰。战斗櫓橊翻铁马，穷通棋势变金鹏。五车经史都无用，一鹗书章谁可凭。安得冲天畅予志，云舆六驭信天乘。”（转引自《中国象棋史》第 140 页）

唐宋时期棋艺的修炼和棋理棋谱的研究撰述都达到了一个鼎盛阶段。唐代国手王积薪的《棋诀》，北宋初徐铉的《围棋义例》，文学家宋白的《弈棋序》都各有新意。尤其是宋仁宗皇祐中学士张靖的《棋经十三篇》仿照《孙子兵法》写成，成为围棋史上的经典之作。稍后刘仲甫亡佚的棋谱《忘忧集》，佚名的《清乐集》，及由北宋末李逸民重编的《忘忧清乐集》等棋书都对围棋的发展做出了重要贡献。

我国最早的围棋奖杯赛出现在唐宣宗李忱时期。宣宗为了奖励优胜者，特别制作了一只“盖金花椀”的奖品，由棋坛名将顾师言和阎景实争夺。最后由顾师言执黑棋后走，“黑胜一路”获胜。这是世界上最早设奖杯比赛的例证。

围棋向海外的传播由来极早。据历史文献的记载，大约在东汉前后已传入古印度和朝鲜等国，唐以前又传入日本，以后逐渐向欧美诸国流传。国际性的交流比赛活动也一度出现，据史书载，唐国手顾师言“三十三下镇神头图”战胜日本王子的故事一直被传为佳话。（参见李松福《围棋史话》第81页）

到北宋末南宋初以后，中国象棋以小象戏为蓝本的定制，尽管增加了许多主观因素和人为的限制，形成一套完全符合封建政治理念和文化心态的弈法规则，但由于其简易通俗，能够适应小生产者直白式、简洁化思维的需要，因此被普遍推崇和大力推广，达到“家喻户晓”的程度。自此以后，中国象棋背离了自己原发性艺术本质的初衷，人们封闭了自己的思想观念，对弈法理论的研究已无多少战争的规律性可言。人们对于象棋艺术的热爱，也只是限于纯艺术的娱乐功能和单纯逻辑思维与技巧自我完善的修炼与竞赛活动。尽管如此，中国象棋在文化生活和艺术思维方面还是有许多亮点闪现出来。

在象棋理论方面，有传南宋丞相洪迈撰《棋经论》十三篇，对中国象棋做了较全面的总结，其所提出的许多弈法经验和名称术语至今仍有一定的指导作用。南宋陈元靓所编的《事林广记》除围棋外亦有象棋谱一卷，全面整理和完善了中国象棋体制。提出了棋子力九十分，象棋十诀，各种事理寓意的残局局面，对象棋发展起到了推动作用。其他如明代佚名著《梦入神机》，艾青山居士辑《金鹏十八变》，徐芝选《适情雅趣》十卷，署名棋道人撰以中炮开局为主的《自出洞来无敌手》，朱晋桢辑《橘中秘》，以及清代王再越以屏风马破当头炮棋书《梅花谱》等，都对象棋艺术的发展做出了积极的贡献。

在文化哲理的阐述方面，有明状元曾子棨诗：“两军对敌立双营，坐运神机决死生。千里封疆驰铁马，一川波浪动金兵。虞姬歌舞悲垓下，反将旌旗逼楚城。兴尽计穷征战罢，松荫花影满棋枰。”明太祖的孙子朱高炽时为太子，和诗一首：“二国争强各用兵，摆成队伍定输赢。马行曲路当先道，将守深宫戒远征。乘险出车收败卒，隔河飞炮下重城。等闲识得军情事，一着功成定太平。”南京胜棋楼对联：“烟雨湖山六朝梦，英雄儿女一枰棋。”明代业余象棋国手李开先的《村翁》诗：“小有兼逢大有年，家田多获即为贤。有时撒网为渔父，日长登床作睡仙。破局棋惟随手应，无弦琴不用音传。一身之外无所慕，下有青山上碧天。”至清代又有王再越的联句：“叹英雄，勤勋立业类枰场；看世情，争先好胜似棋忙。”袁枚的《春日偶吟》诗：“拢袖观棋有所思，分明楚汉两军持。非常欢喜非常恼，不着棋人总不知。”琴棋书画在百姓文化生活中的位置堪比生活中的柴米油盐，此一时，彼一时，哪一样也少不了，如袁枚等人辑录湖南人张璨的“七事”诗：“书画琴棋诗酒花，当年件件不离它。而今七事都变更，柴米油盐酱醋茶。”（转引自张如安《中国象棋史》第 386 页）

乾隆间进士黄唐堂的《象棋歌》：“学者何讳不游艺，象棋造于周武帝。三光五行今不传，庾信王褒载其制。后人沿讹为象棋，唐宋以来踵习之。雍门遗语偶符合，岑顺传闻尤怪奇。车坚马肥炮冲突，壁拥士象辕列卒。夹河陈兵势两雄，三十二子判吴越。相持方互有杀伤，将帅死亡已倏忽。或再整军而恢复，或屡出师而覆没。或覆而解和，或傀而颠蹶。或躁举而不定，或沉谋而未发。或旁人指示而心慊，或两相争悔而色勃。青天鬼阵力不遗，过眼烽烟便销歇。吁嗟市夫牧竖靡不能，着棋遂同挑粪称。岂知此中蕴兵法，用心尤贤胡可憎。君不见轩辕、蚩尤亦戏耳，巨鹿、昆阳还过此。世间蛮触何营营，蜗角封疆一局纸。”（转引自张如安《中国象棋史》第 325 页）把几千年中国象棋发展的得失优劣之处一一点到，爱莫能助，叹犹不及。梁启超：“政怨桑田会成海，岂直长安嗟如弈。”（转引自周家森《象棋与棋话·要略》第 98 页）在忧虑政治动荡，民不聊生的同时，又感叹岂能归咎于世事如弈棋的不争、不济呢？

在棋文化蓬勃发展的同时，牌文化也逐渐萌发并成长起来。由于棋文化是直接对自然和社会现实进行概括，而牌文化则是通过主观世界的认知模型来对一般自然运动和人文思维的必然性因素做出说明，二者的着眼点和艺术特性不同，因此在表现它们的社会价值和对它们进行赞美的时候，都有着各不相同的侧重点和表达方式。人们可以竭尽所能地赞美自然和社会的功德与造化，人们却无法直接赞美或形容自己思想轨迹的灿烂或思维之花的绚丽，只能回归它的必然本性。这种美丽太难以捕捉和太难以表述了。所以自牌文化诞生，它更多体现的是一种简易平和、意蕴悠远的风格。它仿佛是停留在脑海深处、思维轨道上一连串极具本质特征的文化招牌，一道以一连串典型形象符号语言表达的物质和人文思维本质内涵的亮丽风景线，只有被人们默默地抽取出来，又不断地加以重组和激活，使之放归，使之自由徜徉，又希望从中能够获得更多一些什么人文思维通俗观念的教益和智力因素开发的必然性启迪似的，好像对牌文化的希冀和赞美都已经包含在对棋文化的歌咏与赞美中了。这似乎就是心灵智慧的秉性和工具悟性思维的回归吧，也正是牌文化的价值意义之所在。

回顾以往棋牌文化的社会效应，它已经如此深刻、广博地涵盖和渗透到我们这个社会的林林总总、方方面面。可以发现，棋牌文化是在一个历史演进过程中由许许多多棋牌文明产物的工具和玩具形态链接在一起，并与一定时代的物质生产水平及其相应思维认识水平同步运作的效益共同体。热爱并参与棋牌文化，不仅在于继承它的文化精髓和发扬它的科学精神，而且在于每个人都是作为文化主体的一员参与其中共同来推动这一文化交往形式的演进，以实现每个人普遍的文化认同和行为标准的升华。

我们已经了解了棋牌文化的科学体系，它的历史演进和它的发生机制。我们已经明白了一种艺术的价值和生命力不仅取决于它现实概括的客观性、真实性，而且不同时代、不同领域、不同艺术本质的概括还会有不同艺术形式的延续和发展。我们应该思考和阐明更本质的东西。以往棋牌文化的发展只能说大体上奠定了一个文化发展的框架，揭示了一些基本的艺术特点，但这还远不够透彻，远不够精致，远不能表现它的全部本质功能。今天物换星移，沧桑巨变，不断涌现的新发明、新思想向我们提出了新要求、新目标。十项新兴棋牌发明更是为新时代棋牌文化变革提出了新目标、新任务。棋牌文化在百姓文化生活中的位置数一数二。推广普及棋牌文化并不在于要求人们都去喜爱棋牌游戏，都来培育竞技技巧和逻辑思维的能力，而在于让人们都应该了解这一文化科学的基本形式，它的决策科学的系统内涵，它作为博弈科学的本体模型对社会政治、经济、法律、公共管理及社会交往活动的方方面面的范式和工具理性作用，它的全新理念和精神内涵对净化社会风气，淳厚民俗民风，培养高尚品德，培育智商、情商因素方面的不可替代的积极作用。尤其它还是一项未被人们完全认识了解，未被深入开发的文化体育交往方式及文体竞技活动的大荟萃、大检阅、大碰撞、大展示的平台。

体育的最高目标是国际奥林匹克运动会。

棋牌文化体育的最高目标是国际棋牌奥林匹克运动会。

棋牌竞技与体育竞技看起来是完全不同的两种形式，但是为什么我们也可以称棋牌竞技为棋牌奥运？它与奥运本身有什么必然的联系呢？我们先来看体育的现实发展及它在科学中的定位。

体育作为人的体格、体魄、体能素质全面培养锻炼的活动，是人的自然性和社会性基础的必然展示。它在古希腊奥林匹克竞技运动中得到了充分古典式的塑造。奥林匹克成了体育运动的代名词。体育活动对于人的社会存在来说是人们生活的一部分，即人们必须首先拥有一定的衣、食、住、行、用之类的物质生活资料、用品，从事一定的交往方式的活动，才能反过来再推动科学和生产的再研究、再生产，以及从事精神文化生活的消费和交往活动。人们把三分之一的时间用来睡眠，其他时间则花在衣、食、住、行、用和科研、生产及文化活动方面。行是人类物质生活的基本支撑和传动方面。人们在自然状态下，可以在水中游（水），向空中跳（火），平地掷远、骑行、击打（金），展示竞技游戏和身体技巧（木），以及行走与奔跑（土）。人们在这一基本运动形式的框架内，通过联想或模拟各种物体、动物的运动形态，并结合自身所创造的各种体育用品及交通工具载体的作用，把体育的各个分类分项运动表现得丰富多彩、淋漓尽致。当然一般行的内容涵盖了人们生产、生活交往的所有互动和联系方面，特别的情形下和有目的的安排中才涉及单纯强身健体，调节身心的方面，以及作为一种最高体育运动水平展示的竞技方面。那么棋牌奥运是什么呢？棋牌文化、棋牌体育产业与奥林匹克运动的关系从何而来呢？

棋牌属于人们精神文化生活领域琴棋书画思文化体系中棋那一块，一个可以将自然和人类社会形态以及人文思维形态囊括其中的艺术殿堂，一个可以描绘出各种、各门类简明科学世界图景的一瞬对照模型，一个集合了理性和智力因素的活动中可以把科学发展规律和动力机制无限调动起来并永远推向前进的精神创造领域。进一步分析，行在生活体系五行木性中又属火，而棋在文化体系五行火性中又属水，二者本质相生，体用上又相克。在整个行的形式内，体育运动行为只是人类自身体能活动从一般锻炼到最强竞技相互促进的一个有机层面，之外还有更广涵自然性、机械性负载与消耗运动的其他层面。就是说，一方面承认体育作为一种生活方式和人的行动的支撑体系对社会其他领域的渗透和资助无所不在，另一方面又指出它不等于是它本身生活体系行的形式的全部。但是棋牌文化智育体育活动却是它自身文化形式的全部，由人的现实文化交往活动，理性思维活动又波及、辐射到智育、体育的方方面面。现代社会墨守成规的人也许一生都不会、不需要去下棋打牌或钻研艺术，但有心成为新素质、新创造、新体验、新趣味教育变革的人不会不直接或间接地通过下棋打牌或通过其他艺术形式来潜移默化地接受人生哲理和科学思想的启迪、熏陶。而这一切只有通过棋牌现实产物、文明体系的理性思维才能十分通俗、有趣、直接、完整、透彻、真实地表达出来。从这个意义上说，认识新兴棋牌就是认识了你自己，珍爱新兴棋牌其实也是对你自己和人生的一种珍爱。这样，阐明棋牌文化的科学和智力竞争因素，同时借用古希腊最高体育竞技文化的蕴意，棋牌奥林匹克竞技的名称也就自然而然地契合起来了。

《奥林匹克宪章》指出：“奥林匹克主义是增强体质、意志和精神，并使之全面发展的一种生活哲学。奥林匹克主义谋求把体育运动与文化和教育融合起来，创造一种在努力中求欢乐、发挥良好榜样的教育价值并尊重基本公德原则为基础的生活方式。”“奥林匹克主义的宗旨是体育运动为人的和谐发展服务，以促进建立一个维护人的尊严的、和平的社会。”

同样，棋牌奥林匹克运动的意义是开发增强智慧、意志和品格并使之全面发展、充分展示的一种生活方式和理念。棋牌奥林匹克运动的宗旨谋求把文化体育运动与社会教育、智力开发和人的健康发展融合起来，创造一种在努力中求欢乐，在寻常中求超越，发挥人皆可为榜样的教育价值并尊重基本公德原则为基础的生活方式和理性对话方式。棋牌奥林匹克运动的最高目标是使文化体育运动为人的和谐发展服务，并与其他先进文化运动一道为促进建立一个维护人的尊严的、和平的、繁荣的社会而努力。

棋牌奥林匹克运动有着其在文化内涵和思维竞技方面的显著特点：众多的棋牌项目，最雄厚的群众基础，最广泛、最高频率的直接参与性。它完全有能力也应该区别单纯体育竞技的国际奥运会，而在体育和智育交相辉映的竞技形式上独树一帜。它不求最大和经济效益最好，但求人类文化和体育交往方式本身自衍与合璧的竞争形式能够展现出人类走向21世纪更高、更强、更美的思维之花与丰硕智慧之果，以及无限体魄、精力、耐力、洞察力、创造力和高雅情趣的风采。

棋牌奥林匹克的格言是：更聪明、更理性、更和谐。

当我们明白了棋牌文化的社会效应是什么、应该做什么后，接下来就该研究它的竞争机理是什么和怎么做了。

第五章　竞争机理

棋牌文化的竞争机理是关于棋牌艺术自身内在竞争机制和运行原理的问题，是要说明人们在使用这些棋牌玩具、思维工具进入一定艺术状态时所要遵循的必然性规则的问题，是要阐明蕴含在棋牌文化体系中一定自然、社会和思维关系体系的内在运动原理、机制及其发展规律的问题。

棋牌文化作为一个整体来说，它的竞争机理与发生机制正相生而合，发生机制正克科学体系，科学体系又正克竞争机理；同时竞争机理也正克社会效应，而社会效应反生科学体系的同时，也正克发生机制。它们都通过历史演进的中介作用而形成各种相生相克三合的形式。如果说棋牌文化的发生机制是其系统构成的最基本自然关系、衍化机制和科学原理，它的科学体系是其系统的本质要素、架构体系和最高科学形式，它的社会效应是其系统表现的最高人文精神、社会关系效应和人性力量的话，那么，它的竞争机理就是指能够促使这一系统运转起来的相关生产的工具、操作程序和使用原理，以及那些可以促使加工出更精确、更优良产品的人的灵性、技巧和文化生产力的因素等。

棋牌文化的竞争机理不能从外部或人的头脑输入，它必然囿于其自身既有形态的运动而展开。人们进入弈争、牌争实际上是在模拟或复述一种自然、社会或思维模式的竞争，但同时任何模式都不是自然而然地产生的，它们都是主体性实践和思维创造的产物。同时人们进入弈争、牌争还不仅仅在于对自然、社会和思维形式的模拟和复述，不仅仅在于揭示这一系统的现实性、科学性意义，而且更在于将它们作为一种新生活方式和新智力因素的生产而不断地更新和创造出来。

有关棋牌文化的竞争机理是要阐明下棋、打牌是怎么一回事？各种棋子、牌张的本质功能和实用规则是怎样确定的？意识与存在，思维与艺术，弈者、思想者与现实之间的关系如何？各种弈争、牌争形式有哪些较为清晰的开始、结尾和中间变化的规律可循？

开始下棋打牌之前先要定座位和猜先后，以投币或掷骰子定出先行一方并选定座位。围棋猜得先行执黑子必居于北方。北方五行四方神为玄武，色黑，与黑棋相应，先行之理源于阴极混沌世界形成之初，先于两极世界的对立，故围棋执黑先行。象棋猜得先行执红或白棋必居于南方。南方五行四方神为朱雀，色红，与红棋相应，社会运动的肇始、先行意识主要来自头脑和上层建筑的反作用力，故象棋执红棋先行。打牌的定风排座次，东风为本门风，则是说明一日之计在于晨，晨居于东方，故打牌从东家开始。

进入下棋打牌过程，弈者、思想者与客观事物之间的关系如何？这首先是一个哲学和理论思维的问题。例如，传统象棋是作为一种反映封建战争形式的艺术玩具和思维工具的产物而存在。这里历史上的封建社会暨战争的形式是象棋艺术的现实基础，而象棋艺术又以主观思维的能动性来推动着对封建战争规律的认识。此一时，弈者是在扮演一种帝王率兵打仗的角色，彼一时，弈者主体又进入到客观战争规律的思维中。非是你的思想不能任意自在地发展，而是你的思想必然要有所依傍。于是，你虽然是在扮演一种帝王的角色，但你所凭临的模型和你所掌握的知识，已经使你完全超越了封建帝王或军事家那一个个别，而在一个充满了辩证法和文化一般的理性时空中自由自在地翱翔。再具体一点，此一时横四路线上兵营大寨中央帅旗高悬，彼一时寨门大开兵马推进，四路线上倏忽又变为卒林兵阵，中央帅旗底下金鼓旗号令变幻其间。此一时或元帅升帐，或军师指挥，都不过是代行王命，彼一时或御驾亲征，或皇帝圣明，亦不过是集中了统治阶级的权谋与智慧。此一时象子表示左右丞相、军师、谋士的头脑、计谋，对社稷兴衰及战争成败之象的把握，彼一时象子表示在正面战场之外还有可以借助奇兵、伏兵、援兵及其他辅助战争因素实现的隐蔽、穿插、前队变后队、意外或间接杀伤力、破坏力的效应。到了战事紧迫关头，彼一时在九宫大殿横竖一格走方步的帝王走一格也许走了一百米的距离，此一时或被逼迫或主动出击或易位，只要能走出九宫又能停留一步，那么就算彻底摆脱了九宫的束缚。各子都可及时救驾，两王亦可白刃相见，一决雌雄了。

由于象棋艺术来源于生活，象棋艺术的竞争机理也来源于对社会各种经济、政治或军事发展规律的认识与概括，因此表面上看起来是按照艺术自身特点和主观意识发展的东西，但事实上这种艺术形式和交往方式本身就是历史和文化生活的反映。或许学棋之前你对战争规律并不甚了解，但你在高度集中、典型的弈争形式中所演绎的着法、弈法的合理性、必然性原则总会在与外部世界的对照中获得某种似曾相识或大体合理的感觉。当回过头来，如果你能从战争经验总结的兵法、战法原则中汲取营养，再来指导你的弈争活动，则会给你带来荡涤心胸、更上层楼的惊喜与醒悟。这并不意味着你不通晓战争规律也可以运筹帷幄，而是艺术本身规律的发展也是一种最好的理性实践。进而如果你能够较深入地学习战争理论，熟知军事辩证法和战略战术的基本原则，无疑会大大提高你的弈争水平。

那么，在叙述了棋牌文化竞争开端的定座位、分先后的规则，叙述了弈者思维与行动，艺术与现实的哲学思考的意义，叙述了辩证思维与棋牌文化生活的关系，接下来就该深入探讨一下经由棋牌文化的科学因素而衍生出来的内在竞争机制和运行原理的问题了。

棋牌文化的竞争机理基于它的科学体系和发生机制而运行，即是基于棋牌形式反映的自然、社会和思维运动的普遍形式和内在机理而运行。对围棋是基于它广义的天文形式的棋盘和质量权重形态的棋子而运行，对象棋是基于它的从围棋盘对角内切而来的最优化时空地理局道棋盘和社会主体、客体权重形态的23对棋子而运行，对牌戏是基于它的二度抽象的宏观人文思维体系的各种牌张信息而运行。

在围棋形式中，由于围棋盘是从广义天文形式的地球经纬线各180°的球形做圆柱形投影而来，其361个交叉点除去天元点外各有其不同核心质体和一般能量形态棋子的表现。中心天元一点表示混沌未分之时无极世界的存在，为两极世界认知盲区，无子亦不得落子。每方在紧邻天元点右侧次天元点上各有表示核心质量的“王”子一枚和一般能量形态的“兵”子各179枚。下棋，首先由两枚王子率领各自179枚兵子入局。入局不仅要利用外八星分核心点及九星区域各36格边角腹条件，抢占各个要点，围打劫杀敌子，扩大地盘，获得更多子目实空的优势；而且要利用各枚兵子与王子结成的破局联系及通过破局线路所需最高效步数的计算，为破局打下基础。进入破局要出动王子，多得几子可先行几步，过九星破杀出围，最终以争先一步到达对方底线中心点论输赢。出围路线将棋盘分为四个区块，连接顺序分别为左上、左下、右下、右上各9×10道线区域。连接顺序按中国传统哲学观点“从月建而左转，起黄钟而顺行”，寓意合于地球自转方向和人类反作用认知时序发生指向。若按传统围棋规则，一方面说盘面有直线交叉的361个点，每个点有直线的四口气，气尽提取（实则是以四子斜线联系的紧气提吃围出的假眼有一口虚气）。另一方面，当两子并，对方反压一子曰扳，我方再一子反扳曰断，不仅断不了造成斜十字的扭，若被对方再一子打，我方若不长一气将被提吃一子。即使对方形成最小一目的假眼，我方仍可反打提动，造成任意斜线扭断的紧气对直线一目联系的否定。如此，传统围棋是在不承认有斜线存在的前提下，又承认了任意人为斜线的效果。这种打劫只能以粘劫胜，或以三连劫的多眼求双活。这等于是在围棋盘361个点，324个方格之间又使每个方格都具有了两条虚隐的对角线，即等于是把一个更大化虚隐的纵横各19道线的方格系统与此一级纵横各19道线方格系统做了对角叠加后内切。按照科学的真实性、准确性和可重复操作的原则，如果把一个毫无明确战略目的性的，只是把一个由每个个别局部利害的争夺累加为一个全局利害争夺的过程作为结果，把总和的手段权充为目的，且斜线联系说无却有，亦有亦无，名术规则出尔反尔，自相矛盾的弈争，说成正是其魅力之所在，会永存不灭，那科学也就真的无语了。

在象棋形式中，象棋盘是从围棋盘对角内切而来，棋子是主、客体社会生产力要素和交往形式的表现。棋子的走法特点与子力特性相适应。象棋子在棋盘上的走法特点与围棋的弈争形式相似，同样分为5种，即直线、斜线、角、矩形对角和圈的关系。各种棋子依据它们不同社会发展阶段，不同分工和生产工具属性与五行相配的关系，决定他们在盘面交往关系中的走法特点和子力特性。象棋中例如传统象棋王走直线一格，直来直去，循规蹈矩；士、象走斜线，出其不意，旁门左道；兵、旗走短直线、斜线、折角的吃过路兵，机动灵活，奋力推进；马跳矩形对角，斜刺穿插，独辟蹊径；车、后八面威风；炮隔子打吃，炮弹飞弧线，远程威慑，炮位不动。军事象棋中飞机的起飞攻击，全方位任意有条件选择性空停三步，无隔子连续两步（次）攻击吃子，第三步或自行坠毁，或吃子同归于尽，或返回陆停，“飞去来”走圈的效应。在围棋弈法中对应的形式，如直线的间、拆、立、跳，斜线的尖、扳、绰，角的虎、觑、刺、拶，矩形的飞，圈的做眼、封、提。

现代象棋中，工人与机器走直、斜线，距离不限；农民与资源跳马步；商人与货币走斜线，距离不限；学者与知识走斜线，距离不限；资本王国子走直、斜线一格，可隔己方子跳行。胜负关系，传统象棋凭借各子行走特点和子力特性，以斜路和先机之奇对正面敌兵形子力实施攻击，灭杀敌子，最终以擒王论输赢。具体竞争机理包括系统的构成，弈法规则，及开局、中盘、残局的弈争规律，详见后述《新型传统象棋》。

现代象棋的弈法规则原则上大体如下：一、工农商学兵，按五行正克之序循环相克。主体子相克必须在己方主客照应及两两主客相生照应的情况下，才能相克对方没有主客照应的主体子。主体子相克制约第一步只能将敌子打翻成白子，第二步才能擒吃白子棋。二、两两主客相生照应是指工人和机器与商人和货币、学者和知识与农民和资源之间按走法一步之内相连，由此形成相生相合生产关系利益共同体。两两主客相生关系在实战中必须形成两翼各两组主客连线配套有理有力的市场竞争主体。若对方为没有主客照应的主体子，同时也就失去了两两主客相生照应的资格。三、主体子可以直接擒吃对方没有主客照应，被阻断主客照应的相应客体子。四、主客照应是指己方主体子与相应客体子按走棋方法在一步范围内直接相连。五、主客照应的官兵子对己方主体子的出国越界活动起保护照应的作用。有主客照应的主体子想要越界，必须与己方有主客照应的官兵子直接一步相连。官兵与法律子不能越界。六、客体子在行棋时必须有主客照应的支持才能走子，落点仍须保持照应。七、有主客照应的官兵子可以制约对方没有主客照应的各枚主体子，将其翻白子，第二步擒吃白子，将其遣返淘汰出局。亦可直接擒吃无主客照应的客体子。八、时间、创造子通过与主、客子直接或间接传导连线的时创照应效应使主、客体子获得主客照应及行棋的自然依据与合理机制。时间、创造子可以屏蔽阻断对方各子的主客照应及主主相生照应，同时还可以阻断对方主客体子的行走路线。时间和创造子可以越界。九、资本王国子不能出九宫，没有子力。只能被动接受市场竞争的结果。最终以擒吃王国子，在每个个别、每回合的较量中夺取国际资本控制权论输赢。其中蕴含的弈法原理表明：例如，我方输出产业工人，并不是为了争夺对方工人的机器，我方也带去了自己先进的机器。之所以要吃掉对方机器子，主要是为在竞争中促使对方那些与新生产力要素不相适应的客体因素发生解体，使对方的工人职能和产品落下风。

这在整体上并不会造成对方工人的失业，而是一方面通过我方新技术与商业资本的输出占领对方生产资料市场，另一方面通过学者与农民，新知识理念、新技术应用与资源保护和谐发展形成的优势，来改造对方的产业职能，吸纳工人就业和促进产业升级。因此在弈争中，就先以己方输出技术主客照应的工人擒吃对方的机器子，再在己方学者和农民，知识和资源相生照应的条件下，以学者职能的积极作用制约对方的工人子，将其淘汰出局，达成新生产力要素竞争的优胜。而有些纯拾遗补阙的劳务派遣工的输出，只是作为一种劳动力商品的市场交易行为，则不在本形式直接表现之列。如此等等，完全可以用象棋工具思维模型对应经济学、社会学来解释一定社会生产方式及各种社会现象的竞争与发展情形。

关于牌文化的竞争机理，既然是二度抽象的人文思维模型，雀牌从自然、社会的五行要素中抽取了五种物质的花色标记，一年四季一日四时寒来暑往日月流转的时间序列，蕴含在其中全方对称阴阳四象的二进制八卦卦符数字和线性联系的十进制数字功能，与其五行之性相配的各种人文始祖或神话传说的神祇人物，他们的配偶，最佳智者人物，以及同时兼有八卦数字开始和最大十进制数字 A 的功能于一体的表示最佳个体人物真正王牌的种种人文信息内容的牌张，构建起一套宏观体系的人文思维模型。雀牌的竞争机制在于，其每八张八经卦卦符牌及十进制数字牌都有水火金木四种花色，三合、四合可以碰牌、杠上开花，可以组成同花及杂色条三、对三、一条龙，相克不能。最终异花同数字相克不能作为将牌和牌，相生可以。其竞争原理是以多角度、必然性物质能量和人文信息目标价值取向的有序重组来证明自身对偶然性因素的把控能力。

扑克牌是东西方文化交融，吉卜赛文化和逻辑思维的产物。基本构成为四种花色的物质属性标记，表示一年四季 52 个星期与每季 13 个星期一套花色数字和尊者人物等的内容，其初级系统有待升级。其竞争原理是把一副牌交给你手上，让你通过牌张五行生克关系、能量和人文信息因素的有序重组和高效利用，以超强的记忆力、判断力和智力去夺取胜利。

新型博塞棋是古老博塞棋文化的继承、创新和质的升华。博塞棋在现代有以军职、武器和表层军事形式表现的陆战棋，有形形色色、千奇百怪的凭掷骰子博采行棋的康乐棋、体育娱乐棋、财富娱乐棋的样式，几乎无科学性可言。五行博塞棋直接采用雀牌牌张，改称棋子。棋盘借用围棋盘，增加中间隔离带、兵营和大本营等内容。其竞争原理是通过棋子蕴含的物态和人文信息，按五行生克和能量大小关系进行行塞搏杀的智慧较量，以攻入对方底线中心点夺取胜利。

谨此，棋牌文化学总体的概述可以告一段落了。

新型传统象棋

传统象棋概论

象棋是中华文明、文化的瑰宝，是中国古代发明的一份宝贵遗产。

象棋文化历经沧桑，它因典型生动，约定俗成，娱乐性强而深得民众喜爱，成为一类主要的艺术形式。由于任何一种艺术形式的发展总是由具体社会生活的内容和观念的反作用因素决定和制约的，因此认识象棋文化就要把这种艺术的普遍形式与它特定的文化形制区分开来，把构成文化的本质要素与观念和文化形态的东西区分开来，把变革中的艺术形式与蒙蔽其上的文化糟粕区分开来。

回顾象棋的历史，最早象棋一词始见于《楚辞·招魂篇》中“菎蔽象棋，有六博些”的记叙，但那时的象棋一词是指用象牙材质雕刻的棋子。中国传统文化中第一次挑明象戏名称的是南北朝后期北周武帝宇文邕主持制定的《象经》，但也仅仅是在自然和封建政治、文化哲理方面大肆渲染了一番，并无实质内容。人类历史上第一次有明确文字记载的象棋艺术是唐丞相牛僧孺于宝应元年（762）在《玄怪录·岑顺》一文中所记叙发现的唐代八八象戏，其对当时已有的天马、上将、辎车、兵卒四种棋子的形制及弈法规则做了详细、生动的描述。到北宋时期，经过尹洙的八八《象戏格》，司马光的《七国象戏》，蒙古象棋，程颢诗歌记叙的“程式象戏”，广象戏和大象戏，直到北宋末南宋初在小象戏基础上定制为今天的中国象棋。其间象棋艺术不断寻求发展传统却又在传统中迷失，不断渴望变革却又不经意间背离了经典传统的精髓，以至中国象棋从它定制的那一天起其实已经开始走下坡路。

中国象棋向海外的流传由来已久，效果各不相同。一类是从唐宋初向蒙古和缅甸的流传，形成古代蒙古八八象棋和古缅甸八八象棋；另一类是沿丝绸之路向西亚、波斯及欧洲的流传，以及稍后向日本的流传，形成在大象戏和宣和象棋基础上演变而成的日本将棋。另一种是与中华文化不间断文化交流所形成的朝鲜半岛的高丽象棋，其独特之处是在发展的同时，既保留了某些古代象棋特点，又揉进了本民族创造性思维的新规则。其他例如向越南、缅甸、南洋各国及向欧美的流传则都是近代文化交流的成果了。国际象棋据《简明大不列颠百科全书》记载约于15、16世纪定型，其文化渊源无法考证。但从其文化形制的基本特征来看最近似于中国“宝应象棋”、古代蒙古象棋，以及高丽象棋的某些弈法规则，因此可以判断国际象棋同样是中国象棋的一个变种。

象棋艺术在历史发展中形成了优秀传统文化的精髓，但同时由于封建政治及文化观念的束缚以及时代的局限，它也背上了太重的历史负担，存有许多悖理和缺陷。例如中国象棋，其最典型代表炮的着法的表现不是以炮所寓意的抛石机或火炮抛射石块、矢雷的爆炸杀伤力去摧毁擒吃敌子，而是使炮体本身连同炮弹一起越过一枚表示时空距离和障碍的棋子飞行并拼杀敌子，还可不缓一着地连续叫杀，把武器的机械本身、炮位与杀伤效果混为一谈。每方五枚兵子似取之春秋战国时五人为伍的兵制。这一兵制的原意本来是指由分别使用五种兵器殳、矛、酋、戈、戟的士兵所组成的最基本战斗单位，表现在战场上本应成为每一路兵的基本战斗依托，然却被古人以间一路五路纵队的形式松散地表现出来，忽略了两翼对称、路路有兵的布阵原则。它的格局失调、子力失真，开局即成启衅，故而造成可以双炮兑双马的不合理条件和比较容易故意下成和局的非必然因素。进而由于炮子使用性能不明，着法错误，使得以屏风马等一些子力的相互照应竟然能阻遏炮的攻击；再则，如果被车叫将垫将的炮又要打将对方将帅时，却须先行提子离将而被对方车照将，造成炮子使用的二难悖论。还有两将帅既为领兵打仗的最高统帅，却不许出九宫，不能照面，只能运筹帷幄“替天行道”，胜者便是秉承了王的旨意，可以挟天子以号令诸侯，败者即为草寇。总之不能僭越一国无二君的理念和一王天下的名分。其他如士、象保主护驾只会拼死相救，却不知出宫越界擒杀敌王亦可建功立业。兵的直走直吃不能体现兵形依托的正面相互胶着、斜线穿插突破的战法原理，从兵法上说是不知“三军之众，可使必受敌而无败者，奇正是也”①，而“凡战者，以正合，以奇胜”②，（注①②见《孙子兵法·势篇》）即正面相持，斜路、迂回突袭突破是利用地势、战势之机克敌制胜的基本手段。对兵只知一味驱使利用，“过河卒子不后退”，奔着敌将帅奋勇拼杀，沉底却又抓瞎“拱老了”。在双方进入决战的时刻，宜将剩勇穷追猛打，正是擒贼擒王建功立业的大好时机，却频频出现正和、官和、正官和等一些理论上的和棋。症结何在？其实大多数情形下是人为设定的障碍，是将由于中庸之道理念和弈法要素障碍造成的不让你出宫越界不能胜和不让你胜的条件因素错换成了和局形式。及至棋盘线道及界河设置偏窄、生硬，缺乏天文、地理、数学变化的依据等。

总之，一方面中国象棋代表着象棋发展的主流，棋局和棋子的概括都具有一定的气势和表面的整合性，但另一方面由于中国象棋的历史局限，他们虽然也认识到一定的社会现象，概括出一定的艺术形式，但这些个别或局部因素与社会现实及科学本质的联系却往往是扭曲的和自相矛盾的；于是在形式上和头脑中造出一个个连续的不能上升到科学本质的自我完善的绝对体系及在此基础上形成的同时也不能再回到现实世界中去的自我发展的绝对观念；他们在物质与精神、存在与意识谁先谁后，谁决定谁的对立中，不自觉地选择了后者；其结果必然导致艺术与现实，着法、弈法与兵法、战法相脱节，从而旧象棋艺术只是把一些人们永远也无法完全澄清的形式范畴和无法完全吃透的习惯技巧作为真谛，玩起来呆板乏味，唯意是从，使人难明事理，难得有益的教示，最终走入主观唯心主义思维的劣圈中。

国际象棋盘面虽小，系统开放，子力特性多有逼真。兵子直走斜吃，体现了军事辩证法核心的“奇正”思想。兵首着直进两格与王车易位的双向运子同样带有快速调动的合理性、必然性。后的着法八面威风、不拘泥于传统，落点比中国象棋任何一子都多。在表现形式上敢于直面王、后尊严并寓于戏斗之中，较少保守的传统文化心态，部分溶进了现代资产阶级社会文化革新的内容。但国际象棋也有它的弊端和缺陷，如兵的着法只能直进，除斜吃外不准斜走和横走，需要兵保王护驾的时候却往往成为阻塞王路的“汉奸”。吃过路兵的着法攻守混淆，利害倒置；为了达到送吃、兑子、打开棋路的目的，不惜允许一方将另一方已通过兵子攻击点转为防御的敌兵紧接下一步斜进一空格点吃掉；这是吃过路兵吗？是我进攻中吃了途经过路点上的可以攻吃的敌兵？还是对方吃了我已经攻上去并已转入防守的兵？完全是游戏自身的凭空想象！兵沉底须升变为后或车、马、象中的任意一种的规定人为牵强。车与后的威力不平衡与实际不符。马跳日字对角点遇双方棋子都不绊马腿，以至马在闷杀擒王时，对方各强子竟不能垫将拦子反杀。及棋盘过于局狭，落子以面代点，偏重于格局的方正和黑白相间，却丧失了王位的中点与棋路的中心线位置，丧失了棋盘格局正面及两翼相互对称的原则，致双方王、后摆置呈不规则式左右倒换，执黑棋或白棋要按两种差异明显的思路来弈争，黑、白格中己方及对方的黑象和白象内外均不能相遇也不能到达相反的格中攻击敌子等，这些方面都直接违逆自然、社会规律，对封建战争形式的概括都有很多缺陷之处。

再来分析一下中西两种象棋吃子和胜负的规则。首先，中国象棋规定两将帅不能照面。当一方将帅被叫将或被困无子可动、无路可走须横行一格出将时，如果对方的将帅已先行一步出将等在对面的位置上，按规则被叫杀一方的将帅则被绝杀或被困毙。但是他为什么在自己的九宫内就不能出将呢？危情时刻，与其束手待毙还不如“出将”会会对方有规则规定不许出宫的将帅呢。然而中国象棋说不能！当这两个规则发生矛盾时，还是以两将帅身后隐含的山大王不能见君王，后起造反的“王”不能见一统天下的王之一国无二君最高政治理念决定的“最高规则”为准。“他”是被“规则”给打败了。

国际象棋在叫将和绝杀规则方面和中国象棋大体相同，也允许“闷杀”，但却有一条规则认定先行一方的王“无子可动”就判和，即不允许发生送将（困毙）情形的规定。这是说一方各子先手叫将杀王或成绝杀也可以，但不能允许先手憋王、控点杀对方送将之王，否则就是“无子可动”判和。照此逻辑，绝杀、闷杀是死，送将、困毙就不是死了？进攻时竭尽一切可能的冲杀叫将就不患“无子可动”，而防御时王为避免送将而不敢走子就患“无子可动”了？其中症结何在呢？这是由于国际象棋盘面狭小，各子着法性能和规则限制较多，常常造成各子之间行棋吃杀和防守转换的矛盾及造成王无路可走的情形；于是就把“给王以行动自由”这一条列为行棋过程（结果除外）的最高准则，并且可以不管不顾因自己一方羁绊、阻塞造成的困境，而将此责任完全转嫁给对方不得使我方之王无路可走，死也要死的体面、不坠气节似的。完全表现出古人的僵化思维，是从形式需要倒推出来的一种无奈法则。这又是一个以观念致“人”于死地的绝妙写照！只不过这两种文化的效果却是截然相反的。中国象棋维护了先手为王一统天下的尊严和权利，国际象棋则倾向于后手为王人性的张扬和条件因素的平衡。仅此一点可以看出中西文化的差异，二者均自成一体，各说各的理，各演各的戏，都有各自一套相当繁杂的规则。外国人说学中国象棋的规则要一年的时间，而中国人看来国际象棋的规则也的确不那么省心。那么，究竟这两种象棋规则哪一种更合理呢？两种规则中有没有共性的东西？制定艺术标准是从民族文化的习惯心理出发还是以客观现实的发展规律为准？这些不同规则中最具本质特征的基本的原则性方法是什么？

实际上，不管哪种象棋在最后决胜的叫将、应将和将死的形式都大同小异，差别只在于判和还是判负的问题上，不同文化所表现出来的文化心态和思考的方式各不相同。其一，在判和的问题上中国象棋认为：一照一闲（我将你一军，再拉开或防守、或链子、或备将另一着），一照一照（我抽子拉开将你一军，你也跟进将我一军），一闲一闲（双方先动关键子即败，各下闲着），一捉一闲（你捉我一着，我避开一着），长拦（一子或两子在一条线上连续拦截对方一子），判为和棋。前提条件是我无绝杀，你也无绝杀，我不愿意变着，你也不愿意变着，我走一步“闲着”既能有效防守又暗伏杀机迫使你不敢变着，双方均自愿不变着。国际象棋判和的规定认为：规则“（10·3）行棋方的王虽未受到将军，但却无有任何合乎规则的着法（称为无子可动），对局结果作和。（10·4）如果出现以下残局形势之一（3种将子力进行量化对比的判断），对局结果作和。（10·5）条（对方超时判为和棋的规定）。（10·6）、（10·7）条（议和的规定）。（10·10）如果相同局面第三次重复，行棋方棋手一旦提出，对局结果作和。（10·12）行棋方提出和棋要求并证实至少在最近连续50回合中，双方没有吃过任何一子，也没有走动任何一兵，对局结果作和”。（见《国际象棋竞赛规则》蜀蓉棋艺出版社1994年版，第12—13页）以及其他技术、程序方面的规则。看来两种象棋判和的情形和理由较为接近，只不过中国象棋多从细节上加以规定，而国际象棋多从原则上加以规定而已。其二，在判负的问题上中国象棋认为：长将（一子或多子反复叫将杀王重复三次相同局面），长捉（一子反复捉吃另一子），一照一捉（一子来回叫将一着又捉子一着），一照一杀（一子反复叫将一着又拉开走另一着暗伏绝杀），应判主动行棋一方作负。原因是或对方有绝杀，而我方没有绝杀，我方没有机会不愿意变着，而对方有机会愿意变着却不能变着，是为不被绝杀而不得不被迫应着的。而国际象棋则规定“长将”判和。看来中国象棋判负的理由在相对条件和对“赖将”的不合理性持否定态度这一点上来说似乎是合理的。但国际象棋判和，满足了叫将方的意愿，似乎也是合理的。

综上所述，总结象棋文化遗产，分析中西象棋发展的脉络，批判地吸取历史消亡的封建社会政治和文化传统的精华，站在现代科学和文化技术标准的高度来重新阐述和变革象棋的任务也就自然而然地提了出来。

传统象棋发明的目的，是要通过对封建政治暨军事斗争形式的概括，反映并复现于象棋的艺术形式中，从而提供给人们一种全新的认识封建时代社会本质及发展规律的思维教示工具和游艺玩具。

第一章　系统的构成

第一节　棋盘与棋子

一、棋盘及坐标轴编码

传统象棋棋盘是由 9×11 条直线形成的 80 个小方格并使其中的每个小方格都具有两条对角线组成，因此在 80 个正方格的基础上又形成斜向的 160 个小斜方格交叉重合的效果；该长方形网格的中线上由于隐去其中一条表示河道中心线位置的线条，故而其界河部分是由一排 8 个小斜方格尖连的河道组成，其河道朝向每方左侧的中间两个小斜方格内分别写有河道、边界字样；在每方底线的九宫外各有一个三角形的后宫；除后宫的六个点外的网格部分形成同时有直、斜线交叉的 99 个强点和只有斜线交叉的 80 个弱点，共计 179 个交叉点。棋盘形式如图 1-1（a）所示。棋盘的坐标轴编码，竖轴上与直、斜线交叉点相对应的编码从下至上依次为数字 0—10，横轴上从左至右依次为数字 1—9；竖轴上与斜线交叉点相对应的编码从下至上依次分别为英文字母 a—j，横轴上从左至右依次分别为英文字母 a—h。坐标轴编码如图 1-1（b）所示。

棋盘内与后宫相接的纵横各三路 9 个强点 4 个弱点范围内为九宫区域，见图 1-1（c）。

二、棋子的构成与摆置

传统象棋棋子分为红、黑两色各 23 枚，每方分别计有王、后、旗子各 1 枚，士、象、车、马、炮子各 2 枚，兵子各 10 枚。共 46 枚。

棋子的构成及在棋盘上的摆置如图 1-1（d）所示。

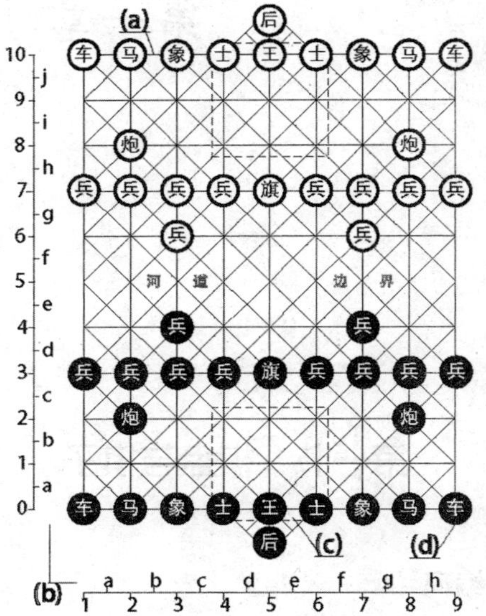

图 1-1

以棋盘、坐标控制的正面及黑下红上方向为准，棋子的摆置在双方 0 至 10 横路从左至右的摆置分别为车、马、象、士、王、士、象、马、车，在横 2.8 路与纵 2.8 路交会的点上分别为双方的 2 枚炮，在横 3 路和 7 路的各点上分别是双方的卒林兵线，卒林中央各有 1 枚旗子，两翼各 4 枚兵子，在横 4.6 路与纵 3.7 路交会的点上分别为双方的 2 枚前兵，后宫的中点上各有 1 枚后子。

第二节　棋盘的数学模型

同围棋盘表现我们直观地球一面经纬各 180° ——18 条线另加一道 0° 起始线的 19×19 道线棋局不同，象棋盘取了地球局部经纬各 90° ——9 条线的方正之局，因为是代表两个国家之间正面的斗争，故而从中间分开各取 5×9 道线，留下中间一条通常是以河道和边界（包括城池和战场的分界线）表示的中心分界线，故而形成 9×11 道线的方格系统；进而因为它不仅是表现一般坐标方位的投影，也具有特殊大地控制的实际意义，因此也要依据其外围的 36 点作双向斜线的交叉，最终形成一个纵横交叉疏密有致强弱各异的大地网络系统。同时，这一系统不仅是对两国之间最大比例最基本范畴的战争疆域而言，还表示着其他各种不同时代、不同社会政治、经济和文化交往与竞争的时空范畴和疆域，也可以推广到各种以社会活动为出发点的认知和竞争模式中。凡此种种，由于它的基本模型是从地球模型截取，有所配置、扩展而来，其本身便具备了基本天文地理形式的合理性因素，从而依据这些合理性因素表现的物质运动的点、线、面、立体的时空条件，探讨其不同形式的数学变化关系，就涉及象棋棋盘数学模型的问题了。

有关象棋棋盘的数学模型问题，主要包括它的坐标控制系统、线性控制系统、矩阵控制系统及数学变化范畴系统四大类。

一、坐标控制系统

象棋盘的坐标控制完全同于一般数学的坐标控制。它的有直、斜线交叉的线道从下至上、从左至右以数字标示，只有斜线交叉的线道以英文字母标示。

在设计竖轴数字编码的时候，按一般数字排列应为1—11，但考虑到棋盘的特殊文化蕴含，编码的对称性及好读好记的原因，故将第一路改为从0开始，11路线排列从下至上依次为0—10路。这从数字的排序上看似乎不合通常数字排序的关系，但却能符合许多文化的合理性因素。如双方底线的两路改为0和10，这两路偶数的位置也表示正面的静止状态，而王一旦动子起将至1·5或9·5点九宫中央“五”位上，则表示双方的王实际已登“九五”，出“一线”，登九宫大殿或中军大帐而亲临天下，开始自身的运动状态了。再从编码的对称性来看，双方从底线前进一路就进入纵横各1至9路的方正之局范围，5·5路就是全局的中心点，竖轴从下至上和横轴从左至右的编码都是1—9，河界两边各落点的读码都出现一种相反相成、相对相向而变的数字关系，非常好读好记。

象棋盘落点的识读方法也完全同于一般坐标点的识读方法，即读谱的时候先读出竖轴上的数字或英文字母，再读出横轴上的数字或英文字母，两条线上的数字或英文字母合为一个落点上的坐标方位，读谱记谱即可。

二、线性控制系统

象棋盘的线性控制系统是依据棋盘的线路形式而建立的。象棋盘形式的特点在于它不仅有 9×11 条直线的交叉，还有在此基础上隅向各 17 条斜线的重合交叉，共计形成有直、斜线交叉的 99 个八方点和只有斜线交叉的 80 个四方点的综合的系统。这一系统的外周共有 36 个点，所有线路的控制都是依据这些点而展开的。

这些线路控制的特点除直线控制容易认识外，斜线控制有许多特点值得探讨，如图 1-2 所示。

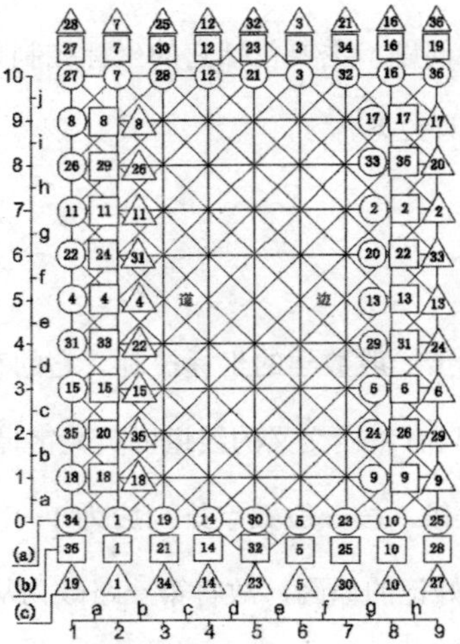

图 1-2

从这一系统斜线交叉的基本特点来看，各方单独地从系统外周的任一偶数点出发，按斜线 45° 折返环绕的方式都可以经过 18 点、18 条斜线与起点实现一步闭合；而从奇数点出发，则只能或者是单向按 45° 折返加沿边线前进的方式实现一步闭合，或者是双向对称地分别按 9 点 8 条线各自完成控制。这不仅说明 9×11 道线棋局的合理性，而且数字 666 的谐音也蕴含着道路总和的意思。同时数字 666 在西方文化英文字母中也是 IT 网址 www 的含义所在。

图 1-2（a）○中数字表明：外周 36 点序数分别从奇数点和偶数点各自按一步连续折返控制实现一步闭合，上排 9 位数字之和 182+ 右竖行 9 位数字之和 153=335, 下排 9 位数字之和 161+ 左竖行 9 位数字之和 170=331，总和为 666。

图 1-2（b）□中数字表明：外周 36 点从偶数点按一步连续折返行半程，接奇数点双向对称行半程控制序数，上排 9 位数字之和 171+ 左竖行 9 位数字之和 162=333, 下排 9 位数字之和 172+ 右竖行 9 位数字之和 161=333，总和为 666。合于太阳与少阳、太阴

与少阴相生相合关系。

图 1-2（c）△中数字表明：外周 36 点从偶数点一步连续行半程，接奇数点双向对称行半程控制序数，上排 9 位数字之和 180 ＋右竖行 9 位数字之和 153=333，下排 9 位数字之和 163+ 左竖行 9 位数字之和 170=333，形成太阳与少阴、太阴与少阳相克关系，总和同为 666。

另一方面，虽然奇偶数线道的标识是不变的，但每一条直线奇偶数点的分布都是交替进行的；而且在直线看来是奇数或偶数线上的各点，在斜线看来所有强点都是奇数点，所有弱点都是偶数点。这为弈争的奇正之变提供了广阔想象的空间。

三、矩阵控制系统

象棋盘的矩阵控制系统是建立在 9×11 道线加任意对角线所形成的 80 个正方格及与这些正方格交叉重合的 160 个斜方格基础上的，它是通过棋盘网格的由每两个正方格或两个斜方格形成的对角关系，即大、小日字斜对角的关系而展开一种数学控制的问题，是以一种连环跳大、小马步一次性实现系统闭合的问题，即所谓数学的最短邮路的问题。

系统主要包括矩阵的环形控制、九宫式控制、水波式控制等。

1. 环形控制

环形控制是从马的摆置点出发，按左旋方向以马步沿棋盘边上的点做环形跳行，每一步可跳一个小日字对角点也可跳一个大日字对角点，可连跳小日字也可一大一小、一进一退套接着跳；总之要按照马步的规矩一步一跳、一步不少、一点不拉地将 179 个点一线连接下来，完成全部矩阵的闭合，即实现所谓数学的最短邮路问题，如图 1-3 所示。

这是从奇数点开始的闭合。在跳行的时候尽量先跳小日字步，在拐角和其他部位遇有不顺行经过的点要尽量大小日字结合反复盘跳到位再出来，不使遗漏一点。进入中心地带要注意留出一些最后盘跳路线的空点。当第 170 步跳入中心 5•5 点后，剩下的 9 个点当你寻着那些仅有的空隙一步步跳进跳出，感觉到快接近胜利闭合之时，会从内心发出由衷的赞叹。这既是对棋局之神奇的赞叹，也是对自己智力检验的美妙成功发出由衷的赞叹，见图 1-3。

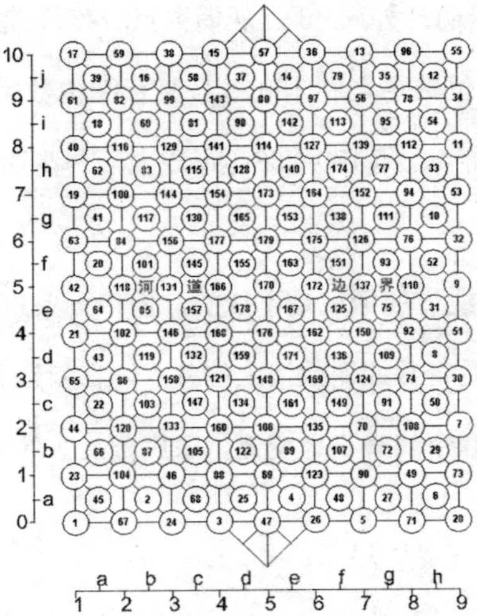

图 1-3

在反复核对跳行路线的时候，发现先前图 1-3 中间有一点不曾觉察的错误，故又重新拟定了多幅图式。再拟定中间又发现一般总是第 170 步进入中心 5 • 5 点，但最终结果却是总差一点不能闭合。后来几经改排完成了今天图 1-3 和图 1-4 的图式，但这似乎就没有了最初图 1-3 时的感觉。最初的图 1-3 已放弃。图 1-4 是从偶数点出发的控制。

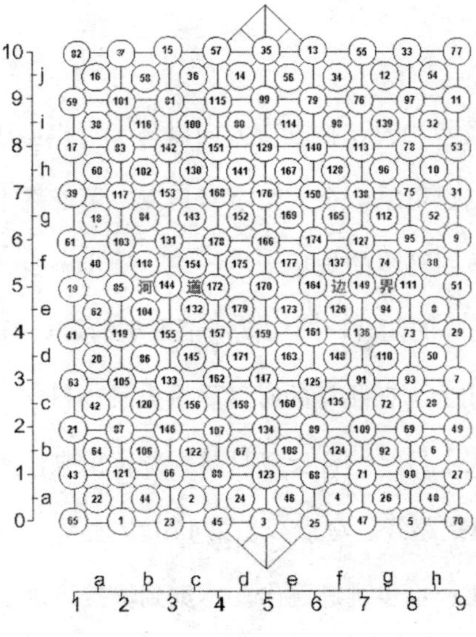

图 1-4

2. 九宫式控制

九宫式控制是从棋盘一角九宫（包括九个强点、四个弱点共 13 个点）内的偶数点出发按大、小马步来回折返式地跳控各点；第 13 步跳出，第 14 步跳回，第 15 步再跳出，然后还按九宫范围向一侧平移，触边后降至下一排临界的九宫范围再折向另一侧平移；如此这样五排横移，下降折返四次，最后以马步一线跳完 179 个点实现闭合。这种控制可能是唯一的，其科学意义有待研究。后来发现，九宫式控制最终差了一步，从第 178 步到 179 步，只能直线一格相连。又再试拟了多幅控制图，仍然无法一步闭合。也许九宫式控制就是无法一步闭合的，见图 1-5。

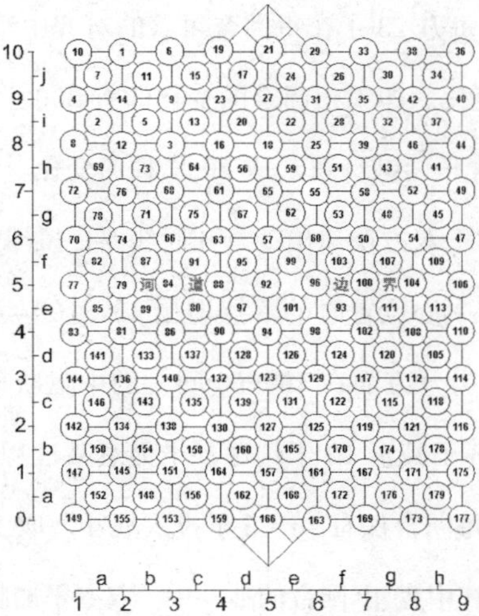

图 1-5

3. 水波式控制

水波式控制是从马的摆置点出发，以马步从左至右一步一步地横向跳行，触边后再从右至左横向折返地跳回，逐渐由一方向另一方漫进，最后一条线不断地将 179 个点全部跳完。这种闭合较为容易，且路线有多种，就不一一列举了。

四、数学变化范畴

象棋的数学变化是依据弈争形势的变化而展开的，是探讨这一弈争变化范畴的数学课题。

象棋数学变化的条件在于对弈双方各有9种23枚棋子，彼此相对，摆置并变化于179个基本点（附带后宫6个点）上，其变化的复杂性在于双方每下一着都可以有多种多枚棋子在多个层面多个方向以多种特性的走法进行多点选择。

弈争变化以三个阶段为序。

在开局阶段，由于兵子和旗子首着可以直进、斜进两格，变化较多，而各枚强子由于沉于底线、后宫和边线，开始时的子力变化较小。例如，每方10枚兵子和旗子首着直、斜进两格可以有8—14个以上落点的选择；接下来，炮、马、车、象每着也都可以有十多个以上落点的选择；倒是王、后、士三子在开始阶段变化较少，但合算为一子每着也有十多种落点的选择。这样每方23子在每回合每着的对弈中都可以有10乘以20子的一次方的变化，即200^1种的变化。即第一回合的变化即有200乘以200，即4万种的变化。综合开局阶段有10回合的弈争，共计可形成200^{20}种的变化。

在中盘阶段，一方面由于双方快速出动，开通线路，虽然兵子每着的落点减为5点，但象、炮、车、后、马居于中心位置时的落点增至33—100点，取其均衡值，大概每子每着的变化在10^1种以上。另一方面在10—50回合的中盘阶段，计有40回合破杀决胜的战斗，每方棋子大约从23子减至10子；这一子力衰减过程，取其差数13除以2，由底数10子加6•5子，平均每回合保有16•5子投入战斗，取15整数，每方15子在每回合都有150^1种的变化。这样在中盘40回合的战斗中，双方累加起来共计有150^{80}种的变化。

在残局阶段，大约为从50至100回合间，计有50回合的战斗。每方每回合从16子减至5子，取这一子力衰减过程的平均数，取差数11除以2，由底数5子加5•5子，除去小数，每方子在每回合都有100^1种的变化，50回合双方累加起来共计有100^{100}种的变化。

其变化的总和为：$200^{20}\times150^{80}\times100^{100}$。

第三节　棋子的分类属性、生克关系及子力分值

传统象棋9种棋子的分类表示封建战争9种政治与军事分工的职能和属性，它们与

封建社会小生产的分工及经济本质密切相关。例如，车表示战车和运载工具，也代表封建社会较先进生产力、工艺技术和手工业生产的职能。马表示自然畜力、骑兵，也代表小农生产的职能。士本质上属于文化和科学的职能，却大多数表现为封建统治的御用官吏和文人。象表示丞相、宰相、军师，其政治本质是士大夫阶级的一员、百官之首，又是军事命脉的特殊体现，还扮演了执掌封建国家经济命脉官商的角色。炮本来属于更先进科学生产力的代表，火药的发明，却被单纯作为战争工具加以利用。兵实质上泛指维护国家机器的御用工具，在封建战争中表示主体的战争资源。王是封建君权政治的代表，人治关系的集中体现。后泛指皇后、后党势力、女将和巾帼英豪。旗表示金鼓旗步兵和号令核心，表明封建战争的视听指挥和联络系统。

由此，我们看出在这些军事分工的背后是社会分工的本质决定了政治与军事分工的形式，只不过微弱的小农、小手工业生产力因素被封建的政治和军事关系掩盖和异化了而已。那么，在封建社会分工及政治与军事分工的背后又是什么本质因素决定了二者的社会自然属性和战争本身的属性呢？

显然，这只有自然本质的五行因素及由五行因素决定的人的相互依赖的由人治关系主导的封建君权政治的社会属性。

以五行配封建社会雏形的五业分工之性，为金配工，木配农，水配商，火配学，土配兵。以五行配封建政治与军事分工的五行之性，为金配车，木配马，水配士（士的科学职能被抹杀，文化职能被利用，沦为封建统治的政治基础），火配炮，土配兵。王自诩为天子，与土相对而配；后是王的另一半。旗兼有土和火的属性。象（相）兼有水、火及“天”的属性。这种五行物质属性对世间万事万物的匹配关系和支配作用是人们长期社会实践经验的总结，具有理性思维和通俗实验科学的意义，是不可逆转的客观实在。

由于五行因素对封建政治与军事分工因素的支配作用，它们不同个体受这些物质因素制约的各种政治、军事职能与相应战争工具、武器的相互统一，便形成了他们各自独特的棋子功能和自然本质的五行生克关系，以及在此基础上综合归纳、演绎而成的着法、吃法子力特性和子力分值。

这种棋子物性本质的生克关系是：较先进生产力的车、马与将校结合的战车可以其物性优势制衡马，自然畜力的马与将校结合的骁骑可以制衡士、兵及其他短程棋子，士、兵及其他短程棋子可以近距离攻杀制衡炮、马、车，而更先进生产力、战斗力的炮又可制衡车及其他各子。这仅仅是对封建战争中合乎阴阳消长和五行生克关系的一些深层的自然和社会本质的认识，然而这种合理性因素在传统象棋中是太少和太微弱了。事实上由于封建战争主要使用冷兵器和主要凭借统帅智慧和士兵的勇敢精神去争胜，其人与人的相互杀戮的战争性质本身就是违反人性的和缺乏合理性依据的。在这种封建社会生产方式的条件下，决定封建战争性质的因素，当然就只有是依据封建君权政治和军事关系所主导的人的对内的相互依赖性关系和对外的相互剥夺性关系了。因为人与人之间只剩下一个赤裸裸的生存权和财物的民族国家私有权了，而且在封建社会也只有通过对每个个别的他国、他民族、他政治实体的威慑或剿灭，才能获得对自己一般生存的保全。这正是封建战争悲剧式的本质所在。

根据以往战争经验的总结和对各枚棋子战斗力的对比、归纳，传统象棋的子力分值分别为：兵2分，士2分，王2分，旗4分，象6分，马7分，炮8分，车9分，后10分。共计子力100分。

第二章　弈法与规则

下棋要有规矩，就像战争要有章法，各军、兵种的投入要各显其能、各行其道，符合一定的发展规律一样。下棋的规则来自对战争规律、经验和方法的总结，来自战争兵法、战法的对照，也来自对棋文化丰富内涵的发掘。

下棋的规则分为普遍性弈法规则和一般性竞赛规则两种。弈法规则是讲着法、弈法客观实在的，而竞赛规则是讲游戏规则本身的。

下棋的着法、弈法规则与战争的兵法、战法原则相对照。战争中的战法是讲战斗力，兵员、武器的投入使用和发挥效应的方法与战术细节的，兵法是建立在战法基础上的战略战术思想原则的应用，而下棋的着法、弈法规则不过是将战争的兵法、战法原则做了一个高度集中的概括和提炼而已。

总体说来，弈法规则的基础是着法规则，着法规则包括了棋子的走棋着法与吃子着法，把着法规则提升到实践的层面上来认识就成为弈法应用的规则。从这点上说弈法规则与着法规则相映衬衔接，但弈法又不完全等同于着法；就像兵法高于战法的应用一样，弈法思想原则对于着法规则无限创造性思维、无穷变化的应用，会使整个弈法体系更加璀璨夺目。

因此，阐述弈法与规则主要包括走棋着法和吃子着法方面，以及弈争的胜负规则，记谱规则，名称术语，弈法口诀，弈者境界，棋子本义和文化蕴意等方面的内容。

第一节　走棋着法

每种棋子在棋盘上因其分工不同、子力特性不同，各有其不同的运子能力和变化关系，由此形成弈争的基本走棋着法。

叙述各种棋子走法的顺序是：王、士、后、象、马、车、兵、旗、炮。

王、士、兵、旗属短程棋子，弱子。后、象、车、炮属远程棋子，强子。马属于机动性很强的棋子。

一、王

王表示最高权力的象征，王的安危存亡决定着一盘棋的成败输赢。

王的走棋着法：每着横竖一格，前后左右方向不限。即每着可以纵向走一格，也可以横向走一格；可以一步退回空出的后宫中点上，也可以一步再返回王位。

王属于九宫内的棋子。王可以随意走出九宫。王一旦走出九宫并能够停留一步，就算出了九宫，就在一局中打破了九宫的限制。如果王走出九宫又被步步叫杀，退回宫去则不算出宫。

王可以过河、越界。

两王可照面。

可以王车易位。

王车易位的走法如图 2-1 所示。

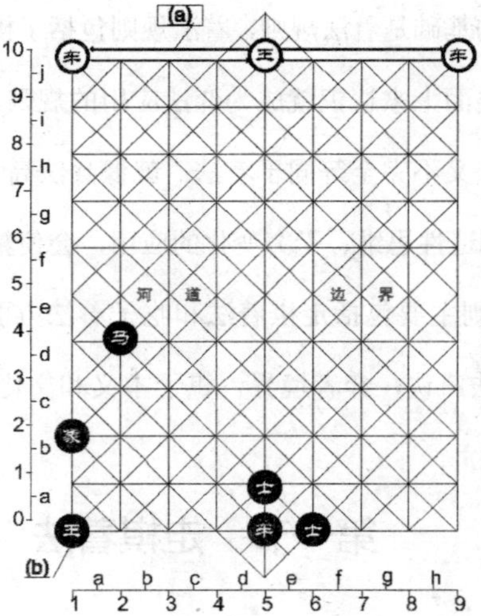

图 2-1

当一方的王和车尚未动子，又先期走了支士、跳马、飞象三步棋，打通了王车之间的道路，此时即可进行王车易位。其方法是在易位行棋时，先后将王子和车子提起，将王子落在车的位置并将车再落回王的位置彼此易位，或者在王车之间任意选择两点进行易位均可。

图 2-1（a）线道及箭头指向表示王可以与两侧车易位的条件，（b）表示第一种王车易位后的情形。

这种王车易位的着法，不管是遇到了对方子力的攻击，还是己方主动进行位置的变易，只要符合易位的条件，又不会导致王在易位后会被杀将，则都可以进行易位。

二、士

士在九宫内可以沿斜方格的边线每着走一格或两格，每着可以朝一个方向走，也可以折返 90° 走两个小斜格，斜进或斜退不限。

士直角走两个斜格并不等于说可以直线走一格，当士所需要通过的两个小斜格中间直角点上有一子阻塞，士则不能通过，也不能达到这种似乎是直线走了一格的效果。

士在九宫内首着可以斜进 3—4 格或斜进 2 格折返 90° 再斜进、斜退 1—2 格。这等于说士在首着可以有十个点以上的选择。

士可以随王出宫。只有当王走出九宫，士才可以随王出宫。

士在九宫内或九宫外走法不变。

三、后

后走直线和斜线，距离不限。后的八面威风的着法是从车那里承袭而来。

当王停在九宫时，后在九宫及后宫内每着可择直线或斜线一种任意行走，但不能出宫。

后可以随王出宫。只有当王走出九宫，后才可以随王出宫。

后只有走出九宫，才能真正发挥直、斜线无远近的威力。

四、象

象走斜线，距离不限。即象在斜线上每着可走最短斜线到最长斜线，距离不限。

象行棋己方象路上有一至两枚己方子不塞象眼，此时仍可隔子飞象。象飞隔子是说丞相、军师使用计谋暗中调遣奇兵、伏兵，或迂回穿插，后队变前队，或利用伏兵突然袭击，辅助战场运子的一种能力。及旗被翻白子或白子旗被擒杀后，由于指挥号令被切断，指挥核心被打乱，此时均不能再隔子飞象行棋。

象路上如遇对方子则塞象眼。

象不能穿越对方有“根”的保护的白子旗、白子炮。

五、马

马走两个方格（大日字）的对角线或走两个斜方格（小日字）的对角线，每着择一种走一步或两步，也可择两种各走一步。

马的走棋也称跳行。己方子不绊己方马腿，如图 2-2（a）所示。

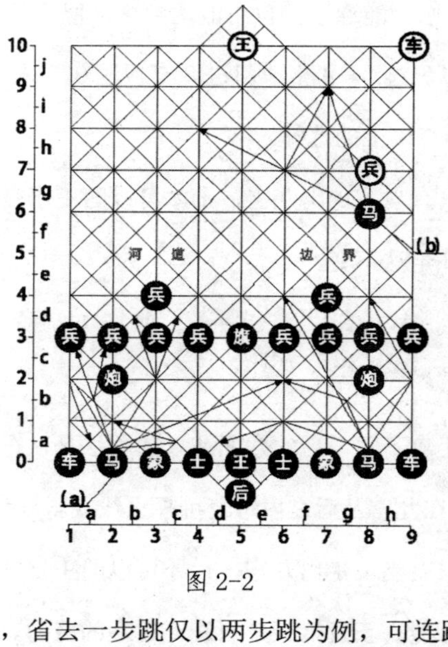

图 2-2

马的跳行路线及落点，省去一步跳仅以两步跳为例，可连跳两个大日字一步盘河、过宫，可连跳两个小日字落在最近的直线一点上，也可连跳一大一小两个日字落在一个隐蔽的弱点上。先跳一个大马步，再回跳一个小马步，等于走了一个最短斜线，跳一个大马步，再回跳一个大马步，等于走了一个方格的对角。马的机动性很强。而且不仅仅是马，包括除王以外的其他所有棋子理论上都可以从盘面的任意一点走进任意一点去。

马在己方次中心的4·5点或6·5点上均可一步（连跳）跳入周围的100个点中，见图2-3。

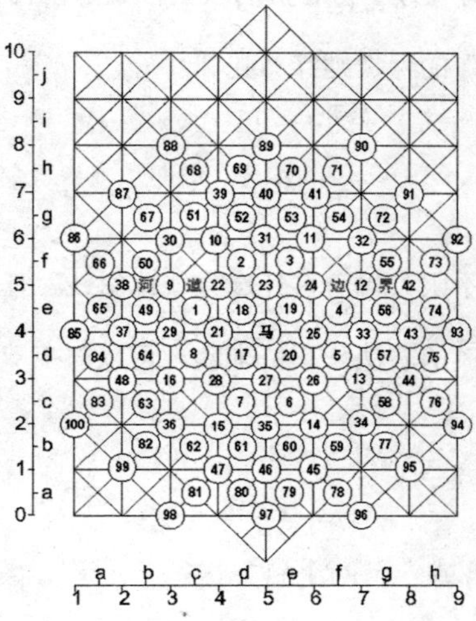

图2-3

当马立在中心4·5点和6·5点时，马的跳行从左侧起按先小后大，大小结合，两小两大的跳行方式环形跳跃，使每一落点都与马的立点相连的同时，各点也保持在两个跳点之间并按从1开始的序数将各点相连，最后经过9圈旋转跳行在第100点上跳完所有可能到达的点。这足以说明马的机动性和呈现出一种自然和谐的美。

对方子绊己方马腿。

如图2-2（b）所示：当红方7·8路兵停在黑方6·8路马前方最近一个强点上时，红兵绊黑方马腿，马不能向正前方两侧的大日字对角点上跳行；但马可以从斜线方向跳小日字越过兵阵，因为在斜线小日字的最近一点上没有敌子羁绊。马因此还可以连跳两个小日字走马6·8—h·g—9·7！将军抽车。同样，假如6·7点上也没有敌子羁绊，马还可以走6·8—7·6—8·4！挂角照将，或走6·8—7·6—9·7！将军抽车。

马在强点上跳行时有两个绊点的规定：当马在一点上跳一个大日字对角时，如果同一方向上小日字直线的最近一点上有敌子绊马腿的话，那么这一子也同样羁绊跳大日字对角的马腿，因为这一子对马来说羁绊的角度更小、距离更近。而同一方向上如果小日字的绊点上没有敌子的话，则马仍可跳小日字穿插通过大日字的绊点。

白子炮和白子旗对任一方的马都不绊马腿。

这样来看，己方的子不绊己方马腿，说明己方一般兵马调动的协调性、一致性，而对方的子绊己方马腿，则说明双方子力对抗的攻击性、阻塞性，合乎常理。

白子炮、白子旗有“根”的保护则绊马腿。

六、车

车走直线、斜线，距离不限。每着可任选直线或斜线，任意行走。

车体现出战车的八面威风的着法。车位未动，可以与王双向运子进行易位。

七、兵

1．兵每着走一个正方格或一至两个斜方格。兵走斜方格时，可以从一个强点走入另一个强点，从一个强点走入另一个弱点，或从一个弱点走入另一个弱点。

2．兵未过河只能直进、斜进，过河可以横走。

3．兵首着可以直进两格。

兵首着直进两格的基本走法是：当兵在原摆置点上未动子的情况下，首着可以一步直线前进两格，或者斜线前进 3—4 斜格，达到快速出动的目的。正面相持时，第一步直进两格也可以绕过 90° 角绕过正面敌子从一个强点走入另一个强点或弱点。

兵首着直进两格的基本走法可以连带出每枚兵子约 9 种不同直、斜格组合实际行进路线的变式。其变式是：直二，直一斜一，直一斜二，斜二直一，斜二折返 90° 斜一，斜二折返 90° 斜二，斜一折返 90° 斜二，斜三，斜四。前三种在行进中不能吃子，后六种可以吃子，将在以后吃子着法中介绍。

兵首着直进两格的基本走法及其连带的九种直进两格的变式如图 2-4（a）所示。

兵 3·6—5·6 为直进两格，兵 3·6—4·6—e·f 为直进一格斜进一格，兵 3·6—4·6—5·7 为直进一格斜进两格，兵 3·7—4·8—5·8 为斜进两格直进一格，兵 3·7—4·8—e·g 为斜进两格折返 90° 斜进一格，兵 3·7—4·8—5·7 为斜进两格折返 90°

斜进两格，兵 3 • 7—d • f—e • g 为斜进一格折返 90° 斜进两格，兵 3 • 7—e • e 为斜 3，兵 3 • 7—5 • 5 为斜 4。

4. 结合 1•和 3•两种走法，多数兵首着理论上都可以走出 14 个落点的变化，如图 2-4（b）所示。

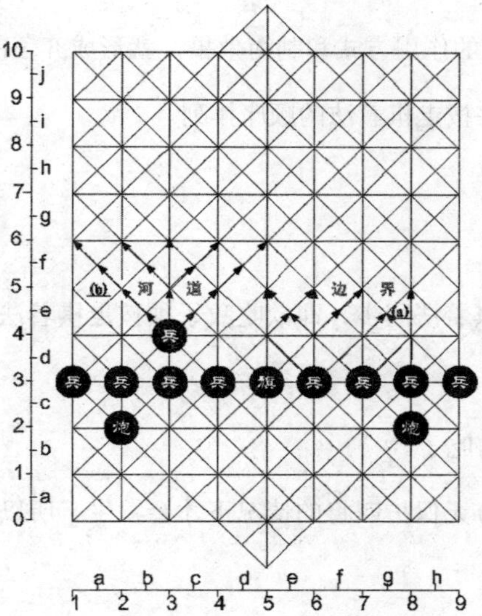

图 2-4

5. 兵除了直进、斜进和横走行棋外，还可以在进攻叫杀敌王后回退一格行棋及在防守平王护王时回退一格行棋，未动子时可回退两格行棋。由于这两种沉底回退和平王回退的情形都涉及兵吃子攻杀时的变化，故放在以后的吃子着法中加以叙述。

八、炮

炮行棋走直线、斜线，距离不限。

每着可选直、斜线一种，任意行走。任何子都阻塞炮的行棋。

九、旗

旗行棋每着走一个直方格或一至两个斜方格。

每着可选直、斜线一种，随时可进可退，方向不限。

旗首着亦可直进两格，走法同兵。

第二节　吃子着法

棋子的走棋着法是由于不同棋子的子力特性和战斗需要进行的，行走是一种改变时空地利形势的手段，而目的是吃子和争胜。因此根据棋子的基本走棋着法和子力特性，再加上双方棋子相互对抗的作用方式和制衡效果，就形成弈争的基本吃子着法。

叙述吃子着法的顺序按走棋着法的顺序排列。

一、王

王的吃子着法与走棋着法同步，即欲吃敌子须按走棋着法动子行子进入敌子落点，拿掉敌子。

王可以随时走出九宫吃子。

王的吃子只有在对方无保护叫将的情况下才会发生。所以王的子力主要表现为先手的控制和兑杀能力。

二、士

士在 1—2 斜格的距离内直接吃子，进退不限，士的吃子着法与走棋着法同步。

王未出九宫，士只能在九宫内吃子。

只有当王先行一步走出九宫，士才可以随王出宫吃子，直至过河越界。

三、后

后的吃子着法与走棋着法同步。

王未出九宫，后只能在九宫内吃子。

王一旦走出九宫，后才可以随王出宫及吃子，方向距离不限。

后位未动，车后相遇礼让后先。

后位未动及后未直接叫杀炮，炮不得先手打吃，等于炮也遵循礼让后先的规则。

后在九宫及后宫（共 16 个点范围）内除“车后相遇，礼让后先”和“后位未动炮不得打吃”的规定外，其他各枚短程棋子和马均可不受限制地直接进宫擒杀后。炮也可直接打吃已动位及先手叫杀的后。

后后相遇、象后相遇同样须礼让未动位的后先。

后走出九宫则与其他任何子都可直接相互擒杀。

四、象

象的吃子着法与走棋着法同步。

象吃子，己方象路上只有一枚己方棋子不塞象眼。即象除斜线直接吃子外，还可以隔己方一子穿插迂回飞吃。

象隔子飞吃的情形有二：

其一，当对方棋子进入中线及中线以内我方区域时，我方象可以在己方半开放线范围内隔己方一子飞吃敌子。

其二，当我方一枚棋子进入中线及中线以外对方区域时，我方象在己方区域或在对方区域，半开放线或全开放线范围内，都可隔己方一子飞吃敌子，如图 2-5 所示。

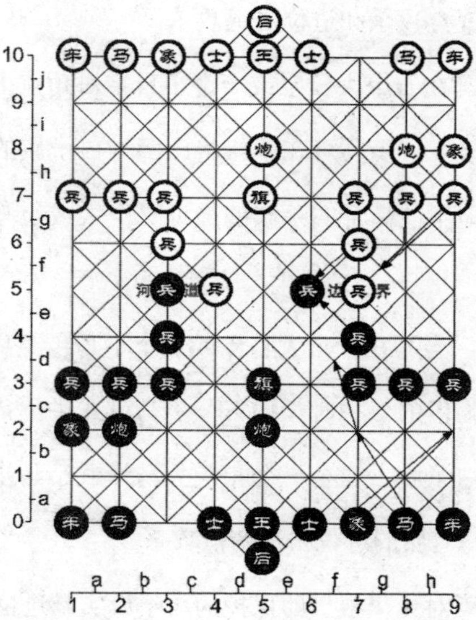

图 2-5

当双方走了如下几个回合：

①红炮 8·2—8·5　黑炮 2·8—2·5　②红兵 7·4—5·4　黑兵 3·6—5·6　③红兵 7·6—5·7　黑兵 3·4—5·4　④红象 10·7—8·9　黑象 0·3—2·1　出现象在中线及以外区域隔子飞吃的情形；当红兵 6·7—5·6 吃兵，若黑兵 4·7—5·6 兑杀，则红象 8·9—5·6 可隔 7·8 兵飞象再兑杀一兵，于是出现象在中线区域隔子飞吃的情形；且象有 10·1 路车保护，还叫杀 0·1 路黑车。故黑方④应走……象 0·7—2·9 飞边象防御。

当双方续走了④……象 0·7—2·9　⑤兵 7·8—f·9　马 0·8—d·f　⑥兵 6·7—5·6× 兵　兵 4·7—f·f。此时，黑 2·9 象隔 3·8 兵，不能直接叫杀红 10·1 车。只有当 3·8 兵进入中线及以外区域或红车进入中线及以内我方区域，黑象才能直接飞吃车。

象后相遇亦须礼让后先，方法同车后相遇。

五、马

马走棋可以连跳两步，连跳可以叫杀敌子，但吃子必须在一步以内，必须是在一个大日字格或一个小日字格对角点的范围以内。

马的吃子方法是：欲吃敌子须按走棋着法动子行子进入敌子落点，拿掉敌子。

马对旗可以实施连续变点攻杀和进位击退攻杀。

连续变点攻杀是，当马在一个大日字或一个小日字对角点上攻击叫杀旗，若旗不躲避，又无子拦截阻塞马，接下一步马可在杀旗将旗翻为白子旗的同时或原位不动或变点单跳或连跳至其他点上，但不能离开叫杀旗的最近一个大或小马步的攻击点上，否则不能翻白子旗。

进位击退变点攻杀是，当马在一个大马步或一个小马步距离内攻击叫杀旗，若旗不躲避，无子阻截又无子作为根的保护时，接下一步马可在进位杀旗将旗翻为白子旗占据旗的位置的同时，随意将白子旗击退至一个相应大马步或小马步的落点上，继续保持对白子旗的攻杀效应，称为马对旗的进位击退变点攻杀。

各枚强子在短程内均可对无“根”的保护的白子旗实施进位击退变点攻杀。

马进到对方底线 3、7 路点上不能直接叫杀未动位的后，因其位置太偏，凭借的地面太窄。

六、车

车的吃子着法与走棋着法同步。

车与其他子均可直接相互擒杀，唯独车与后相遇，须礼让后先。

车后相遇，礼让后先的着法是：当己方王被对方车先手叫将，接抽杀后而车后相遇，此时后位未动，王出宫地位未定，己方后处于后手被抽杀却又并未获得出宫反杀车的机会的境地，这时车不能先手杀后；接下只有当对方车或是停子俟兑或是步步叫将又给我方后以先行出宫垫将获得后手反杀的机会，此时也就完全满足了礼让后先的条件，对方可以车直接先手杀后或以其他子兑后了。就是说当后被抽杀而车后相遇时，只有后先垫将叫杀了车，车才能主动杀后。寓意王或滞留九宫或出宫未稳处于守势，后宫幽深目标未明，或敌将英雄气短，败走“美人计”等等原因，车须让后先手。当然，如果车硬要直接进宫杀后，一般士也会兑杀车，且各远程棋子要直接杀后须在九宫边先停留一步，故这一着法实际上只具有象征性名义上让先的意义，并为炮礼让后先的着法做了铺垫。因此车后相遇礼让后先只是象征性地给了后一个子力最强的名分，也算是对后种种限制的一点补偿，如图 2-6 接转图 2-7 所示。

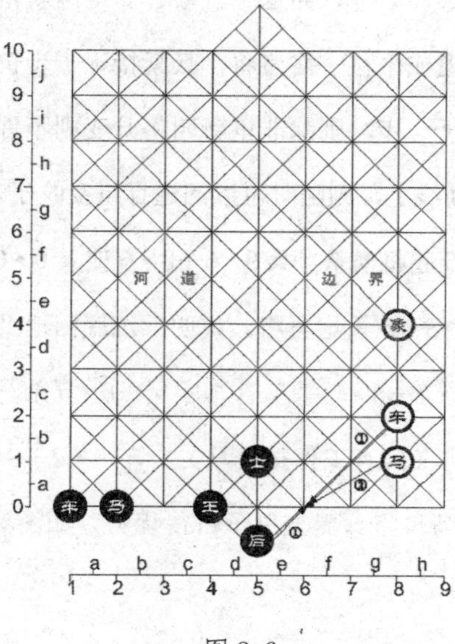

图 2-6

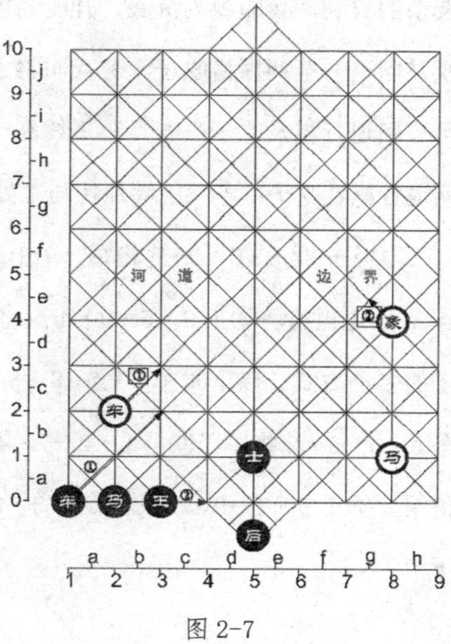

图 2-7

图 2-6：当红车 2 • 8—2 • 2 叫将，黑王 0 • 4—0 • 3 出宫，车后相遇之时，车须避让一步，或变线叫将或停子俟兑。

图 2-7：①红车 2 • 2—3 • 3 变线叫将，黑车 0 • 1—2 • 3 垫将。②红象 4 • 8—e • g 叫将，黑王 0 • 3—0 • 4“回宫”，但由于王出九宫已停留一步，此一局中九宫的限制不存在了，毫不影响士、后可以随时出宫拼杀。

七、兵

兵的吃子着法与走棋着法不尽相同。兵直、斜走斜吃，具体说是直行不能吃子，斜进一至两格吃子。

兵除了直进、斜进、横走行棋和斜进吃子外，还可以在叫杀敌王后回退行棋及吃子，以及在平王护王时回退行棋及吃子。这称为进攻时的沉底可退的规则和防守时的平王可退的规则。

兵进攻时沉底可退的规则是：当己方兵子步步向前沉底或下 2 路叫杀敌王，王或出将避开或起将直线反杀兵，这时兵事实上已与王处在同一条王的“底线”上，也应该有反杀的权利，兵即视为沉底，升变为机动灵活的兵，即可以回退一直格、一至两斜格行棋及回退一至两斜格吃子。若兵叫将之后，王后退或平移一格避将，兵紧接下一步仍然可以回退行棋及吃子；若兵距王线高一路原位停子一步，则除非重新叫将升变则不许再回退行棋及吃子；若兵能够保持与王处在同一条横线上，则随时可以回退行棋及吃子。

①……兵 8 • 6—9 • 6 将军。②王 10 • 5—9 • 5 起将横杀，兵 9 • 6—8 • 6 或兵 9 • 6—i • e 回退再将。③王 9 • 5—9 • 4 避将，兵 i • e—8 • 5 杀炮再将。说明兵沉底回退及吃子的多种方式。以下④车 7 • 4—8 • 5 杀兵，马 7 • 7—8 • 5 杀车。⑤后▽—8 • 5 杀马，车 5 • 6—9 • 2 将军。⑥马 6 • 2—7 • 4—9 • 3 垫将（只有王保护着马），车 9 • 2—8 • 3 将军。⑦王 9 • 4—9 • 5 平将，车 8 • 3—9 • 3 杀马再将。黑方兑子占得优势，如图 2-8 所示。

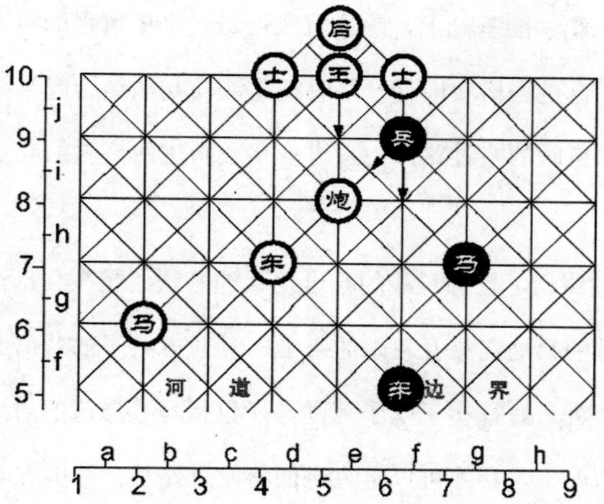

图 2-8

兵防守时平王可退的规则是：当己方王子已出九宫，在遭到对方攻击，须寻求己方兵的保护时，这时己方的兵为护王则随时可横走、回退一格、一至两斜格拦子，垫将。兵子未动位时，首着可直退两格、斜退 3—4 格拦子、垫将。兵在主动或被动、起点或落点可以平王的条件下均可随时回退一直格行棋，回退一至两斜格行棋及吃子。但仅限于距王上和同一直格范围内，此处不能继续回退吃子。距王下一格则只能斜进而不能斜退吃子。

如图 2-9 所示，车于 1·4 路叫将，兵 3·3—2·4 垫将，若该点有敌子亦可吃子。若王处于 2·4 点，车于 2·8 点叫将时，则 3·3 路兵可以横行一格、斜退一格垫将。当敌各子与我方王处在同一横线上并与上一线我方兵两斜格内相遇时，双方兵均可直接斜退一至两斜格相互吃子。只不过我方是平王可退吃子，对方是沉底可退吃子。

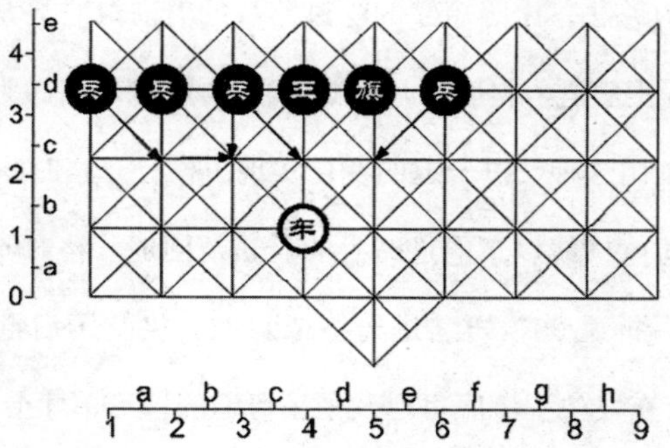

图 2-9

在兵的基本走法、吃法的基础上，除了沉底可退、平王可退的特殊走法和吃法外，还有当兵在直进两格、直进一格和横行一格时把走法与吃法结合起来的特殊的吃过路兵的着法。这包括直进两格时的吃过路兵，直进一格及斜进两格时的吃过路兵和横行一格时的吃过路兵。

直进两格时的吃过路兵，也称长线的吃过路兵的着法，是在兵形已经出现胶着，开始进攻一方的兵与对方的兵处在相互攻杀的点上，且对方兵子的背后必须没有对方的其他短程棋子或远程棋子进入短程棋子吃子范围内（包括马）形成的对这一子的“根”的保护的作用。在这种情况下，兵才可以走直进两格吃过路兵，才能在攻占前方目的地的途中按照吃子的着法吃掉敌子再继续前进，以避开对方的兑杀点或把兑杀点前移，达到消灭敌人保存自己的目的。兵直进两格吃过路兵的着法还可以引申变化为斜进3—4格吃过路兵的着法，即防守反击中的兵可以在先吃掉没有“根”的保护的兵之后再斜进1—2斜格，实现在奔袭中吃掉敌兵再继续前进的目的。总之，吃过路兵的原理在于己方兵可以吃掉对方没有“根”的保护的兵再折返90°斜进1—2斜格或继续斜进1—2斜格或直进一格，但对于有“根”的保护的兵子，则只能在吃子后压缩其保护的直线距离而不能摆脱“根”的保护。

直进一格及斜进两格的吃过路兵，即短线的吃过路兵的着法，是比照直进两格吃过路兵的着法，按照兵的每着走一格的基本走法，而在一直格的范围内，在对方兵没有“根”的保护的条件下，通过斜进一斜格吃子后再折返90°斜进一格或继续斜进一格，实现吃子后改变落点的一种着法。

横行一格吃过路兵的着法，比照短线的吃过路兵的着法，它只是把吃行的方向由直进改为横走，把吃行过程由斜进一格吃子后折返90°再斜进一格改为了斜进一格吃子后折返90°再斜退一格，利用这种一进一退的变化实现了横行一格时吃过路兵的目的。

另外还有横行一格时吃横线以下的过路兵的着法及回退一格时吃过路兵的着法，由于需要先斜退一格吃子后折返90°再斜进一格或斜退一格吃子后继续斜退一格或折返90°再斜退一格，这只有在发生了沉底可退及平王可退的情形下才会出现。

各种吃过路兵的着法如图2-10所示。

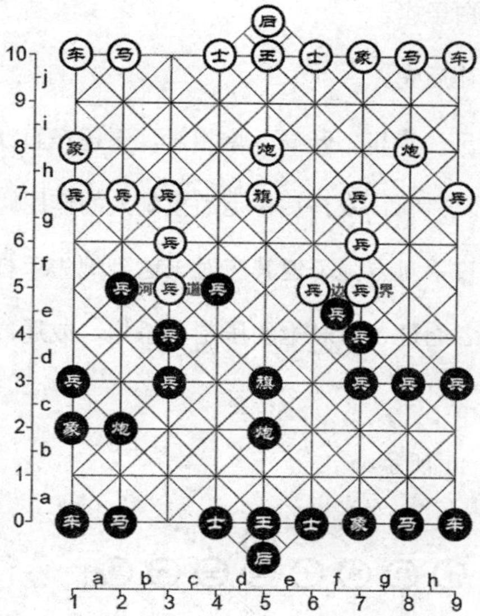

图 2-10

左侧，1. 红兵6•3—5•4吃兵，因5•4点有4•3兵保护只能斜进两格吃子。黑兵4•3—6•3，可以直进两格吃子进入6•3或6•4点及f•c点，让开象路叫杀车并攻杀兵。右侧，1. 红兵5•6—e•f，只能斜进一格吃子，黑兵4•7—e•f，亦只能斜进一格吃子。2. 红兵5•7—e•f—4•6，或5•7—e•f—4•7，在吃掉e•f兵后可继续斜进一格或折返90°再斜进一格，走出短线吃过路兵的两种变化。若红兵走在4•7点上，则黑兵可3•8—4•7—5•6直进两格（斜进四格）吃过路兵。其他依此类推。

八、炮

炮的吃子着法与走棋着法完全不同。

炮凭借一枚炮架子棋子的时空阻隔和障碍物的支应作用隔子打吃。

炮每着可一步打吃对方除旗以外的其他任何棋子。

炮每着打吃对方任何棋子或第一炮将对方旗子翻白子旗唱子行棋的同时自己也必须首先将炮子翻白子，炮位不动，随即拿掉隔子打吃的对方棋子或将对方旗子翻白子。

白子炮可以行走，可占一步棋原位复炮，也可连带行棋复炮。

炮子复炮后方可重新攻击。

炮子第二炮可直接打吃白子旗。

后位未动，炮后相遇礼让后先。

炮打翻炮吃子，落为后手一步棋。开局两炮相对，无论在直线或斜线两方的炮都隔己方一子相对而置，相互威慑与制衡，发挥后手炮后发制人的作用。如要先手炮先发制人，必须通过抽开炮架子棋子以攻杀对方强子迫其应对来达到炮先手打吃敌炮的目的，或者抽炮链杀、捉双敌强子，或者通过各子对炮的压制攻杀炮，或通过垫子改变炮的攻击点以争取主动。

炮的吃子着法，如图 2-11 所示。

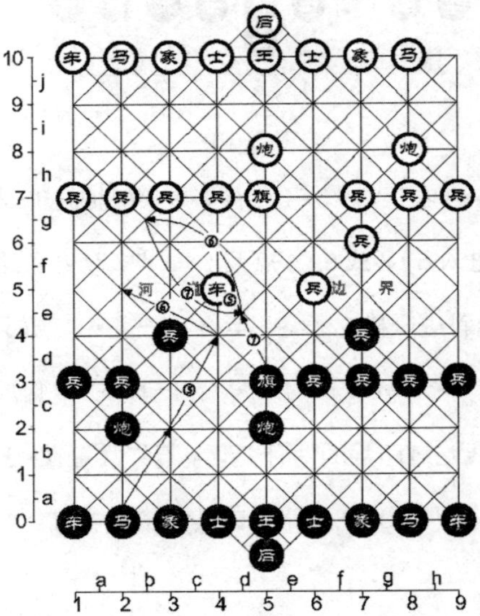

图 2-11

顺手炮逆手仙人指路兑兵接抽兵杀车打炮着法：

经①顺手炮，②逆手仙人指路，③5•4 点兑兵，④车 10•9—5•4 再杀一兵，兵 3•3—4•3 挺兵叫杀 5•4 车，抽开炮架子打炮。⑤车只有 5•4—e•d 垫子拦炮，马 0•2—2•3—4•4 连跳盘河，2•2 炮打车。⑥车 e•d—g•b 只有一个退点，马 4•4—5•2 继续踩车打炮。⑦车 g•b—e•d 再垫子拦炮，旗 3•5—4•4 凭借两个杀点的作用，拦车杀车炮打车，中路炮打炮使敌防不胜防，退无可退。这只是说明先手不得贪子，入界宜缓的道理，同时说明炮如何争取主动的杀法。

九、旗

旗的吃子着法，每着可任意斜进或斜退一至两斜格吃子，吃法如兵。

旗被任何子攻击须两步棋才能被吃子，第一步只能被打倒翻白子，第二步才能擒吃白子旗。这种着法称为旗的两次杀点。

各短程棋子翻白子旗的着法是：当各短程棋子在距旗最近一直格、一至两斜格内叫杀旗时，若旗不躲避，也不反杀，下一步各棋子可原位不动或前后压缩一斜格，唱子行棋的同时将对方旗子翻成白子旗。

各远程棋子翻白子旗的着法是：当各远程棋子在直、斜线的任意一点叫杀旗时，若旗不躲避，下一步各棋子可凭借远程棋子长线奔杀的便利将各子运至临近对方旗子最近一个直格、一至两个斜格交叉点上，即运至旗子可以向四周进行有效反击的范围内，唱子行棋的同时将对方旗子翻成白子旗。象隔子叫杀旗时，若旗不躲避，下一步须从隔子变为明子而运子至旗子最近一至两斜格交叉点上，然后动子翻白子旗。炮隔子打旗第一步只能将旗打倒翻白子。马在一个大、小马步距离内可以叫杀旗，若旗不躲避，则下一步马可位置不动唱子动子翻白子旗，或者还可以再变点连跳一至两个大、小马步停在另外一个叫杀旗的点上，动子翻白子旗，或者还可以进位杀旗，进位击退没有根的保护的旗子，将其翻白子旗，控杀在一个大、小马步踩点下。

白子旗可以行走撤离，在撤离中连带复旗，亦可占一步棋原位复旗。

旗被叫杀翻白子旗并且尚未避开继续叫杀时，不许原位复旗。否则是一种“赖招打”的悖理行为。

旗的这种一般被强子远攻近杀打翻成白子，又被继续叫杀制约，对旗的子力价值来说是后手一步的落败。但如果轮到白子旗走棋时，能一步避杀又连带复旗，则可以后手反先。

但是旗应对炮的进攻的作用就完全不同了。当我方先手炮攻打敌旗，翻己炮并将敌旗翻为白子旗，我方这一手炮则由先手落为后手两步棋；同时由于我方将对方的旗翻为白子旗，对方的旗也落为后手一步。但由于我方已失去先手又该对方行棋，对方可抓住先机后行先手一步复旗反先变为先手；而我方若接着复炮，也还是落为后手——走了一步废棋，该对方行棋了。若我方炮打翻敌旗，敌旗并不急于先手复旗，而是抓住时机走了另一步棋，这时我方再复炮打白子旗，而对方也随即复旗，就等于重复了前一局面，而对方却多走了一步棋。再则，若我方旗原位被打翻成白子旗随即拉开复旗抽杀或走在中心 5•5 点两侧弱点上，则我方的炮即叫杀对方，白子炮因垫将而被链杀，对方只有兵斜进两格 5•5 点垫炮，我方旗子正好斜进两格短兵吃过路兵，炮继续链杀垫将的白子炮，这实际获得了后手反先两步棋的优势。接下来一步落败、步步落败的压制形式同样经典。由此看出旗在面对炮的进攻时，由于它的具有两次杀点的特性，可以旗倒不乱，重整旗鼓，从而起到一种屏蔽或化解敌中炮威胁的特殊作用。这与有“根”的保护的旗面对其他远程棋子的远攻近杀几能岿然不动有异曲同工之妙。

攻杀旗的方法以图 2-12 和 2-13 为例。

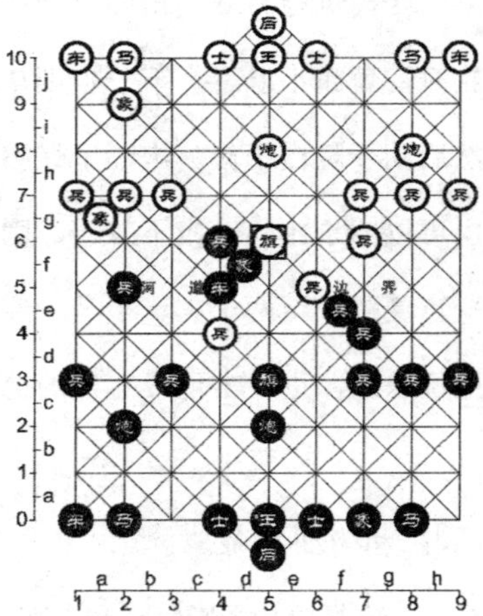

图 2-12

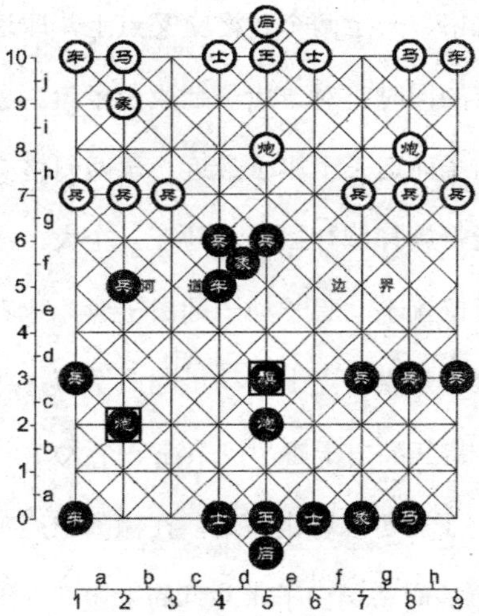

图 2-13

开局，经①炮 8・2—8・5，炮 2・8—2・5 顺手炮。②兵 7・6—5・6，兵 3・4—5・4 逆手仙人指路。③兵 7・4—5・3，顺手侧翼仙人指路开通车路，兵 3・6—e・f，顺手长短兵开通车路。④象 10・3—8・1 飞边象，象 0・3—2・1 飞边象争夺 5・4 点。⑤兵 6・3—5・4 吃兵，兵 4・3—5・4 兑吃兵。到⑥象 10・7—f・b 准备配合兵攻旗，兵 3・2—5・2 攻击象。⑦象 f・b—g・a 斜退两格避兵吃炮打，兵 5・4—6・4 挺兵攻旗，同时抽子让开象路叫杀车。⑧旗 7・5—6・5，无法躲避又不能丢车只好升起一格垫子送杀，象 2・1—f・d，对送杀的旗直接攻杀，停在最近一点上并将旗子翻白子。⑨象 8・1—9・2 退守旗救援，车 0・9—

5・4 支援象杀旗。⑩兵 5・3—4・4 攻旗。

如图 2-12 所示。

接上图，⑩……兵 3・3—4・4 吃兵。⑪象 g・a—4・4 兑兵攻旗，马 0・2—d・c 垫马，有 0・7 象保护同时炮打象。⑫象 4・4—3・5 翻白旗，炮 2・2—4・4 打吃象。⑬炮 8・8—d・c 打吃马，兵 e・f—5・6 吃兵。⑭兵 6・7—5・6 吃兵，兵 4・7—5・6 吃兵。⑮炮 8・8 复炮，兵 5・6—6・5 擒吃白子旗，形成图 2-13 局面。⑯炮 8・8—2・2 打吃白子炮，车 0・1—7・8 吃兵将军杀炮。⑰炮 8・8—8・7 垫将，兵 6・5—7・6 叫杀双炮。⑱炮 8・5—2・5 吃炮，兵 7・6—8・5 吃炮。以下不再叙述。

第三节　竞赛规则

一、胜负规则

1. 将死

传统象棋以擒王论输赢。一方的棋子攻击对方的王，迫使其无路可走，无子可救又不能反击，王就算被将死，判负。将军的一方获胜。

出现困毙的情形同样算被将死，判负。

将死和困毙的情形如图 2-14 所示。

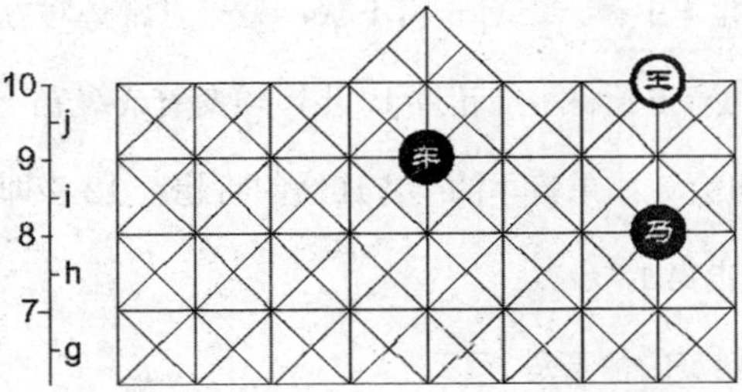

图 2-14

红方先行王即为困毙，判负。黑方先行，车横行两格将军，王被将死，判负。

2. 一将一拦、一将一闲判和

出现一将一拦的情形；弈争中，一方愿意长将，一方愿意长拦，双方在几条线上连续出现互动式一将一拦的情形又都不愿意变着，如果相同的局面出现三次，判为和棋。

①车 4•4 点将军，象 3•4 点垫将。②车 4•4—3•3 将，3•4—c•c 垫将。③车 3•3—4•4 将，象 c•c—3•4 垫将。如果相同的局面出现三次，判和。若黑方不想和棋，当红方车 3•3 叫将时，应走车 0•1—c•c，变着兑车。

判和的形式如图 2-15 所示。

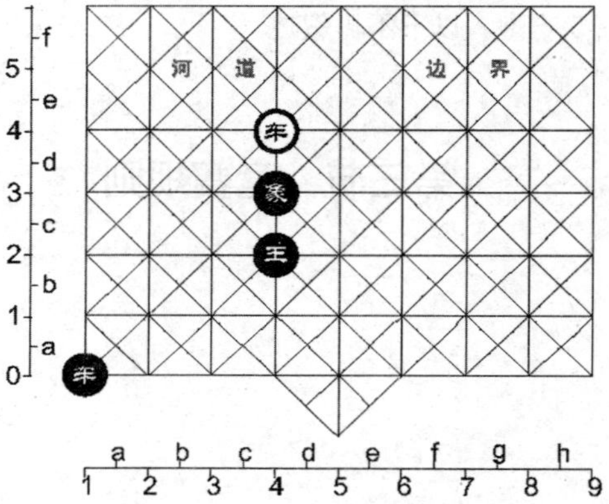

图 2-15

一将一闲（缓着控杀，即一照一闲）与一将一拦互动式自愿重复局面同理，判和。

3. 长将、长捉违规判负

长将违规的情形，弈争中一方愿意长将不辍，另一方希望对方变着，拿出真正能够将死的手段，这时叫将的一方长将不能超过 12 步，须变着或缓着一步，以使战斗留有间歇，也给对方以反攻的机会。如果将军的一方连续叫将超过 12 步即视为违规，判负。即长将以 12 步为止，不得走第 13 步。

长捉判负比照长将判负的情形进行。

二、记谱规则

象棋弈争是对社会现实运动的典型概括与模拟，是弈者智慧与心灵世界的展示，所有弈争中每一着一式的变化都可以用简易典型的文字、符号加以描述和表现，而形成这些思维轨迹的认识成果就是棋理棋谱。

记录棋谱的规则是按照现实和必然性运动的基本规则进行的，反映这一基本规则同样应采用简易典型、标准的文字、符号及其综合表现的方法。

弈争时，首先记下进入第几回合数字的编号，表示双方各下了多少手棋。

每开始新一回合的弈争总是红先黑后，先记下红方的着法，再记黑方的着法。如果某一回合只需表现黑方的着法时，则应把这一回合记录红方的位置以省略号代替。例如：①……兵3·4—5·4。

标识对弈顺序的数字之后是棋子的名称。

名称之后是棋子落点的变化，记录落点变化的方法同于坐标记录法。记录每一着棋从起点到落点的变化，先读出起点的纵坐标编码的数字或英文字母，接着读出横坐标编码的数字或英文字母，中间加一个间隔号，再读出落点的纵坐标编码的数字或英文字母，接着读出横坐标编码的数字或英文字母，中间加一个间隔号，联系两个点之间行棋或吃子关系用一个连接号"—"来表示。例如：兵3·4—5·4，读作兵从3·4点走至5·4点。如果某一步棋不是移动之间发生的变化，而是棋子位置不动时的隔子叫杀或吃子，同样可以使用连接号，只是在意思表达上变为从某一点至另一点两点之间分隔式、远距离发生的作用形式，可读作达至。例如：炮2·5—7·5翻旗，读作炮从2·5点达至7·5点翻旗。

从这一部分实质内容可以直接感受到弈争格局的进展和子力的得失。

每一步棋所发生的实质性弈争内容及其相应的简明图形符号大致如下：

1. 叫杀

一方开始主动进攻，出动长、短程棋子与敌短兵相接或远程威胁，这种意欲擒杀敌子又企图突破对方防线及各个要点的攻击行动，称为叫杀。用文字表述可称为攻击旗、攻击后等等，但不等于吃子。叫杀的简明符号为冒号"："，表示向对方发出攻杀的信号。例如：兵3·4—5·4：，表示兵直进两格邀杀敌6·3路前兵。

2. 将军

一子开始主动进攻王，并欲擒杀敌王的行动称为将军。将军为动名词组，而不是军衔名称。意思是攻击并威胁到了对方一军之统帅的王的生存。一般解释为叫将、照将、杀将。将军的简明符号为惊叹号“！”，意思是向敌王发出攻杀的信号。例如：车 7・8—10・5！即斜路叫杀 10・5 路王。

3. 双将

通过一定战术配合，使前点的子与后点的子同时双双叫将，或两子以抽拉形成双双叫将的攻击行动称为双将。双将的简明符号为两个惊叹号并列“！！”。

4. 根、保护

各子在短程距离内对己方其他子的兑杀保护叫根，远程棋子对己方各子的兑杀照应则是另一种远程的保护，马在一个马步内为根。根、保护的简明符号为一个“+”号。

5. 吃子

一方各子按走法、吃法进入敌子落点拿掉敌子的行动，或炮子隔子打吃拿掉敌子的行动称为吃子。吃子的简明符号为一个八叉图形“×”。意思是从盘面上拿掉了该子。

6. 拦子、垫子

拦子、垫子是指当对方一子开始进攻或叫将之时，己方或以两子在一条线上相配合迎面设堵拦截，或以一子直接垫子防守以阻断或迟滞对方进攻的着法。拦子、垫子的简明符号为一个尖锥形“∧”，表示拦截、堵垫的意思。

7. 吃过路兵

一子在直进两格或直进一格途中先吃掉敌子再折返 90° 前进或斜线继续前进的一种着法。吃过路兵的意思是说先预设一条目标直线距离，但在实际上又可以通过两条直角边线或斜线的连接搂草打兔子式的在相互攻杀的条件下吃掉敌子继续前进。吃过路兵的简明符号可以用虚线加八叉图形“⋉”表示。

8. 王车易位

王车易位是在王与车两子之间没有隔子又原位未动情况下的一种双向运子任意交换位置的着法。王车易位的简明符号为一个平置的∽线，表示两侧两子交换位置的意思。记录方法为：例如王 0・1 ∽车 0・5，即表示王车已经交换了位置。

9. 翻炮

炮隔子打吃敌子首先要将炮子本身翻过来扣为暗炮，若立体棋子可将炮口扭向后面，表示落为后手一步白子炮。这种隔子打吃先翻己炮的着法即为翻炮。翻炮的简明符号为一个“□”格图形，表示炮打翻炮，失去攻击力的意思。记录时应将翻炮符号置于己炮名称及落点之后。例如炮 2・5 □—7・5× 兵，读作炮于 2・5 点达至 7・5 点吃子，翻为白子炮。

10. 复炮

当炮隔子打吃敌子自己也翻为白子炮，又轮到己方行棋时，可在原位或移动中连带占一步棋将炮子再恢复原样，称为复炮。复炮的简明符号为一个圆圈，表明炮在缓着后己随即恢复了子力。记录时应将复炮符号置于己炮名称及落点之后。例如：炮 2・2 □—2・5 ○，读作白炮于 2・2 点行棋至 2・5 点复炮。

11. 翻旗

旗被对方攻杀，第一着只能被打倒翻白子旗，由对方在行棋攻杀的同时将旗子翻成白子，如果是立体棋子则把旌旗飘展的方向扭转过去，称为翻旗。翻旗的简明符号为一面倒置的小旗“⊾”，表明旗被打翻。记录时应将翻旗符号置于旗子落点之后。例如：炮 2・5 □—7・5⊾，读作炮于 2・5 点炮打翻炮达至 7・5 点翻旗。

12. 复旗

当旗被对方打翻成白子旗，轮到己方行棋时，若白子旗没有继续遭到对方的叫杀或己方在连带行棋复旗时可以摆脱对方的继续叫杀，则可以占一步棋而恢复旗子，称为复旗。复旗的简明符号为一面正立的小旗——“⌈”，表明重整旗鼓。记录时应将复旗符号置于己方旗子名称及落点之后。例如：旗∟3·5⌈，读作白子旗于3·5点原位复旗。

13. 将死

己方各子连续叫杀敌王迫其无路可走，无子可救又不能反击时，敌王即算被将死。将死的简明符号是将军符号“！”加上吃子符号“×”，组合为将死符号——“!×”。

14. 白旗、白炮棋图的标识

旗被翻白子旗或炮翻为白子炮，在棋图上应加以标识。白旗、白炮标识的方法是在棋盘上将旗子或炮子占位的圆圈框上一个方格，表示该子暂时失去子力。例如：将旗、炮文字棋子框上方格变为“旗”“炮”。

15. 后宫标识

后在记谱时应将后宫位置加以标识。后宫位置以倒三角图形表示。记谱时例如：后▽—1·3，表示后由后宫行至1·3点。

标准记谱符号图表

顺序	对弈内容	符号名称	符号图形
1	叫杀	冒号	：
2	将军	惊叹号	！
3	双将	并列惊叹号	！！

续表

顺序	对弈内容	符号名称	符号图形
4	根、保护	加号	+
5	吃子	八叉图形	×
6	拦子、垫子	尖锥图形	∧
7	吃过路兵	虚线加八叉	⨯
8	王车易位	平置 S 线	∽
9	白子炮	方块	□
10	复炮	圆圈	○
11	白子旗	倒置小旗	⌊
12	复旗	正立小旗	⌈
13	将死	惊叹号加八叉	!×
14	白旗、白炮棋图	棋子圆圈框方格	旗 炮
15	后宫标识	倒三角	▽

第四节　名称术语

1. 直格——由 9×11 道线组成的 80 个正方格，其中的每个正方格都称为直格，一直格一般是指正方格的一条边线。

2. 斜格——在 80 个正方格的基础上由隅向各 17 条斜线交叉重合而成的 160 个斜方格，一斜格是指斜格的一条边线，两斜格则等于一个正方格的对角线。

3. 九宫——在每方底线中 5 路左右各跨一路，向上各跨两路四个正方格范围称为九宫。九宫实质上是指平面有四个方格和九个强点四个弱点十三个点的区域以及立体一个方框有八个角加一个中心点的时空区域。象棋的底线九宫赋予了社会统治中心王宫大帐的含义，而棋局中心 5·5 点区域的九宫才是开局争夺的重点。

4. 后宫——每方九宫外向下一直格并与九宫左右两侧斜线相连的三角形范围称为后宫。

5. 路——棋盘上的每一点都是由线路的交叉形成，线路不仅显示出点的存在，也表示其中格域地盘的区划。路一般是指由直、斜线交叉形成的网格的线路之路，有时习惯上也指包含在这些线路中间的8×10排方格的格域之谓。例如，从纵向上看，王、后、旗纵路一线称为棋局的中心线、中路，4、6路又称为两肋，3、7路为侧翼中路，2、8路为次边路，1、9路为边路。横中5路为河道或战场中心线，横4、6路为巡河边路，横3、7路为卒林、兵线，横2、8路为炮、象、马攻守缓冲路，横1、9路和0、10路为下二路，横0、10路为底线。斜路则由斜线的从起点到终点的连接线表示。所谓格域区间之路，例如对每方压着第3路线以下的两排格域通常称为下二路区域，这一路的概念就包含了各自的下三道线区域的范围。

6. 肯定域、否定域、不定域、扩大肯定域和绝对肯定域——彼此相对的棋局中，己方下四路区域即己方的四排格域与整体10排格域之比4/10为己方肯定域。对方的肯定域即为己方的否定域。双方肯定域之间相距两排格域为双方的不定域。双方的对不定域的争夺，即己方4排肯定域加之对不定域的争夺，这种意图扩大的6排格域与整体10排格域之比6/10为己方的扩大肯定域。如果在破局中一方控制了8排格域则为绝对肯定域。此时，对方仅存的2排格域则为己方的绝对否定域。

7. 河道、边界及中心线——棋盘横5路一线是由八个斜方格尖连而成，表示蜿蜒河道，参差城垛，复杂多变的河道、边界区域。这一条横线是虚隐着的，一般讲是表示河道、边界中心线位置，特殊情况下两个边缘象征城墙垛口防御工事和护城河位置，故而横向中心线道路不通，不能运子。

8. 中心区域——以5•5点为中心向四周四个正方格（共13个点）的范围为核心中心区域。依此再向外扩散至16个正方格范围为一般中心区域。

9. 强点与弱点——棋盘上有直线和斜线交叉的99个点（包括边线和角部的36个次强点）为强点。棋盘上只有斜线交叉、只能走斜路的80个斜线交叉点为弱点。

10. 上方与下方、左侧与右侧——对棋盘统一的上、下、左、右方位的确定应以棋盘坐标编码顺序和方位为准，纵向起点为下方、为北方、为黑方，终点为上方、为南方、为红方；横向起点为左侧、为东边，终点为右侧、为西边。记谱时纵、横向均以编码和统一方向为准，解说时上、下、左、右方向则各得其所。

11. 强子——后、车、炮、象四种远程棋子为强子。强子直、斜行及吃子无远近。

12. 弱子——王、士、旗、兵四种短程棋子为弱子。弱子吃子只能在一直格、一至两斜格内进行。

13. 卒林——横3、7路的散兵线称为卒林。此一时可寓意兵营大寨，中央帅旗高悬；彼一时兵马开进，又可寓意两军对峙散兵线的中央，金、鼓、旗号令其间。

14. 前兵——每方卒林前侧翼中路横四、六路与纵三、七路交汇处各有一枚兵为前兵。

15. 阵形——一般讲就是棋形，主要讲是有特点的开局和中盘形式称为战略阵形。而到中盘破局及残局则称不同战术的混战阵形。

16. 兵线——在中线附近由兵的攻守拼杀所形成的一道相互胶着的阵形。兵线总是在强子的保护下呈犬牙交错的状态。

17. 根——一枚棋子的背后有其他棋子的保护，这些棋子则称为根。根分为短程棋子的根，马的机动灵活的根，以及远程棋子在短距离内形成的根。吃过路兵时，如果对方兵子的背后有根的保护必不能突破根的保护而吃过路兵，但可压缩根的距离。其他远程棋子长线的保护则不视为具有根的保护作用。

18. 一步棋——双方按照行棋规则在每一回合依次走出的一着棋为一步棋。另一方面，一步棋也包括一些子的行棋过程中两步连跳、两斜格连行和双向运子等着法，这些内容都包含在一步棋的形式中了。

19. 相持线——开局至中盘阶段两军在中心区域及相邻区域相互冲杀所形成的整体胶着的战线。一旦攻破卒林一线兑子、得子、叫将就形成破局因素；破局形式会有反复，只有开始兑子、得子打破攻守对峙的平衡才算进入破局阶段。

20. 封闭线——双方在直、斜线上互不启衅，若不经过子力调动、战术配合就不能形成威胁直接得子，彼此处于一种有条件后发控制、相互遮绝的形式为封闭线。

21. 半开放线——针对封闭线一方首先移动、出动弱子和强子以开通己方区域强子的攻杀路线为半开放线。

22. 开放线——双方在同一方向直、斜线上均移动、出动弱子开通强子攻杀路线，可以远距离全区域直接攻杀、兑杀时即为开放线。

23. 封杀线——一方棋子已先期控制了一条开放线，并且可以对敢于露头的对方棋子直接进行攻杀，这条线路即为封杀线。如果对方以多枚强、弱子组合进行反杀邀兑则双方重又回到了开放线上。

24. 先手与后手——先行一方为先手，后行一方为后手；先行一方得子取势又争得先机是步步为先，后行一方亦步亦趋一味跟进则步步落后；先行一方取利失势或务虚失势而失先机则落为后手，后行一方失利取势或得子取势而得先机则后手反先。

25. 先机与后机——主动一方为先机，被动一方为后机；有利的形势为先机，不利的形势为后机；抓住有利形势取利又争先手是步步先机，应对不利形势让利取势或避虚务实争取主动才能反为先机。

26. 起手式——在统一的坐标编码和各自左右夹持中心的格局中，起手式是指双方均相对挥右手从不同方位方向对应行棋所呈现的出手效应，共分四种。顺手式，红先黑后，红先顺挥右手在右侧向前，或从右侧向中心，或过中心向左出棋，黑后以相反方位同样的出手习惯和方向、方式出棋，双方对应为顺手式。逆手式，红先逆挥右手在左侧向前，或从左侧向中心，或过中心向右出棋，黑后以相反方位同样的出手习惯和方向、方式出棋，双方对应为逆手式。对手式，红先按顺手式规则出棋，黑后按逆手式规则出棋，有后手逆于己方顺手习惯对应了对方顺手习惯出手式之意，为对手式。列手式，红先按逆手式规则出棋，黑后按顺手式规则出棋，有后行顺手对着逆行先手拧着股劲正面成列对抗之意，为列手式。这四种起手式的对应关系，说明开局战略布局的最优化选择，涉及开局谋略的设定和把控能力的应用。起手式一般只适应四个回合，超过四个回合就很难说还会有什么更复杂性平衡局面必然性规律的应式了。这四种起手式的对应关系，不仅只针对炮的变化有概括意义，同时也对兵的仙人指路，各种兵的变式，飞象、跳马的变化形式也有概括意义。

27. 顺手炮——在同一系统中，红方顺手炮 8·2—8·5 架中炮，黑方也顺手炮 2·8—2·5 跟进中炮，二者都是起挥手从右至左相向而行，感觉即顺了自己从右向左的方向又顺手拈来，这种形式称为顺手炮。

在中国象棋中，由于它的编码系统两方相反相对，各自为用，因此，古人在如何对待这一编码相反，起手名称却应统一的问题上也曾看法不一，标准难辨。从宋人陈元靓编的《事林广记》记载的两局棋看，其一“白饶先顺手取胜局”，是以“炮八平五，炮八平五”为顺手局，与我的逆手炮局同；其二“白饶先白起列手取胜局”，是以“炮八平五，炮二平五”为列手局，我的列手炮局与其同（见《象棋史话》第77页）。到明代《自出洞来无敌手》谱又以“炮八平五，炮二平五”为信手炮局（同上）。又一处《自谱》称“炮八平五，炮二平五”为应手炮局（见张如安《中国象棋史》团结出版社，1998年版，第264页）。稍后《金鹏十八变》所记顺炮局则为“炮二平五，炮八平五”（见《象棋史话》第137页）。以上后一种起手式即今天的顺手炮局，其特点为移动的炮都在同一侧，彼此在棋盘上行棋都指向一侧，各自出手的方向却相反相对。这从后手顺先手，不顺编码，只顺了棋盘同一侧方向的意义上还说得过去，但既然应该是以纯粹平等的顺手与否为准，而不是以谁顺谁的手和谁顺谁的方向为准，那就应该在统一的、彼此相反相对的棋盘和编码中找出统一的起手对应形式，并以是否完全合于双方公平对等的起手的顺逆对列（应）关系为唯一标准来判定各种新的起手局及其名称。因此新棋将黑红双方都相向相对地顺手挥右手至中路行棋或起右手在右侧对应行棋称为顺手局，把后手逆手对着先手的顺手行棋或双方在左路对应行棋称为对手局，把先后手都相反相对的逆手行棋或双方均在各自的左侧对应行棋称为逆手局，把后手顺手对着先手的逆手行棋或双方均在统一的右路对应行棋称为列手局。

28. 对手炮——当红炮8·2—8·5顺行顺手架中炮后，黑炮随即2·2—2·5从相对的同一侧逆行至中路跟进中炮，这种形式称为对手炮。

29. 逆手炮——当红炮8·8—8·5架中炮后，黑炮随即2·2—2·5逆手相对地跟进中炮，这种形式称为逆手炮。

30. 列手炮——当红炮8·8—8·5逆行逆手架中炮后，黑炮随即2·8—2·5顺行顺手地从同一侧至中路跟进中炮，这种形式称为列手炮。

31. 仙人指路——开局时兵在两肋线上首着无论走哪一种直进一至两格，一至四斜格开通车路都称为仙人指路。若双方依次走仙人指路应变的形式，也都可以用四种中炮开局变化的形式加以称呼对应之。如顺手仙人指路、对手仙人指路、逆手仙人指路和列手仙人指路芸芸，当然其细部的变化更多一些。

32. 飞边象——开局时双方的象各由3、7路原位飞至边路，以配合中线兑杀并压制对方车的出动称为飞边象。飞边象的形式也可以用顺手、对手、逆手和列手飞边象起手式的名称概括对照之。例如，确定某一开局形式时用顺手炮，顺手仙人指路接逆手飞边象式开局称呼之。

33. 当头炮，士角炮，鸳鸯炮，过宫炮，敛炮，边炮，沉底炮，重炮，担子炮，轱辘炮——开局炮走中路，威慑、链杀敌旗和王称为当头炮。炮走士角为士角炮。左右双炮集结为鸳鸯炮。炮过宫走在士角为过宫炮。炮走在3.7路为敛炮。炮走在边路为边炮。炮沉底线为沉底炮。双炮重叠进攻为重炮。双炮左右照应为担子炮。双炮在直线上可以连续进攻为轱辘炮。

34. 占肋车，巡河车，边路车——车走斜线至四、六路两肋进攻，或沿河道附近攻杀，或两边路出动攻杀，如是称之。

35. 士角马，反宫马，盘河马，隐蔽马，卒前马，卧槽马，挂角马——马在开局时一般不走中国象棋屏风马的落点，那样直接堵了车路，而会连跳两个小日字挂士角，称士角马；连跳两个大日字反宫挂士角掩护前兵，称反宫士角马。马连跳两个大日字至四、六路称盘河马。马连跳一大一小两个日字于d、g一线各个弱点处称隐蔽马。接前盘河马或隐蔽马再跳一个小马步或跳两个马步于e、f一线弱点上与己方兵前后砥砺叫杀敌旗称卒前马。接下来还可一步连跳至下二路将军抽车称卧槽马，或跳在对方士角上称挂角马。

36. 拱兵，长短兵，吃过路兵，回头兵——兵除首着直进两格外，每着一步一直格或一至两斜格运子称为拱兵。两只兵处于斜线尖连的一强一弱两个点上，称为长短兵。兵吃掉一子再继续前进，称为吃过路兵。兵沉底叫将或平王救驾称回头兵。

37. 邀杀，抽杀，捉双，兑子，看子，得子，丢子，弃子——己方一子叫杀敌子，后有其他子保护邀敌先杀为邀杀。己方两子配合通过拉开一子同时叫杀敌两子为抽杀。一子同时叫杀对方两子为捉双。对方先手吃子，己方后手交换吃掉敌子为兑子。己方一子保护另一子为看子。己方实际净吃一子为得子。被对方净吃一子为丢子。一方主动或明白送吃、让吃一子另图别策为弃子。

38. 链子——己方炮后手跟进叫杀敌两枚强子，将其困在一条线上难以走动令其只能以垫子或反抽杀来应对，称为链子，也称拴杀。

39. 错杀——己方投入多子多线路交错堵截地来争夺对方一子称为错杀。错杀还特别是指将死。

40. 多个杀点——双方在攻守争夺中，一方投入的子力强于对方争得得子先机，这种一方投入优势子力在一个点上可以同时叫杀多个敌子的情形，称为有多个杀点。所谓一杀多，一踩多。

41. 两次杀点——旗被任何子攻击须两步才能被吃子，第一步只能将旗子翻为白子旗，第二步才能擒吃白子旗，这种反复争夺的方式称为旗的两次杀点。

42. 变线与变线杀旗——一枚强子通过改变线路继续叫杀或叫将的着法称为变线。变线杀旗是指当先一步车或后在距旗四正方向两直格点上已经叫杀旗而旗又未躲避，接下一步车或后为避开对方其他子的攻击点，可在连续叫杀的同时通过变线运子将车或后停在距旗子最近两斜格的点上，然后将旗子翻为白子旗。这种直线叫杀、斜线翻旗的着法称为变线杀旗。

43. 进位击退杀棋——一方强子（车、后、象）在长线上攻杀旗，首先只能停在距离旗子一直格或一至两斜格的点上将旗击翻成白子旗；只有当一方各枚强子（车、后）在一直格内攻杀无根的旗或一方各枚强子（车、后、象）在一直格、一至两斜格内攻杀无根的白子旗时才能实施进位击退，即在进位一步占据旗的落点的同时将白子旗击退一直格或一至两斜格，方向不限。这种杀法面对有远程棋子保护的旗，可以在进位占点的同时将击退的白子旗置于远程棋子施加保护反击的线路上，避开反杀，称为强子对旗攻杀的进位击退杀旗。在短线内对有“根”的棋子的攻杀，也可以在使其不脱离“根”的保护的前提下，在相对控制方向上进位杀退——压缩其被保护的距离一斜格。马的进位击退杀棋只有在旗没有“根”的保护的前提下，在将旗击翻的同时，进位将白子旗向左右侧前及平行两侧的共十个大、小马步点上击退一步，并继续保持对白旗的叫杀。

44. 绊点与两个绊点——每个大、小日字都有六个点，其跳行侧前方直线的最近一点称为绊点。两个绊点是说，在跳一个大日字时有一大一小两个日字对角关系，小日字套在大日字内，两个不同绊点相互交织着；如果一方的马在跳大日字时是被绊马腿的，其绊点的角度比同时跳小日字时的角度一样，但距离稍远，此时绊大马步却不绊小马步；如果马在跳小日字时是绊马腿的，其绊点的角度比同时跳大日字时的角度还略大，距离更近，此时既不能跳小马步更不能跳大马步。这种在一个大日字内有两个点羁绊跳大、小马步的情形称为马的两个绊点。

45. 停子俟兑——一种邀杀，等待对方来杀再后手兑杀的方式。另外当车或象叫将，王一步平将出宫，恰好使车后或象后相遇，这时车或象仍不能直接进宫杀后，须避让或原位停子一步，配合其他棋子接应以等待兑杀，这种礼让后先的情形称为停子俟兑。

46. 闪将，抽将，重将，双将，应将，垫将，避将，捅将——抽杀的同时又斜线叫将为闪将。己方拉开一子叫将的同时又使该子叫杀对方的另外一子为抽将。己方多子在一条线上同时叫将攻杀敌王为重将。己方通过抽将配合能够使两子同时叫杀敌王为双将。己方王子被叫将必须应对一着为应将。己方出动一子阻拦或隔断对方一子的叫将为垫将。己方王子被叫将须躲避以求生存为避将。多子配合强子一步杀到底将死敌王为捅将。以上将为平声，将军的将，表示攻击的意思。

47. 起将，平将，落将，出宫——己方王子上行一步为起将，横行一步为平将，下行一步为落将。以上将为去声，将帅、将领的将，表示王。王走出九宫为出宫。

48. 困毙，将死，绝杀——己方各子攻杀敌王迫其无路可走为困毙。直接叫杀敌王迫其无路可走为将死。绝杀即将死，有时预先两步已看出这一步是死棋，也称走这一步就成绝杀了。

第五节　弈理弈法歌诀

一、棋子歌诀

君王横竖一方廓，谋士长短走斜格。

恣意后党双通达，随王出宫任驰射。

象飞斜线争边隅，隔子攻防胜筹多。

马跳曲路连度三，穿插己子一跃过。

更得上将驱车行，礼让后先几廻落。

击鼓催卒过河去，平王叫将可回戈。

回头号令仰帅旗，行似步军赖护佐。

复从中路开炮局，炮打翻炮藏威慑。

诸般着法即吃法，唯旗击翻许复活。

旗倒军乱倾军危，象用奇谋困窘迫。

回回征战累白骨，代代王冠存几何？

变通战法演弈法，怡情养性悟思彻。

二、棋盘歌诀

棋盘纵横九十一，天苍地广人立极。

远近偏正分险易，强弱疏密点成序。

菱形河道开四野，参差城垛接八衢。

忽如金鼓传戏博，四十六子尽嗟吁。

三、象棋十诀

1. 不得贪子 2. 入界宜缓 3. 攻彼顾我 4. 弃子争先 5. 舍小就大

6. 动须相应 7. 慎勿欲速 8. 逢危须弃 9. 彼强自保 10. 我弱取和

四、弈者境界

1. 专心致志，凝思苦想。谋而后动，举棋不悔。

2. 持之以恒，点滴积累。追寻真谛，艺精于勤。

3. 怡情养性，娱乐生活。用心动脑，有益健康。

4. 思有所归，学以致用。情智双丰，人棋同好。

五、棋子本义与文化蕴意

	本义	文化蕴意
一王：	君王登临，横竖当行。	人治模式，权力象征。
	九宫既出，号令帐中。	爱民如己，德治萌生。
二后：	后宫家眷，巾帼英豪。	戎装女红，半边天空。
	随王出征，不让须眉。	命系家园，凛凛威风。
三士：	幕僚侍卫，长短斜行。	政治基础，智谋精粹。
	保主护驾，前呼后拥。	舆论造势，第二战线。
四象：	丞相用兵，神机莫测。	成败之象，多有把握。
	隔子斜飞，出奇制胜。	运筹帷幄，一己力挽。
五车：	将校驾乘，车坚马壮。	机械工具，畜力驱动。
	纵横捭阖，八面威风。	加力冲杀，势不可挡。
六马：	校尉坐骑，斜刺穿插。	农耕文明，畜力资源。
	机动灵活，长袭短杀。	运输命脉，开拓精神。
七炮：	远程威慑，定位用炮。	火器发明，工业动力。
	隔子打吃，缓着复炮。	科技创新，后发优势。
八兵：	勇往直前，合力推进。	无偿劳役，战争工具。
	正合奇胜，沉底可退。	精忠报国，前赴后继。
九旗：	指挥核心，中路倚重。	一线竞争，团队形象。
	翻旗复旗，迟滞进攻。	激励士气，起死回生。

六、弈者心联

上联：走子走着走凡尘过客各色担当恰风云五千载走大局观豪迈志克艰险破难关走遍天涯海角远近偏正走不出棋枰世界芸芸众相

下联：弈谈弈心弈变通至理致胜之道于玄微一瞬间弈兵战法经验说有所

思必可用弈来妙手无敌强弱疏密弈得下冷暖乾坤朗朗真谛

横批：大写人字

七、周家森先生咏棋诗（改作）

清娱每爱较棋坛，输与樵夫冷眼看。

决胜只争先一着，防微小忽失全盘。

山中岁月惊柯烂，桔里春秋觉梦残。

大局如斯无限感，忍将成败寄偷安？

疏帘清簟静中参，巧用心兵斗智酣。

思鹄慎防亏一篑，捕蝉终悔误多贪。

看来时局如棋局，拼却妄谈付手谈。

我亦覆图堪坐隐，苍生能补自名贤。

第三章　开局规律

一局棋从始至终是一个密不可分的整体。下棋如临战场，弈者调动各种子力和弈争手段投入竞争如同指挥员调动各种兵力和战争手段投入战斗一样。弈争过程一般分为三个阶段，即开局、中局和残局。

开局是双方调动子力排兵布阵，形成一定战略攻击态势和布局风格的阶段。中局是双方运用一定战略思想原则和战术手段连续破杀拼争，获取子力和战场优势的阶段；中局破杀胜是一种特殊情形。残局是在反复冲杀破局大量兑子简化后收拾残余局面，分出胜负或求和的阶段。除此之外，就是关于全局选粹、全局谱经验和规律总体评说的部分了。

开局是一局棋的最初阶段，犹如战场上两军对垒，在开始全面拼杀之前要先排出一定的阵形，以一些适时而变的战术动作来满足各自一方战略意图的需要和争得战斗的主动权。开局的目的和任务，就是积极调动子力抢占先机和占据有利位置，推进各棋子间的紧密联系，协调内部运作机制，形成各个强势的破击线和攻杀点，以尽量扼制、阻挠和破坏对方的布局意图，从而为转入中局后的战斗创造有利条件。

开局步骤一般在前十回合左右完成。开局应尽量遵循如下几条原则：

（一）快速出动，组合攻击。开局首先要快速出动，开通棋路，集中优势子力利用兵线的胶着相持作用形成各个纵横交错强势的破击线和攻杀点。行棋要目标明确，井然有序，应避免重复移动某单一棋子，影响部署的效率。

（二）平衡发展，协调配合。布局时应尽可能把前后、两翼的子力同时调动起来，进攻中要注意防守联络，扩张时要考虑后续手段；切忌以一翼少数兵力硬拼，或只凭某一棋子单枪匹马深入敌阵，而其余兵力却行动迟缓，联系脱节，导致局部受阻或全局被动。

（三）布置得当，攻守便利。布局过程要设法使子力布置与战术运用紧密结合起来，要仔细观察对方战术特点和阵形的变化，计算清楚双方在各个攻杀点上投入的子力，以确定己方战略方针和战术手段的运用，使得棋子布置得当，棋路畅通，攻守便利，进退自如，局面尽可能向纵深复杂性发展，而避免过早进入中局拼杀。

（四）全面掌控，灵活应变。整个布局既要遵循一定的规律，熟悉和掌握各种变化形式，又要灵活运用，适时而变，绝不可拘泥于一格，死搬硬套。只有因人而异，因势利导地变换各种针对性强的布局，才能使局面不为对方所乘，而建立起自己的优势，或取得均势。

在了解了开局的一般意义、基本原则之后，还应进一步了解开局的基本形式的问题以及实际应用方面的一些问题。首先，传统象棋开局以中炮为雄，产生出顺手炮、对手炮、逆手炮、列手炮四种中炮相对的形式。这些形式和名称是在参照了棋盘编码顺序及人们出手的顺逆感觉而确定的，这四种出手对应的形式并不仅仅是针对炮一种棋子而言，对其他数种棋子仿照这些形式同样适用。并且这四种对应形式也不仅仅适用于第一回合的变化，它们在多个回合的变化中也具有连续对应、纵深表达其内容的意义。这些基本应对的形式，除了中路四方之位的顺手炮、对手炮、逆手炮、列手炮外，从中还可以推衍出许多连续对应的变化。例如起顺手、逆手中炮对顺手、对手、逆手、列手边炮、士角炮、二八炮、敛炮局，起顺手、逆手中炮对顺手、逆手、对手、列手仙人指路局，起各手、各路炮对各手仙人指路或起各手仙人指路对各手、各路炮再接对其他各手各路各种兵、象、车、马参与变化的起手局，以及从各种起手局形式向下向细推演的各种起手局的变式（如每一次仙人指路和首着兵的出动又都有近十个落点的变化，马跳隐蔽马也有近十种选择），等等，其变化十分浩繁。

接下在开局的过程中，还应该使人们明白，除了最初几步中炮相对由于旗的屏蔽作用或由于两炮直、斜线相对线路处于封闭状态的原因，只具有战略布局、相互威慑、后发制人的意义外，其他各种棋子的出动都具有开通线路、战术组合、远交近攻的作用，在形成一定战略布局的同时也都具有战术手段的意义。从而对于开局规律的研究既是战略的，也是战术的，每一步弈争形式的变化都是战术的，而其前因后果的联系又都是战略的，这些细节在每一着弈争、记谱的过程中应该得到充分的反映。在这些开局形式的选择中，没有什么是一成不变的。尽管在许多情形下的选择往往带有偶然性的因素，但归根到底科学的弈法体系和经验的弈争形式毕竟为我们提供了一条通向真理彼岸的途径，而问题只在于发现这些必然性运动的规律和掌握弈争的主动权。

对于开局规律的研究，本应按照前述分类形式循序渐进、全面系统地进行。目前限于材料、经验不足的原因，下面仅能从几盘自弈全局谱的开局入手做出一些初步的分析、总结了。

第一节　顺手炮 逆手仙人指路 顺手仙人指路接顺手边象类

开局时，红方首着顺手、顺编码顺序将 2 路炮行至中路，黑方接下一步顺手、逆编码顺序将 8 路炮行至中路对应为顺手炮；红方首着逆手、逆编码顺序将 8 路炮行至中路，黑方接下一步逆手、顺编码顺序将 2 路炮行至中路对应为逆手炮；红方首着顺手、顺编码顺序将 2 路炮行至中路，黑方接下一步逆手、顺编码顺序将 2 路炮行至中路对应为对手炮；红方首着逆手、逆编码顺序将 8 路炮行至中路，黑方接下一步顺手、逆编码顺序将 8 路炮行至中路对应为列手炮。这四种以顺逆对列关系为准的出手对应形式，不仅对第一回合中炮的对应关系是如此，对以后若干回合其他一些棋子陆续出动、前后衔接的对应关系也有同样的标识作用，由这些对应形式的衔接就构成最基本布局的分类形式。这些布局形式一般都是以四个回合的连续对应为尺度而展开的，从第五回合开始更复杂性对应的、纵深攻防的变化就难以记述了。当然在这一布局中间也会有其他一些及早打破相对平衡关系和提前进入攻防变化的情形，但基本的和占主导地位的还是这些由四个回合的起、接出手的对应形式为基本的开局分类形式。

第 1 局（2002.1.19 记谱）

本局试图从以下模仿棋的方式探索一些开局的规律。摆置以棋盘正面为准，红上黑下。行棋除标明让先局外，均以红先黑后为准。

着法：

①炮 8・2—8・5　炮 2・8—2・5　顺手炮。

②兵 7•6—5•6　兵 3•4—5•4　直进两格，逆手仙人指路，均开通车路，邀杀敌前兵。

③兵7•4—5•3　兵3•6—5•7　直一斜二，直进两格的变式，偏顺手仙人指路；均挺近两翼中路并压制对方盘河马的出动。

④象10•3—8•1　象0•7—2•9　顺手飞边象，掩护兵并预备压制对方车的出动。

⑤兵7•8—f•g　兵3•2—e•b　本来从第5回合起不应该再走这种对称的布局形式了，面对红方抽兵打马的双杀，黑方若想避马又跳高位隐蔽马保5•7路兵却堵了己方兵的攻击线，会受到红兵的攻击而被迫退回；因此黑马可连跳两个小马步挂在士角避炮又看守4•7路兵，当红兵攻吃5•7路兵时，黑4•7兵可斜进两格吃兵再折返90°斜进一格吃“过路兵”，避开对方车兵的兑杀点，而以己方车兵的配合攻杀红6•7路兵，才是正着。但这里只是从一些最初级的形式入手，解释一些最简单的走法、吃法而已。

⑥炮8•8—0•8×马　炮2•2—10•2×马　兑马。⑦炮8•5—8•2∶炮　炮2•5—2•8∶炮　叫杀炮。⑧兵7•9—5•8∧　兵3•1—5•2∧　双方垫炮。⑨兵7•2—f•b　兵3•8—e•g　抽兵打炮。⑩兵6•3—5•4×兵，象∶车　兵4•7—5•6×兵，象∶车　按规则，己方一子不塞象眼，象在己方区域隔己方一子可飞吃敌子，己方一子进入中线及对方区域，象可隔己方一子飞吃敌子。此时双方象分别叫杀敌车。这种形式为了模仿把开局阶段延长了。但模仿者总是被动的，一旦被对方叫将及连续叫杀这种被动和劣势就会立即显露出来，这将在后面的中局变化中加以介绍。开局形式如图3-1所示。

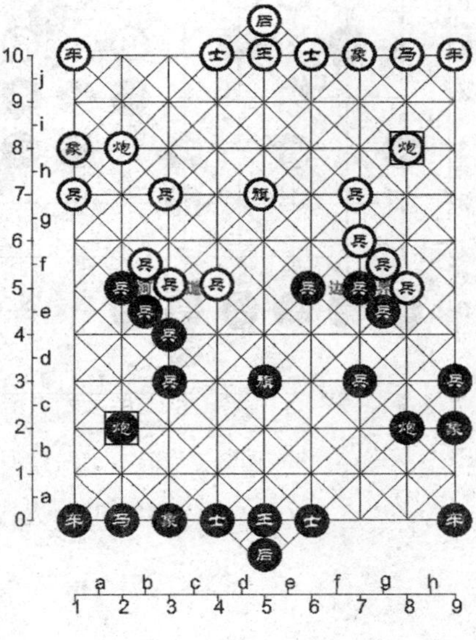

图3-1

第 2 局（2002.1.23）

仍然是模仿棋形式。

着法：

第①—⑤回合与第 1 局同。

⑥马 10・2—6・4　马 0・8—4・6　双方马避炮跳高立马。

⑦兵 7・9—5・8：兵，车：兵　兵 3・1—5・2：兵，车：兵双方兵直一斜二开通侧翼车路邀杀敌 4・7 路和 6・3 路兵，车叫杀边路兵。

⑧兵 7•1—6•2　兵 3•9—4•8　⑨兵 5•3—e•b× 兵　兵 5•7—f•g× 兵　⑩炮 8•8—7•9：车、马　炮 2・2—3・1：车、马　⑪象 8・1—h・a　象 2・9—c・h

如上对应形式没有什么道理，不能说明任何开局规律，只是一味模仿和只看一步棋的实例。局面如图 3-2 所示。

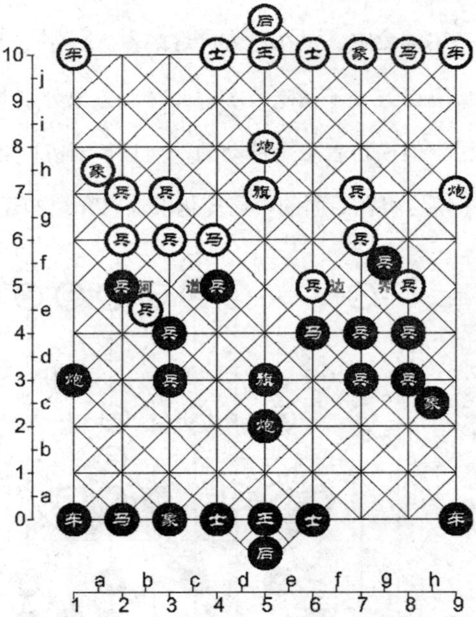

图 3-2

第二节　顺手炮 逆手仙人指路 顺手仙人指路变长短兵接对手边象局

第 3 局（2002.1.23）

着法：

①炮 8·2—8·5　炮 2·8—2·5

②兵 7·6—5·6　兵 3·4—5·4　③兵 7·4—5·3　兵 3·6—e·f 长短兵。

④象 10·3—8·1　象 0·3—2·1　对手边象。

⑤马 10·2—6·4　马 0·8—4·6　连跳盘河马。

⑥炮 8·8—8·6：马　炮 2·2—2·4：马　⑦兵 5·6—e·f× 兵　兵 4·7—e·f× 兵　红只看一步棋贸然兑兵，虽多得一子却将造成被动。红本应走左侧兵 6·3—e·c 直进两格吃过路兵（其中的一种变式，即先斜进两格吃掉 5·4 点敌兵再折返 90° 斜进一格），既可避开黑方车、马、象和 4·3 兵在 5·4 点上的兑杀，又可集中己方车、马和 5·3 兵的优势子力在 e·c 点上拼杀。

⑧车 10·1—e·f× 兵　兵 3·7—4·7：车　黑兵前后尖连砥砺支持叫杀车。接下，车若斜线退回最近三点均被叫杀又不肯继续后退，只好向西侧斜退一格。

⑨车 e·f—5·7　马 4·6—f·e：车、马、旗，炮：车　黑战术组合跳马踩红方三子，同时炮打车。

⑩车 5·7—6·6 ＋马　旗 3·5—5·5 ＋马　这一回合较量，当红车退回看守马，两马处于兑杀状态时，黑方不可简单兑马，而应旗前进两格看马；若红马踩马，则旗斜进一格兑吃马叫杀提示抽车打炮；若红方先行用炮隔子打旗，先翻己炮再将旗子翻为白子旗，则黑方可随即争先复旗，待红方后手复炮，黑即可先行踩马同时旗叫杀车。当然红方也不会只看到眼前的一步棋，而应马连跳至 3·5 点垫子并预备卧槽抽车。这一回合假设出现旗被中炮攻杀翻旗却可反先复旗争先的着法，则以实际步骤说明了旗可屏蔽炮及阻滞其他各子一步攻击的特殊作用。变化及局面见图 3-3。

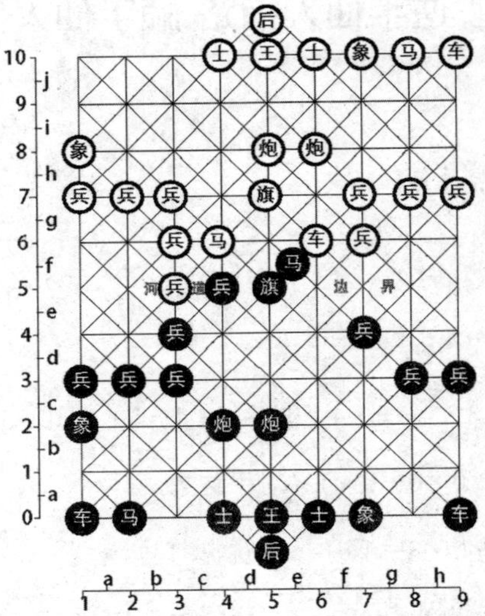

图 3-3

第三节 顺手炮 逆手仙人指路 顺手仙人指路接逆手边象局

第 4 局（2002.3.21 原记—8.10 重弈）

着法：

①炮 8・2—8・5　炮 2・8—2・5　②兵 7・6—5・6　兵 3・4—5・4

③兵 7・4—5・3　兵 3・6—5・7　④象 10・7—8・9　象 0・3—2・1

⑤象 10・3—8・1　兵 3・2—e・b　兵直一斜一抽兵打马。

⑥马 10・2—8・4　兵 e・b—5・3× 兵　⑦兵 7・8—f・g　0・8—2・6

⑧兵 f・g—5・7× 兵　象 0・7—2・9　⑨兵 6・3—5・4× 兵……6・3 兵本可斜进两格吃兵后折返 90° 再斜进一格，走直进两格吃过路兵的一种变式，但由于黑方已吃掉 5・3 兵，使红 6・3 兵即使攻进 e・c 点由于失去原 5・3 点红兵根的保护，黑 4・3 兵也可将进入 e・c 点的红兵吃掉后再斜进一格，走出斜进两格吃过路兵的一种变化，把兑杀点推进一格。故红兵吃 5・4 兵，走出试探性一步。

⑨……兵 4・3—f・c×　黑兵走出斜进两格吃兵再折返 90° 斜进一格变化，既闪开象路叫杀车，又与 5・3 兵组成长短兵可连续攻杀敌旗。其实 4・3 兵完全可以吃掉 5・4

兵后再直进一格直接叫杀旗，同时象抽杀红车。下一步或先杀兵或先翻白旗就主动多了。

⑩车 10 • 9—9 • 9　兵 f • c—6 • 4：兵、旗　红车被迫起横车避象，黑长短兵可连续挺进 6 • 4 点兑杀红兵再攻杀红旗以压制对方中心区域争取主动。局面如图 3-4 所示。

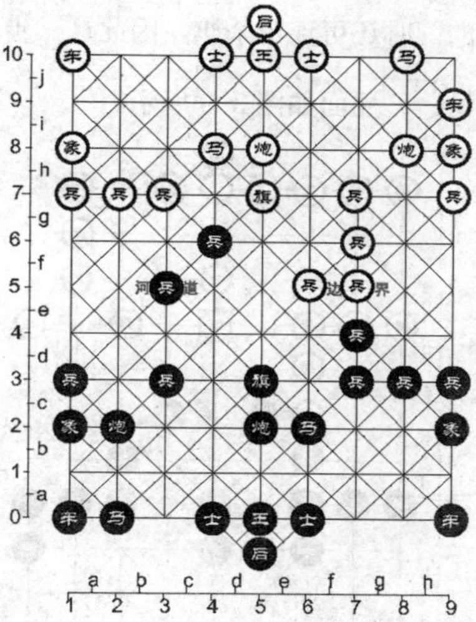

图 3-4

第四节　顺手炮 逆手仙人指路 顺手仙人指路变长短兵列手 8 路兵抽兵打马对挂角马接列手边象局

第 5 局（2002.4.15）

着法：

①炮 8 • 2—8 • 5　炮 2 • 8—2 • 5　②兵 7 • 6—5 • 6　兵 3 • 4—5 • 4

③兵 7 • 4—5 • 3　兵 3 • 6—e • f　④兵 7 • 8—f • g　马 0 • 8—2 • 6

⑤象 10 • 7—8 • 9　象 0 • 7—2 • 9　⑥兵 f • g—e • f× 兵　炮 2 • 2—2 • 3

⑦兵 5 • 6—4 • 5　马 2 • 6—4 • 5× 兵　⑧兵 6 • 7—5 • 6：马　马 4 • 5—f • d：旗　马主动跳开，虽使红象可直接兑吃炮，但马依托兵的保护叫杀敌旗，并暗伏可连跳一小一大两个马步卧槽抽车的着法亦不失为一种思路。

⑨象 8 • 9—2 • 3× 炮　车 0 • 1—2 • 3× 象

⑩车 10 • 9—9 • 8　马 f • d—5 • 6× 兵：⌊　红车升起一路防守马的卧槽较为保守，

应走兵7·3—6·4叫杀马。马主动后退跳一个小马步吃掉5·6兵并按照连带杀旗的规则同时将敌旗攻杀翻为白子旗。（这后一着吃子的同时攻杀白子旗的着法错误。这里虽然使用了连带杀旗的规则，但规则仅仅是指马在连跳运子过程中可以改变落点继续杀旗的情形，并未包括在吃子的同时还可连带杀旗，因此这一步着法是不合理的、不允许的。但本局已定，暂且照此而论。）局面如图3-5所示。

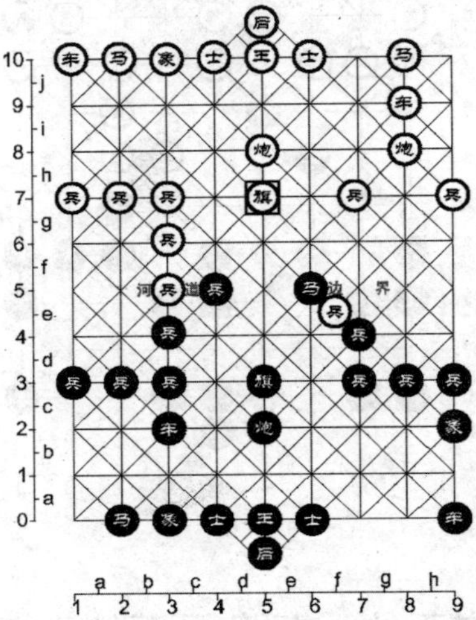

图3-5

第6局（2002.4.15原记—8.12重弈）

着法：

①炮8·2—8·5　炮2·8—2·5　②兵7·6—5·6　兵3·4—5·4

③兵7·4—5·3　兵3·6—e·f　④兵7·8—f·g　马0·8—2·6　面对红8路兵直一斜一抽兵打马，黑最好的应对是马连跳两个小马步挂角，防守4·7、3·8诸点，以达到以屈为伸、以守为攻的目的。

⑤象10·7—8·9　象0·7—2·9　列手边象；红飞边象后在5·6点占有先手和多子优势，黑只能飞边象应对，随即在5·6点上再争得多子优势，于是——

⑥兵f·g—e·f×兵　炮2·2—2·3　面对红方10·1—2·9斜线进攻并不足虑，倒是当双方继续兑兵，红6·7兵挺进中线红象可以隔己方一兵压制黑车的出动颇为不利，于是黑方以炮对两兵一象链住三子。

⑦兵 5・6—4・5 …… 红兵挺进中路预备攻旗配合中炮进攻，并继续杀炮，若黑中炮打吃红兵，红方旗 7・5—7・4 横移一格抽旗打炮，黑兵 5・4—6・5 垫子；同时炮、象已在斜线相对，红方因兵未进入中线象不得隔己方一子飞吃对方区域的敌炮，但象可行棋 8・1—c・c 点叫杀黑炮，黑不能避炮而丢车只有等待兑炮，这样似乎对黑不利，于是——

⑦……马 2・6—4・5× 兵

接下红炮若打吃马则必丢炮或丢车，于是——

⑧兵 6・3—5・4× 兵　兵 4・3—5・4× 兵

⑨车 10・9—5・4× 兵　兵 3・3—4・3：车　⑩车 5・4—3・4：旗　马 4・5—f・d

红车有些冒进，黑马单骑跳在河外攻旗并可右路突破压制敌炮较为有利。局面见图 3-6。

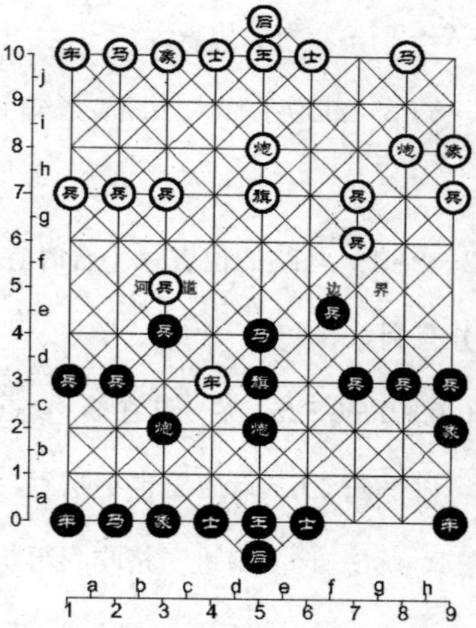

图 3-6

第五节　顺手炮 对仙人指路 对手仙人指路列手边象接逆手仙人指路长短兵对 2 路兵局

第 7 局（2002.4.20）

着法：

①炮 8・2—8・5　兵 3・6—5・6　红顺手炮开局，黑应以反先顺手仙人指路相对。

因为开局炮的调动一般只具有战略威慑的意义，两炮相对只是相互威慑，后发制人；要争取战场战术攻击和战略格局的优势和主动权，还在于先手接敌，稳固防守反击；而开局兵形的接触，子力的拼杀总是从中心两肋线上以仙人指路式战法开始最为有利，首当其冲的。正是由于炮的这种特性和旗可以屏蔽中炮进攻的特点，开局在没有发生重要的、事关全局的实质性攻守势态的情况下，中炮其实是可以缓行布置的。而对于后手一方来说，抢先出动4、6路兵，先手接敌无疑是一种争取先手，把握先机的有效手段和好的着法。本开局弈法虽然较为初级，只是很目光狭窄、思路呆板地随意而下，不过总还是说明了这一种开局形式的合理性、必然性，可为借鉴。

②兵7·4—5·4　兵3·4—e·c　红顺手仙人指路，黑应以对手仙人指路变长短兵。统称对手仙人指路对长短兵。

③象10·7—8·9　象0·7—2·9　列手边象。

④兵7·6—f·f　兵3·2—5·3　红逆手仙人指路变长短兵，黑2路兵直一斜二“直进两格”抽兵打马。

⑤马10·2—g·b　象0·3—2·1　马跳的位置最不合时宜，既阻塞了己方象、兵路，又极易受到攻击。飞边象则十分有利。

⑥兵f·f—5·6×兵　车0·9—3·6：兵　红在5·6点上可投入四个后续子力，即有4个杀点，占有先手优势。后手在f·f点应兑也不吃亏。而红只顾攻吃敌一子，却不顾己方右侧防守的弱点，若黑兵e·c—f·c斜进一格吃兵再折返90°斜进一格走出“直进一格”吃过路兵的变化，红兵6·3—f·c兑兵后，黑车0·9—f·c再吃兵同时叫杀马、旗，红则不利。同样，黑也没看出这步棋，而是走了车0·9—3·6这步效率不高的棋。

⑦车10·9—7·6　兵e·c—5·4×兵　⑧马g·b—5·3×兵　兵5·4—6·3×兵　⑨象10·3—8·1　兵6·3—7·2×兵　红象及时防守；黑本应进4·3兵至f·c点以象叫杀7·6车，再将6·3兵横行一步兑杀7·3兵攻击敌旗（当时没看出这步棋，却走了无奈兑兵的下策）。

⑩象8·1—7·2×兵：车　车3·6—4·6　⑪车10·1—7·4　炮2·8—2·5局面过于呆板，至此黑补上中炮完成了一场拖沓乏味的开局。但在以后中局第㉑回合却有

一着不经意出现的绝杀，又让人看不懂了。局面如图 3-7 所示。

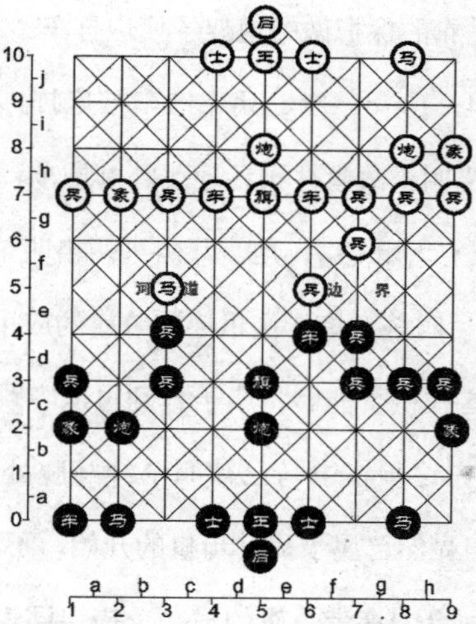

图 3-7

第六节　顺手炮 逆手仙人指路 顺手仙人指路对边象局

第 8 局（2002.5.3）

本局红从第四回合即开始兑兵并出车杀兵，一味贪子、冒失入界，被黑抓住机会反攻，致红车进退维谷，十分不利。这是一种不合规范，违背弈理原则，未充分展开的开局形式。

着法：

①炮 8 • 2—8 • 5　炮 2 • 8—2 • 5　②兵 7 • 6—5 • 6　兵 3 • 4—5 • 4　③兵 7 • 4—5 • 3　象 0 • 7—2 • 9　红继续进兵开通车路后，黑要很快决定用象的线路和攻守点。本回合黑先起右边象同时缓行 6 路兵，保持左翼象不动以静观局面，看是否需要左侧象飞在 4 • 7 路高位压制红方。

④兵 6 • 3—5 • 4× 兵　兵 4 • 3—5 • 4× 兵　红想利用黑右侧未开通车路抢先以车兵兑杀黑两兵。

⑤车 10 • 9—5 • 4× 兵　兵 3 • 3—4 • 3：车　红车立足未稳，黑 3 • 3 兵支开炮架子抽车的同时 2 • 2 炮叫杀 8 • 8 炮，用了一着抽车打炮的战术，这也是打破两炮对峙平衡局面的一种基本手法。

⑥车 5·4—e·d∧　马 0·2—4·4 炮：车　红车只有先垫子防炮被打吃，黑马则连跳两个大马步一步盘河，通过旗的保护做的炮架子使炮打车。

⑦车 e·d—g·b　马 4·4—f·d：旗、兵　红车被炮打，交叉斜线上只有退回到 g·b 点，黑马抽身跨界立于河沿叫杀敌旗并预备连跳卧槽抽车，同时炮打炮。

⑧兵 7·3—6·4：马　马 f·d—h·f◺：炮　兵斜进两格叫杀马，马连跳小马步 6·6 至 h·f 点在走了连带杀旗着法后叫杀双炮（这里连带杀旗的应用又不合理且用法错误。因为连带杀旗首先是指进攻的这枚棋子能够将旗子打翻再从容跳进一至两步并接着还能继续叫杀和压制着白子旗。但在这步棋中马已被叫杀绊马腿处于防守状态后又连跳转移，虽然落点仍继续叫杀旗，但显然已属于另一步棋的开始，不能再将旗翻为白子旗了。这一着棋的错误与第 5 局第⑩回合中连带杀旗的另一个错误同为连带杀旗规则的超范围误用。前者是把连带杀旗中连跳接续杀旗与连跳吃子后再继续杀旗混在一块，后者是把连跳接续杀旗与被迫放弃杀旗转而连跳转移后再继续杀旗这些完全不同的情形混在一块了。本一回合仍按既成着法进行，黑因误用规则事实上等于多行了一步棋）。黑马意在红炮打吃己炮后兑炮。局面如图 3-8 所示。

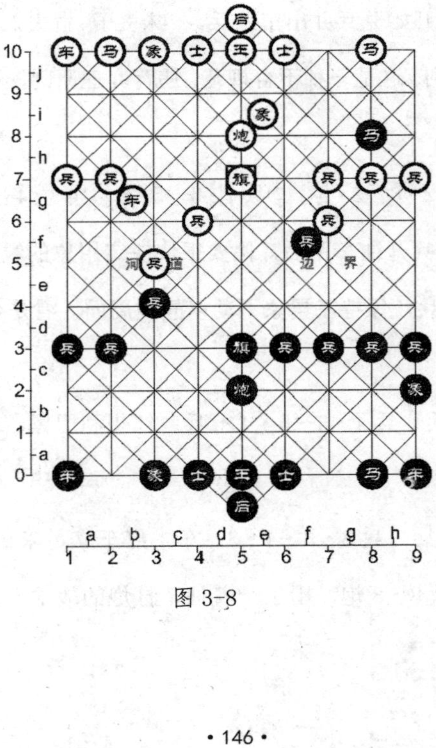

图 3-8

⑨炮 8 • 8—2 • 2× 炮　马 h • f—8 • 8× 炮：象　炮 8 • 8 隔子打吃 2 • 2 炮，己炮炮位不动翻为白子炮，马踩杀白子炮。

⑩象 10 • 7—i • e　兵 4 • 7—f • f× 象避杀看守 h • f 点防马踩双，黑兵“直进两格”吃过路兵。

第七节　顺手炮 逆手仙人指路 顺手仙人指路变长短兵接对手边象对边炮局

第 9 局（2002.5.10 原记—2002.8.15 重弈）

着法：

①炮 8 • 2—8 • 5　炮 2 • 8—2 • 5　②兵 7 • 6—5 • 6　兵 3 • 4—5 • 4

③兵 7 • 4—5 • 3　兵 3 • 6—e • f　④象 10 • 3—8 • 1　炮 2 • 2—2 • 1　⑤象 8 • 1—h • a　兵 3 • 1—5 • 2 炮：车红见黑用边炮，先挪开边象以免被链杀，黑随即抽开兵打车。

⑥兵 7 • 1—6 • 2　兵 5 • 4—6 • 3× 兵　⑦兵 7 • 2—6 • 3× 兵　兵 3 • 2—4 • 1　炮：双车　⑧兵 6 • 3—5 • 4 ∧　象：车　兵 4 • 3—5 • 4× 兵，炮：双　车 5 • 4× 兵，炮：双车垫象反杀，应挺 6 • 3 兵进中线阻断对方一条炮路，同时造成己方象隔子飞车的条件。黑若炮 2 • 1—10 • 1 打车顶多和对方换车，进 4 • 3 兵吃兵继续打双车则必多得一子。

⑨象 h • a—5 • 4× 兵　车 0 • 9—5 • 4× 象　红弃象杀兵叫杀车，黑车必杀象同时炮仍打双车。

⑩车 10 • 1—4 • 1× 兵！　象 0 • 3—1 • 4 ∧：车　红不能先车 10 • 9—5 • 4 杀车并等待炮 2 • 1—10 • 1 打车，而应车边路杀兵叫将引诱黑象垫子反杀；黑只有垫象反杀。

接下第⑪回合，红车 10 • 9—5 • 4 吃车，黑象 1 • 4—4 • 1 吃车，第⑫回合红炮 8 • 5—4 • 1 打象，……这样的开局形势基本平衡，应双方满意了。局面见图 3-9。

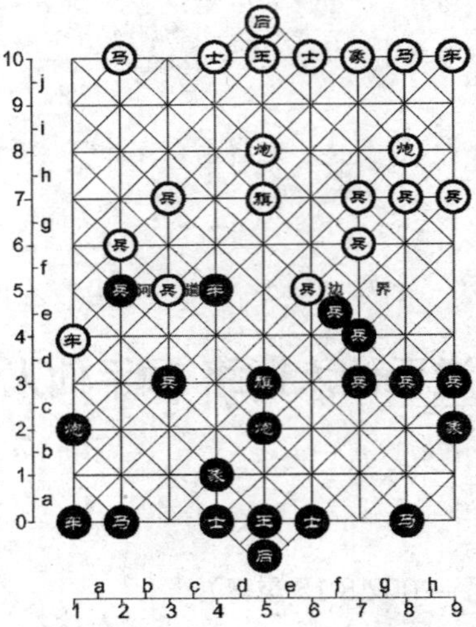

图 3-9

第 10 局（2002.5.10）

着法：

①炮 8・2—8・5　炮 2・8—2・5　②兵 7・6—5・6　兵 3・4—5・4

③兵 7・4—5・3　兵 3・6—e・f　④象 10・3—8・1　炮 2・2—2・1

⑤象 8・1—h・a　兵 3・1—5・2　⑥车 10・1—f・e：兵　马 0・2—c・d＋兵

红面对边炮进攻采取了避让的方法，起车叫杀 3・4 兵；黑跳马看兵。

⑦兵 5・6—e・f× 兵　兵 4・7—e・f× 兵　局面见图 3-10。

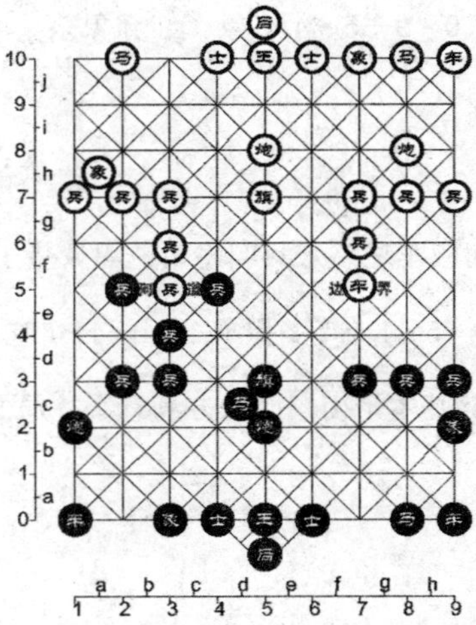

图 3-10

⑧车 f·e—e·f× 兵　象 0·7—2·9：车　双方简单兑吃，开局构思不充分。

⑨车 e·f—5·7　象 2·9—b·h 车　退回一斜格叫杀双兵，象也退回一斜格保护双兵。这种着法只看局部不顾全局，把布局搞成单打独斗的拼杀了。

⑩兵 6·3—5·4× 兵　兵 4·3—5·4× 兵　整个布局呈直线式发展，战术单调、索然无味。

第八节　顺手炮 逆手仙人指路 顺手仙人指路变长短兵对手边象接列手边炮对占肋车局

第 11 局（2002.5.11）

着法：

①炮 8·2—8·5　炮 2·8—2·5　②兵 7·6—5·6　兵 3·4—5·4

③兵 7·4—5·3　兵 3·6—e·f　④象 10·3—8·1　象 0·3—2·1

⑤炮 8·8—8·9　车 0·9—3·6　面对边炮起车占肋是正着。

⑥马 10·2—6·4　象 0·7—2·9　黑象可考虑跳在 c·d 点，兑杀敌兵后再压制车路。

⑦兵 7·9—5·8　象 2·9—c·h　红抽兵打象，黑避象。

⑧兵 7·8—f·g　炮 2·2—2·4：马　红进兵邀杀，黑 e·f 兵若斜进一格或两格先手兑杀 5·6 兵或 f·g 兵，都不能阻止红方后手兑兵后反先争得先手炮打车的优势，但黑方 e·f 兵只要运用直进一格吃过路兵的着法，在吃掉 5·6 兵后趁敌未及反攻再折返 90° 将防守点推进一斜格邀杀敌兵，使红方无论是进兵兑杀或是用炮打兵都尽失先手优势。

⑨兵 5·6—4·5：车　旗 3·5—d·e ∧：兵　局面见图 3-11。

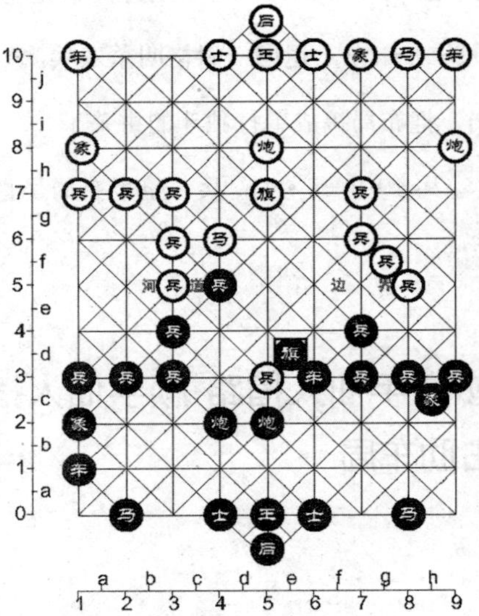

图 3-11

⑩兵 4·5—3·5⌊：炮，炮：车　车 0·1—2·1　兵直进一格叫杀炮，边炮打车是好棋，但进兵的同时又错误地使用了直进一格吃过路兵的着法属于误着。直进一格吃过路兵是说斜进一格吃兵后还可选择方向再斜进一格，等于直进了一格。这一种兵旗关系中旗虽然吃法如兵但子力大一倍且有前后四个杀点，兵原位不动可将旗杀为白子旗，然而既攻杀白子旗又再前进一格等于走了两步棋，况且兵未升变直进一格后不能斜退攻击旗，对旗没有这样大的战斗力，纯属着法错误规则使用不当。暂且照此对待。黑车起横车避炮太弱势短视了，应直杀 6·7 兵。

第九节　顺手炮 逆手仙人指路 对手仙人指路长短兵对边象接长短兵兑杀局

第 12 局（2002.6.17）

着法：

①炮 8·2—8·5　炮 2·8-2·5　开局，两军相交四炮相对然互不启衅，炮无论直斜线先手用炮吃子都将被对方炮后手打吃。但布局诸般着法仍以当头炮为雄，擒贼擒王，

进攻的目标方向明确。

②兵 7 • 6—5 • 6　兵 3 • 4—5 • 4　炮虽中路相对，相互威慑，但局路仍然封闭，双方均应遂心如愿、义无反顾地快速出 4. 路兵直进两格邀杀敌前兵并开通车路，指点迷津使车路成为半开放线。

③兵 7 • 4—f • c　象 0 • 3—2 • 1　对付先手长短兵直接进 4. 路兵兑杀是下策，应继续开通车路或飞边象，使多路强子斜线夹击敌兵，逐渐化解其攻势。本回合应两翼仙人指路，可以左右协调对称开通有快速出动的首选价值，并且允许各自在细节上有多种变化，如直进一格、直一斜二、长短兵等。后手防御的选择应更多一些，如飞边象、拨边炮压制车路，因此兵子缓行伺机待变未尝不可。

④兵 f • c—5 • 4× 兵　兵 4 • 3—5 • 4× 兵　开局阶段尤其第四回合的贪子兑杀多数为急功近利、昏愦短视之举，不能组合起绝妙的变化。应继续出动强子如飞边象、拨边炮，协调攻守关系，布设新的破杀线和在兵形胶着的兑杀点上投入更多的子力，以期紧固防守、运用战术压制并封杀车路。

⑤兵 6 • 3—5 • 4× 兵　象 0 • 7—2 • 9　兵的兑杀虽使红一兵在中线突兀独立，但与全局联系有所脱节，还须多路补救，彰显计谋不足。这一回合在形成基本布局形式的基础上应继续加深和扩展其变化，或炮兵配合起 2、8 路兵抽兵打马，马起而挂角防守，或马先行挂角、盘河，掩兵兑杀。黑飞边象是补局面疏漏之着。

⑥马 10 • 2—6 • 4　兵 3 • 6—e • f　红因兑兵迟缓了几着强子的出动，高立马掩兵而杀太直白，落点易受兵攻击，战术手段单调。黑走长短兵亦缺乏前瞻考虑。第六回合正是强子调配停当，于车前马后军中或掩护兵卒进攻，或占据有利位置准备一马当先冲杀之时。马的出动不能像原先中国象棋那样以屏风马立于卒林之后守株待兔式地抵破当头炮，且不说马遏制不住炮火，尤此时此地的“屏风马”既堵塞车路又派不上用场；马应跳对路、对节点的挂角马、高立马和隐蔽马。

⑦兵 5 • 6—e • f× 兵　兵 4 • 7—e • f× 兵　红又开始兑杀，又一波草率兑杀之举。红既已杀兵，黑完全可予置之不理而走象 2 • 1—5 • 4 吃兵并叫杀车迫其避让，再于下一步杀 7 • 2 兵叫将。本来第 7 回合应是双方马军骁骑冲在阵前，鼎力拼杀，寻求中路突破

的良好时机。例如马由挂角马连跳一大一小两个马步越界盘河依托己方中线 4、6 路兵或卒前马攻杀敌金鼓旗号令核心，同时威胁下一步连跳两个马步卧槽抽车的连环杀着；后者先行出动中线一侧兵卒配合车象兑杀纵横 4、6 路中心区域的敌兵，为以后走卒前马被反杀后的转移再杀创造条件。

⑧象 10•3—8•1　马 0•7—4•6　象保 5•4 兵，马再杀兵。

⑨兵 5•4—4•5　马 0•2—2•6　红进中路兵求变尚可，黑跳转角马意思不明。局面见图 3-12。

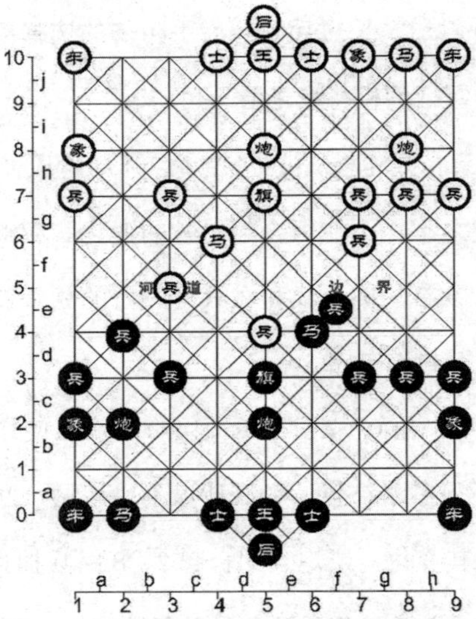

图 3-12

⑩兵 7•2—5•3　兵 3•2—4•2：兵，象：车　红进兵打开象路掩护 4•5 兵斜进两格叫杀炮，同时象可隔兵杀车算一步好棋。黑进兵抽兵，象飞车。8、9、10 三回合是双方在基本布局之后开始初步地、攻守协调思路连贯地兑杀，扩大布局效果以压制敌方争取中心区域控制权并向中局战斗转换的阶段。本盘开局下的较为松散，变化简单，缺少章法和实战计谋，只能算是一次磕磕绊绊的演练。

第十节　顺手炮 逆手仙人指路 对手仙人指路长短兵对中兵接列手隐蔽马对边象局

第13局（2002.7.1）

着法：

①炮8·2—8·5　炮2·8—2·5　②兵7·6—5·6　兵3·4—5·4　③兵7·4—f·c　兵5·4—6·5　黑面对红先手长短兵先兑是俗手，而飞象或开通车路又均不能阻止红先兑得子，索性延长逆手仙人指路着法进兵至6·5点试探一番。后事实证明这又是一步废着，红只需先手炮打吃兵，黑旗拉开一斜格打炮，红兵斜进两格垫炮，黑旗杀兵，红炮复炮，只是一步兑兵棋。说明双方在条件对等的情况下进中兵不可取。但在本局某种条件因素的作用下进中兵着法却揭示了一些规律。

④马10·8—h·e：兵　象0·7—2·9　⑤马10·2—6·4　兵4·7—5·6× 兵　⑥兵6·7—5·6× 兵　象2·9—5·6× 兵　象杀兵后隔己方一兵叫杀车。　⑦马h·e—6·5× 兵 /（表示少下一步）　红马杀兵阻断象路，黑方竟然看走了眼，象弃权停子一步让红马先手杀，黑方自己少下一步。这种情况在实战中是允许的。⑧兵6·4—5·6× 象　车0·1—5·6× 马　⑨象10·7—8·9：车　车5·6—e·f　局面见图3-13。

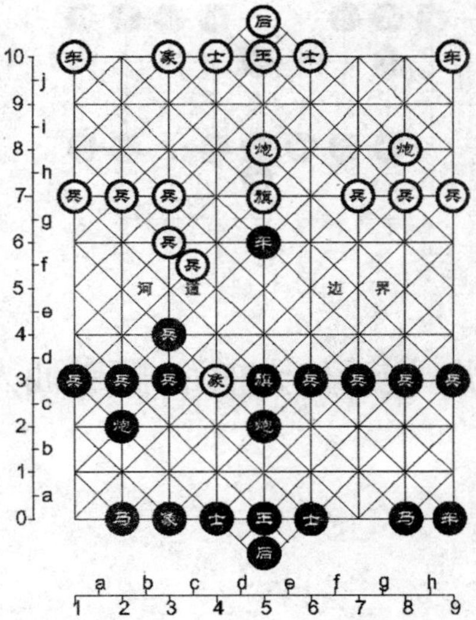

图3-13

⑩象 8・9—3・4：炮　车 e・f—6・5× 马　象控制封杀线后及时越界突袭压制敌炮是必然着法。黑方只按照自己的意志认为有炮保护车，杀马后红车不敢兑杀，却不想红也可炮吃，顶多是一车换马象的棋。这里弈者总是把弈争的可能性变化与实际的合理性、必然性选择混在一起。

第 14 局（2002.7.1 原记—8.19 重弈）变起手局

着法：

①②③④⑤⑥回合与第 13 局同。

⑦马 h・e—6・5× 兵　象 5・6—6・5× 马　子力弱是攻杀中路兑子的好棋。

⑧炮 8・5—6・5× 象　旗 3・5—e・c：炮　⑨马 6・4—6・5 ∧　车 0・1—7・8× 兵！

⑩炮 8・5 □—○　旗 e・c—f・d：马　红白子炮原位复炮，旗叫杀马。局面见图 3-14。

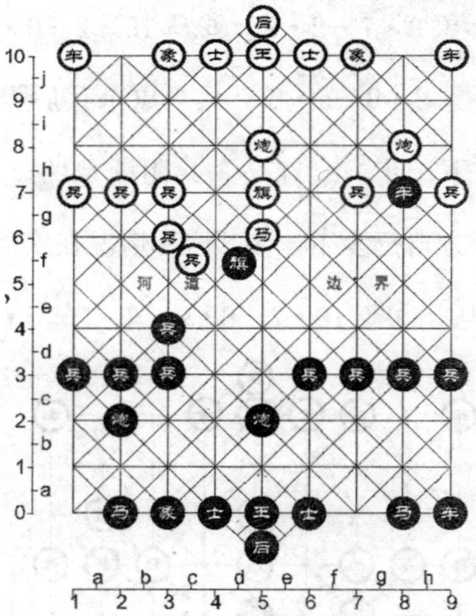

图 3-14

第十一节　顺手炮 逆手仙人指路 顺手仙人指路长短兵接对手红先兑兵局

第 15 局（2002.7.4）

着法：

①炮 8 • 2—8 • 5　炮 2 • 8—2 • 5　②兵 7 • 6—5 • 6　兵 3 • 4—5 • 4

③兵 7 • 4—f • c　兵 3 • 6—e • f　④兵 f • c—5 • 4× 兵　兵 4 • 3—5 • 4× 兵

⑤兵 6 • 3—5 • 4× 兵　象 0 • 3—2 • 1　⑥象 10 • 3—8 • 1　象 0 • 7—2 • 9

⑦兵 5 • 6—e • f× 兵　兵 4 • 7—e • f× 兵　如上几着，弈者不知晓弈争规律，只知简单、机械式地兑杀兵卒。所以说学会下棋很容易，但掌握弈争规律却很难。

⑧兵 5 • 4—4 • 5　兵 3 • 2—5 • 3　双方强子调配、出动不力，前后脱节。红单兵冒进，黑支一兵，炮、象交错双杀。

⑨车 10 • 9—9 • 9　马 0 • 2—c • d　车避象起横车。黑炮不敢打马，怕红炮后手反打炮、马丢一子，其实黑可以动 3 • 1、5 • 3 兵两次垫子保炮，白吃红马。

⑩车 9 • 9—9 • 4　炮 2 • 5—4 • 5× 兵　红车准备保护兵攻杀马、炮，黑炮打吃兵。局面见图 3-15。

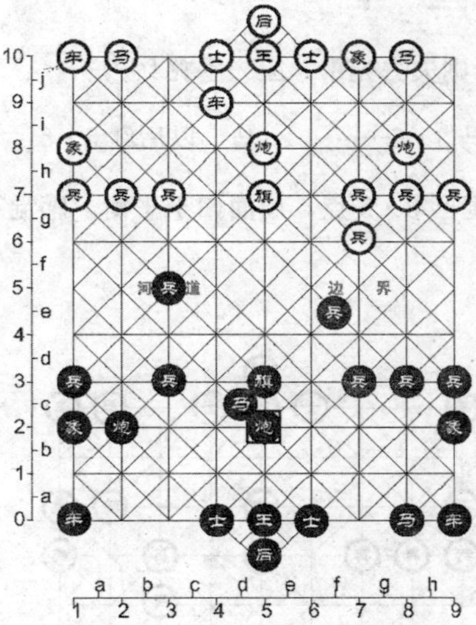

图 3-15

第十二节　顺手炮 顺手仙人指路 列手仙人指路长短兵对边象接列手边象对高立马局

第 16 局（2002.7.17）

着法：

①炮 8・2—8・5　炮 2・8—2・5　②兵 7・4—5・4　兵 3・6—5・6

③兵 7・6—f・f　象 0・7—2・9　④象 10・7—8・9　马 0・8—4・6

⑤兵 f・f—5・6× 兵　兵 4・3—5・4× 兵　开局急于兑兵已属违反弈棋“不得贪子、入界宜缓、攻彼顾我、弃子争先”的原则，但在本局开局已过了四个回合，当先手开始杀兵之时，后手不急于与它应兑而是在另一侧反击杀兵，这不失为一着可取的变化。

⑥象 10・3—8・1　象 0・2—2・1　⑦马 10・2—8・4　兵 3・4—e・c　马准备跳卒前马，兵开通车路长短兵。

⑧马 8・4—e・e：旗　旗 3・5—4・5　这时红可在敌先头 5・4 点投入先手四子的兵力，黑可投入后手四子的兵力，红兑子吃亏。

⑨兵 7・8—5・7：马　马 4・6—3・6：马　兵杀马，马后退叫杀兑马，防止马连跳卧槽抽车。

接下红不能先手兑马否则失去先手。应先手兑兵——

⑩ 6・3—5・4× 兵　马 3・6—e・e× 马　以后红 5・6 兵兑杀马，黑兵 e・c 吃兵，红 e・e 兵攻杀白旗，白旗退回 3・5 点，局面归于平衡。感觉有些用心了，双方都在争先手一着。局面见图 3-16。

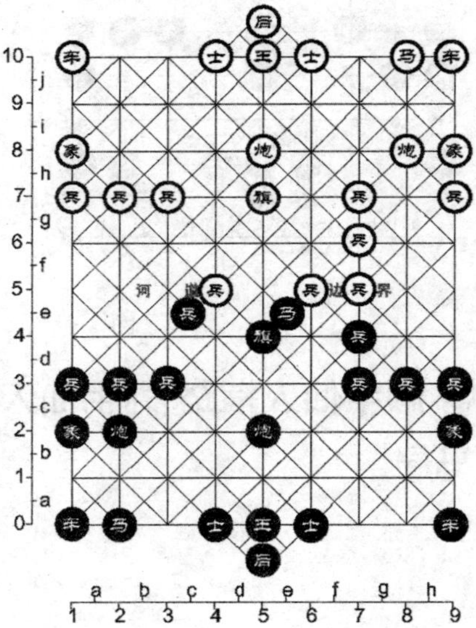

图 3-16

第十三节　顺手炮 逆手仙人指路 顺手仙人指路（变）接顺手边象对高立马局

第 17 局（2002.7.24）

着法：

①炮 8・2—8・5　炮 2・8—2・5　②兵 7・6—5・6　兵 3・4—5・4

③兵 7・4—f・c　兵 3・6—5・7　④象 10・3—8・1　马 0・8—4・6

⑤兵 f・c—5・4× 兵　兵 4・7—f・f× 兵　红长短兵虽有斜线连续攻杀优势，但在做战术组合进攻直进一格吃过路兵时却因为没有根的保护而展开不利，变线兑杀不占优势。黑兵斜进两格吃兵后再折返 90° 斜进一格走出吃过路兵的一种变式继续邀杀敌兵就说明了这一点。

⑥象 10・7—8・9　象 0・3—2・1　⑦兵 6・7—f・f× 兵　兵 5・7—f・f× 兵

局面见图 3-17。

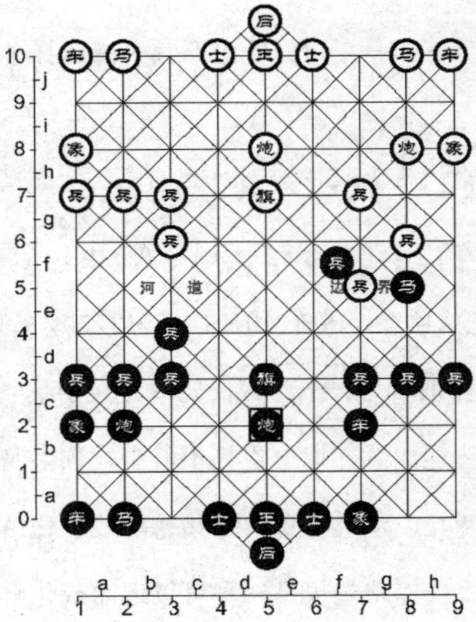

图 3-17

⑧兵 5・4—4・5　车 0・9—2・7　红进中兵是拾漏的一着，而黑车进 2・7 点则是补漏一着，全为研习弈法形式的需要。

⑨兵 7・8—5・7：马　马 4・6—5・8 十兵：兵　马叫杀 7・7 兵，欲攻杀其作为炮

架子的作用，是打破两炮对峙的积极手段。

⑩兵 7•9—6•8　炮 2•5—4•5× 兵　黑方没有看见马被炮叫杀这步棋，容后补漏。

本局开局形式基本步入正轨，有了一些参考价值了。

第 18 局（2002.8.20 重弈）变起手局

着法：

①②③④回合与第 17 局同。

在开局的前几回合，由于投入的子力少，变化相对简单，思路清晰可辨，于是乎还有一些成为变式的因素可资借鉴。但随着局面的发展，参与的子力和变化越来越多，越来越复杂，对其必然规律性的把握也会越来越难。在上面第④回合，当红方飞边象后，黑方不可盲目地走对手边象，因为在 10•1 车至 5•6 兵一线由车兵配合正形成可以攻杀黑兵的势态，此时黑方的必然性应对可以有多种。第一，黑双象按兵不动，相互交错地保护三、七路前兵而走其他子。第二，可以飞右边象 0•7—2•9。第三，可以进兵 3•2—e•b，抽兵打马。第四，可以兵 4•7—f•f，吃过路兵。黑选择了高立马 0•8—4•6。接下——

⑤兵 f•c—5•4× 兵　兵 4•7—f•f× 兵　⑥象 10•7—8•9　象 0•3—4•7：车　黑象隔子飞象高位象叫杀车。　⑦象 8•1—9•2∧：象　象 4•7—9•2× 象　红若起横车避车出动不利，于是兑象。　⑧车 10•1—9•2× 象　兵 3•2—5•3 炮：车　⑨兵 7•2—f•b……单炮企图拴杀车马一子，若仅凭双方兵子我一拉开你也一拉开，我一支兵你也一支兵这样一打一垫地纠缠，炮总也打不着车，顶多是个炮换马。若在红方兵子较多的情况下还可以连垫两兵，从容设置两道堵塞防线以化解炮的威胁。这说明战场上应付炮的进攻，快速增援、快速堵垫也是一种可以迟滞或化解其威慑的有效方法。而假如有其他强子及马的参与，配合炮、兵进攻并在抽子打车的同时联动保护炮，则炮拴杀一子的目的还是可以实现的。

⑨……　马 0•2—4•2 炮：车

⑩ 7•1—5•2∧　炮 2•5—5•2× 兵　黑方只有通过中炮打吃红前头一兵才能阻

止对方连设两道兵的防线。

⑪兵 f·b—5·2∧　兵 4·3—5·2—f·b×兵

接下，若红 4·3 兵—5·2 垫子，马 4·2—5·4 吃兵再打；兵 5·2—e·b 拉开，兵 d·b—4·2 再打；红兵无子可垫了，仍须将车撤离。本局仍以！回合记谱为准。局面见图 3-18。

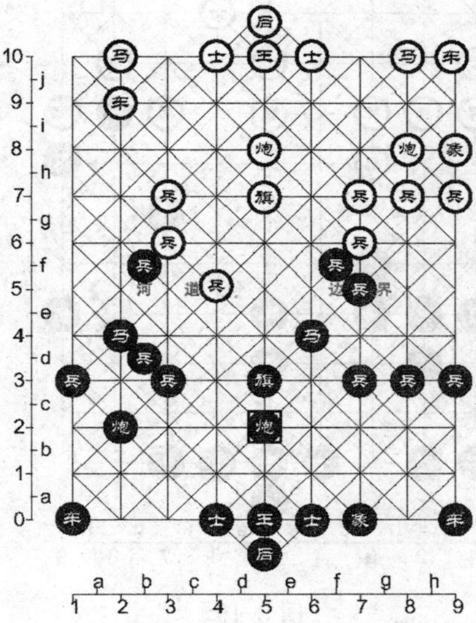

图 3-18

第 19 局（对 18 局的变式。2002.8.21）

着法：

①②③④⑤回合与第 18 局同。

⑥象 10·7—8·9　兵 f·f—6·7× 兵　红边象防守后，黑改由兵右路突破。

⑦兵 7·8—6·7× 兵　象 0·3—6·9！　⑧士 10·6—9·6∧　兵 3·7—4·7 两兵前后尖连防守车的攻杀，以便腾出马进攻。

⑨兵 5·4—4·5　炮 2·5—4·5× 兵　红进中兵阻断两侧车路，配合象、兵与马的兑杀。炮打吃兵。

⑩旗 7·5—h·d 炮：炮　马 4·6—4·5∧ ⑪兵 6·7—5·6：马　兵 4·7—5·6× 兵　红左路兵象攻马有力，黑先兑兵。

⑫象 8·9—5·6× 兵：马　炮 2·5 □—○　炮原位复炮。

⑬象 5・6—4・5× 马　车 0・9—4・5× 象　⑭旗 h・d—7・5 炮：车　车 4・5—7・8：炮＋3・8 兵　以上开局延续几回合，证明中炮打兵及中路兑子可行。局面基本平衡，思路开阔。局面见图 3-19。

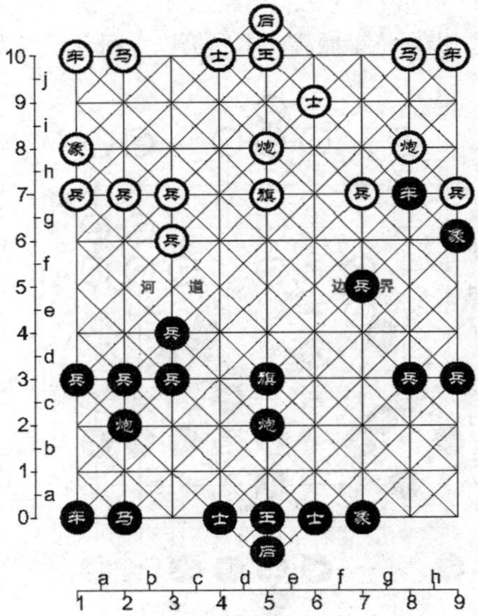

图 3-19

第 20 局（对 19 局的变式。2002.8.21）

着法：

①②③④⑤⑥回合与第 19 局同。

⑦兵 7・8—4・7—5・8×兵　兵 5・7—6・7∧　红兵直进两格吃过路兵，黑兵虽有马“根”的保护，但红兵吃兵后并未突破马的保护防线只是斜线平移了，应视为规则允许的范围（后来证明兵突破马“根”的保护是错误的）；同时兵吃子后再闪开使象可以叫杀车。黑进兵拦象。

⑧兵 5・8—5・7：马　马 4・6—f・f　红兵横行，沿菱形河边进一斜格再退一斜格，等于横行一格叫杀马。马跳进。

⑨车 10・1—3・8× 兵！　士 0・6—1・6∧　士可以通过斜格的折返并且必须是斜格没有堵塞的情况下走一直格的距离，但并不等于士可以走直格。

此时，马威胁连跳卧槽抽车。红若起车 10・9—9・8 看一步，f・f 杀 7・7 兵除掉“炮架子”并叫中杀炮，还可接下一步继续抽子打炮。红若进车 8・7 或 h・f 点，黑兵可在马的掩护下斜进至 7・6 点叫杀车、炮。红若进兵 7・7—6・6 阻塞马卧槽路线并杀马，黑可直接用 2・2 炮打吃兵，待红炮后手吃炮后，马则卧槽抽车。红选择了第四种方法。

⑩马 10・8—8・6　马 f・f—7・7× 兵：炮　红跳马阻塞马卧槽路线。黑马踩杀“炮架子”兵叫杀中炮。　⑪象 8・9—6・7× 兵　车 0・1—6・7× 象　马 8・6—6・7× 车 ⑫马 7・7—8・5× 炮　黑马威胁卧槽抽车。

⑬车 10・9—7・6：马　马 8・5—9・3！⑭车 7・6—9・4 ∧　马 9・3—8・1× 象　⑮炮 8・8—2・2× 炮　马 8・1—10・2× 马　黑以车、炮、兵三子兑换了红炮、马、双象、兵五子，形势稍稍占优。局面见图 3-20。

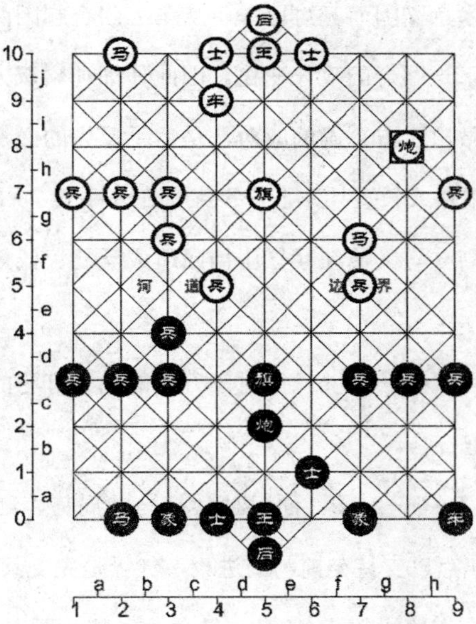

图 3-20

第十四节　顺手炮 逆手仙人指路 顺手仙人指路对挂角马接对手边象对 2 路兵抽兵打马局

第 21 局（2002.8.22 记谱）

8 月 24 日记——前几天开始整理 8 月 5 日记谱，若按原先思路无论怎样改动也弈不下去，或是局面不能充分展开，或是规则没有充分领悟完整运用，只迎合了个别偶然形式的需要，或是某一方应对总处于劣势，且步步被动无法扭转过来。这才突然发现以前所下棋局，或多处于黑方一面倒的情形，或突然又被红方牵着鼻子走了，总之整个开局形式的研究太囿于一般浅层形式的发展和初级规律的展开了。因此，如上 20 余局开局不能说有哪一局真正充分认识和把握了对弈的内在联系。本局则力求在这一方面有所用心，有所突破。

着法：

①炮 8・2—8・5　炮 2・8—2・5　②兵 7・6—5・6　兵 3・4—5・4

③兵 7・4—5・3　马 0・8—2・6　前两回合的完全对称形式因其远距离对峙及初步接触，没有什么实质战术意义因而无可厚非。从第三回合起因两翼仙人指路开通车路形成明显战术组合并承启下一回合的攻守变化。因此仔细观察双方局势，分析对方最有可能采用的战术形式，以做出己方正确的应对，是后手反先的必然要点。本回合黑方若盲目机械式地跟进偏仙人指路或长短兵，下一步红方在 8 路兵 7・8—f・9 抽兵打马或必多得一子，或黑若跳 8 路高立马又被红兵打压挡回造成反复、低效运子，因此就有了黑跳挂角马的变式。

④象 10・3—8・1　兵 3・2—e・b　针对黑方可能抽兵打马的招式，红方首先飞边象积极进攻。黑走了抽兵炮打马。

⑤兵 7・2—f・b　象 0・7—2・9　面对抽兵打马的局势，红若也跳挂角马，黑可能攻吃 5・3 兵并控制 6・4 点以支持卒前马的进攻，红于是先支兵息炮并对 5・3 兵予以保护。黑方分析红方可能在东路进攻 5・4 兵，转角吃过路兵至 e・c 点再杀兵并开放象路压制车的出动，因此先不开通右侧车路；又考虑到如果红进兵 e・c，黑 4・3 兵与红 5・3 兵继续兑杀后，黑可拨边炮打车，再跳斜线炮前马打兵压制车兵进攻，因此可先腾出手来右路飞边象积极防御。

⑥象 10・7—8・9　马 0・2—4・2 炮：马　红考虑若走 6・3—e・f 吃 5・4 点过路兵，打掉黑方跳卒前马的依托，待黑架边炮后再进兵、马进攻也是可用之着；但又考虑黑即使跳卒前马红也可进 7・3 兵攻马，暂无防守之虞。于是飞边象防守右路。黑方也想进 4・7

兵至 f·f 点吃 5·6 点过路兵打开象路，然红方亦可直进一格吃过路兵将攻杀点推回至 5·6 点上，因此黑意识到急于兑杀并无实效。黑选择了左路跳炮前马踩兵的同时炮打马双杀。

⑦马 10·2—8·4＋兵　兵 3·8—5·7　红跳马看兵。黑抓住了红 5·6 兵不敢吃 4·7 兵怕被象兑杀后压制车路的弱点，进兵占据 5·7 点以配合续后攻杀 5·6 兵。

⑧兵 6·3—e·c⨯兵　兵 4·7—f·f⨯兵：车　红先吃过路兵转角进攻右路。黑同样还以颜色吃过路兵并闪开象路叫杀车。

⑨车 10·1—9·1　兵 e·b—5·3× 兵　红方 9·2 点被炮封杀不能兑象，只好起横车。黑兑兵先走兵 e·b—5·3 杀，否则被红先杀 e·b 兵并叫杀马，将多丢一兵。

⑩兵 e·c—d·b⨯兵　马 4·2—f·b× 兵　红走斜进两格（等于直进一格）吃过路兵攻击 3·2 点兵“炮架子”。黑马只好先手兑兵。

⑪兵 d·b⨯兵—3·2× 兵：炮　炮 2·2—0·2　红一兵突破黑兵阵防线颇具威胁，看来第 5 回合黑飞了右边象而没有飞左边象似有商榷之处。不过这已经较为精致，较为引人入胜了。局面见图 3-21。

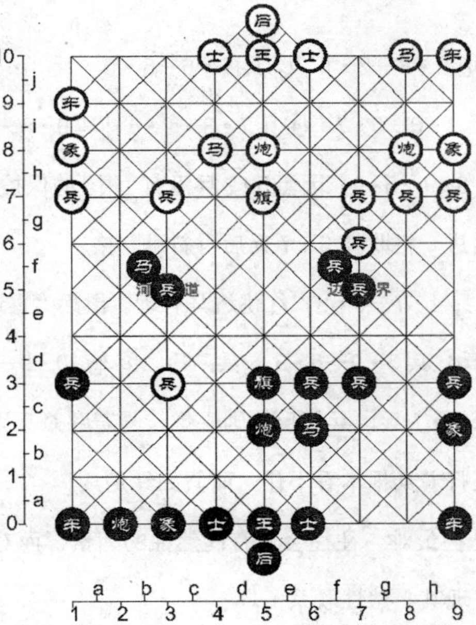

图 3-21

第十五节　顺手炮 逆手仙人指路 顺手仙人指路接8路兵抽兵打马对挂角马局

第22局（2002.8.5原记—8.22重弈）

回想本局原先的构思，棋下得很粗糙、毛草，总想在个别形式上表现神奇，总想急于证明什么。殊不知下棋的心情要放宽，要学会悟思而博大，宁静以致远，要尽可能走出自我，进入一种无为无不为，善争者不争，不战而屈人之兵的境界，要熟知战争常识，熟练掌握规则，要调动各种经验的材料，要不断证明人与现实、思维与科学必然性的内在联系，而不是仅凭想当然和形式逻辑行棋，才能使艺术生活和人的思想不断升华。心情静下来之后再慢慢推敲，从怎样进兵，马怎样能够攻杀7·7路兵“炮架子”逼退敌炮，想到怎样边路进车、兵，又突然看出可以直接走4·7路兵一步推进邀杀敌7·7路兵“炮架子”，打它个措手不及，于是发现了一种可以侧翼车兵等快速进攻打开缺口，得子取势以牵制全局争取胜利的方式。但这已完全不是原先局面的模样了。

着法：

①炮8·2—8·5　炮2·8—2·5　②兵7·6—5·6　兵3·4—5·4

③兵7·4—5·3　兵3·6—5·7　④兵7·8—f·g　马0·8—2·6　马应跳隐蔽马。

⑤兵f·g—e·f　兵3·9—5·9　因黑5·7兵没有“根”的保护，红f·g兵可以走“直进一格”吃过路兵，即斜进一格吃掉5·7兵后再斜进一格。

⑥马10·8—8·9　兵4·7—6·8　红跳边马有理。黑兵“直进两格”邀杀7·7兵。

⑦兵7·9—6·8×兵　兵5·9—6·8×兵：兵　⑧车10·9—7·6＋兵　车0·1—7·9：炮　面对黑兵叫杀7·7兵，兵若反杀则丢炮，马若踩杀兵则丢车，红走了车看兵的保守着法，其实黑炮还打着兵根本看不住。而假如红走兵7·7—g·f就会主动得多。这也说明对战略形势的把握最难，往往会带有偶然性的因素，而对于战术形式的应用就较为清晰、明确和容易发现其必然性联系了。

⑨炮8·8—9·9：车　……红退炮打车并保持与黑炮的对峙是最佳选择。红若走8·6敛炮，黑进兵捉双。红若走士角炮，黑兵6·8—7·7杀兵叫杀炮，若炮8·6退至i·e，

黑飞象越界 6・9 点叫将，红垫士 9・6 点，象进 i・f 点叫杀旗，接下还可进兵杀炮，红防不胜防。黑应对——

⑨……车 7・9—8・8：炮　⑩马 8・9—i・g＋炮　兵 6・8—7・7× 兵　红跳马看炮应是战术必然。黑进兵杀 7・7 兵。红若车、马杀兵被炮打吃；若飞象叫杀兵，兵直进一格叫杀马同时车杀着炮，之后黑必得一子；若炮打吃 7・7 兵，则黑必弃车杀中炮再 2・2 炮打吃敌白子炮，之后便可以放心大胆地连续用炮，占尽有炮对无炮的绝对便利了。

⑪象 10・7—9・6　车 8・8—9・8　红选择了飞象看兵杀马一步。黑则进车一格让开兵捉双之路。至此黑右路突破而东侧双方兵马却基本未动。局面见图 3-22。

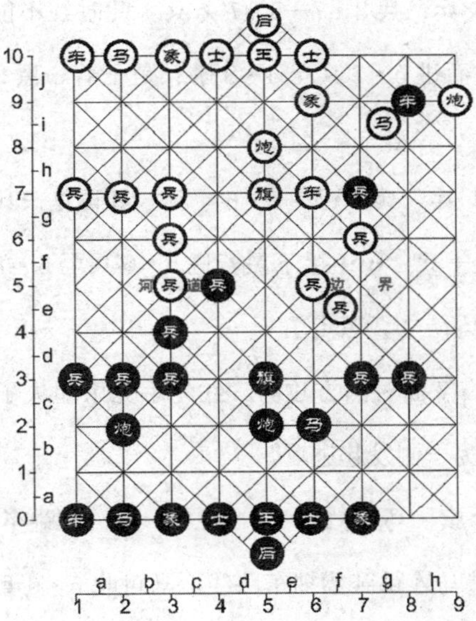

图 3-22

第十六节　对手炮 顺手仙人指路 逆手仙人指路接顺手边象对挂角马局

第 23 局（2002.8.27）

着法：

①炮 8・2—8・5　炮 2・2—2・5　②兵 7・4—5・4　兵 3・6—5・6

③兵 7·6—5·7　兵 3·4—5·3　④象 10·3—8·1　马 0·8—2·6 根据对手炮开局特点，双方在西路正炮相对，同时又都在东侧交叉控制着各自的一条炮路开放线。对手炮后，双方两翼仙人指路对称布置均不得先手之利无可厚非。第四回合，红为了利用 5·4 兵有利位置跳卒前马进攻，飞边象予以支援。此时，黑若两翼进兵攻杀均不得势或反而失子，若再对应着飞右侧边象，则左侧三路前兵失守将被兑杀两兵。于是黑跳挂角马，以便接下在炮的掩护下跳河外盘河马攻杀敌旗。

⑤马 10·2—8·4　兵 3·9—4·8　红挂角马。黑若依靠炮的掩护跳河外盘河马攻杀敌旗，红兵斜进一格叫杀，马立足不稳。黑进 3·9 兵邀杀 5·7 兵，打开边线车路。

⑥兵 5·7—4·8×兵　兵 3·7—5·7×兵　此时红不能飞边象，会被边车杀兵，也不能进七线兵防守，而进 5·7 兵至 4·8 杀兵是正着。黑 3·7 兵至 5·7 直进两格吃过路兵是必然应着。

⑦兵 6·7—5·6× 兵　兵 4·7—5·6× 兵　红再兑一兵以减轻压力。

⑧马 10·8—8·6 ＋兵　……接下黑若进 5·6 兵至 6·7 邀杀，红则飞边象伺机后手兑兵及后手杀炮可稳固防守。黑走了——

⑨……兵 5·7—6·7 面对黑方攻势，红先手兑杀即失子失势，按兵不动待防守反杀却可保无虞。于是在另一侧发起进攻。

⑩马 8·4—e·d：旗　马 0·2—4·4 ∧马＋兵　红跳卒前马叫杀旗及 5·6 兵。黑若进 3·3 兵杀马并羁绊马连跳卧槽抽车路线，马可吃 5·6 兵继续杀旗。故而黑跳高立马绊马并看守 5·6 兵。

⑪马 e·d—3·5◺　马 2·6—d·f ＋旗　红马首攻黑旗将其翻为白子旗。黑跳马看旗。局面见图 3-23。

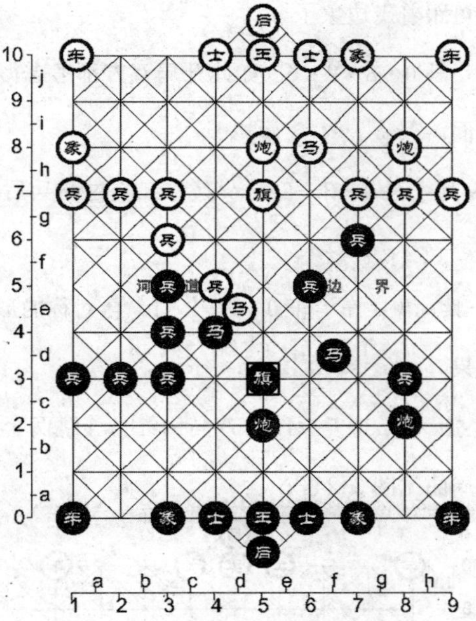

图 3-23

第十七节　逆手炮 顺手仙人指路 逆手仙人指路接逆手挂角马局

第 24 局（2002.8.28）

着法：

①炮 8·8—8·5　炮 2·2—2·5　②兵 7·4—5·4　兵 3·6—5·6

③兵 7·6—5·7　兵 3·4—5·3　④马 10·8—8·6　马 0·2—2·4　顺手炮及逆手炮局面相似，只是左右方向相反。第四回合对以逆手挂角马或逆手边象较为平稳，不像走二、八路抽兵打马那样攻击性强，但均不能走顺手边象，否则将被逆手车、兵兑杀两兵。

⑤象 10·7—8·9　象 0·7—2·9　黑应边象较为死板；若进边兵 3·9 至 5·8 开通车路，4·7 路前兵又有左象保护，威胁较大。

⑥象 10·3—8·1　象 0·3—2·1　双方飞边象后另一侧象也等于卸去了斜线保护

另一侧前兵的责任，也可跟着飞边象了。

⑦马 10•2—8•4　马 0•8—2•6　如此开局双方都考虑得过于周全，求稳怕变，致出现对称模仿式的局面。

⑧兵 6•7—e•f⨯兵　兵 4•3—f•c⨯兵　红吃过路兵后黑不敢兑杀，只好还以吃过路兵。

⑨兵 7•8—5•8：兵，象：车　车 0•1—1•1　再对称的形式也有被打破的时候，后手盲目跟进将自食苦果。

⑩马 8•6—5•6：旗　兵 3•7—4•6∧马　红马连跳两个小日字骑河成象前马叫杀敌旗。黑进兵绊马。局面见图 3-24。

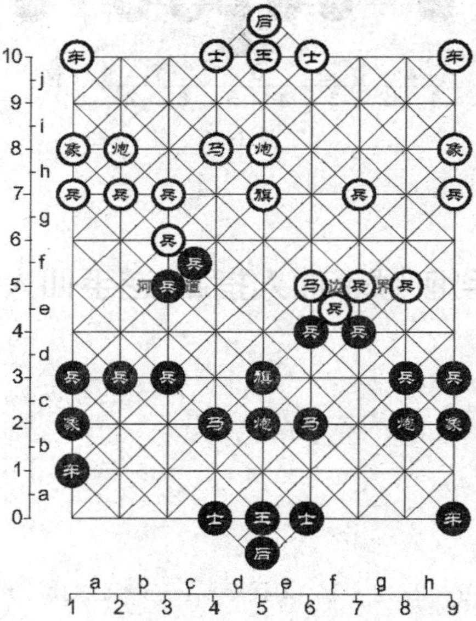

图 3-24

第十八节　列手炮 顺手仙人指路 逆手仙人指路逆手挂角马接列手边象局

第 25 局（2002.8.29）

着法：

①炮 8・8—8・5　炮 2・8—2・5　②兵 7・4—5・4　兵 3・6—5・6

③兵 7・6—5・7　兵 3・4—5・3　④马 10・8—8・6　马 0・2—2・4

⑤象 10・7—8・9　象 0・7—2・9　⑥兵 7・9—5・8　兵 3・8—e・g

⑦兵 6・7—e・f 兵　兵 4・7—e・f×兵

⑧兵 5・7—e・f× 兵　兵 e・g—5・8× 兵　⑨兵 7・8—5・7 象：车　象 0・3—1・2：象　黑不能避象起横车，否则红跳骑河马攻旗颇有威胁。

⑩象 8・9—1・2× 象　车 0・1—1・2× 象　⑪马 8・6—5・6：旗　车 0・9—3・6：马　⑫车 10・9—7・6　炮 2・5—2・6：马

本开局缺少计谋和周密思考。局面见图 3-25。

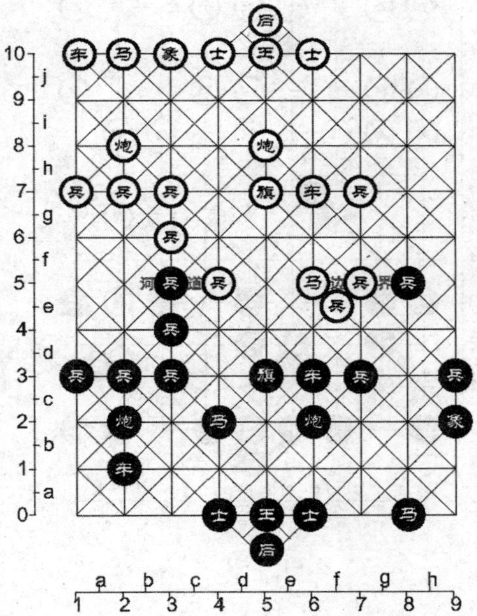

图 3-25

第 26 局（本局是第 25 局的变式）

着法：

①②③④⑤⑥回合与第 25 局同。

⑦兵 6・7—e・f×兵　兵 e・g—5・7× 兵　红吃过路兵后，黑改变策略先杀 5・7 兵。

⑧兵 e・f—4・7× 兵　兵 4・3—f・c×兵　红双兵、车邀杀象，黑以守转而左路进兵。

⑨兵 4 • 7—3 • 8：象　象 2 • 9—b • h

⑩兵 6 • 3—f • c× 兵　兵 5 • 3—f • c× 兵　对手炮、列手炮时两方四炮相对，这时红若不先兑兵而飞 8 • 1 象，黑同样可以进兵杀 6 • 3 兵，而红 7 • 2 兵也不敢拆开炮架子杀兵而被对方炮打吃炮，因此红先兑兵。

⑪象 10 • 3—8 • 1　兵 3 • 3—5 • 3 ＋兵　红飞象并未构成直接威胁，黑进兵意图短浅，不如炮先打吃对方 7 • 7 兵。另外，由于此时 2 路炮相对，对方又飞了边象，正是黑方进边兵开通边线进车杀兵压炮的最好时机，这也是开局尽快出动的基本战术之一。本局在中局以后有精彩变化。局面见图 3-26。

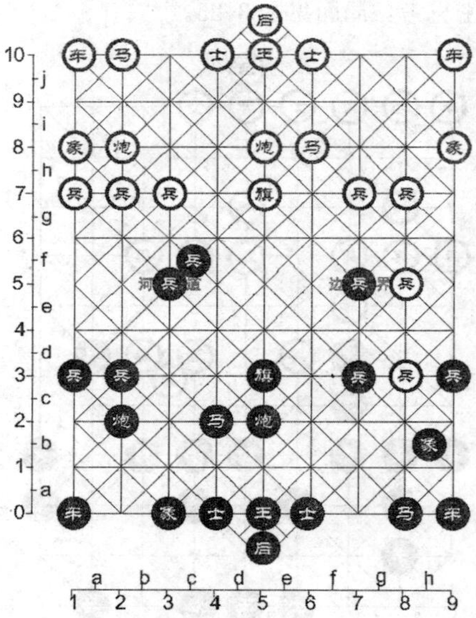

图 3-26

第十九节　顺手炮 逆手仙人指路 列手兵对挂角马接对手仙人指路局

第 27 局

着法：

①炮 8 • 2—8 • 5　炮 2 • 8—2 • 5　②兵 7 • 6—5 • 6　兵 3 • 4—5 • 4

③兵7·8—5·7　马0·8—2·6　④兵7·4—5·3　兵3·2—e·b炮：马

⑤兵7·2—f·b　马0·2—3·2炮：马　⑥马10·2—6·4　兵e·b—5·3× 兵：马　单独看黑兵攻吃5·3兵是战术上的误着，它攻吃有根的兵自己不但没有前进，反而被对方利用——

⑦兵f·b—e·c×兵　兵4·3—e·c× 兵　红吃过路兵配合马邀杀4·3兵战术上合理，但由于一开始双方兵的对阵都是有根的兵，都有三支兵短兵相接，黑方4·3兵也可走小直角式直进一格吃过路兵把兑杀点再推回到5·3点上并叫杀6·4马，还多吃一兵。因此红方吃过路兵的着法是错误的，后手不得先机，不如斜进一格兑兵停在5·3点上让黑马踩杀，己方再走兵6·3至e·c直进两格吃过路兵再攻击4·3兵争取主动（此回合黑方未发现并主张3·2马作为5·3兵“根”的保护的作用，却顾及了红马“根”的作用）。这形成弈法应用的一项基本战术——

基本战术（1）。双方有根的长短兵对阵，任一方先手吃兵，后手只能机械式地跟进兑兵，若后手走吃过路兵兑兵的同时再斜进一格等于是弃子送杀丧失先机，但这并不包括兵形以外加入其他子力因素的对抗（叙述不清）。

原弈中黑方并未看出这一点，当红方误走了“斜直进两格”吃过路兵后，黑方并未还以直进一格吃过路兵叫杀6·4马，而是以错对错成就了对方——

⑧马6·4—e·c× 兵：兵　兵3·3—4·4∧：马　红马河外盘河马叫杀兵是幌子，意在连跳卧槽抽车。黑进兵拦马似不妥，应先起车防止卧槽。

⑨炮8·8—4·4× 兵　车0·1—1·2　红炮打吃4·4兵后直接面对2·2炮的反打，但黑炮却不敢打吃红炮，因吃掉4·4兵后黑方又面临马卧槽抽车的威胁，黑须起横车防马卧槽（其实黑方1·3点有马的看守，炮可以打吃8·8炮）。

⑩兵6·3—4·4×兵：旗　马3·2—4·4× 兵　此时红方的白子炮面对对方一线的马、炮似乎应该复炮链杀敌子，但假如红方走炮8·8复炮，黑马则可连跳一大一小两个马步至f·c点威胁卧槽抽车，使红方忙于应付卧槽抽车而无暇顾及白子炮以致丢弃一炮。若此则形成又一基本战术——

基本战术（2）。一方炮及炮前马面对对方炮或象的链子或其他威胁时，如果这时马能够选择一点可以威胁卧槽抽车或双杀得子的点抽子跳开并以炮叫杀敌子，则必使对方忙于应付更紧要的防守局面而丢弃一子。这是一种类似于面对叫将抽杀的威胁，反制抽杀其他更强一子的抽杀战术。局面见图 3-27。

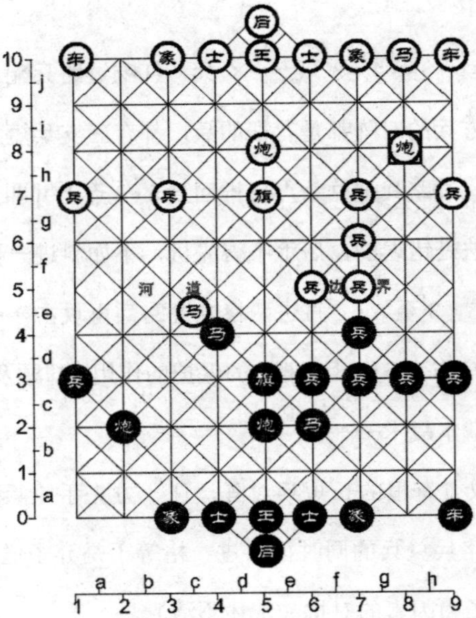

图 3-27

第四章 中局变化

中局是开局形式的继续，是全局战略战术变化的深入发展，也是全局进入反复破杀分出优劣局面的高潮阶段。

进入中局对弈的激烈程度加剧，各种子力都被尽可能地调动起来，投入犬牙交错攻守破杀的对抗中。对弈双方都希望争取胜利，希望能够正确判断局面制定正确战略方针，选择合理必然性的战术手段，以控制弈局发展和掌握主动权。这时，对于宏观辩证思维的运用，即对于辩证思维结晶的象棋十诀，其背后整个兵法、战法思想体系及一些经典的、常识性的战争原则和弈争经验的运用显得尤为重要。由于从变化繁多的开局进入中局，虽然战略策略的选择更加扑朔迷离、更加隐蔽，但总归有许多细节的战术变化汇集到一些攻击线和兑杀点上，局部格局渐趋明朗，不断形成一些攻守破杀的激烈冲突，并构成中局变化的高潮。但总体上中局变化还是由受一定战略谋略支配的各种各样的战术形式串联起来。由此，中局变化的基本面和侧重点就体现在依托各种兵形、战阵及由各种强子主导的重点突破的战术形式方面，以及运用这些战术手段形成的重点破杀的战略进展方面。

例如依托兵形、战阵中当头炮，仙人指路，长短兵，卒前马，旗的屏蔽作用等，而在强子突破方面形成占肋车，马后炮，连环马，王车易位，隔子飞象等的战术形式，以及运用这些战术形式在破杀兑子、得子方面形成的吃过路兵，立马车后炮，多子的错杀，抽杀，栓杀，捉双等的基本破杀形式。这两个大的方面的相互关系，前一类形式较为简单、明了，相对容易固定下来，后一类形式却愈加复杂多变，会不断产生出新的变化。因为前一类形式只需表现出己方子力配合的作用因素，而后一类形式却是双方拼杀效应的体现。

对于中局规律的研究十分浩繁复杂，一方面要对照整个兵法、战法体系，各种战略谋略精髓不断加以认识和表现，另一方面又要在典型艺术的实践中不断发现更多更深刻的逻辑和必然性发展的规律。限于种种原因，本章只能接续前一章的分类和分局形式，取其部分弈局进行实战研究，针对其中的一些基本杀法将加以特别标注并附图说明，同时对发生在其中的一些具有典型意义的基本战术和规则也做了特别阐述并附图说明。

第一节

第 1 局

基本杀法（1）。模仿棋先手边车叫将先补士先手连将杀法：

⑪兵 5・4—4・3× 兵　兵 5・6—6・7× 兵　红方在开通象路可以飞吃车的情况下仍然继续进兵开放象路诱车来杀象。黑方仍盲目跟进。

⑫车 10・9—4・9！　王 0・5—1・5　红边路先手叫将，黑起将。

⑬象 8・1—0・9× 车　象 2・9—10・1× 车

⑭士 10・6—9・5　车 0・1—6・1！　红预先支士防守争取主动。

⑮王 10・5—10・6　车 6・1—7・1× 兵　黑车走了一步缓着。

⑯象 0・9—c・f！　王 1・5—1・4　⑰车 4・9—1・6！　士 0・6—1・5

⑱车 1・6—3・4！　士 1・5—2・4　红车变线将。黑若先走王平将出宫，车横行杀兵将，黑炮垫将，红车斜进两格再将，王回宫，车沉底杀马，黑很危险了。

⑲炮 8・2—8・4　王 1・4—1・3

以下若按原先第⑳回合下法，红在走车 3・4—2・4 吃士叫将之时又攻击 3・5 路旗翻为白子旗，把连带杀旗与吃士这两步棋两个概念混在一起了。那样车在变换落点杀白子旗打掉其攻击力的同时又吃士叫将还叫杀着两只炮、一旗一兵，出现了车同时叫杀五子一石五鸟的杀法。但那种杀法却是一次规则理解和综合应用错误，因而是不成立的。正确的杀法应当是——

⑳炮8•4—2•4×士　士0•4—1•5　红炮先打吃黑士，黑王动弹不得，只有支士防守。

㉑车3•4—c•d⌊！　炮∧2•2—2•4∧　红车先走连带杀旗并同时叫将，黑白子炮垫将（还未发现连带行棋复炮规则）。

㉒车c•d—3•5×⌊　象0•3—b•d＋旗、士　红车吃白子旗后同时可以车象夺士或车杀兵叫将，黑飞象两头隔子看兵及看士。若黑方只顾撤回车看兵，则红象夺士下一步就可象抽将车杀后了。

这时双方局面出现平衡状态，红子力稍占优势。红应随即进兵垫炮以保炮和马了。局面如图4-1所示。

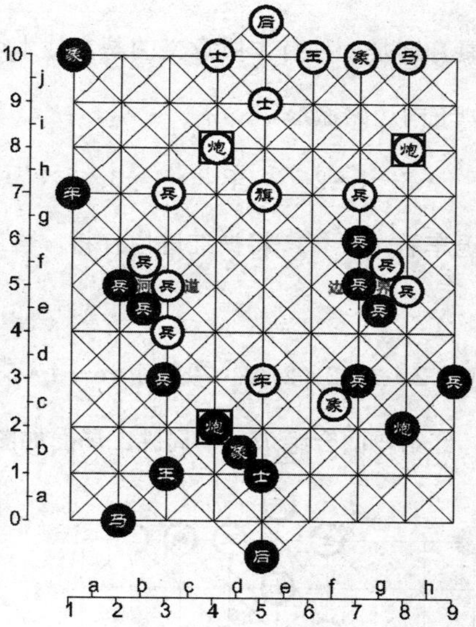

图4-1

如果从第⑱回合起，黑方不垫士而退回旗子垫将，按理说应该可以有效阻滞对方进攻，但在这里由于受到车、炮、象的组合进攻，尤其是象的妙用，却导致了意外的情形和险些被绝杀的厄运——

基本战术（3）。车、炮抽杀配合象可以隔白子旗飞象杀王法：

⑱车1•6—3•4！　旗3•5—2•4∧

⑲炮8•2—8•4　王1•4—1•3　红方车后架炮准备抽杀双将，黑必应以王平将出宫。

⑳车3•4—2•4⌊　炮2•2—2•3∧　当红车翻白子旗后，黑王已面临四面困境，若走象至1•2点兑杀车或至b•d点看旗、兵，都无法阻止下一步红象至d•e点隔白子

旗飞象叫将，致王处于被绝杀状态。这时出现的情况在理论上很有一定的典型意义，即为什么一般可以阻滞各子及炮进攻的旗子在被对方近距离控制翻白子旗后又遭遇对方象隔子飞将时，不仅不能阻滞对方象的攻击，反而成为己方其他棋子阻截敌象的障碍。其实这正好说明了旗和象这两种棋子的子力特性和战争中的一些特殊现象。首先因为旗具有两个杀点的特性，在被对方首着打翻为白子旗的同时也使自己成为一个丧失战斗力的被保护的对象。这时的旗对己方来说是一个真实地失去了指挥功能和战斗力的急需重整旗鼓、恢复号令的备用系统，对对方的唯一可以识破各种玄机出奇制胜的象子来说却无异于是一种虚假摆设，是完全可以利用其混乱瘫痪状态迅速穿插或绕道而过实施攻击的可以不予考虑的非战斗力因素。这是一种有本质意义的基本战术杀法。黑方还是找到了一步最佳应着—垫炮，以掩护王向边路撤退。

㉑象 c・f—d・e！　王 1・3—1・2　㉒车 3・4—3・3× 兵　士 1・5—2・5　红平车杀兵预备进炮打将。黑退车看炮不行，将被红进炮打将，再进车杀将抽车了。黑进士控制炮打将落点是好棋。

㉓车 3・3—3・2！　炮□ 2・3—2・2∧　㉔象 d・e—4・5！　王 1・2—1・1

㉕象 4・5—a・a！×　红第㉕回合绝杀，中局胜。局面如图 4-2 所示。

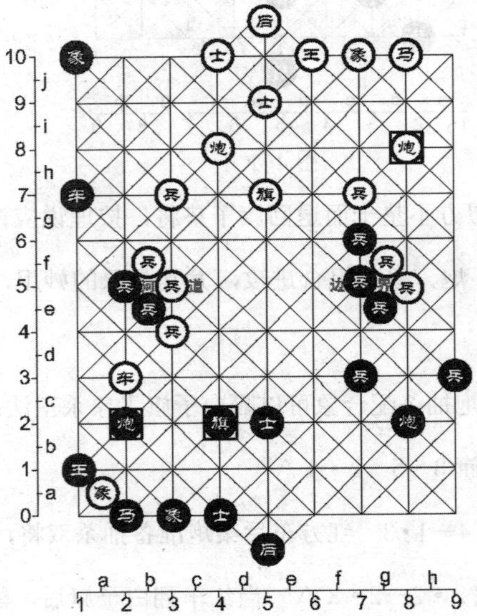

图 4-2

第2局

着法：

⑫车 10・1—4・1！　象 0・3—1・4∧：车

⑬兵 e・b—d・a：炮　车 0・9—6・9！　红应走车 4・1—4・3 杀兵。

⑭象 10・7—9・6∧：车　兵 f・g—g・h：炮

⑮兵 6・3—5・4× 兵　兵 4・7—5・6× 兵

⑯兵 5・4—4・3× 兵　兵 5・6—6・7× 兵

⑰马 6・4—5・2× 兵　马 4・6—5・8× 兵

⑱象 h・a—2・7！　王 0・5—1・5　上一回合黑方应抢先叫将。

⑲马 5・2—3・3× 兵　马 5・8—7・7× 兵　黑有很多机会却一味模仿。

⑳象 2・7—c・f！　王 1・5—1・6　㉑象 c・f—2・7！　王 1・6—1・7　㉒象 2・7—b・f！　王 1・7—1・8　王若落将就被象将死了。　㉓车 10・9—5・4！　炮 2・5—3・6∧　㉔马 3・3—1・4× 象　马 0・2—1・4× 马　㉕车 5・4—1・4× 马　后▽—1・5：车邀兑。

㉖兵 d・a—3・1× 炮　象 c・h—8・3！　黑后不能先手兑车，否则被杀后叫将支士是后手。

㉗王 10・5—9・5　马 7・7—7・6！　㉘马 10・8—8・6∧　炮 3・6—8・6× 马　本来红方撤旗至 8・6 绊马拦将又可炮叫杀黑后是好棋，但为了下面的战术安排只好将错就错了。

㉙炮 8・5—8・6：炮　兵 6・7—7・7：炮　红棋危险。

㉚车 1・4—1・5× 后！　士 0・4—1・5× 车　此时重叠车分道，前车兑后，若黑以 0・6 士杀车，红象至 a・g 将，王只有起将至 2・8 点，红车 4・1 至后宫边点将军就绝杀了。因此黑支 0・4 士杀车。

㉛象 b・f—a・g！　王 1・8—2・8　㉜象 a・g—b・h！王 2・8—2・7

㉝象 b・h—1・8！　王 2・7—1・7：象　㉞象 1・8—b・g！　王 1・7—0・7

㉟象 9・6—5・2！　旗 3・5—3・4∧　㊱象 b・g—1・8！　王 0・7—1・7：象

㊲象1•8—a•g！　王1•7—2•7　如果出现单象对王一将还一杀、一将一闲的情况，则双方不能重复三次相同的局面，否则判和。如果没有出现相同的局面，象连将亦不能超过12步，须暂停一步，否则判负。这就构成了——

基本规则（1）。单象对王一将还一杀、一将一闲判和及连将超过12步判负的情形。

㊳象5•2—6•3！　旗3•4—4•5∧ ㊴象a•g—1•8！　王2•7—1•7：象

㊵象1•8—b•g！　王1•7—0•7　其实当上一回合黑王落将回杀象时，红车完全可以4•1至f•b将，王若杀象则车跟进将，王也被绝杀了；若黑旗4•5—d•d拦，红象则6•3—b•g隔白子炮重叠象将，王也将被绝杀。这就构成了又一项基本战术——

基本战术（4）。车象连线双攻破拦子杀法，局面见图4-3。

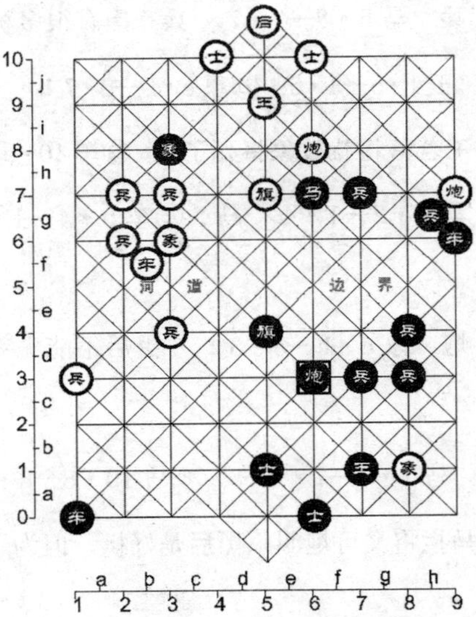

图4-3

㊶车4•1—f•b　兵7•7—8•6×炮！　因上一回合红方没有看出连线双攻的好棋，此时已落为后手再走车不如先炮打吃白炮免得白丢一子。

㊷旗7•5—8•6×兵∧马　车6•9—6•5！

㊸象6•3—8•5∧　象8•3—h•c！

㊹王9•5—10•5　象h•c—8•3！　此时王除非落将，左右冲突都是死。

㊺王10•5—9•5　车6•5—h•c！ ㊻王9•5—9•6　马7•6—8•8！

㊼王 9·6—9·7　车 h·c—4·7！

㊽炮 7·9—7·7∧ 马 8·8—j·h！　红垫一步炮后即已算出宫了。

㊾王 9·7—9·6　马 j·h—8·8！㊿王 9·6—9·7　车 4·7—7·7×炮！这一步黑弃车杀炮不值！

51旗 8·6—7·7×车　象 8·3—g·d！52旗 7·7—8·6∧　马 8·8—j·h！

53王 9·7—9·6　车 0·1—d·d：车　红王再回宫已不存在九宫的限制了。黑兑车走法昏愦，应旗平移一格拦车打开车路造成一步绝杀的好棋。

54车 6·3—d·d×车　旗 4·5—d·d×车

55象 b·g—3·6×炮　马 j·h—8·8！　黑盲目兑车还贴上一只炮。

56王 9·6—9·5　象 g·d—h·c！

57王 9·5—9·4　马 8·8—8·4

58象 8·5—5·2！　旗 d·d—3·4∧ 59象 b·g—1·8！　0·7—1·7：象

60象 1·8—a·g！　王 1·7—2·7　61旗 8·6—3·6！　王 2·7—2·8

62旗 3·6—b·g！×　红中局胜。局面如图 4-4 所示。

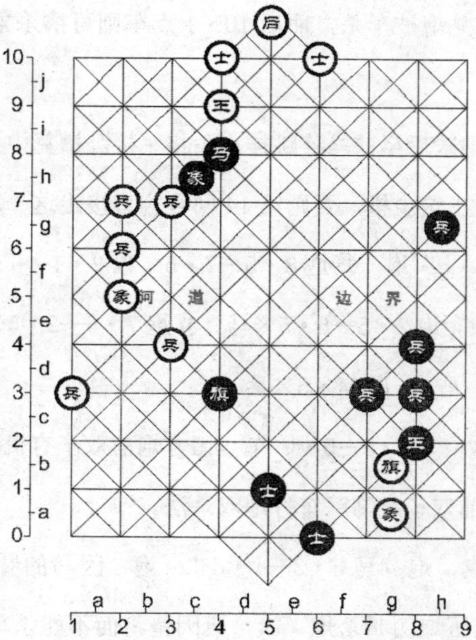

图 4-4

第二节

第4局

着法：

⑪兵7·3—6·4×兵　兵5·3—6·4×兵：旗　结合第⑩⑪两回合着法，如果4·3兵斜二直一吃过路兵进到6·4点叫杀敌旗和兵同时打开象路叫杀车就形成了又一基本战术——

基本战术（5）。象兵配合兵直进两格吃过路兵打开象路叫杀车抽子杀法。

⑫马8·4—e·e：旗　兵6·4—7·5⌊　黑兵先手杀旗。接下若红马后手翻旗，黑兵先手吃白旗，若红马后手吃白旗，兵再抽兵杀炮致红炮可先手打吃黑炮，兵吃白子炮后红马争先卧槽抽车似乎红占优，但如果黑方起横车防守，兵捉马则红不利。

⑬旗7·5—6·5　兵6·4—7·5　⑭车10·1—7·4：兵　……这时黑方若走象2·1至6·5吃白旗，以为有炮保护，红车、马不敢吃象；但红马却可以由e·e点连跳小马步于b·e点上挂小角叫将，黑不敢支士拦将怕卧槽抽车只有起将，红马再卧槽捉杀车和炮，车只有平二看炮，马兑炮被车杀，而后10·1点车则可擒杀象，黑不利。这就形成了又一基本战术——

基本战术（6）。车炮殿后卒前马连跳挂小角将军接卧槽兑中炮掩兵而杀法。

由于红方当时没有看出这步棋，否则第14回合应直接走这一步马的变化。

⑭……　兵7·5—h·e：炮　⑮炮8·5—7·5　象2·1—6·5×⌊

⑯马e·e—6·5×象　炮2·5—6·5×马　⑰炮7·5—2·5×炮　炮2·2—2·5：炮　⑱兵5·6—4·5∧　马2·6—4·5×兵

⑲炮7·5□—○复炮　马4·5—5·3：车　黑方炮前双子有机动子马，于是形成——

基本战术（7）。炮前双子跳马踩车打炮双杀法。

⑳车7·4—2·4：旗、炮　马5·3—i·d！：炮　因马的看守，红车不能于4·1点叫将，为摆脱双杀车抵压炮侧叫杀炮、旗，旗因垫将而不能杀车，这就形成了又一基本杀法，即——

基本战术（8）。车抵压敌炮一杀还一杀兑炮杀法。

黑马亦紧接着挂小角叫将杀炮。

㉑车 9·9—9·5∧　炮 2·5—6·5× 炮

㉒车 2·4—2·5× 炮！　士 0·6—1·5∧　践约了基本战术（8）。

㉓车 2·5—c·e⦜　车 0·1—3·4　黑车占肋看旗，并与小挂角马配合将形成室杀形式——

基本战术（9）。小挂角马立将牵制横拦车，续后肋线车叫将擒王杀法。形势见图 4-5。

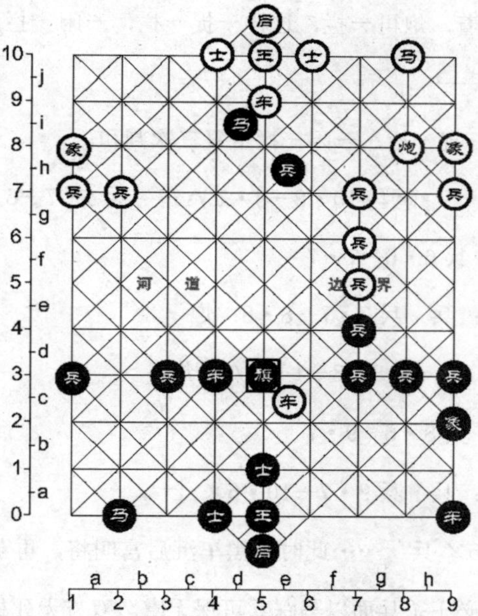

图 4-5

㉔象 8·1—10·3　车 3·4—8·4＋马　红落象防车室杀。黑车进士角叫杀炮。

㉕炮 8·8—9·9　车 8·4—8·3！　㉖象 10·3—9·4∧　马 i·d—8·6！

㉗士 10·6—9·6∧　马 8·6—9·4× 象　红若车 9·6 绊马，黑车杀象将就绝杀了。

㉘车 9·5—9·4× 马　车 0·9—4·5！　㉙王 10·5—10·6　车 8·3—8·8！

㉚王 10·6—10·7　车 8·8—7·7× 兵！　红王出宫，后同时与黑两只车相遇。车只有两种选择，一是停子俟兑，即原位不动等待后先手来杀而后手兑杀，停子只限一步，后不先手来杀 4，车可后手杀后；二是车变线避让，这里黑车必须变线杀兵再将，以避

开另一只车。这即是——

基本规则（2）。车后相遇礼让后先规则。

接下，红若垫炮 9・7 点，黑进兵 8・6 点叫杀；此时若红后敢吃 4・5 点车，则黑车 7・7—9・7 一步杀炮将就绝杀了。故红只能——

㉛后—9・7∧　车 7・7—9・7× 后

㉜王 10・7—9・7× 车　兵 h・e—8・6!

㉝王 9・7—10・7　……若黑车 4・5 至 5・5 捉炮，炮提至 g・f 点与红车连线拦车，车 5・5 至 6・5 点一闲着，炮再一拦，这样一捉一拦，一闲一拦，如果相同的局面重复三次判为和棋。这即是——

基本规则（3）。一捉一拦，一闲一拦重复三次判和。

㉝……车 4・5—6・5　㉞马 10・8—8・7∧车　兵 4・7—6・6

㉟车 c・e—3・6　兵 6・6—7・7

㊱士 10・4—9・5：兵　兵 7・7—8・8：炮

㊲炮 9・9—9・8：车　兵 8・8—i・g∧：炮

㊳炮 9・8—9・9　兵 8・6—9・7

㊴士 9・5—10・6：兵　兵 9・7—10・6× 士

㊵王 10・7—10・6× 兵　……此时若黑车沉后宫叫将，再至 9・7！㊶点叫将就绝杀了。但红方也可不必王杀兵而以马踩兵可保无虞。双方无死棋。

㊵……兵 i・g—9・7！　㊶王 10・6—10・7　兵 9・7—j・f！

㊷马 8・7—j・f× 兵　车 6・5—10・9！㊸炮 9・9—10・8∧　车 10・9—8・9× 象！

㊹炮 10・8—9・8∧　象 2・9—6・5：炮

㊺士 9・6—8・7∧　车 8・9—10・9！

㊻炮 9・8—10・8∧　象 6・5—8・7× 士

㊼马 j・f—8・7× 象　车 10・9—8・7× 马　㊽炮 10・8—9・7∧　车 8・7—8・9！

㊾炮 9・7—9・8∧　车 8・9—7・9× 兵　㊿车 3・6—2・7！　马 0・3—a・e∧

从㊿回合左右已经进入残局了。红方子力弱，应注意攻守协调，采取和棋的方针了。

局面如图 4-6 所示。

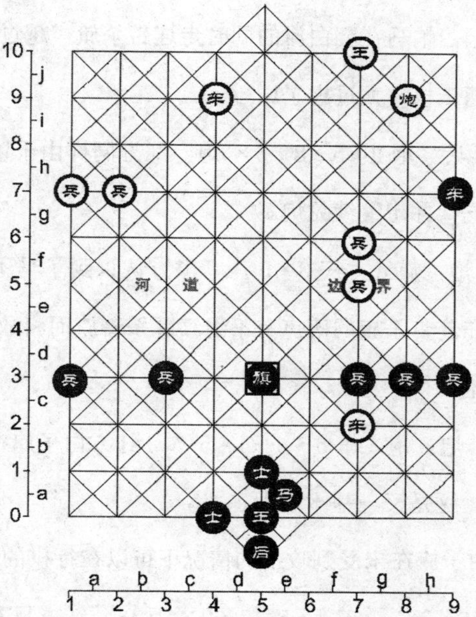

图 4-6

第三节

第 5 局

着法：

前第⑥回合红兵至e•f吃兵，黑4•7兵亦兑吃e•f兵并接着多走了一步炮2•2至2•3，此变化未在图中显示，现予以补充。红方因此少走一步棋。

⑪（红方少下一步）……兵 4 • 7—e • f× 兵　⑫象 10 • 3—6 • 7：马　车 2 • 3—2 • 4

⑬象 6 • 7—5 • 6× 马　兵 e • f—5 • 6× 象　黑车占肋后，马可以连跳挂角将军抽车、象，因此象必须兑杀黑马。

⑭兵 6 • 3—5 • 4× 兵　兵 4 • 3—5 • 4× 兵

⑮兵 7 • 9—5 • 8　车 0 • 9—d • e　红进兵以便使炮入 7 • 9 点可以打双。

⑯ 马 10 • 2—6 • 4：兵　兵 5 • 6—6 • 5　⑰ 兵 7 • 7—6 • 6　兵 3 • 8—5 • 7：兵

红兵进肋线可以垫子保炮。黑兵闪开象路成开放线可以叫杀红车。

⑱兵6·6—f·e　兵5·4—f·d：马　⑲马6·4—4·3—e·d：旗　旗3·5—c·e　黑方由于规则误解的原因，怕马在翻白旗的同时走连带杀旗，越过白子旗挂角将军抽车，故而退守，但那纯粹是两步棋，太过虑了。

⑳炮8·5—6·5×兵　炮2·5—8·5×炮　红方同样由于以为马可以连带杀旗挂角将军抽车的原因而打吃兵并想继续兑炮。

㉑炮8·8—8·5：炮　旗c·e—3·5∧　黑方认识到了马不能在受到攻击时翻白旗再连带行棋，也不能在连带杀旗的落点上不继续踩杀着旗而将敌旗翻为白子旗的问题，纠正错误而重新支旗垫炮。

㉒旗7·5—8·6⎾炮：炮　车d·e—4·5∧　红方白子旗在未受到攻击的情况下可以在行棋的同时复旗，这是又一基本规则。

基本规则（4）。白子旗在未受到攻击的情况下可以在行棋的同时连带复旗。

㉓马e·d—4·3—5·5∧　车4·5—7·2×兵！　红方只看一步棋，马连跳占中心垫炮打车，以为有兵看马，车不敢杀马，却忘了兵一动就丢车。黑方则不愿吃马兑车再丢炮，于是车抽兵将军，形成了又一基本战术——

基本战术（10）。交叉车夺子攻杀法。

㉔旗8·6—j·d∧　士0·6—1·5　由于前面战术威胁红不能走士斜角升一直格垫将，否则被黑双车兑杀士、车并绝杀了。黑不能先复炮，否则被红方马后炮卧槽将军抽炮了。这是又一基本战术——

基本战术（11）。马后炮抽将吃子法。

㉕马5·5—1·7！　士1·5—1·6∧　黑为什么不以2·5炮绊马？

接下，红为什么不打吃白子炮？

㉖车9·8—f·d×兵　车7·2—1·8：马　红车若至7·6点占肋叫杀士威胁闷宫，黑炮亦躲避不得还有道理，黑除非车看士不能化解危急，这就会形成又一基本战术——

基本战术（12）。卧槽马肋线车闷宫杀法。

㉗车f·d—3·7×兵　王0·5—0·6

㉘炮8·5—2·5×炮　车2·4—2·7：车

㉙车3·7—2·7×车　车1·8—2·7×车

㉚马1·7—2·9×象　车2·7—2·9×马

㉛马10·8—g·h＋兵　王0·6—0·7出宫

㉜炮8·5□—○　后▽—2·8王出九宫，后位未动炮仍不能打吃后。此着，若黑方支开旗，后直接叫杀炮时，红方方可垫子打后。

㉝车10·1—7·4　象0·3—5·8×兵：炮

㉞马g·h—5·8×象　后2·8—5·8×马：炮

㉟车7·4—0·4×士！：马　马0·2—0·6∧

㊱炮8·5—8·6：马　后5·8—7·8！

㊲王10·5—9·5　后7·8—4·5！

㊳王9·5—9·6　兵3·9—5·8　下一步绝杀。

㊴炮8·6—0·6×马，车！……这是车炮十字线上配合以纵向炮打吃子，以横向车叫将的又一基本战术——

基本战术（13）。车炮十字线吃子将杀法。

㊴……士1·6—0·6∧

㊵车0·4—3·7！　士0·6—1·7∧

㊶车3·7—5·7×兵　车2·9—6·9！

㊷炮8·6—8·7∧　后4·5—6·3！

㊸旗j·d—i·e∧　……红方唯有以旗具有两个杀点的优势垫将，这显示了又一基本规则的运用——

基本规则（5）。旗凭两个杀点垫将救驾杀法。

这已基本进入了残局阶段。局面及旗垫将实例见图4-7。

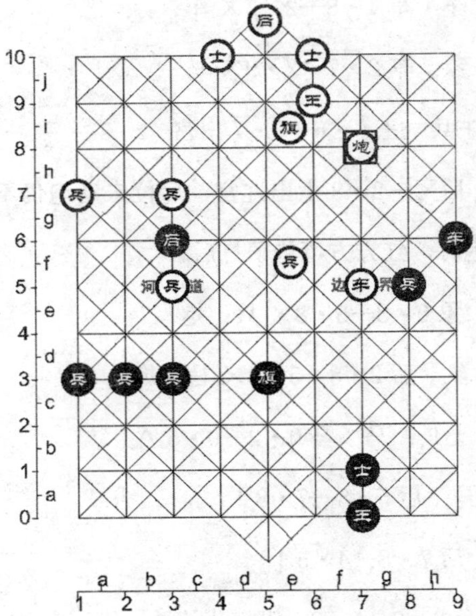

图 4-7

第四节

第 7 局

着法：

⑪车 10·1—7·4　炮 2·8—2·5　好悬！黑方至此补中炮。若红方先走旗 7·5 至 5·7 抽车炮将，车于 4·5.5·5 点上均不能垫将，则车必被攻杀。看来后补中炮要及时。

即便如此，当两炮对峙相互威慑时，一方若能拉开“炮架子”棋子抽杀对方另一强子同时两炮路开放相互对攻，问其运筹者且把战场战略平衡特殊性的天平更偏向于哪一边？这就构成了又一基本战术——

基本战术（14）。两炮相对一方可先手抽杀对方强子并叫杀敌炮杀法。

⑫兵 7·8—5·7：车　车 4·6—1·6　红未看出中路可抽车打炮这一步棋，走了 8 路兵抽车打马这着。黑车被叫杀才看出不能吃兵以免遭旗的抽杀。

⑬象 7·2—4·5：车　马 0·2—2·3 ∧　红弃象送子给炮吃，准备撤旗打炮。黑不肯炮换象跳马拦象。

⑭象 8・9—f・f　炮 2・5—4・5× 象　黑有马可以垫炮，因此先手炮打吃象。

⑮旗 7・5—9・3　马 2・3—4・5 ∧

⑯兵 5・6—4・5× 马　车 1・6—7・6× 车　红进兵中路吃马，同时车邀杀 1・6 车兑车，并且兵打通象隔子飞车路线叫杀敌车形成双杀形势，这是又一基本战术——

基本战术（15）。兵斜进中路吃子一闪一开通双杀进攻法。

⑰车 7・4—7・6× 车　兵 4・3—e・b：马，象：车

⑱车 7・6—3・6：炮　车 0・1—0・3 红车避象杀炮。黑车避象看炮实际只是避象。

⑲兵 4・5—3・4：炮　……炮、兵组合抽兵压炮、炮打双攻或一杀还一杀，形成基本战术——

基本战术（16）。炮、兵组合抽兵压炮、炮打双攻或一杀还一杀杀法。

⑲……兵 e・b—5・3× 马　⑳兵 3・4—2・5× 炮　士 0・4—a・d　士预防兵叫将。

㉑兵 2・5—1・4：车，炮！　王 0・5—0・4

㉒兵 1・4—a・d× 士！×（视若兵吃士将军绝杀了。黑方着法有误，退回第⑱回合重走。）

⑱……车 0・1—1・1　⑲兵 4・5—3・4：炮　士 0・6—1・6＋炮

⑳兵 3・4—2・5× 炮　士 1・6—2・5× 兵

㉑车 3・6—2・5× 士⦜　士 0・4—1・5 ∧　红车在吃士的同时又走了连带杀旗，把两步棋混在一起了。纯属规则应用错误。

㉒车 2・5—3・5×⦜　车 1・1—1・4

㉓马 5・3—2・6！：车　马 0・8—b・e ∧　红马连跳将军抽车，黑马连跳则一子解双杀，这是又一基本规则的应用——

基本规则（6）。马有两个绊点，一子落在小马步绊点上可以同时羁绊马向两个大马步方向的双杀。

㉔车 3・5—0・2！，炮！　士 1・5—0・4 ∧　红车斜线拉开沉底与炮成十字线双将，构成又一基本战术——

基本战术（17）。抽车变线车炮成十字线双将杀法。

㉕车0•2—2•2×炮　象2•1—7•6：炮　黑车若二路突袭叫将，红马可连跳j•d点垫将，无虞。

㉖车2•2—2•5！！　王0•5—0•6　红平车进宫叫将，打破礼让后先限制，形成——

基本战术（18）。车炮重将杀法。

接下，若红象f•f至3•9飞吃兵叫将，王起将，象a•f再将就闷宫绝杀了。若象f•f至c•c叫将，士1•5垫将，马2•6至b•f将，王起将，马至2•8将，王平将出宫，象c•c至d•d将，王1•7至1•8，象d•d至4•5再将，王回到1•7点，象4•5至b•g点叫将就绝杀了。这构成了又一基本战术——

基本战术（19）。马前象双控绝杀法。形势如图4-8所示。

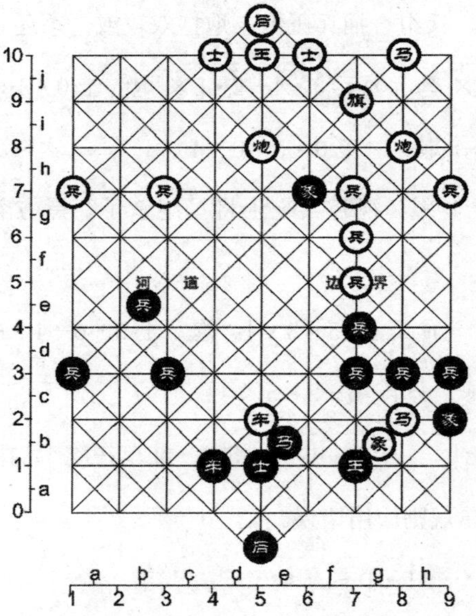

图4-8

第㉖回合车炮重将，王平将，红车直接进入九宫与后相遇，这时车可以直杀后而对方则以士兑杀车，说明又一基本规则——

基本规则（7）。车进入九宫叫将并与后相遇可直接擒杀，不必礼让后先。

按第㉖回合红车若2•5至b•e吃马，除掉己方马的绊点还形成了又一基本战术，即——

基本战术（20）。立马车配合车擒吃绊马腿敌子马，即可以闪身攻击目标敌子杀法。

原弈谱中是按另一条思路进行的。

㉗车2•5—1•4×车　马b•e—1•4×车　㉘马2•6—1•4×马！　士0•4—a•d∧

㉙马1•4—2•7！　王0•6—0•7

㉚象f•f—3•4！　王0•7—1•7：马

㉛马2•7—3•6！　王1•7—2•7　马只有这一点可以叫将。王升起一路与兵相邻寻求兵的保护，使得3路线上黑方的各枚兵子同时都获得了平王可退的权利，即可以在王所处的横线及上下各一路的范围内可以后退及可以再前进这样灵活应变保主护驾的权利，这形成了又一基本规则——

基本规则（8）。防守时兵与王相邻平王可退的规则。

例如红马3•6—c•e将，兵3•7—2•6斜退绊子并叫杀马，有效地保护了王。

同时，由于黑方王已出宫，黑后亦先期直接与红炮开放相遇而非通常只是炮隔子叫杀未动位的后那种情形，这时后红旗则奋即可随时直接吃炮，而炮也可随时直接垫子打后了。这时红炮的停子俟兑或垫子打后的着法，既满足了后位未动炮不得打吃的条件限制又履行了礼让后先的步骤，这即是又一基本规则——

基本规则（9）。王已出宫，炮与后直接相遇，双方均可先手直接擒吃或垫子打吃，不再礼让后先。

㉜象3•4—1•6！　王2•7—2•6：象、马　王捉双。

㉝象1•6—b•f！　王2•6—3•6×马　前一回合红明知王会捉双而故意叫将，现再叫将是为弃马而把王赶上去露头并以炮、兵进攻来杀王。黑王唯有杀马升在3路，若横行至2•5点则红炮即可隔王打吃后。

㉞炮8•8—8•6！　象7•6—8•5×炮

㉟兵6•7—5•6∧炮！　……红进兵垫炮再将，黑若退象垫将，后反将，红兵拉开至4•5垫将并同时与炮双将就绝杀了。黑若进兵至4•6垫将，红兵5•6点进至4•5点吃兵与炮双将；王平将3•7点，红兵斜进4•6点吃兵叫将；王起将4•7点吃兵，红兵沉底升变至d•f点回杀将；王平将至右侧象马错杀必死，王进将5•7点，兵7•9至6•8将；王过河至6•7点捉双兵，兵7•7至g•g点将；王平将6•6点，旗9•7

至7·7将；王6·6至7·6，无奈被逼升入兵线，这使红方所有兵子都获得沉底可退的权利，象b·f至e·c将；黑象2·9至6·5垫将反杀象，兵6·8至6·7横行一格将；王平将7·5，旗7·7至6·6将；王平将7·4，红因各子都将不上了，只有跳马10·8至i·d弃子叫将引开敌象，象只能8·5至i·d杀马，这形成又一基本战术——

基本战术（21）。马弃子叫将引开象，致可以续将制胜法。

接下，兵7·3至g·c将；王7·4至8·4，旗6·6至h·d将；王8·4至9·4，旗h·d至i·c将，逼着两王相见，黑王被绝杀了。这两种着法都不能扭转危局，于是采取另一种进兵垫将阻炮掩护王后退的战略方针和杀法，即——

基本杀法（2）。进兵垫将阻炮并让路掩护王后退杀法。

接㉞回合下的不合理。虽引出基本战术经验，但还须返回重弈 ㉞……兵3·7—4·6∧

㉟象b·f—c·e！ 王3·6—3·7

㊱兵5·7—4·6× 兵！ 王3·7—2·7

㊲兵4·6—3·6！ 王2·7—2·8

㊳兵3·6—3·7！ 王2·8—1·8

㊴兵3·7—2·7！ 王1·8—2·8：兵

㊵炮8·6—8·8！ 兵3·9—4·8∧

㊶兵2·7—1·7！ 王2·8—1·8 红兵象连线将，黑后不敢吃兵。若王平将，象c·e至b·f将；王起将，象2·6将；王落将，兵b·f将；王平将，象则飞隔兵至1·7点将军兑后。还按落将来弈。

㊷兵1·7—a·g！ 王1·8—2·8

㊸象c·e—1·7！：后 ……这时仍处于中局破局的一场最关键的战斗，虽有残局的一些变化但不能说已进入残局，黑方仍想抓住最后一点希望反先破杀争取主动。由于王落将仍不行，那么起将呢？为了局面的平衡再退回到㊶回合重弈。

㊶……王2·8—2·7

㊷兵1·7—b·f！ 王2·7—3·7

㊸兵b·f—2·6！ 王3·7—2·7：兵

㊹兵2·6—b·f！　王2·7—3·7

㊺象c·e—2·6！　王3·7—3·6：象

㊻象2·6—c·e！　王3·6—3·7　如果出现㊸㊹及㊺㊻回合这样一将一反杀，一将一闲的局面，每种情形重复三次均判为和局。这即又一基本规则——

基本规则（10）。单子连将如果相同的局面重复三次判为和棋。

㊼象c·e—2·6！　王3·7—3·6：象

㊽炮8·8—8·6！　4·7—5·6∧

㊾象2·6—c·f！　王3·6—4·6

㊿象c·f—d·e！　王4·6—4·7

51 象d·e—3·6！　……这时王若至4·6，象d·f将，王必出将4·5点，炮就打吃后了。

51 ……王4·7—3·7

52 象3·6—d·f！×　黑王仍然被绝杀了。黑方始终未找到反攻的机会，被红方中局破局胜。

局面见图4-9。

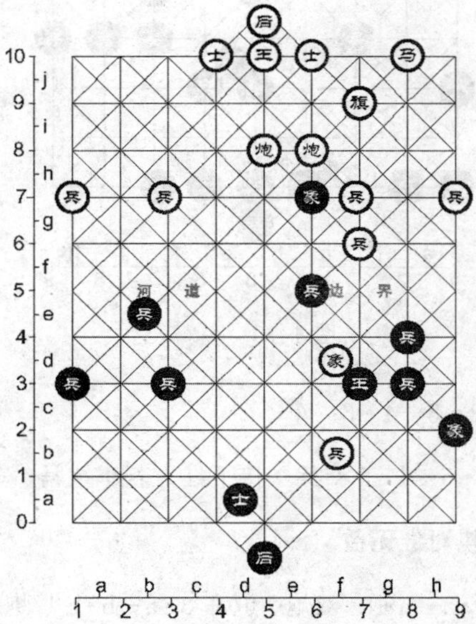

图4-9

第五节

第9局

着法：

⑪车 10 • 9—5 • 4× 车　象 1 • 4—4 • 1× 车

⑫炮 8 • 5—4 • 1× 炮　旗 3 • 5—c • e，炮：炮

⑬兵 5 • 6—4 • 5 ∧　马 0 • 8—2 • 6：兵　黑旗、马、炮三足鼎立攻杀控制中兵，这形成基本战术——

基本战术（22）。旗、马、炮三足鼎立控杀中兵法。形势如图 4-10 所示。

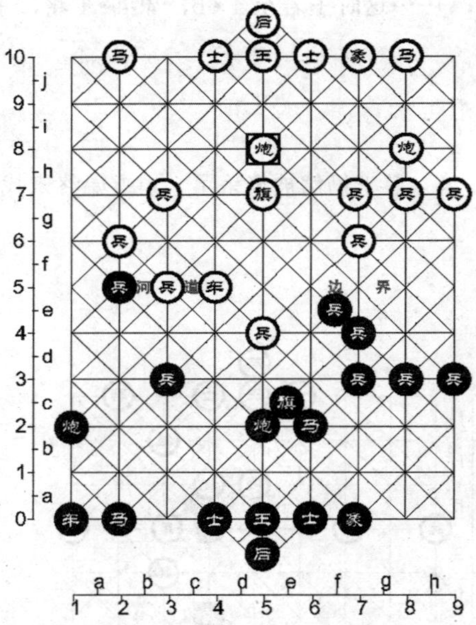

图 4-10

⑭炮 8 • 5 □—○　兵 3 • 3—4 • 3：车

⑮车 5 • 4—4 • 4　马 2 • 6—4 • 5× 兵　接下红方若车杀马，车被车杀，再炮打车，炮又被炮打，这样简单地换棋对红无益。

⑯车 4 • 4—3 • 5⌊　马 4 • 5—h • f：双炮　⑰车 3 • 5—b • c！炮：炮　士 0 • 4—1 • 4 ∧

⑱炮 8 • 5—2 • 5× 炮　炮 2 • 1—2 • 5：炮

⑲马 10・8—9・6：马　马 h・f—8・8× 炮

⑳9・6—8・8× 马　炮 2・5—8・5× 炮

㉑马 10・2—6・4　炮 2・5□—○！

㉒士 10・6—9・5 ∧　炮 2・5—9・5× 士　这形成有炮杀无炮的优势。

㉓马 6・4—3・3：炮、士　后▽—0・4　红方立马车欲双杀夺士，后看士。

㉔兵 5・3—4・4　旗 c・e◺ — ⚐

㉕兵 7・3—f・b：兵　象 0・7—3・4 ∧马

㉖象 10・7—6・3　马 0・2—4・2　㉗象 6・3—2・7！　士 0・6—1・6 ∧

㉘象 2・7—3・8× 兵　炮 2・5□—○！

㉙王 10・5—10・6　王 0・5—0・6　㉚象 3・8—c・h！　王 0・6—0・7

㉛象 c・h—3・9× 兵　兵 3・7—5・8：兵

㉜兵 f・b—e・b×兵　兵 4・3—5・2×兵　红兵走直角前进一格吃过路兵，黑兵走斜对角前进两斜格吃过路兵，这属于又一基本规则——

基本规则（11）。兵走小直角前进一路时的吃过路兵和走正方格的对角前进一路时的吃过路兵规则。

㉝马 3・3—1・4× 士　象 3・4—4・5　㉞马 1・4—3・3　车 0・1—c・c：马

㉟车 b・c—4・6　后 0・4—2・6：车 红车欲突袭王，后链子车王控杀邀兑。这形成又一基本战术——

基本战术（23）。后链子控杀邀兑战术。

㊱车 4・6—2・6× 后　旗 c・e—2・6× 车

㊲象 3・9—f・f：象　象 4・5—f・f× 象

㊳兵 6・7—f・f× 象　车 3・4—4・4× 兵

㊴王 10・6—10・7　车 4・4—7・7× 兵！　㊵后▽—9・7：车　车 7・7—10・4× 士！

㊶旗 7・5—10・5 ∧　马 4・2—5・5 ＋兵　马避后看 4・7 兵。

㊷马 3・3—2・5× 炮　士 1・6—2・5× 马　黑若进旗看兵将会让开炮架炮栓打王、后的路线，红必先以马兑炮。这样局面已进入了残局。局面见图 4-11。

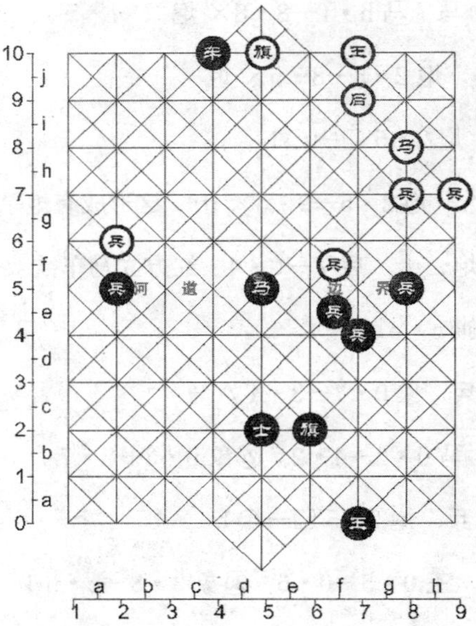

图 4-11

第六节

第 11 局

着法：

⑪兵 3·5—2·4× 炮　炮 2·5—8·5× 炮

⑫炮 8·9—8·5：炮　旗 d·e—3·∧

⑬兵 5·8—4·9：兵　兵 3·9—4·9× 兵　红兵进边路邀杀 3·8 兵，准备车兑兵后叫将。黑若起 3·9 兵成长短兵防御则放过红兵直进卒林一线叫杀象，不利。黑应以守待攻，却选择了先手兑兵，不妥。

⑭车 10·9—4·9× 兵！　士 0·6—1·6∧

⑮车 4·9—b·f：马、旗　马 0·8—2·7

⑯旗 7·5—7·4 炮：炮　车 3·6—4·5∧

⑰马 6·4—6·5 炮：车　车 4·5—3·6

⑱马 6·5—3·4　……接下，黑若车 3·6—4·5∧炮，则⑲马 3·4—b·d！，

黑若垫车或支士，红车吃1·6士都绝杀了。因此——

⑱……王0·5—0·6　王先平将避将。由于下一步王一旦出宫，士叫杀b·f车，车将被迫弃兑一子，因此不敢先走炮打吃白炮，而是走了跳马邀杀黑马，弃马换炮保车这一步。这同时出现了十字车与兑马换炮的复杂局面。

⑲马3·4—c·e：马　车3·6—c·e×马

⑳车b·f—2·7×马　车c·e—1·7：车　黑方看出下一步红车将沉底叫将而黑方无法有效垫将会致王被杀死在九宫沿（可喻紫禁城门口）上，故车退回兑车。

㉑车2·7—1·7×车　象c·h—1·7×车

㉒炮8·5—2·5×炮　车1·1—1·4：兵

㉓炮8·5□—8·6○！　王0·6—0·7　红白子炮在没有受到攻击的情况下可以连带行棋的同时复炮，构成基本规则——

基本规则（12）。白子炮在没有受到攻击的情况下可连带行棋并复炮。

㉔炮8·6—6·4＋兵　象1·7—5·3×兵：炮

㉕兵6·3—f·c∧……当黑方象叫杀红炮，炮正面链子兵、车，这时红后防线上兵可利用象的掩护进兵垫炮双杀象，同时还邀杀黑正面兵，这形成又一基本战术——

基本战术（24）。当炮正面链杀兵、车而斜路遭到象的攻杀，这时若后防线上有兵可利用掩护，进兵垫炮双杀象并邀杀正面敌兵，就能形成既斜线拒象打杀象又正面控制敌兵的组合战术。

㉕……旗3·5⌞—3·4⌜，后！　黑白子旗连带复旗垫炮，同时闪开中路后叫将！这时无论走连带复旗或是连带复炮的着法并且将落点停在对方的炮眼下都是战争规律和规则允许的，这形成又一基本规则的一个方面——

基本规则（13）。白子旗当它的起点和落点没有双双受到对方冷兵器子力的控杀时可以走连带复旗并将复原后的旗子停在对方的炮眼下，若对方有其他冷兵器子力，只是在起点控杀白子旗或只是控杀着复原后旗子的落点，都不影响走连带复旗并将旗子停在对方的炮眼下。

㉖旗7·4—8·5∧　后—7·5⌞：马、兵　红不该以旗垫将而应支10·4士打开王

车易位通道。

㉗马 10·8—9·6：后　后 7·5—i·c！

㉘王 10·5—9·5　兵 5·4—f·c× 兵：炮

㉙炮 6·4—8·4　兵 4·3—6·4：兵

㉚兵 7·3—6·4× 兵　象 5·3—6·4× 兵　象隔子吃兵，象眼上的兵子仍作为一个防御点阻拦着对方兵象斜线的进攻，这种梯次进攻，交替换位的杀法形成又一基本战术——

基本战术（25）。双方各一兵一象交叉攻守的情况下，处于防守一方需要向前攻杀敌子时应以隐蔽、后队兵力的象越前飞吃敌子而留下前队的兵子殿后并防御对方斜线的进攻，这是战争中的一项最基本的战术原则。

㉛兵 f·g—e·f× 兵　兵 4·7—e·f× 兵

㉜车 10·1—e·f×兵　象 6·4—i·f：马

㉝车 e·f—2·9！……若王 0·7 至 1·7，车 2·9 至 a·g 将；王至 2·7，车 1·8 将；王至 2·6，车 1·7 将；王至 3·6，车 3·5 将就绝杀了。正确的下法王应退回九宫边点。

㉝……王 0·7—0·6

㉞炮 8·4—6·6！　王 0·6—0·5　红肋线炮将，黑不能支兵重叠垫将，红车沉底就捅杀了。王只有避将。

㉟炮 6·6—6·5　……炮架空头炮预备叫将，同时拦住对方象隔子飞象叫将的去路，并叫杀象，一箭双雕。这形成又一基本战术——

基本战术（26）。炮在移动变化中可根据象及其垫子处于对方区域时只能隔子行棋而不能隔子吃子的特点，在选择正面进攻最佳落点的同时，如果也能阻塞对方隔子飞象的路线并叫杀象则是一箭双雕的好棋。形势见图 4-12。

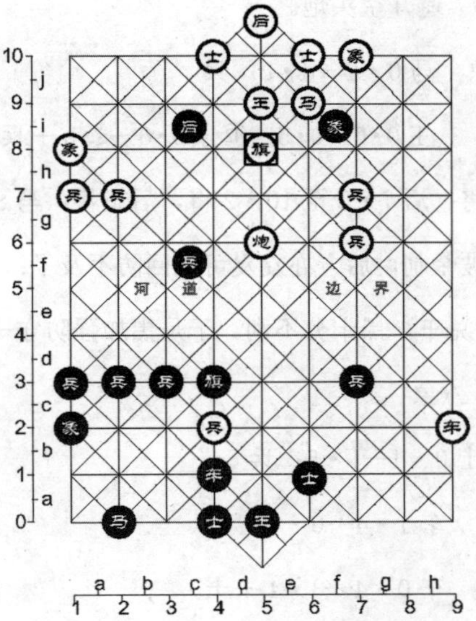

图 4-12

接下第㉟回合，黑象若 i・f 至 8・6 将，红白子旗 8・5 至 i・e 连带复旗垫将还叫杀象，象须打翻白旗但同时落为后手，这边红兵横行一格至 2・5 点垫炮将军抽车了，黑不行。于是——

㉟　……象 i・f—9・6×马　㊱象 10・7—9・6×象　后 i・c—9・3！

㊲士 10・4—9・4∧　后 9・3—8・4！

㊳旗 8・5—i・d∧　后 8・4—7・5！　前一回合当黑后叫将的同时也叫杀着白子旗，而白子旗垫将的落点也被后叫杀着，因此白子旗仍须以白子旗垫将，不能走连带复旗。后继续叫将是为占据中线协调攻守的平衡。

㊴旗 i・d—8・5⸢∧　……当后脱离被控杀的白子旗变线再将时，获得喘息时机的红旗则奋力重整旗鼓上前阻截黑后；这前两回合的结果其实等于假如黑后从 9・3 点至 7・3 点再至 7・5 点连将，而白子旗先走了连带复旗垫将再明旗垫将两步棋，结果只是黑后并未占到便宜，反而使红旗恢复了元气。

接下，若黑王至 0・6 避开空头炮，则炮打吃了 2・1 象。若黑方支兵 3・2 至 5・3 使象叫杀炮，则红兵平一格至 2・5 杀车、炮叫将，黑象若夺炮邀杀车，则车沉底将，士垫将，兵杀车叫将，黑以车换红炮、兵，亏了。因此，黑只有弃象保车。

㊴……王 0・5—0・6　避开空头炮。

㊵炮 6・5—2・1× 象　马 0・2—d・c：兵

㊶炮□6・5—5・6〇！　王 0・6—0・5　㊷象 9・6—g・h＋兵　……若黑方弃守而攻，马 d・c 至 7・4 将，王落将；后 7・5 至 10・2 将，后垫将；马 8・6 将，士 9・6 垫将；黑不仅攻杀无效两枚强子被牵制，后方亦岌岌可危回防不及了；只有跳马至 g・e 兑炮，而红象则越兵至 b・c 叫杀兑车，黑十分不利。于是黑加强防守——

㊷……旗 3・4—3・5 ∧象

㊸象 g・h—d・e⌊　士 0・4—1・5：兵

㊹兵 2・4—b・c：车　车 1・4—0・4

㊺兵 b・c—1・3：车　车 0・4—3・4 ＋士

㊻象 d・e—b・c！　士 1・5—1・4 ∧

㊼兵 1・3—0・3　……兵沉底升变叫杀士，这构成基本规则——

基本规则（14）。　兵沉底升变。

㊼……旗 3・5—2・5⌈ ＋士

㊽车 2・9—2・6⌊：士　旗 2・5—b・d⌈＋士

㊾车 2・6—a・d！　士 1・4—a・d× 车

㊿象 b・c—a・d× 士！　王 0・5—后宫

(51) 象 a・d—后宫！×——从前两回合起车弃车叫将构成基本战术——

基本战术（27）。车弃车叫将配合炮控杀，象交叉连将制胜法。

红方中局破局胜。局面见图 4-13。

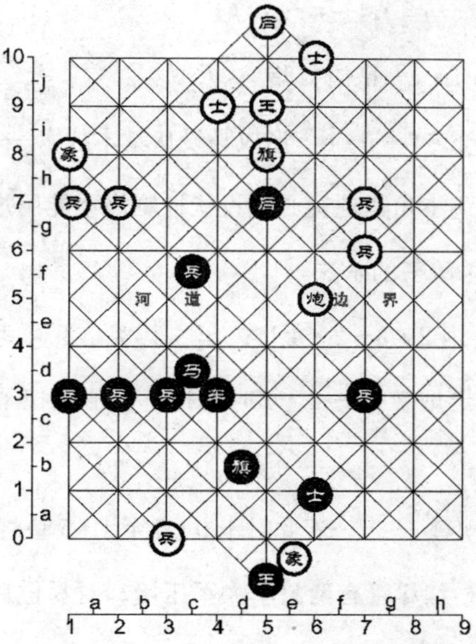

图 4-13

第七节

第 13 局

着法：

⑪炮 8・5—6・5× 车　旗 3・5—c・d：象

⑫车 10・9—6・5∧　旗 c・d—3・4× 象　⑬车 6・5—3・8× 兵！　马 0・8—2・7∧

⑭车 10・1—6・5∧　马 0・2—3・5∧炮：车

⑮车 6・5—e・f：马　马 3・5—4・6∧：车

⑯车 3・8—3・7× 兵　炮 2・5—8・5× 炮

⑰炮 8・8—8・5：炮　旗 3・4—3・5∧

⑱旗 7・5—i・f 炮：炮　兵 3・6—4・5∧ 红发现前几回合应车 e・f 至 4・6 白吃马，却误以为是连环马没敢吃。黑兵应直进两格至 5・5 点。

⑲象 10・3—6・7：兵　炮 2・5 □—○

⑳象 6・7—4・5× 兵　马 4・6—8・4！

㉑士 10·4—9·4∧　马 8·4—i·c：炮

㉒炮 8·5—7·5　马 i·c—h·f：炮

㉓炮 8·5—9·5　马 h·f—i·e　形成马设伏基本战术——

基本战术（28）。马跳小角紧逼窝心炮设伏控制炮不能用炮，一旦变为白子炮失去羁绊作用，马则可直接擒杀敌王的杀法。

㉔王 10·5—10·4　炮 2·5—2·4！：车　其实，红可考虑象 4·5 至 2·7 吃马叫将再支士垫炮；而黑方走炮 2·2—2·4 叫将打车又形成担子炮左右防御象的叫将更有利。

㉕象 4·5—3·4∧，炮！　……若此时士 0·6 至 1·5 垫将打开王、车之间的通道，正是王车易位的最佳时机！红尽管有两只车大军压境却对易位后的王一点威胁也没有。这样就形成基本规则——

基本规则（15）。王车易位的情形。

原弈中，黑只担心红双车链子马、车，因此跳马垫将。

㉕……马 2·7—4·5∧：双车

㉖车 e·f—5·6：马　士 0·4—1·5∧

㉗车 3·7—6·7　马 4·5—h·d：炮

㉘车 6·7—8·5：双马　马 h·d—7·3× 兵　黑意图吃兵叫杀车、士，待车吃 i·e 马，马吃士叫杀车必能抽将踩杀或打吃一车。其实马直接 h·d 至 9·4 吃士才更是一步好棋，无论红方走弃车兑马或是王进将与出将，黑都能轻易跳马叫将抽车或抽后，杀得红方难以招架，形成一种连环马加肋线炮抵破敌阵的精彩杀法。形势如图 4-14 所示。

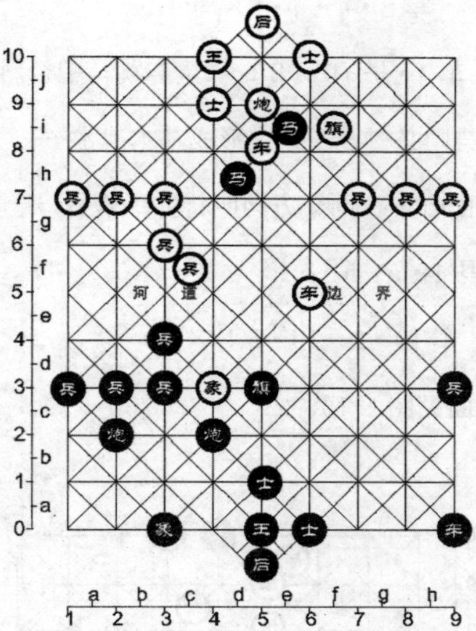

图 4-14

㉙车 5・6—h・c：马　马 7・3—i・c：车　黑跳小立马与链子炮配合形成炮打及马叫将的连环战术——

基本战术（29）。小立马绊将配合链子炮，炮打吃子马叫将连环杀法。

㉚车 8・5—h・d：马　炮 2・4—9・4× 士，马！

㉛王 10・4—9・4　马 i・c—8・2！ 红又看走了眼，只担心黑复炮再将却忘了车杀马即可解围。

㉜车 h・c—8・3：马　车 0・9—1・9＋马

㉝象 3・4—2・3！　王 0・5—0・4　黑出将不妥，应退炮 1・4 垫将。

㉞象 2・3—b・b！：炮　王 0・4—0・5

㉟车 h・d—i・e× 马　象 0・3—5・8！　红方稍稍取利缓手，黑方即争先叫杀得势。

㊱旗 i・f—h・e ∧　车 1・9—4・4！　㊲王 9・4—9・3　马 8・2—i・a！：车

㊳车 8・3—9・2 ∧　车 6・4—8・4！：炮

㊴王 9・3—10・3　象 5・8—e・g　黑象、车连线缓一着，使得红王得以出宫并摆脱了九宫的束缚；同时若红车敢吃马至 i・a 点，黑车沉底将就绝杀了。

㊵后—j・c　象 e・g—j・b！

㊶车 9・2—j・b× 象　车 8・4—j・b× 车！

㊷王 10・3—10・4　车 j・b—10・2！　黑若跳马配合斜线车叫将并踩后，形成同时叫杀一线远近两子的攻势则必得一子。这形成基本战术——

基本战术（30）。马配合车在同一方向叫将并踩杀另一子则必得一子杀法。

㊸王 10・4—9・4　马 i・a—h・c！

㊹炮 9・5—8・4 ∧　车 10・2—10・5！×

黑方中局破局胜。局面见图 4-15。

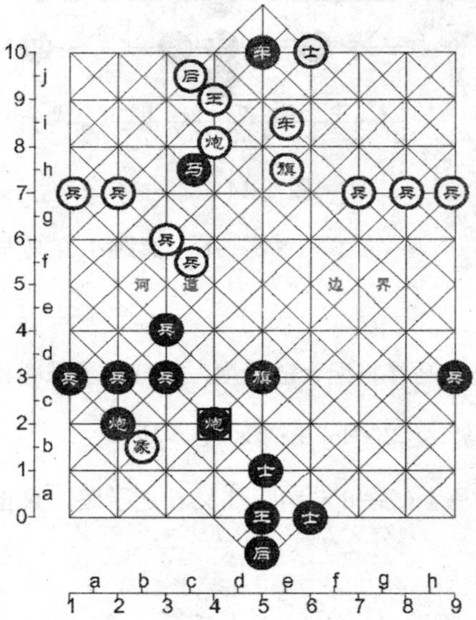

图 4-15

第八节

第 17 局

着法：

⑪旗 7・5—h・d，炮：炮　车 2・7—4・5 ∧

⑫兵 6・3—5・4：车　兵 4・3—5・4× 兵

⑬旗 h・d—7・5：车　车 4・5—4・3

⑭旗 7 • 5—h • d：炮　……如果发生这样旗一垫炮一捉，车一拉开一闲，旗再一拉开炮一捉的局面，重复三次判为和棋，这构成一条胜负规则——

基本规则（16）。一捉一垫、一捉一闲相同的局面重复三次判为和棋。

⑭……　车 4 • 3—4 • 5 ∧

⑮旗 h • d—7 • 5：车　兵 5 • 4—6 • 5 ∧

⑯旗 7 • 5—h • d：车　车 4 • 5—5 • 6

⑰车 10 • 1—6 • 5× 兵　……黑不能先复中炮，否则红先手兑车，炮还是打吃炮。故——

⑰……　车 5 • 6—6 • 5× 车

⑱车 10 • 9—6 • 5× 车　兵 3 • 7—5 • 6：车

⑲车 6 • 5—7 • 5　……黑总不敢复中炮，怕红车至 3 • 1 吃兵叫杀炮攻击炮位一线，于是——

⑲……　兵 3 • 26—4 • 2　拒车。

⑳车 7 • 5—6 • 4　马 5 • 8—g • h：炮、象

㉑象 8 • 9—7 • 8：马　马 g • h—j • h：炮

㉒炮 8 • 8—j • f　马 j • h—h • f：炮　红炮先退绊马卧槽点并腾开车路看住马卧槽抽炮、象点。

㉓马 10 • 8—8 • 6 ∧马　兵 5 • 6—6 • 5 ∧炮

㉔车 6 • 4—c • g！　士 0 • 6—1 • 6 ∧

㉕马 10 • 2—g • c：兵　炮 2 • 5 □—○

㉖炮 j • f—h • h：兵　兵 f • f—6 • 7：象

㉗象 7 • 8—8 • 7：马，炮：车　兵 6 • 7 ∧，炮：车—7 • 6：炮，车：炮

㉘兵 7 • 7—6 • 7 ∧，：车　车 0 • 1—1 • 1

㉙象 8 • 1—3 • 6：炮　兵 7 • 6—8 • 5× 炮

㉚象 3 • 6—2 • 5× 炮　象 0 • 7—2 • 5× 象

㉛象 8 • 7—h • f× 马　兵 8 • 5—9 • 6！

㉜王10·5—9·5：兵　象2·1—h·f×象

㉝马g·c—6·5×兵　象h·f—6·5×马

㉞8·6—6·5×象　象2·5—6·9＋兵

㉟马6·5—c·f：士　后—0·6＋士

㊱马c·f—a·g：后　后0·6—a·e

㊲王9·5—9·4　车1·1—1·4！

㊳王9·4—9·3　象6·9—4·7　黑象本来有一步好棋，可以越过兵至10·5飞成卒前象叫将，可惜没有看出来。

㊴兵5·7—5·6∧象　……兵已过河可以斜进一格再斜退一格等于横走一格，这是一项基本规则——

基本规则（17）。兵过河以后可以先斜进一格再斜退一格等于横行一格的规则。

㊴……象4·7—d·f：车、兵

㊵车c·g—2·7：炮　炮2·2—2·3

㊶王9·3—8·3＋兵　炮2·3—7·3×兵

㊷兵5·6—4·6：象，炮：炮　炮2·3□—1·3　黑炮在避炮退炮时可以连带复炮并叫将，原弈时没有认识到这一点。

㊸兵4·6—d·f×象　车1·4—d·f×兵

㊹车2·7—2·2：马、炮　马0·2—b·d＋炮

㊺车2·2—c·b！　旗3·5—b·c∧

㊻车c·b—b·c⊾　车d·f—4·7！

㊼王8·3—8·4　车4·7—h·c！

㊽王8·4—9·4　车h·c—8·3！

㊾王9·4—9·5：兵　兵9·6—8·6！

㊿王9·5—9·6：兵　兵8·6—i·f！

51 王9·6—9·5　车8·3—h·c！

52 王9·5—9·4　兵i·f—8·6

㊼后—8·5　车h·c—9·2！

㊽士10·4—9·3∧　车9·2—7·2×兵！

㊾旗h·d—i·c∧　车7·2—5·4！

㊿旗i·c—8·4∧　车5·4—7·2！

57旗8·4—i·c∧　车7·2—5·4！如果一将一拦、一将一垫相同的局面重复三次判为和棋，这构成基本胜负规则——

基本规则（18）。一将一拦、一将一垫相同的局面重复三次判为和棋。

58后8·5—8·4∧　车5·4—7·6！

59王9·4—10·4　车7·6—4·6+⌊

60炮h·h—7·9：车　车4·6—6·8×兵：炮

61炮7·9—b·c×⌊，车！……从上一回合炮链子叫杀，到车吃兵反杀炮，再到炮隔车打吃白子旗，三步棋形成一项基本战术——

基本战术（31）。炮链子打车并与己方车交叉攻击敌另一子，若敌车攻吃“炮架子”则炮可抢先打吃敌另一子，协同己方车叫将再随手转移着法。

61……炮1·3—2·3∧　仍然没有应用连带复炮的规则，还是垫了白炮。

62炮7·9—7·6　车6·8—6·7×兵：炮

63炮7·6—9·4　车6·7—1·7：马

64马a·g—c·f：车　车1·7—2·6：马

65马c·f—d·e：车　车2·6—3·5：马

66马d·e—e·d：车　……于是出现了一捉还一捉和长捉的情形，这构成两项胜负基本规则——

基本规则（19）。一捉一捉不能重复三次相同的局面，否则判为和棋。

基本规则（20）。一捉一捉先杀或主动的一方连捉不能超过步，必须缓着一步，否则长捉的一方判负。

66……车3·5—3·6　车走了一步软棋。本应继续斜进至4·4点叫杀马兑后，免得后突袭叫将抽杀炮。

㉗后 8 • 4—1 • 4！　王 0 • 5—0 • 6

㉘马 e • d—3 • 4：马　……黑考虑如果车杀马，后杀车，马踩后，车杀白炮兑子后，红车横行黑方区域将兵扫荡一空，又压制黑王、后不能出宫就输棋了。

㉘……　王 0 • 6—0 • 7　㉙马 3 • 4—b • d× 马　后 a • e—b • d× 马

㉚后 1 • 4—0 • 4× 士！　士 1 • 6—0 • 6 ∧　㉛车 2 • 2—2 • 3× 炮　……黑丢炮后反思，如果第㉙回合不是后杀马而是车杀马，红后杀士将，黑炮就可垫回 0 • 5 点阻将而不至于丢炮了。

从第㉛回合黑方行棋开始真正进入了残局阶段。黑方采取不同的攻守策略，往往一步着法、一个恰当与否的护王及攻守步骤将导致完全不同的胜负结果，容后待述。

局面见图 4-16。

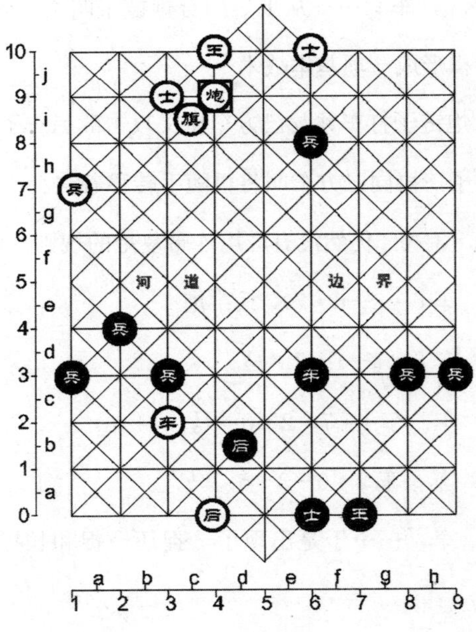

图 4-16

第 18 局

着法：

接开局前⑪回合着法。根据前面详述，红方无论怎样垫兵都不能阻止黑2·2路炮正面链杀车、马并得一子，这构成开局的一种基本杀法——

基本杀法（3）。2路炮正面链杀车、马，配合炮、马、兵组合控杀压制敌兵垫子救援必得一子杀法。

⑫车9·2—g·d 炮2·2—10·2× 马+⑫兵7·3—g·b ……（红多走了一步，是由摆棋时走混乱所致。）

⑬旗7·5—h·d：炮 兵f·b—6·3× 兵

⑭兵g·b—f·c⨯兵 马4·2—7·3：车

⑮车g·d—7·4∧：马 马4·6—8·6！

⑯士10·6—9·6∧ 马8·6—9·3！

⑰王10·5—10·6 马9·3—7·4× 车

⑱旗h·d—7·4× 马 兵5·3—6·3⨯兵：旗 黑兵直进一格吃f·c过路兵。

⑲旗7·4—h·c：马 马7·3—9·3：炮、旗

⑳炮8·5—2·5× 炮 炮2·2□—2·6○！

㉑炮8·5—8·6∧ 象0·7—e·b：炮

㉒象8·9—j·g+炮 象e·b—8·6× 炮

㉓象j·g—8·6× 象 马9·3—7·5⌊ 黑马连带杀旗翻白子旗虽停在象眼下，但象因垫将而不能吃马。

㉔王10·6—10·7 马7·5—h·c×⌊ 红本应将旗撤回并复旗至9·5点。

㉕兵6·7—f·f× 兵 兵5·7—6·7⨯兵 红先兑吃黑有"根"的兵只能斜进一格吃子，黑兑吃红无"根"的兵可以直进一格吃过路兵，把兑杀点再反推回去。

㉖兵7·8—6·7× 兵 车0·1—6·7× 兵

㉗炮8·8—3·3× 兵 炮2·6—9·6× 士

㉘兵5·4—4·4：旗 车6·7—8·5！：后 黑走了一步车兑后的笨棋，没有看出若跳马h·c至j·e将是一马踩四子的好棋。

㉙后—8·5× 车 马h·c—8·5× 后

㉚象8·6—i·e：马　马8·5—g·d＋兵

㉛车10·9—3·2！　旗3·5—b·c∧

㉜车3·2—3·7×兵：炮　炮2·6—1·6

㉝车3·7—3·8×兵：炮、马　马g·d—i·f！：炮

㉞王10·7—9·7　士0·6—a·e＋炮　接下红不能走车3·8至3·1吃兵叫杀马这样短视的棋，会被黑炮1·6至1·7将再跳马叫将、车炮将等，非常不利。

㉟马10·8—8·7　马i·f—7·6！

㊱王9·7—9·8　炮1·6□—○　黑原位复炮是一步废棋。炮由于车的牵制不能移动，应支士尖连解脱自身，以便在下一步横行两格连带复炮链杀车、炮控将。

接下，红原位复炮是防御的必然之举。

㊲炮8·8□—○　士0·4—1·5

㊳士10·4—9·5　马7·6—5·7：车

㊴车3·8—6·8：马　旗b·c—4·6＋马　红车撤回迫于局部防守，还须积极进攻。

㊵兵7·7—f·f：马　兵3·9—5·9：车　㊶车6·8—5·8　马5·7—6·5：兵

㊷马8·7—f·g：马　马6·5—f·f×兵：车　红欲兑马但应跳在7·7点才好，既避开了炮斜线链子马、王之险，又在邀兑的同时保护了f·f兵。

㊸车5·8—7·8：马　车0·9—5·4！

㊹王9·8—10·8　车5·4—a·h！

㊺王10·8—10·7　车a·h—9·8！

㊻王10·7—10·6　车9·8—9·7！

㊼王10·6—10·5　车9·7—后宫侧！

㊽王10·5—10·4　车—后宫底！

㊾王10·4—9·4　车后宫—j·c！

㊿王9·4—8·4　车j·c—9·3！

51 王8·4—8·5　车9·3—9·4！　王8·4点若想出宫被兵杀。

52 王8·5—8·6　车9·4—h·e！

㊼王 8・6—9・6　马 f・f—i・g！　整个追杀过程王只要一出宫，车跟进一步就绝杀了。这样，王在已出宫，完全没有九宫限制的情况下被车步步追杀，绕着九宫城池或大本营外兜了一圈，应验了中国象棋中“推老磨”的玩法。但以往的“推老磨”带有戏谑和编排的成分，而今天的“推老磨”却是现实必然性的使然，是检验敌王生存能力的实战。而且车的长将也没有超过 12 步，不违反胜负规则。

㊽王 9・6—10・6　……　弈到此还以为进入残局了，其实从第㊺回合起车将，红王不能退至 10・6 点，因有炮控杀着。因此应判第㊺回合黑方中局胜。局面见图 4-17。

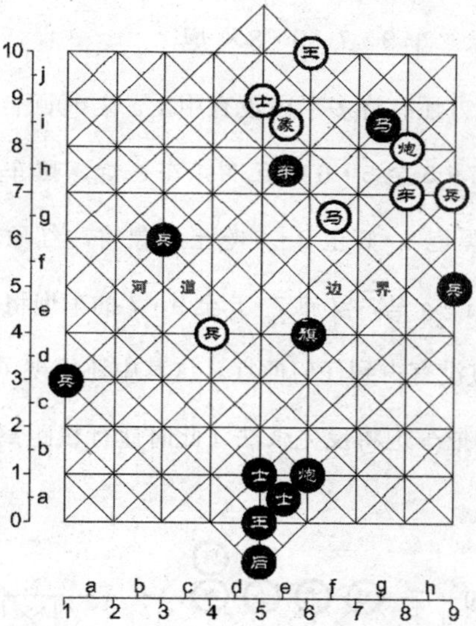

图 4-17

第九节

第 22 局

开局，黑即以边路突破的方式形成基本杀法——

基本杀法（4）。车多兵象配合边路突破压制敌兵杀法。

⑫象 9・6—10・7：车　车 9・8—9・7

⑬炮 9・9—9・8　象 0・3—6・9！　走炮为防止兵捉双。

⑭士 10・6—9・6∧　炮 2・5—3・6：车

⑮兵 5・6—4・5：炮　马 2・6—4・5× 兵　红抽兵攻炮闪开车路亦杀炮。黑走马踩兵太急了。其实黑本应先走炮隔车打士，打开象路叫将再吃兵不迟。

⑯炮 8・5—4・5× 马　兵 3・7—4・6∧，炮：车　黑进兵 4・6 不妥，红 e・f 兵会直进一格吃过路兵，使垫炮目的落空。黑兵应直进两格至 5・6 点垫炮打车，待红兵再垫炮时可抽杀 6・7 兵与炮双杀车。

⑰车 7・6—h・e：车　炮 3・6—9・6× 士，象！

⑱象 10・7—9・6∧　象 6・9—9・6× 象

⑲炮 9・8—9・6× 象　车 9・7—9・8× 炮

其实从第⑰回合起红方还有许多手段没有用上。若⑯回合红先复炮，黑兵直进两格至 5・6 点，红车可直接 7・6 至 5・6 吃兵叫杀车、炮，黑车 0・1 至 5・6 杀车，红车 10・1—5・6 交错车杀，黑炮 3・6 至 9・6 吃士、象将，红象垫将，黑象杀象将，红车退回杀象邀杀车，黑车杀 i・g 马，红旗 7・5 至 9・7 抽车炮将，黑车 i・g 至 6・5 垫将，红车至 3・6 吃白炮，黑方没有占到任何便宜。这其中还出现了一项基本战术——

基本战术（32）。旗抽车炮将反先杀法（此时旗行棋距离不限，规则错误）。形势见图 4-18。

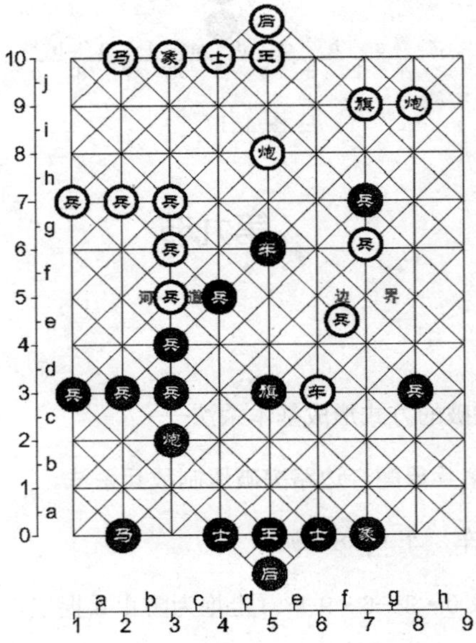

图 4-18

⑳车 h・e—7・6＋马　炮 3・6□—○：车

㉑兵 6・7—5・6 ∧　兵 4・6—e・f× 兵，炮：车　红本可兵 e・f—d・e×兵，车：炮。

㉒兵 5・6—e・f× 兵　旗 3・5—4・6：兵，炮：车

㉓炮 8・5□—○！　士 0・4—1・5 ∧

㉔车 7・6—e・h　车 9・8—i・g× 马　红车一厢情愿想当炮打吃 1・5 士后，可于 a・d 点绝杀。

㉕兵 e・f—d・f：炮　车 i・g—8・7！　红兵面对黑旗的防守，走小直角直进一格进入黑旗的侧后叫杀炮。但此时红兵不能按直进一格吃过路兵的方法将黑旗翻为白子旗，因为兵在攻到前边去以后不能回退杀旗，中途对旗没有实质的攻杀作用。

㉖王 10・5—9・5　车 8・7—j・e！

㉗王 9・5—9・4　炮 3・6—1・4！

㉘王 9・4—9・3　车 j・e—7・3× 兵！

㉙车 10・1—8・3 ∧　车 7・3—8・3× 车！

㉚马 10・2—8・3× 车　旗 4・6—8・2！

㉛王 9・3—9・2：旗　车 0・1—5・6：马　红面对黑旗的叫将竟没有用炮打翻敌旗。

㉜士 10・4—9・4＋马　旗 8・2—h・b：马

㉝炮 8・5—1・5× 士　兵 3・2—e・b，炮！　红此着炮打吃士意在车 e・h 至 a・d 一步绝杀。

㉞王 9・2—9・1　炮 2・2—2・5：炮　黑此时本应走兵 3・8—d・g 拦车并叫杀车，却走起了贪子打炮的棋。因此应按排局给双方颠倒顺序各补上一着——黑兵 3・8—d・g ∧：车，红车 e・h—7・6（车还送吃着）。

㉟炮 8・5—10・7　炮 1・4—9・4× 士　红炮在撤离的时候本可连带复炮。

㊱旗 7・5—7・4 ∧　车 5・6—g・d⊾

㊲象 10・3—9・2＋马　炮 1・4□—1・2○：象

㊳兵 7・2—g・b　马 0・2—4・2，炮：象

㊴炮 10·7□—10·2○：马　兵 e·b—5·2∧　黑兵根本不用垫炮，吃 5·3 兵就好。

㊵兵 6·3—5·2× 兵　兵 4·3—5·2× 兵

㊶象 9·2—h·c：车，炮：马　马 4·2—7·2！　面对红方的双杀，黑只有跳马叫将才能争取主动。由于马连跳两个小日字叫将从被炮栓杀的后点跳至前点，也化解了炮先手打马的威胁。这构成一项基本战术——

基本战术（33）。被炮栓杀一线上的各子如果后点的马可以连跳运至前点就能化解炮先手打吃的威胁。

㊷后—h·a∧：马　车 g·d—5·3× 兵　黑车想停在 6·4 点燃后旗抽马车将，但 6·4 点被红马控制着。车吃 5·3 兵仍可在下一步吃 7·1 兵叫将而抽杀后。

㊸兵 g·b—6·2：车　车 5·3—6·4

㊹象 h·c—d·g× 兵　旗 h·b—8·3× 马，车！　虽然红象这边吃兵后一步至 a·d 点叫杀就绝杀了，但不妨碍黑方也可抽旗吃马一将。

㊺王 9·1—10·1　……黑一时将不着，若旗斜进两格叫将，红象杀回去翻白旗了，只有赶快防御——

㊺……　士 0·6—1·5　支中士是好棋！若支边士被象于 a·d 点一将，再架炮抽将就很危险了。

㊻象 d·g—3·8！　王 0·5—0·4

㊼炮 10·2—4·8！　王 0·4—0·3　这时后可以 h·a 至 3·6 将了，没看见。

㊽车 7·6—f·g　炮 2·5—c·d∧　红车将一步绝杀，黑只有拦炮。

㊾象 3·8—5·6：炮　后—1·3＋炮　红方多子斜线连将意欲突破黑方防线，这种多子交替冲杀破线的方法形成又一基本战术——

基本战术（34）。多子交替攻杀突破斜线拦截杀法

第㊾回黑方起后看炮侯兑的策略较为稳妥，若起炮至 3·4 点再拦，红车 f·g 至 3·5 点斜进横杀与象双子夺炮，黑不利。这种车、象平行斜线进攻却能联手交错攻杀一子的情形构成又一基本战术——

基本战术（35）。车、象平行斜线联手交错攻杀一子突破拦截杀法。形势见图 4-19。

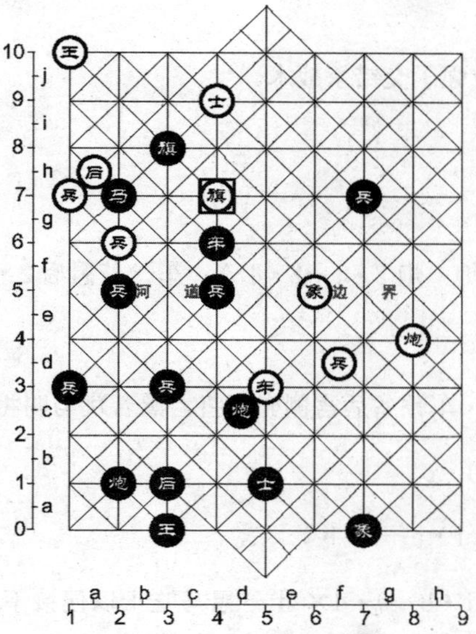

图 4-19

⑳士 9・4—8・3⌊，后：马　……红方先走象兑 1・2 炮也行，但红方考虑还想抓住一次机会攻杀取势，因此先走士杀翻白子旗，同时后叫杀马也是先手。

⑳……　车 6・4—10・8！：炮

㉑炮 4・8—10・2 ∧……黑拨边炮避象兑杀？还是躲马避杀？丢一马太亏，于是跳马——

㉑……　马 7・2—7・3：后、士　马连跳两个小马步踩双，构成又一基本战术——

基本战术（36）。马被叫杀更应选择一个可以踩双的点进行反杀，即一杀还双杀的战术。

㉒后 h・a—7・2：马　炮 1・2—2・1：兵　黑弃马拨边炮准备打将。

若红后敢吃马，则黑支兵 3・1 至 e・a 炮将，红垫前兵，黑兵直进一格吃过路兵炮再将，红支开后兵，黑进后至 3・1 点架炮捅将，绝杀了。因此——

㉓炮 10・2—10・5　马 7・3—6・4：后、象　马若敢吃象踩车，后杀炮叫将再解脱车。

㉔后 7・2—3・6！　……若王左平将，象一步绝杀了。若士 2・5 拦，后沉底将，黑后垫将；后吃 3・3 兵变线将，后垫将；红后 b・a 将军抽炮，王右平将；车 f・g 至 e・h 将，王至 0・5；后再将，王至 0・6；象 3・9 将，象垫将；后沉入后宫侧杀，将死了。

这形成基本战术——

基本战术（37）。多枚强子交错杀战术。

若王右平将——

㊴……王0·3—0·4

㊵后3·6—5·4！：炮　炮2·1—2·4∧：车　若黑后2·4垫将兑后，则象5·6至b·b将。

㊶车f·g—4·9　……车预备后宫侧兜底将，黑若跳马叫将——

㊶……马6·4—i·a！

㊷王10·1—9·1　马i·a—i·b！

㊸王9·1—9·2　马i·b—9·4×士　黑马吃士以便接下车可以杀炮，白子旗可以复旗将。

㊹车4·9—▽！　王0·4—0·3

㊺车▽—0·5！　士1·5—0·4∧

㊻后5·4—2·1！　后1·3—a·b∧

㊼车0·5—1·4！　王0·3—0·2

㊽象5·6—a·a！×　红胜。

如果第㊶回合黑方不进攻而转入防守呢？局面退回到㊶回合——

㊶……士1·5—1·6∧

㊷象5·6—d·g！炮c·d—b·e∧

㊸旗7·4—g·d ┌：马　……旗走连带复旗叫杀马是好棋，若走在g·c点则马跳在7·5点一踩三。

㊸……　马6·4—i·a！

㊹王10·1—9·1　马i·a—i·b！　㊺王9·1—9·2　马i·b—g·c：后

㊻后5·4—6·4：马　旗8·3—8·1┌！　以下，若王至9·1杀旗，旗至i·a将；王至10·1，马g·c至j·b将；王至10·2，车10·8至7·5翻白子旗预备抽马将；后至h·b翻白子旗，马至8·2垫同时车将；王至9·2，车j·b将；王至9·1，旗复

旗将，王无路可走被绝杀了。黑胜。

假如王不平将而落将呢？

㊷王 9·2—10·2　车 10·8—7·5⊾！㊸王 10·2—10·3　车 7·5—j·b！

㊹王 10·3—10·4　车 j·b—9·3！×　红正面还有炮链杀士不能垫将，因此被窒杀了。黑方中局破局胜。

由此感叹天下成败只在毫厘之间，全由人的主动性思维操盘！局面见图 4-20。

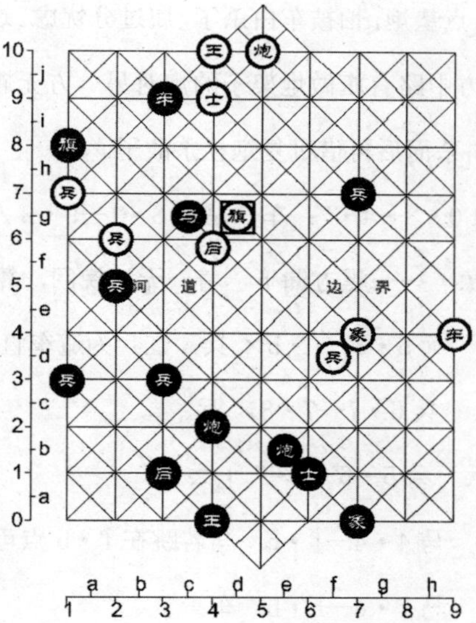

图 4-20

第十节

第 23 局

着法：

⑪马 e·d—3·5×⊾　马 d·f—3·5×马

⑫炮 8·5—3·5× 马　炮 2·5—8·5× 炮

⑬马 8·6—4·6：炮　车 0·1—1·2　红马跳河外高立马左右兼可卧槽抽车，因此车须起横车看守。

⑭炮 8・8—8・5：炮　车 0・9—d・e：马　黑车拦杀马不许跳在 3・6 点，否则马连跳挂角将还同时踩双。

⑮炮 8・5—2・5× 炮　炮 2・8—2・5：炮

⑯兵 5・4—4・5：车　车 d・e—4・6× 马　红方进兵垫炮邀杀车说明，一方中路有旗做炮架子的炮对另一方无旗做炮架子的炮，虽无中路屏蔽敌炮攻击之忧，但即使是成白子炮也可进子垫炮拼杀而后再借复炮之机反先栓杀敌子。而前第⑭回合黑方因丧失了旗子就不敢进 5•6 兵至 6•5 点垫炮，怕被车白杀了，属过分忧虑。这构成一项基本战术——

基本战术（38）。一方中路有旗做炮架子的炮对另一方无旗做炮架子的炮，即使是成白子炮也可以进子垫炮拼杀而后再借机复炮栓杀敌子。

⑰炮 8・5 □—○　象 0・3—4・7：车　⑱象 8・1—9・2 ∧　象 4・7—9・2× 象

⑲车 10・1—9・2× 象　……黑方漏下一着，无法挽回，算弃权一步棋。

⑳兵 7・3—f・b：兵　兵 5・3—f・b× 兵　红兵为避车直进两格邀杀兵。

㉑兵 6・3—f・b× 兵　兵 6・7—7・8× 兵

㉒象 10・7—9・6：兵　兵 5・6—6・7 ＋兵

㉓兵 f・b—5・3：马　马 4・4—f・c　马若跳在 f・b 点可踩三。

㉔兵 7・2—6・3：马　马 f・c—h・b：车

㉕车 9・2—7・2：马　马 h・b—9・3！：车

㉖车 7・2—9・4 ∧　车 4・6—7・3 ＋马

㉗象 9・6—h・d：马　车 7・3—8・3：车

㉘王 10・5—9・5 ＋车　车 8・3—9・4× 车

㉙王 9・5—9・4× 车　马 9・3—h・c！

黑㉙着，马跳小马步将，被拦将就弃子，太手软，太短视了。若跳大马步将，一踩三，并接续主动进攻，至㊻着绝杀了。中间还形成精粹的基本战术两项，基本杀法和规则各一项。变式如下：

㉙……　马 9・3—7・3！　马将一踩三，这形成又一基本战术——

基本战术（39）。马在叫将并面对敌炮、象拼杀时，与其跳小马步被羁绊反杀，不如跳开大马步攻敌，形成一种视野宽、杀点多、冲力强，使敌难近身羁绊，己方易防反得子的优势战术。

㉚炮 8・5—8・3∧　兵 3・2—e・b：兵　黑面对红九宫沿上的王，出车 1・2—1・4 叫将并不好，反而给了王先手出宫的便利。黑应支起 2 路兵闪开车路，压制王不能出宫为正着。这形成一项基本杀法——

基本杀法（5）。己方强子面对想要出宫的王，不能正面随手照将，反提供给其出宫的便利，而应采取打通一侧线路，快速压上，兵临宫外阻止其出宫的杀法。

㉛象 h・d—7・4　兵 e・b—5・3× 兵

㉜车 10・9—f・d：马　马 7・3—10・2！：炮

㉝王 9・4—9・3　马 10・2—8・1！　㉞炮 8・3—8・2∧　象 0・7—6・1

㉟士 10・6—8・4　象 6・1—h・b：车、炮，车：炮　这种多枚强子、多层交叉连环的阻杀，邀杀加破杀夺子叫将的战斗，形成一项精粹的基本战术——

基本战术（40）。己方车、马、象三子多层交叉配合，既阻杀、邀杀车又威胁夺炮叫将，由此形成一项基本战术，如图 4-21 所示。

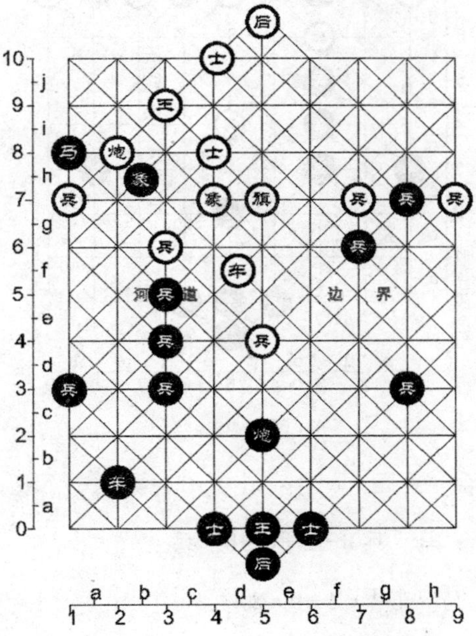

图 4-21

㊱车 f • d—h • b× 象　兵 8 • 1—h • b× 车！：象

㊲王 9 • 3—8 • 3　马 h • b—7 • 4× 象

㊳士 8 • 4—9 • 3+ 炮　车 1 • 2—7 • 2！

㊴王 8 • 3—8 • 4　车 7 • 2—7 • 3！　㊵王 8 • 4—8 • 5　兵 6 • 7—7 • 6！

㊶王 8 • 5—8 • 6：兵　……　这时，前一着 7 • 6 兵叫将后被王反杀，本着若 7 • 8 兵斜进一格平王与 7 • 6 兵前后尖连会形成攻守照应，但 8 • 7 点被红炮叫杀着不能进兵。这时，作为防守的红方在横 7 路线上也有三枚兵子获得了斜退一格——即平王可退吃子救驾的权利，若黑车、马夺红 8 • 2 炮，红前兵、后士可夹击兑杀之。同时 7 路线上的红兵、旗还获得了斜退两格平王吃过路兵的权利，及 6 • 3 兵也获得了直、斜退两格吃过路兵的权利。这形成了又一项基本规则——

基本规则（21）。兵进攻时平王可退和防守时平王可退的规则，见图 4-22。

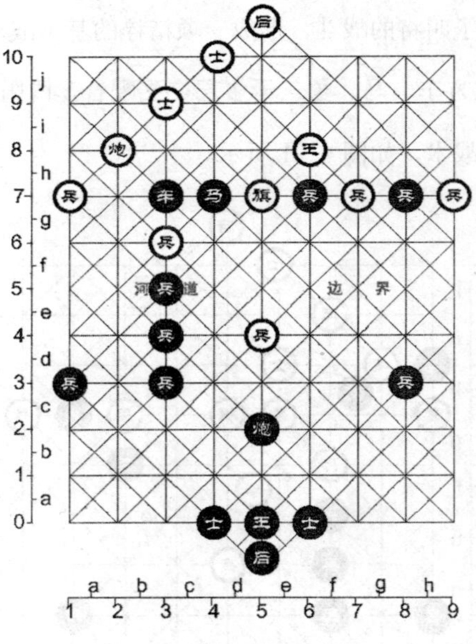

图 4-22

局面退回到第㉚回合——

㉚象 h • d—8 • 4 ∧：马　兵 3 • 2—e • b：兵

㉛象 8 • 4—h • c× 马　车 1 • 2—9 • 2！

㉜王 9 • 4—8 • 4　车 9 • 2—9 • 3！

㉝王 8・4—7・4　车 9・3—h・d！

㉞王 7・4—7・3　车 h・d—7・5×⌊！

㉟炮 8・5—7・4 ∧　车 7・5—6・4！

㊱炮 7・4—g・c ∧　兵 e・b—f・c×兵：兵

㊲兵 4・5—3・6：炮　炮 2・5—1・5　兵在抽开叫杀炮的同时也使后直接叫杀了炮，因此炮也获得了让先之后可以垫子打后的权利。

㊳后—6・5：车　车 6・4—6・3× 兵！

㊴后 6・5—6・3× 车　兵 f・c—6・3× 后

㊵王 7・3—6・3× 兵　士 0・4—1・4

㊶炮 g・c—7・4　兵 3・3—5・4！

㊷王 6・3—7・3　兵 5・4—6・4！

㊸王 7・3—8・3　兵 4・3—6・3：炮

㊹炮 7・4—9・4　兵 6・4—7・4：象

㊺象 h・c—7・4× 兵　兵 6・3—7・4× 象！

㊻王 8・3—9・3　兵 7・4—8・4！

㊼王 9・3—10・3　兵 8・4—i・c：炮

㊽炮 9・4—8・5！　王 0・5—0・4

㊾炮 8・5—8・4！　王 0・4—0・3

㊿车 10・9—2・1！　王 0・3—0・2

(51) 车 2・1—a・b！　王 0・2—0・1

(52) 车 a・b—2・1！　王 0・1—0・2

(53) 士 10・4—9・3：兵　兵 i・c—9・4！

(54)王 10・3—10・2　后—1・3：士　(55) 士 9・3—j・b　后 1・3—8・3：炮

从第㊺回合最后一次破局兑杀完成起，其实就已经进入了残局。本局下得平平淡淡，按图索骥，敷衍了事似的。看来下棋不仅需要智慧、健康的身心体魄，也需要激情专注及完全超越自我、献身艺术的精神。局面见图 4-23。

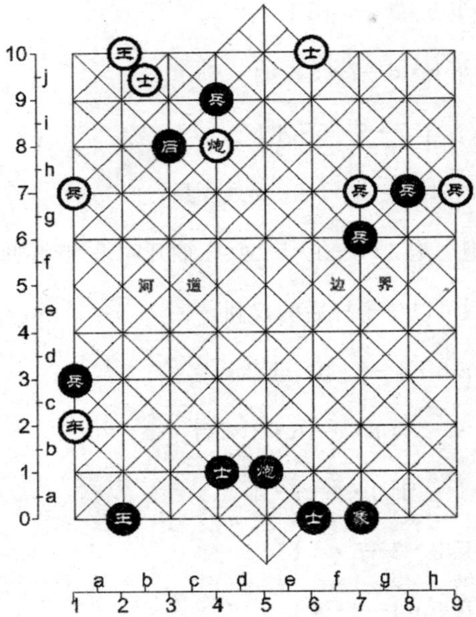

图 4-23

第十一节

第 24 局

着法:

⑪兵 5・8—4・7× 兵　兵 3・8—4・7× 兵

⑫兵 e・f—4・7× 兵　象 2・9—4・7× 兵

⑬兵 5・7—4・6× 兵:旗　象 4・7—5・6× 马

⑭车 10・1—5・6× 象　兵 3・2—5・2,象:车

⑮车 10・9—9・9　马 2・4—5・4:旗

⑯兵 7・3—6・4 ∧　兵 5・2—6・3× 兵

⑰兵 7・2—6・3× 兵　兵 f・c—6・3× 兵

⑱象 8・1—6・3× 兵　兵 5・3—6・4× 兵

⑲象 6・3—5・4× 马　车 0・9—5・4× 象

从第⑯回合起的变化太简单和盲目了,重弈——

⑯兵 4 • 6—3 • 7：马、炮　马 2 • 6—d • e：车

⑰车 5 • 6—3 • 8！　炮 2 • 8—2 • 7 ∧　⑱兵 3 • 7—3 • 6：双炮　车 1 • 1—1 • 6

⑲兵 3 • 6—2 • 5× 炮　马 d • e—2 • 5× 兵

⑳旗 7 • 5—h • e，炮：马　……此时黑可走炮 2 • 7 至 4 • 5 将军抽车，若 3 • 8 至 6 • 5 垫，则炮打吃炮。这构成一项基本战术——

基本战术（41）。炮控将抽车打炮战术。

⑳……　士 0 • 6—1 • 5　㉑象 8 • 9—2 • 3！　士 0 • 4—a • d ∧

㉒炮 8 • 5—2 • 5× 马　马 5 • 4—i • d！　㉓王 10 • 5—9 • 5　马 i • d—j • f！

㉔车 9 • 9—9 • 6 ∧：车、马　象 2 • 1—h • f！

接下，红王被叫将后不能出将至 9 • 4，因黑方还有一步炮 2 • 7 至 5 • 4 将军抽车的险棋，虽车可以垫，但炮打吃马了。若王落将 10 • 5，车 1 • 6 至 9 • 6 吃车；马 8 • 4 至 9 • 6 兑车，象 h • f 至 i • e 控将叫杀马、炮；10 • 6 士因垫将马而不能支士看马，只有起 10 • 4 士至 9 • 5 连士叫杀象，象吃马叫将；王必出将，象又杀中炮了，红不利。这第二种杀法形成一项基本战术——

基本战术（42）。车、马、象配合兑车进象控将杀马又夺炮杀法。局面见图 4-24。

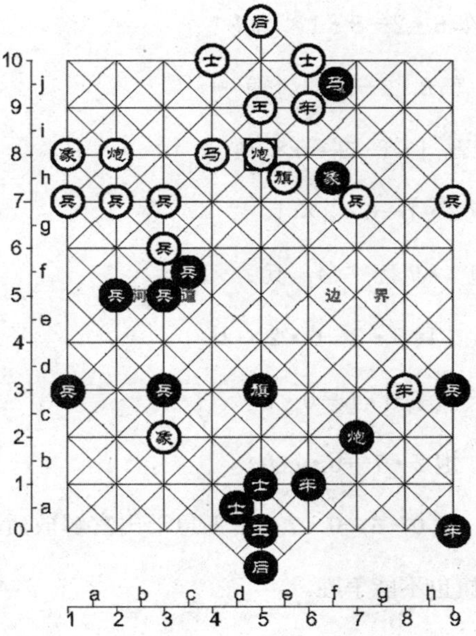

图 4-24

㉕旗 h・e—8・6 ∧ ……再以旗的两个杀点的核心攻守作用来阻截象的叫将。

㉕……象 h・f—8・6⌊

㉖马 8・4—h・d 十旗　象 h・f—8・6×⌊　红⌊跳马不仅为看白旗也为让开肋线以便王平将不致被对方炮将抽车。黑象杀旗。

㉗王 9・5—9・4 ……这时被斜线链子的车前炮原本可以斜线拉开炮正将而车抽车，现在又露出一种形式可以直线拉炮斜线将而以车抽车，这表现出被链子的车、炮反过来也可以直斜线变线变向地打将抽车的一种战术作用，只是在这一步棋中由于象的封杀而不能打将而已——

基本战术（43）。被链子的车前炮反过来不仅可以斜线打将抽车，也可以沿直线打将抽车，进行变线变向的抽杀。

㉗……　象 8・6—j・d！车：车　黑车前象的配合形成又一基本战术——

基本战术（44）。车前象配合弃象叫将抽车杀法。

㉘士 10・4—j・d× 象　车 1・6—9・6× 车！

㉙马 h・d—9・5 ∧　车 9・6—8・5× 炮！

㉚王 9・4—9・3　车 8・5—8・2× 炮！

㉛王 9・3—10・3　车 8・2—8・1× 象！

㉜王 10・3—10・2　车 8・1—j・b！

㉝王 10・2—10・1　马 j・f—9・5× 马

㉞后—9・5× 马　炮 2・7—6・3× 兵

㉟兵 7・7—5・7　炮 2・7 □—○：兵

㊱兵 7・2—6・2：兵　兵 5・3—6・2× 兵

㊲兵 7・1—6・2× 兵　王 0・5—0・6

㊳车 3・8—2・8！　炮 2・7—b・g ∧

㊴后 9・5—8・6！　王 0・6—0・7　黑王急于出宫解放后，若被红左象右车压着出不了宫，虽多着一兵一旗也不能争胜。

㊵车 2・8—b・h！　王 0・7—1・7

㊶车 b・h—a・g！　王 1・7—2・7

㊷车 a・g—b・f！　王 2・7—2・8

㊸车 b・f—c・g！　王 2・8—1・8

㊹车 c・g—b・h！　王 1・8—1・7

㊺车 b・h—a・g！　王 1・7—2・7

㊻车 a・g—b・f！　王 2・7—2・8　这样红车追杀黑王绕着炮转了一圈半，车杀不了王，其他子也救不了驾，这就涉及了长将判负的规则——

基本规则（22）。长将不能超过 12 步，须缓着一步，否则长将一方判负。

㊼后 8・6—6・8！　……似乎旗 3・5 至 3・8 垫将有效，但象 2・3 至 e・e 将，王平将，象再将就绝杀了。因此——

㊼……　王 2・8—2・9　㊽后 6・8—3・8！　炮 b・g—c・h∧！

㊾后 3・8—c・h×炮！　兵 3・9—c・h×后

红方破局制胜没有成功，双方进入残局。局面见图 4-25。

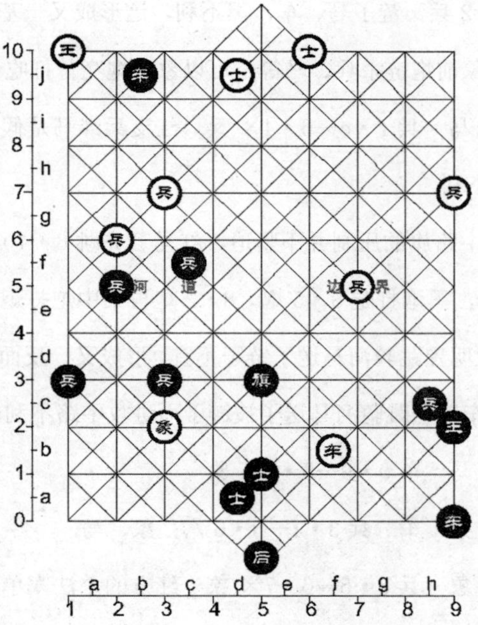

图 4-25

第十二节

第 26 局

着法：

⑫马 10・2—8・4　马 0・8—2・6

⑬兵 7・2—6・2　象 0・3—5・8× 兵　红先进兵邀杀 5・3 兵，意在下一步再进 7・3 兵邀杀 f・c 兵以配合象压制车路。

⑭兵 7・8—f・g：象，象：车　兵 5・7—6・7×兵　红兵直一斜一“直进两格”叫杀象的同时象叫杀车。黑兵直进一格吃过路兵把兑杀点再退回到 6・7 点。红方这一步棋只顾进攻不顾防守。其实红方应走兵 7・8 至 f・h 抽象杀车必得一子。

⑮炮 8・5—5・8× 象　旗 3・5—c・e，炮：炮

⑯马 8・4—6・5 ∧　马 2・4—5・4：旗　黑跳马至 5・4 叫杀旗不行，若红炮 8・2 至 h・a 链子兵、马打马，黑进兵 5・3 至 6・3 垫，炮打吃 f・c 兵；若 6・3 兵再进 7・2 点杀白子炮，象飞吃 7・2 兵又链子马、车，黑不利。这形成又一基本战术——

基本战术（45）。象前炮链杀兵、马等，可以象、炮交替打吃及飞吃拦杀战术。

⑰兵 7・3—6・4 ∧马　兵 f・c—6・4× 兵　红支兵绊马是假，诱敌兵来杀让开象路杀马是真。黑吃兵取小利。

这时黑马、兵对红中路旗的压制并不紧迫，红马若先跳 6・4 点再跳 f・e 点一大一小两个马步叫杀 5・4 马，黑炮打吃 8・5 炮，8・2 炮再架中炮打炮，又有象、车交叉链杀 5・4 马，黑不利。这说明黑跳骑河马送子链子不宜，形成又一反面教训的基本战术——

基本战术（46）。车前马跳骑河马送子被链子而进攻中路不利。

⑱象 8・1—5・4× 马　车 0・9—5・4× 象

⑲象 8・9—6・7× 兵：车　兵 3・7—5・6 ∧：象、马

⑳炮 8・2—b・h× 象　兵 5・6—6・7× 象　红方的杀法太单纯和被动了，造成黑兵杀象后又可继续进攻中路。事实上，当黑进兵双杀又露杀象时，红方应先弃象杀兵而邀车来杀，再以炮打吃象，既能多得一子又在中心区域争得主动，实为弃子争先、攻守

协调的具体应用。这构成又一基本战术——

基本战术（47）。当对方进兵双杀也给我方造成多路反杀的机会时，我方应选取一种既能先夺子弃子邀杀其强子，又能于另一路再得子从而造成一取一弃再一取优势的战术。局面见图 4-26。

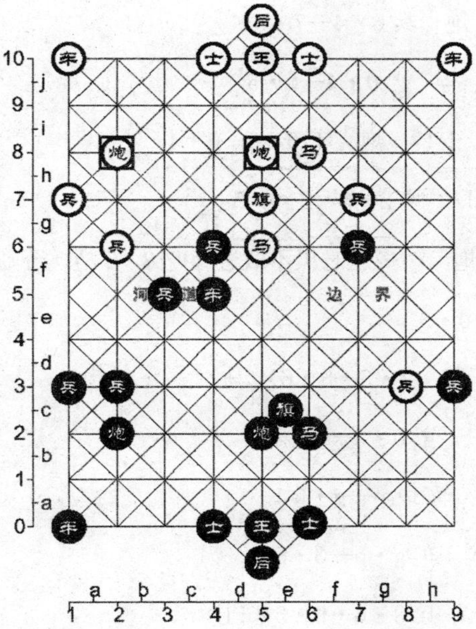

图 4-26

㉑车 10·9—4·9：兵　……红方下一步会走兵横行一格抽马叫将，马则可以垫回到 a·e 点，红方暂无破杀手段。而黑方也可以先进车至 5·6 点，待红抽马叫将时垫将邀杀车再以马兑车，但这仅仅是兑子，并无先机优势可言。因此黑方采取了积极进攻、稳固防守的策略。

㉑……　兵 6·4—7·5⊾

㉒炮 8·5□—○　兵 6·4—7·5×⊾　其实红方应先跳马 6·5 至 4·6 河外高立马叫杀车、炮并威胁左、右侧卧槽及挂角将，黑若退 5·4 车 d·e 点阻拦杀炮及左侧卧槽抽车，红马则连跳两个小马步 1·7 点卧槽将，黑只有直起边士绊马将军及杀炮，红再拨横兵杀马，以闪开车路捅将，再进兵及 10·1 车于 5·6 交会捅杀，则必得子取势了。

这一过程中的一种变式是这样的：

㉒马 6・5—4・6：车、炮　车 5・4—d・e ∧：马

㉓马 4・6—1・7！　士 0・6—1・6 ∧

㉔兵 3・8—3・7：马，车：士　马 2・6—b・f ∧

㉕兵 3・7—2・7：马　炮 2・5—8・5× 炮

㉖炮 8・2—8・5：炮　兵 6・4—7・5× 马

㉗兵 2・7—b・f× 马　士 0・4—1・5

㉘兵 b・f—1・6× 士！：炮　王 0・5—0・4

㉙车 10・1—7・4！　炮 2・5—2・4 ∧

㉚炮 8・5—9・4：炮　……这时黑不敢进兵吃 8・6 马，否则红车吃炮捅将抽车了。

㉚……　王 0・4—0・3

㉛炮 9・4—2・4× 炮　7・5—8・6× 马

㉜车 8・4—1・4！　王 0・3—0・2

㉝士 10・4—9・5　车 d・e—g・h！

㉞士 9・5—j・e ∧　车 g・h—3・5！

㉟士 j・e—9・5 ∧　兵 8・6—9・5× 士

㊱士 10・6—9・5× 兵　车 3・5—g・h！

㊲王 10・5—10・4　车 g・h—1・3：车

㊳车 1・4—1・3× 车　后—1・3× 车

㊴王 10・4—10・3　兵 5・3—6・2× 兵，后！

㊵后—9・3 ∧　后 1・3—9・3× 后

㊶王 10・3—9・3× 后　车 0・1—2・3！

㊷炮 9・4—8・3 ∧　车 2・3—f・f！

㊸炮 8・3—8・4 ∧　……这样一将一垫、一将一拦如果重复三次判为和棋。

㊸……　车 f・f—2・3！

㊹炮 8・4—8・3 ∧　兵 6・2—7・2：炮　没想到双方弈成了均衡局面，由此而进入了残局阶段。局面见图 4-27。

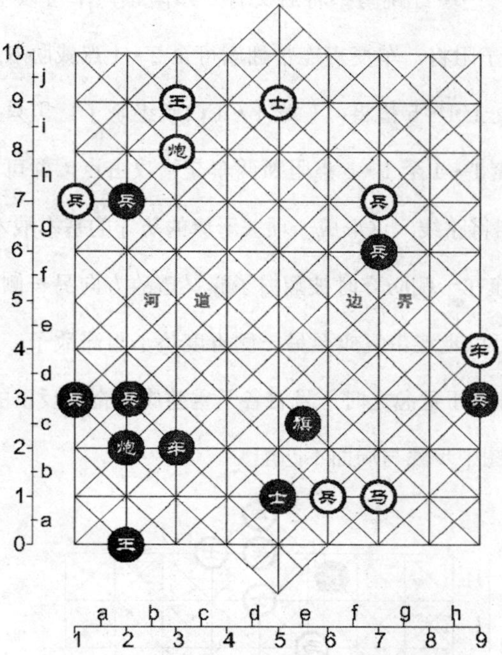

图 4-27

原弈谱中是另一条思路，局面退回到第㉑回合重弈——

㉒炮 8・5 □—○　兵 6・4—7・5⌊×：马

㉓马 8・6—6・7× 兵：兵　兵 7・5—h・d：炮

㉔炮 8・5—2・5× 炮　兵 h・d—8・5× 炮

㉕兵 3・8—3・7：马，车！ 马 2・6—a・e ∧

㉖炮 8・2 □—8・4 ○　……连带复炮阻拦车二路绝杀。

㉖……　炮 2・2—2・5　预备抽兵双将。

㉗士 10・4—9・5 ∧　车 5・4—8・4× 炮　黑吃炮弃车错误，时机不到。应先兵至 9・4 将，王至 10・4，兵 j・c 将，王 10・4 至 10・5，车再吃炮，可不丢车。

㉘马 6・5—8・4× 车　兵 8・5—9・4！　㉙王 10・5—10・4　炮 2・5—2・4

㉚车 10・1—7・4 ∧　旗 c・e—4・4，炮：车

㉛车 7・4—e・f：炮　兵 9・4—a・c！　黑本应兵横行一格叫将回退杀马。

㉜王 10・4—10・5　炮 2・4—2・5！

㉝马 6・7—4・5 ∧ ……红跳马垫将后又有一步险棋，车可以至 b・c 点叫将；黑唯有旗可以至 1・4 点垫子阻将，车变点连带翻旗可至 2・4 点威胁双车错杀夺马，士绝杀并叫杀旗、炮；黑若支士 1・5 垫将，车吃 1・4 白旗绝杀了。黑只有一步好棋可以化解险情，即旗走连带复旗 1・4 至 1・6 点阻断两车交错攻击点，并可以掩护马看炮，封杀挂角点及防守车斜线叫将路线，这形成一项关于旗的防守的基本战术——

基本战术（48）。旗在一侧防守时被翻白子旗又遭敌方向另一侧的交错进攻，这时如果旗不是直接垫将则可以走连带复旗至另一侧再度垫子阻滞敌子，以充分发挥其指挥号令核心能够随机变换阵形于危急之时，号召各子重整旗鼓奋力反击的特殊作用。

形势见图 4-28（该图中步骤与局面不匹配）。

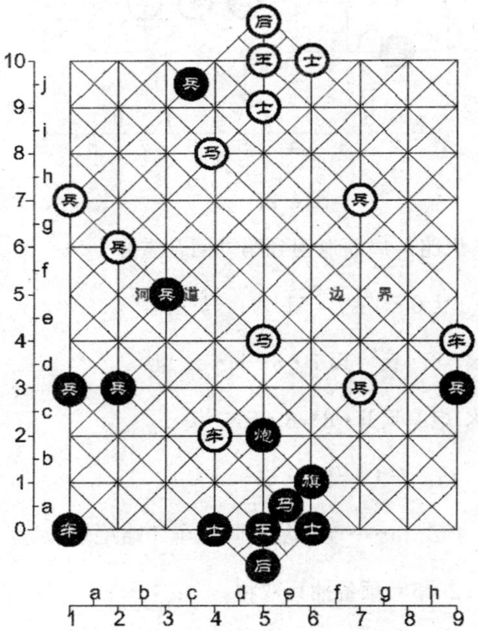

图 4-28

黑方看出红方的这一步棋，于是起车防守——

㉝…… 车 0・1—3・4 ㉞兵 3・7—2・6 旗 4・4—6・6 走旗是一步排局棋（尚未限制旗的行棋距离，规则错误）。

㉟车 e・f—b・c！ 士 0・4—1・4 ∧

㊱兵 2・6—1・6：马 旗 6・6—d・h ∧

㊲车 4 • 9—d • h⌊　车 3 • 4—8 • 4× 马

㊳车 b • c—0 • 2！　后▽—0 • 4 ∧

㊴车 4 • 9—j • c× 兵　旗 d • h—b • f：兵

㊵兵 1 • 6—a • e× 马　士 0 • 6—a • e× 兵

㊶兵 6 • 2—5 • 3× 兵　车 8 • 4—7 • 5：兵、马

㊷兵 5 • 3—5 • 4 ＋马　车 7 • 5—7 • 7× 兵

㊸车 0 • 2—3 • 2× 兵　炮 2 • 5—9 • 5× 士

㊹马 4 • 5—3 • 3：炮　车 7 • 7—5 • 5！

㊺王 10 • 5—10 • 4　炮 2 • 5 □—2 • 4 ○！

㊻兵 5 • 4—4 • 5　旗 b • f—4 • 4：马，炮！

㊼王 10•4—10•3　车 5•5—i•a！红王一出宫则车后相遇了，车须避后否则被杀。故黑车先叫将一步。　㊽王 10 • 3—9 • 3　车 i • a—j • b！

从第㊹回合起已经进入了残局。局面见图 4-29。

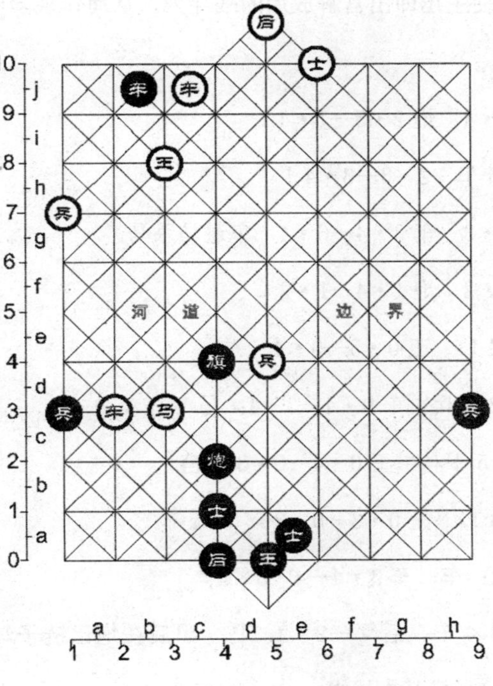

图 4-29

从原弈第㉙回合起黑方变着还有另一种结果。着法：

㉙……　兵 9・4—9・3！

㉚王 10・4—10・3　兵 9・3—8・4× 马

㉛士 9•5—8•4× 兵　……这时在红方王已出宫又支士使炮后直接相遇(后已叫杀炮）的情况下，炮即不须再礼让后先而可直接垫子打后了。

㉛……　兵 5・3—6・2× 兵

㉜兵 7・1—6・2× 兵　士 0・4—1・5　黑方考虑这时若车 0・1 至 2・3 将，士 8・4 至 9・3 垫，黑暂无攻杀良策，因此先支士以便王车易位使后也能投入战斗。

㉝马 6・7—4・7　车 0・1—2・3　红马跳河外巡河马，叫杀炮并预备右侧卧槽抽车。对于马的威胁，黑方其实可放心走王车易位，将王与车做双向运子的换位。若红马再来卧槽将军，可随王出宫的后已能一步从后宫直接吃掉卧槽马了。原弈中黑方尚未认识到这一点。若能如此则体现了又一基本战术——

基本战术（49）。当一方已经可以王车易位又受到对方马卧槽抽车的威胁，这时仍可继续走王车易位，使王迅即出宫解放后的战斗力，从而体现险中求变、封杀并化解马的威胁这样一种战术。

㉞王 10・3—10・4　炮 2・5—1・4！

㉟士 8・4—9・5 车　2・3—3・4！

㊱王 10・4—10・3　车 3・4—6・4　车避马杀马。

㊲王 10・3—10・2　炮 1・4—1・2

㊳马 4・6—1・3！　王 0・5—0・4

㊴马 1・3—3・2× 兵　车 9・4—3・4：马

㊵车 10・1—6・5 ＋马　王 0・4—0・3 出宫

㊶车 6・5—6・3！　王 0・3—0・2

㊷车 4・9—4・3：车　车 3・4—4・3× 车

㊸车 6・3—4・3× 车　后▽—2・2：马　黑后在炮已链子马、兵的同时继续垫炮杀马打马必得一子，这形成基本战术——

基本战术（50）。当己方炮已经链子的同时，己方另一子可继续垫子叫杀及打杀，则必得一子。

㊹马 3・2—3・4：后　后 2・2—2・3：马、车，炮！　红马抽子叫杀后，因马想跳 1・4 叫将杀后的点被黑马封杀着。后抽子叫杀车、马的同时炮叫将。

㊺车 4・3—5・2∧　后 2・3—3・4×马：车

这已经进入了残局。局面见图 4-30。

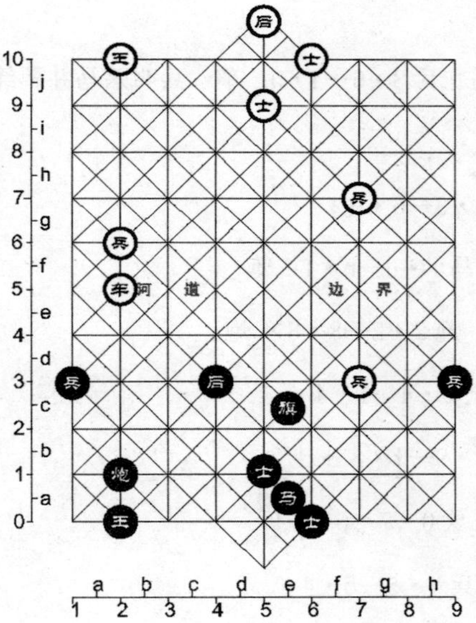

图 4-30

第十三节

第 27 局

着法：

⑪车 10・9—5・4：马　兵 4・7—5・6×兵　红方面对黑方可以抽马打炮接着卧槽抽车的威胁，不是盲目地复炮招打送吃，也不是被动地防守，而是主动出车压制马并预备封堵炮路。这种情况下黑方虽然仍可马连跳 3・2 点至 5・3 点两个大马步成骑河马势，同样形成抽马打炮接续卧槽抽车威胁的战术形式；但由于此时红方局面的便利因素，黑

方若仍然走这一步棋，红方即可接着走车 10・1 至 f・e 垫炮，同时消除了卧槽抽车的隐患，使黑方不得不考虑改变着法。黑方于是选择先进兵吃 5・6 兵，在车、马的掩护下为以后 2・6 马跳卒前马进攻中路作准备。

⑫炮 8・8 □—○：马　马 2・6—f・d：旗　红复炮叫杀马与黑炮相互威慑。按照炮的制胜规律是后发制人，先手炮往往抓不住后手炮的准确目标，仅打吃炮前其他目标；然引而不发的后手炮一旦开炮就要置先炮于死地打吃敌炮，故黑方可置红炮的叫杀于不顾而跳连环马叫杀旗。

⑬兵 7・3—6・4 ∧：马　兵 3・6—4・5：车　兵叫杀马并羁绊马卧槽抽车的路线。黑兵中路叫杀车。

⑭车 5・4—6・3　象 0・3—6・9！

⑮士 10・6—9・6 ∧　马 f・d—h・f：炮

⑯炮 8・8—4・4× 马　炮 2・2—8・8× 炮

⑰马 e・c—1・3！　士 0・4—1・4 ∧

⑱车 6・3—3・3　车 0・9—1・8 ＋士

⑲炮 8・5—8・4：士　象 0・7—6・1！

⑳士 10・4—9・4 ∧　兵 4・5—5・4 ∧

㉑兵 6・4—5・5　兵 5・4—6・3

㉒兵 7・1—6・2，车：象　象 6・1—i・c：炮

㉓炮 8・4—9・5　马 h・f—f・d：旗

㉔炮 9・5—10・4：士　兵 6・3—6・4 ∧：旗　黑兵叫杀旗，旗因被炮链子而不敢杀兵，若旗吃兵，黑旗拉开抽车炮将，红车虽可连带行棋翻白旗并 3・5 点垫将，然黑车又起至 3・6 点叫杀困车，红不利。

㉕王 10・5—10・6　车 1・8—g・b！

这时，若红方士 9・4 至 9・5 垫将，黑象 i・c 至后宫侧弃象将，车再于 9・5 点将是绝杀。若红后垫将，车杀后将也是绝杀。若士 9・6—9・5 垫将，象 6・9 至 j・e 将，红退士杀象，黑进车杀士将仍然是绝杀了。局面见图 4-31。

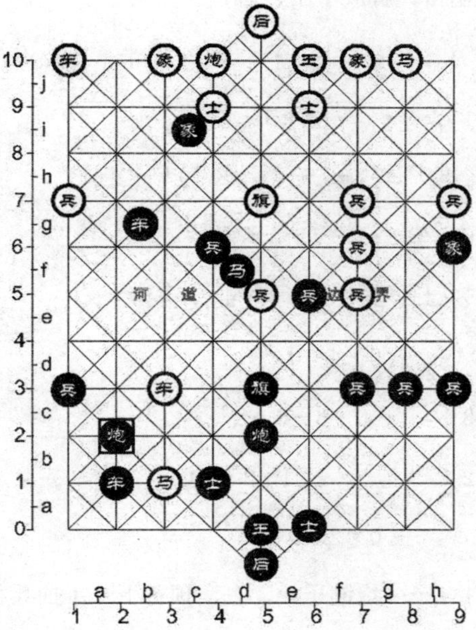

图 4-31

红跳窝心马是防御的正着，但不如士9•4至i•d拦车同时炮打士威胁叫将更有力——

㉖士 9 • 4—i • d ∧　马 f • d—8 • 7！

㉗旗 7 • 5—9 • 7 ∧　象 i • c—8 • 4：士

㉘象 10 • 7—8 • 5 ＋士　马 8 • 7—h • f：象、士

㉙旗 9 • 7—8 • 6 ∧　兵 6 • 4—7 • 5：旗　黑兵叫杀旗，旗因垫子绊马而不敢吃兵。旗若吃兵，黑马踩象迫使红后吃马暴露目标给炮以窝宫打后的机会。试看——

㉚旗 8 • 6—7 • 5× 兵　马 h • f—8 • 5× 象

接下红方必以后杀。若士 9 • 6 至 8 • 5 吃马，象 6 • 9 至 j • e 将，士 i • d 至 j • e 吃象，象 8 • 4 至 j • e 吃士将，王出宫，车占 9 • 5，后至 9 • 7，车杀 10 • 4 炮将绝杀了。

㉛后▽—8 • 5× 马　象 8 • 4—h • d⊾：后

㉜后 8 • 5—9 • 5　象 h • d—7 • 5×⊾：马

㉝马 10 • 8—9 • 9　象 7 • 5—9 • 7！　马看 j • g 点。

㉞王 10 • 6—10 • 7：象　旗 3 • 5—2 • 4：车，炮：后　黑弃象抽旗打后抽车。由

于这一步缓着红王得以出宫，解放了士、后。

㉟车 3・3—3・5⌊∧　车 g・b—f・c　红车连带杀旗垫炮，黑车象连线准备叫将。

㊱象 10・3—8・5　象 9・7—j・g！

㊲马 9・9—j・g× 象　车 f・c—j・g× 马！

㊳王 10・7—10・6　车 1・2—1・3× 马

㊴炮 10・4—1・4× 士　王 0・5—0・4

㊵炮 10・4 □—○！　王 0・4—0・3

㊶炮 10・4—10・3！　王 0・3—0・2

㊷炮 10・3—10・2！　炮 2・2 □—2・3 ○

㊸车 10・1—9・2！　王 0・2—0・1

㊹炮 10・2—10・1　……炮链子兵、王，预备下一步抽兵将，再车 3・5 至 3・1 车炮双将以绝杀。

然黑方也有应对的办法——

㊹……　车 j・g—9・7！

㊺士 9・6—j・f ∧：车　炮 2・5—1・6！后：车　红士垫将反杀车的同时 9・5 后还叫杀着车。红车若 3・5 至 3・6 垫将被 6・9 象回杀了，垫 2・6 点被炮打，垫 4・6 点被兵吃，似乎只有垫象才是可以商榷的——

㊻象 8・5—9・6 ∧　车 9・7—j・f× 士！

㊼王 10・6—10・5　车 j・f—9・6× 象！

㊽后 9・5—9・6× 车　象 6・9—9・6× 后！　红后若不先手兑车则少得一象。

㊾车 9・2—9・6× 象　后▽—3・5× 车

㊿兵 7・1—6・2，炮！　王 0・1—0・2

51 车 9・6—5・2！　王 0・2—0・3

52 炮 10・1—8・3：车　后 3・5—5・5× 兵！

53 士 i・d—9・5 ∧　旗⌊2・4—3・3⌈ ∧　红炮链子车、王，黑旗垫子阻隔炮。

54 炮 8・3—2・3× 炮　旗 3・3—2・4，车：炮

(55)炮□8·3—5·3〇！……炮以纵向连带复炮进位叫将。

这已经进入了残局。局面见图 4-32。

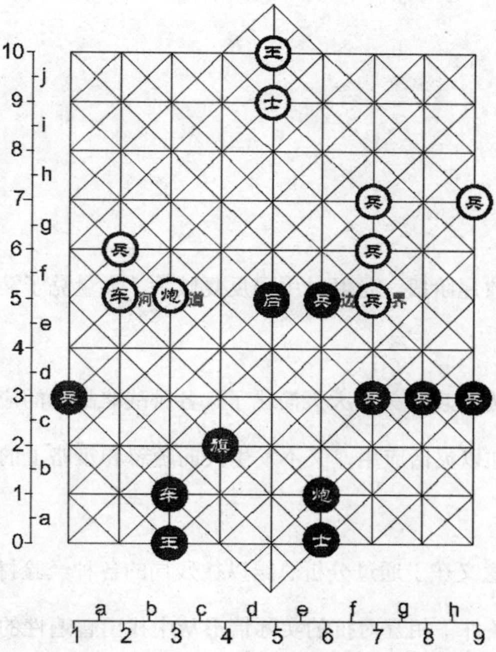

图 4-32

第五章　残局要旨

残局是一局棋的收尾阶段，是经过中局反复破杀、大量兑子简化后形成的最后决胜负的阶段。

进入残局双方子力和攻守关系大大简化了，各种战略战术的应用变得清晰明朗，只要能熟知一般战术并加以灵活应用，又不发生大的疏忽和策略上的差错，一般现实目标是可以把握、实现的。

研究残局的实际意义在于通过分析总结以往残局的各种经验材料和变化特点，根据不同子力、不同局势条件下相互对抗的实际情形从中找出普遍性的战术形式和制胜规律来，从而为人们在残局阶段避免和减少误着，快速制胜，缩短终局的纠缠时间提供参考。

关于残局理论明代棋艺家朱进之在《桔中秘·残局说》中有精彩的论述，其曰："棋有残局，补全盘之未备也。全盘子多而难明，残局子少而易悟，尤可取法。况得其一诀，便可触类引申。其余全盘所裨实倍至。如局本成和，贵乎能守。惟刚愎自用，锐其攻而布其胜，胜不可寻，而反致失中，败且随之。局固可胜，贵乎善谋。彼昏不知，馁于进而诿于和，和已自慊，而安敢他谋，子并弃之，此皆不审局面之误也！故必确有持循，方可为法。是集余从旧谱殚精毕虑，务别雌雄，精阐识未，使胜者必胜，和者必和。"（转摘自《中国象棋史》第 275 页）

关于残局理论研究的意义并不在于到某一天它们会提供给人们现成的、可以套用的答案，而在于通过研究总结经验并找出其中具有普遍意义的战术形式，揭示其内在的制胜规律。

对于残局形式的分类，古已有之的分类方法可以作为参照，即首先从双方主要子力对比的情况入手作一归纳分类，然后再从中细分出各不相同的局面特征来。例如第一步先分出双车士对双车类、双车对车窝宫后士类、车马炮对车马炮类、车马象对车炮象类、车炮士对车马类等；但这仅仅是一个笼统的、挂名的分类，再进一步还应落实到具体战术和局面形势上来，例如第七节第9局，双方子力均衡攻守互有优劣均出现和棋条件因红方行将丢子失势而主动弈和局，第十六节第23局红单车活炮无奈黑紧密防守并以后兵象攻杀致胜局等。这样不断总结提高，才有可能从千变万化的残局形势中，逐步理出一条渐趋明朗的回归客观必然性的思路来。

至于本章所涉及的内容只是接续前面实例和局势的发展，针对其中发生的一些战术形式和胜负规律做出初步的概括和总结而已。

第一节

第4局（接图4-6）

双车炮对车马窝宫后双士类。

红双车两翼封堵加炮链杀阻王出宫，终因子力悬殊对方连出妙手致负局。

着法：

㊿ 车2·7—3·8×兵　车7·9—5·7×兵

52 车9·4—3·4　士0·4—1·4

53 车3·4—0·1！　后▽—0·4∧

54 炮9·8—9·7：车　车5·7—h·d！

55 王10·7—10·8　车h·d—10·2！

56 炮9·7—10·7∧　车10·2—7·5！

57 王10·8—10·9　车7·5—7·6！

58 炮10·7—9·8∧　士1·5—1·6　士在车的保护下垫车掩护马跳开，以便掩护王尽快出宫。

⑲车0・1—3・1×兵　马a・e—b・g：车　红只好车先吃兵扫荡外围，以便双车左右呼应压制王出宫，阻止后投入战斗。黑马连跳踩车。

⑳车3・8—2・8：马　马b・g—4・7：车　车看炮不能离开8路一线，只有进一格争先反杀捉马。

㉑车2・8—0・8！　士1・6—0・6∧　士落子垫将重又堵塞了王出宫路线。看来马跳出去叫杀手，以弱对强，连续踩车引火烧身又不能有效控制车着法不妥。第⑳回合应走旗3・5至1・7连带复旗，看马以稳固防守助王出宫才是正着。

㉒车3・1—3・3×兵　后0・4—1・5　黑支后阻断双车对士的错杀，以腾出车吃兵。

㉓车2・3—0・3！　士1・4—0・4∧

㉔车0・3—2・3！　0・4—1・4∧　如果相同的局面重复三次判为和棋。如果黑方不愿和棋，唯有垫马1・4点或王沉入后宫。

㉕车2・3—2・7！　……黑若王0・5至0・4，车吃3・7兵叫杀马、后，黑即使马回跳1・6点踩双车，红也会以双车一控一破杀至1・5点吃后将，黑王被擒杀了。因此——

㉕……马4・7—1・6∧：车

㉖车1・8—6・8＋兵　车7・6—3・2

㉗车2・7—6・3＋兵　旗3・5⌞—1・3⌜　黑连带复旗退回1・3点拦截双车，同时阻止了红双车控制1・3点压制王出宫的企图，尤其此时旗恰到好处地退守还为自己争得了在正前、侧两个方向不受红车攻击的有力防线。这构成一项基本战术——

基本战术（51）。当旗在退守拦截的时候应充分发挥自身有两个杀点的作用，退在一个恰当的点上以拦截多方面敌子的进攻，同时还应尽可能寻求其他棋子的保护，使自己虽身处险境却可以免遭敌子攻杀的威胁。这是一退而扭转全局的战术。形势见图5-1。

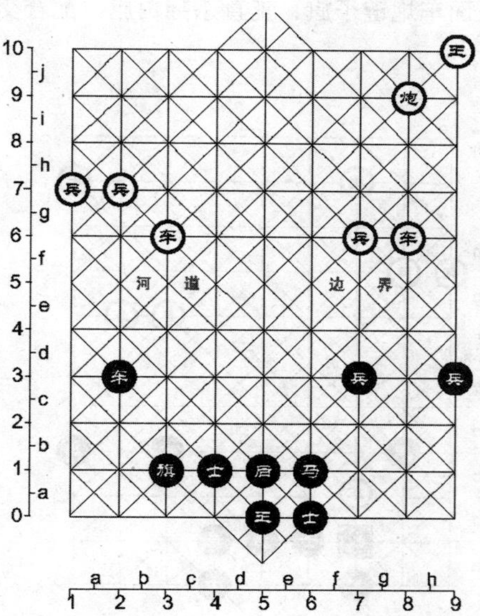

图 5-1

㊳王 10·9—10·8　车 3·2—4·2！

接下若王 10·8 至 10·7，车 4·2 至 j·g 将；王 10·7 至 10·6，车 j·g 至 9·7 将；王 10·6 至 10·5，车 9·7 至后宫侧将；王至 9·5，车至 j·d 将军抽车了。王若 10·5 至 10·4，车至后宫底将；王若走边必死，升起一格至 9·4，车至 j·c 将；王 9·4 至 8·4，车至 i·d 将；王向边上退却必被将死。由此形成一条基本战术——

基本战术（52）。王被对方强子叫将应尽量贴近和依靠己方棋子的保护，切忌孤王单独应战和向空旷地带转移，否则必被抽子或被擒杀。

因此，红王本想横行一格摆脱车的链子以走炮叫将，却又不得不再退回 10·9 点——

㊴王 10·8—10·9　车 4·2—3·2＋旗　车若不退回 3·2 点，被红车攻占 2·3 点翻白子旗再双车夺旗，黑将很不利。

㊵王 10·9—9·9　王 0·5—0·4　㊶炮 9·8—9·3：旗　王 0·4—0·3

㊷车 6·3—2·3⌊：车　……红方正面车炮链子直攻翻白子旗并叫杀车，同时配合交错车于下一步斜路捅杀白子旗叫将绝杀了。即使是 72 回黑车 3·2 至 2·3 吃车，红车也能 6·8 至 1·3 吃白旗配合 9·3 炮捅将，黑车杀不回来，王亦不能吃车，被捅将绝杀了。这形成又一基本战术——

基本战术（53）。正面车炮链子旗、王直杀翻白旗，配合交错车杀旗捅将必绝杀敌王杀法。形势见图 5-2。

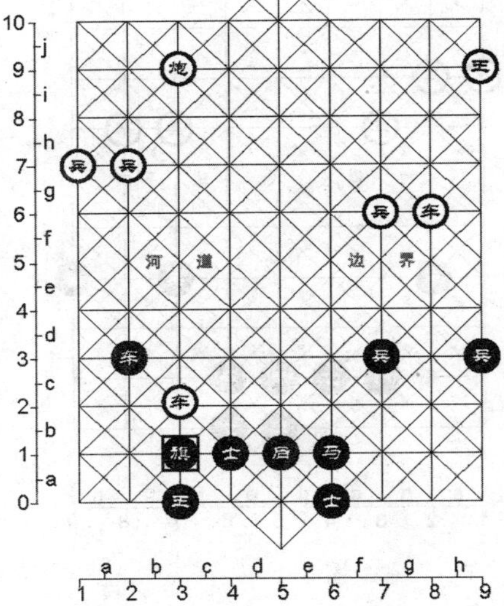

图 5-2

黑方看出了红方的意图，即还以突袭敌王，迫其回防的战术——

(72) …… 车 3・2—j・h！ (73) 王 9・9—8・9 车 j・h—10・9！

(74) 炮 9・3—9・9 ∧ 士 1・4—2・3× 车 这样由于黑王已出宫，士抽杀车，后可以投入战斗，红方必输了。

由此看来红方第(72)回合车的走法不妥，局面再退回到(72)回合重弈——

(72) 车 6・3—4・1：车，炮！ ……红车炮配合抽车打将，按照前一招式黑车必垫将而红车则一步捅将闷杀了。但现在黑车可以有三点变线垫将的选择并可以在选择 3・3 点垫将的同时斜线反杀叫将，然后直线杀炮化解危急。这形成又一项将计就计、一将还一将的基本战术——

基本战术（54）。当对方车炮配合抽车打将的时候，我方被抽杀的车或另外一枚强子可以在垫将时选择一处最佳落点，以便在垫将的同时能反杀叫将，夺回先手杀炮或杀车的主动。

实弈中黑方走了后 1・5 至 3・3 垫将反将的棋——

(72) …… 后 1・5—3・3 ∧！：炮

⑦③王9·9—8·9　车3·2—4·1× 车

⑦④炮9·3—8·3　车4·1—8·5！

⑦⑤王8·9—7·9　车8·5—7·5！：兵

⑦⑥车6·8—7·8∧：车　车7·5—9·7！

接下，红王若上将6·9，兵3·9至5·9堵王，下一步至f·h叫将绝杀了。

⑦⑦王7·9—8·9　后3·3—7·3：车　黑方弃后邀车来杀，以便车可以突袭擒王。

⑦⑧车7·8—8·8：车　车9·7—6·7× 兵！ 红车不敢杀后而置王生死于不顾，唯有退一路兑车。车则吃兵再将。

⑦⑨王8·9—9·9　……王的后退使先前平王可退的效应重新归于无效，红7·2兵不能保护8·3炮了。

⑦⑨……　车6·7—6·9！ ⑧⓪车8·8—8·9∧　车6·9—9·6！

⑧①车8·9—9·8∧　车9·6—h·g！ ⑧②炮8·3—8·8∧　后7·3—7·9！

⑧③车9·8—8·9∧　车h·g—8·8× 炮！

⑧④王9·9—10·9　后7·9—8·9× 车！×

黑车、后错杀夺炮，抽车将，绝杀了。局面见图5-3。

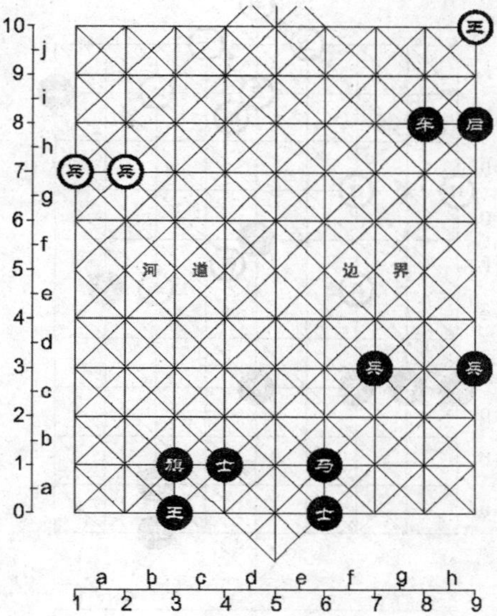

图5-3

第二节

第 5 局（接图 4-7）

车炮旗窝宫双士后对车后旗单士类。

红虽车炮链子敌王待杀，却因后未出宫不敌黑车后争先错杀，终致王被闷杀九宫沿局。

着法：

㊸……　车 6・9—9・9！

㊹炮 8・7—9・7∧　后 6・3—6・9！　㊺王 9・6—9・5　后 6・9—6・5！

以下若红王平将 9・6，车 9・9 至 h・g 将；炮 8・7 垫将，后 6・5 至 8・7 夺炮将；车 5・7 至 8・7 须兑后，否则后拉开至 8・4 点将，红王被绝杀了。这一车、后错杀叫将的过程，车后从长直线叫将不断变为斜线近距离叫将，如此交错压前攻杀，子力逐渐汇于一点，使得敌子垫防不及而车、后却可夺子连兑争得上风。这形成又一基本战术——

基本战术（55）。车后从不同方向、不同点上配合攻杀敌王，可以不断从长线远距离叫杀变线为短线近距离叫杀，以不断调动敌子垫防，使己方攻击力逐渐交汇于一点以争得夺子连兑及杀将的优势。形势见图 5-4。

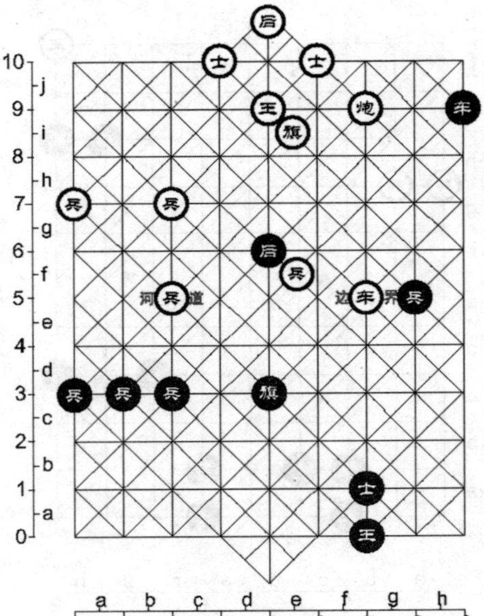

图 5-4

如果按战术（55）所述图 5-4 局面，还应再发展两个回合，即王 9•5 至 9•6，车 9•9 至 h•g 将等，那样红方将多丢一炮。现当黑后继续叫将时，红方可利用车炮链子士、王的条件，抽车垫将并反将，于是——

㊻车 5•7—7•5∧，炮！　后 6•5—6•7∧

㊼旗 i•e—8•6＋炮　车 9•9—f•e× 兵　㊽炮 9•7—1•7× 士　车 f•e—h•c！

接下红王若落将 10•5 则黑车、后交错攻杀，红必被兑车多丢一炮。因此红以旗垫将最好——

㊾旗 8•6—8•4∧：车　车 h•c—8•3

㊿炮 9•7□—○！　后 6•7—g•g！

51 炮 9•7—8•6∧　后 g•g—6•7

52 士 10•6—10•5　兵 5•8—6•8

53 士 10•5—j•d　旗 3•5—6•5

54 炮 8•6—9•7！　……这时黑只有走后离将至 5•6 点重新建立王的保护线。因为实践证明只要车或后在直线或角上保护着王，王又紧贴底、边线和二路线并围绕着车、后的保护线行棋就不会被单车或后将死。若此时王走 0•7 至 0•6 避将则必被车将死。因此——

54……　后 6•7—5•6

55 车 7•5—5•7！炮！　王 0•7—0•6

56 车 5•7—6•8× 兵　旗 6•5—8•7　红车吃兵是软手。

黑旗压炮闪开中路车、后可以叫将的点并控制炮可以叫将的点。

接下若红炮 9•7 变线至 8•6 将，后闪开于 6•5 点反将抽车，车必兑后，则黑车可横扫红兵并率旗及多兵压制红王出宫，红棋不妙。红方也不能车 6•8 至 2•8 将，接 2•5 将，再退回 7•5 点守王，那同样会被后 5•6 至 8•6 点叫将抽车，兑车后黑车又叫将抽炮，红不利。红只有车退两斜格至 5•9 点，退入全局唯一一条横线不通的隐蔽点处，既避开后的叫将抽杀又能看住黑旗于 8•6 点的叫将抽炮。这构成又一基本战术——

基本战术（56）。一方车或后在中线附近受到对方车、后叫将抽车兑车的威胁，这时的车或后可以在兼顾防守的同时选择一个方向进入横向不通中心线的一点上，以便既能在这一线上避开对方将军抽车兑车的威胁，又能在另一线上有效防守，获得隐而后动的效果。形势见图 5-5。

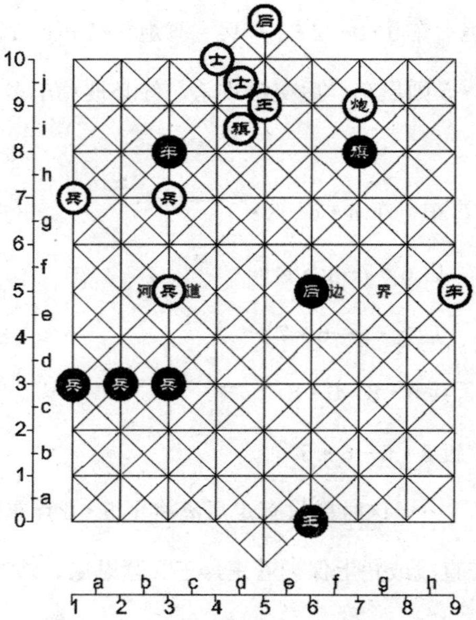

图 5-5

在战术（56）所述的棋图形势下，由于局面的特殊性，红车即使走了这一变化能守住旗至 8・6 点的叫将抽炮，但也还是守不住车 8・3 至 8・6 直接叫将抽炮邀杀车的进攻。因此红方还是应先走车叫将——

㊲ 车 6・8—2・8！ ……若黑王平将至 0・5，则车追杀必将死了。黑只有垫旗——

㊲ …… 旗 8・7—1・7 ∧

㊳ 炮 9・7—10・6！ ……若后 5・6 至 6・5 反将，则红王 9・5 至 9・6 垫炮将，红车 2・8 至 0・8 连带杀旗将，黑王被杀死。因此红炮 10・6 将时，黑应垫车反杀——

㊳ …… 车 8・3—8・6 ∧！ 由此形成一项基本战术——

基本战术（57）。当己方王与一只车或后相连遭到正面敌炮的打将，这时若有另一只车或后从一侧垫将的同时能够反杀叫将、连将直至兑杀敌炮，并在另一处争先抽杀敌一强子，则仍不失为一着垫子反将、先弃后取的好棋。形势见图 5-6。

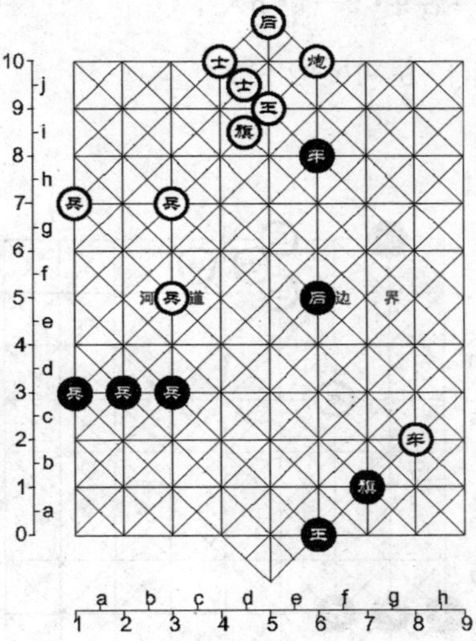

图 5-6

(59)王 9·5—10·5　车 8·6—10·6× 炮！

(60)后▽—10·6× 车　旗 1·7—2·8× 车　(61)旗 i·d—8·4＋兵　后 5·6—7·8！

(62)王 10·5—▽　后 7·8—7·4：旗

(63)后 10·6—j·e　后 7·4—8·4

(64)旗∟8·4—8·2⌈　后 7·4—8·3：旗

(65)旗 8·2—6·2　后 8·3—7·2：旗

(66)旗 6·2—6·4　后 7·2—7·1× 兵

(67)王▽—10·5　……这时仅凭黑旗去堵截王出宫刚差一步，并且也憋杀不了王，只有后从一侧迂回封杀——

(67)……　后 7·1—6·1：旗

(68)士 10·4—9·4　后 6·1—6·3：兵　(69)旗 6·4—8·4　后 6·3—5·3× 兵

(70)王 10·5—10·4　后 5·3—7·1！　(71)王 10·4—10·3　后 7·1—10·1！

这时红若垫旗 8·4 至 10·2，后连带杀旗至 9·2 再将，红垫白旗，后杀旗将，王被步步追杀又退回到九宫门口，后 10·2 将，士因王未出宫不能垫子，王被憋死在退往九宫的途中。这一过程是——

(72)旗 8·4—10·2∧　后 10·1—9·2！∟

⑬旗⦜10·2—j·b∧　后9·2—j·b×！⦜

⑭王10·3—10·4　后j·b—10·2！×

黑方胜。局面见图5-7。

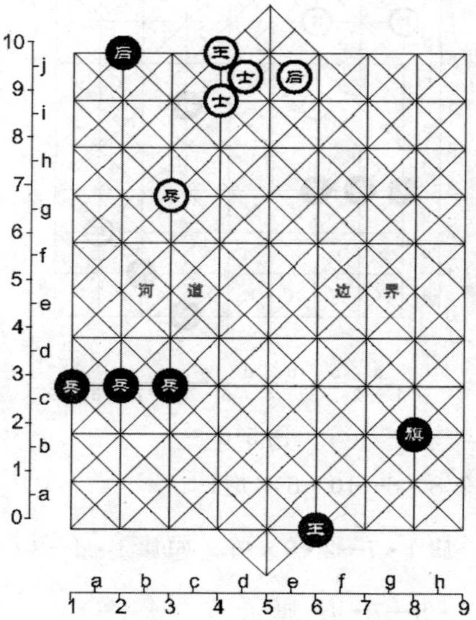

图5-7

第三节

第9局（接图4-11）

后马旗多兵对车马旗士多兵类。

双方子力均衡攻守互有优劣均出现和棋条件，因红方行将丢子失势而主动弈和局。

着法：

㊸后9·7—7·5：马　马5·5—9·5！

接下若红王平将至10·6，马9·5至i·e将军抽后必杀后，王只有走在10·8——

㊹王10·7—10·8　马9·5—8·7！：后

㊺后7·5—9·7∧：马　马8·7—i·h！：后　黑马跳在弱点上叫将同时还踩着后、兵，但同时马也让开了7路线给后以吃兵将的机会。

㊻马8·8—9·8∧　旗2·6—3·6十兵　红以马绊马又看兵，还掩护和保留了后杀兵叫将的先手，比后直接绊马垫将还丢兵好得多。这形成又一基本战术——

基本战术（58）。当对方跳小立马并踩杀多子时，己方要先考虑既成的有利条件，尽可能动用其他闲着的子，例如马跳前绊马，以便在有效防守的同时又争得其他子后手反先的机会。形势见图5-8。

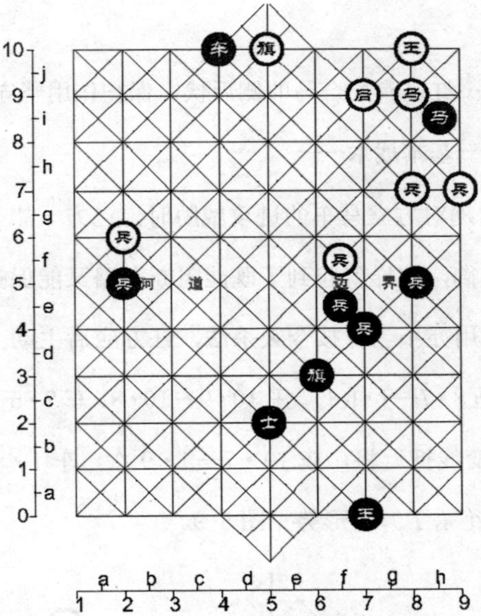

图5-8

㊼兵7·8—5·7：兵　兵e·f—5·7×兵　㊽兵f·f—e·g：兵　王0·7—1·7

㊾兵e·g—d·g　士2·5—2·6　㊿兵d·g—c·g　士2·6—2·7：兵

51兵c·g—2·8！　王1·7—0·7　52后9·7—e·b！　旗3·6—3·4∧

53后e·b—5·2×兵　车10·4—8·6！

54旗10·5—i·f∧　车8·6—8·7　红面临车至9·7叫将绝杀危险。

55后5·2—0·2！　旗3·4—0·4∧

56后0·2—c·d！　旗0·4—b·e∧

57后c·d—0·2！　旗b·e—0·4∧

58后0·2—5·2！　旗0·4—b·e∧

双方出现一将一拦及至重复三次造成长将长拦判和的条件。同时红方虽然受到绝杀的威胁但仍有多种反击的着法，如后至10·7兑车，或——

㊾旗 i·f⌞—j·g⌜　车 8·7—10·5！

㊿旗 j·g—10·7∧　马 i·h—8·7！

61王 10·8—10·9　车 10·5—7·5　车伺机配合立马穿隙而过叫将绝杀。

这时红若跳马9·8至8·9看车叫杀点，则黑马至i·h点绊马叫将绝杀了。红的最佳防守对策是——

62旗 10·7—9·7　……红进旗配合马的侧后伏击保护作用坚守9·7要点，意图诱车深入再行反杀。这形成又一基本战术——

基本战术（59）。当遭遇对方立马车的进攻威胁时，己方一旗一马配合可以选择进旗至马的一个绊点上进行防御，这样就起到了既能阻断车路又能保护王的作用（此战术不成立。当时规则不明，应用亦不当。按今天杀法，红方应后主动上手将，况红方局面已危。当红旗垫子后，若黑马8·7—i·h！，王10·9—10·8，车7·5—10·5！，旗9·7—10·7∧，车10·5—i·f变线抵近将，旗10·7—j·9∧，车i·f—j·9进位击退杀旗白子旗于10·7点再将，绝杀了）。形势见图5-9。

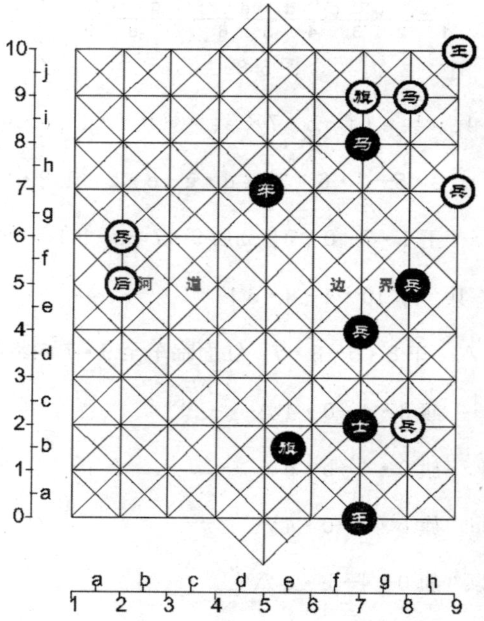

图 5-9

⑥②……　马 8 • 7—i • h！

⑥③王 10 • 9—10 • 8　车 7 • 5—8 • 6⊾　由于红王避将后马正好垫将着，因此这时黑车再杀旗翻白子旗时则不受马的威胁了。

⑥④王 10 • 8—10 • 7 ＋旗　车 8 • 6—10 • 4！

⑥⑤旗⊾9 • 7—10 • 6⸢∧　车 10 • 4—6 • 4：兵

此时黑车利用伺机于 j • g 点将军绝杀的机会又抽杀着 2 • 8 兵，红方面临失子和输棋的危险。于是红方利用规则连将争和——

⑥⑥后 5 • 2—0 • 2！　旗 b • e—0 • 4∧

⑥⑦后 0 • 2—5 • 2！　旗 0 • 4—b • e∧　⑥⑧后 5 • 2—0 • 2！　旗 b • e—0 • 4∧

双方一将一拦重复三次判为和棋（实际上按正确规则，红后一旦上手将，限制以前旗行棋无远近的错误规则，则红方胜）。局面见图 5-10。

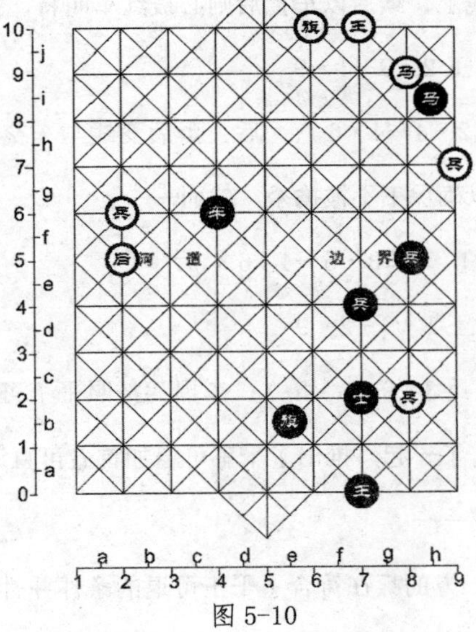

图 5-10

第四节

第 17 局（接图 4-16）

车后炮旗双士兵对车后士五兵类。

双方车、后攻杀平分秋色，因黑方子力占优终以多兵制胜局。

着法：

⑪…… 兵8·6—8·5：炮 黑取进攻势态，拨兵至8·5叫杀红白炮，同时车威胁杀士叫将绝杀。

⑫车2·3—2·9！ 王0·7—0·8

⑬车2·9—a·g！ 王0·8—0·9

⑭车a·g—0·7！ 王0·9—1·9

⑮后0·4—1·3！ 士0·6—1·5∧

⑯车0·7—0·8！ 王1·9—2·9

⑰后1·3—2·3！ 后b·d—2·4∧：后 后只有斜进一格垫将邀杀后并正面控杀炮、王，防止炮连带复炮于9·9点打将，同时为变线于3·5点和4·6点拦后兑杀作准备才是正着，若守在车、后斜线上，续后以车拦后则必被红车叫将，抽车兑车而被绝杀。

⑱车0·8—a·g！ 王2·9—1·9

⑲后2·3—e·e！ 2·4—4·6∧：后 黑后变线与车交错拦后，本想可以保住车占据角部斜线的控制点以确保王不被擒杀，然而——

⑳后e·e—4·6×后！ 车3·6—4·6×后

㉑车a·g—0·8！ 王1·9—2·9

㉒车0·8—1·8！ 兵3·9—b·h∧：车黑兵按照平王可退的规则和首着可直进两格的规则，这里则结合在了一起，推出了平王可退加首着可直退两格的新规则的应用。这构成了一项新的基本规则——

基本规则（23）。当一方的兵在符合了平王可退的条件并且这些兵从未走动过时，除了可以直退一格、横行一格及斜退一至两斜格外，还可以首着“直退两格”行棋，即所谓平王首着可直退两格的规则。形势见图5-11。

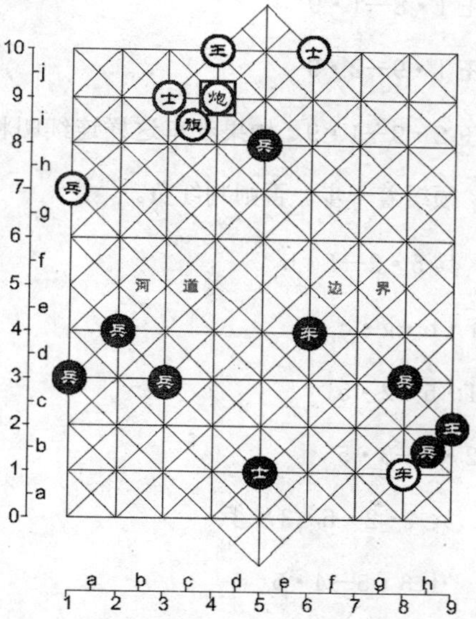

图 5-11

本来在出现前面第㉜回合车叫杀王的情形时，按照一般推断和习惯已是绝杀了，当时正在想着的是黑方为什么会输？如果黑方在残局首着改攻为守又会怎样？同时也十分不甘心黑王就此被将死。再说王为什么会被将死呢？这样被“将死”合理吗？于是想到了王为什么不能“进入”卒林兵阵接受兵的保护而非要被将死在紧邻自家大队兵马的阵尾呢？王完全应该可以进入兵的位置！如果说出现这样的叠位对于立体棋子无法表现也不尽合理的话，那么采用“易位”的着法使王穿兵而过兵阵后移又如何呢？因为既然可以走王车易位的双向运子，为什么不可以走王兵交换的双向运子呢？这完全应该被作为一项新规则提出来并在以后的实践中考虑实行！也就在这时突然又联想到了兵平王首着可“直退两格”的必然性下法。至于更进一步的王隔子跳行转移的方法可以先搁一搁以后再说了。

㉝车 1・8—3・8× 兵！ 王 2・9—1・9

㉞车 3・8—3・9！ 王 1・9—1・8 这时黑王被车叫杀不能走兵 b・h 至 2・9 垫将，否则两步后兵将被抽吃，黑方应稳定兵与车的联系而走王 1・9 至 1・8，可保不丢子。

㉟士 10・6—9・5 兵 8・5—9・4× 炮

㊱旗 i・c—9・4× 兵 车 4・6—5・5：士 ㊲旗 9・4—8・4 +兵 兵 3・1—5・2

⑻⑻ 车 3・9—b・g！　王 1・8—1・9

⑻⑼ 车 b・g—1・7！　王 1・9—2・9

⑼⓪ 车 1・7—4・7！　王 2・9—1・9　如果红车这样连续叫将，黑方又无须垫子，则红车连将不能超过 12 步，须缓着一步，否则判红负。

⑼① 车 4・7—4・3：兵　兵 5・2—f・b

⑼② 车 4・3—7・6　兵 f・b—g・c

⑼③ 兵 7・1—6・2　士 1・5—2・5

⑼④ 车 7・6—8・6　士 2・5—3・5

⑼⑤ 兵 6・2—5・3：兵　兵 4・2—5・3× 兵

⑼⑥ 车 8・6—5・3× 兵　士 3・5—4・5

⑼⑦ 车 5・3—8・3　士 4・5—5・4

⑼⑧ 车 8・3—8・2　士 5・4—6・4

⑼⑼ 王 10・4—10・3　车 5・5—8・5！

⑽⓪ 士 9・5—i・d ∧：车　车 8・5—7・5⊾

⑽① 旗⊾8・4—g・b⌈　车 7・5—4・5：旗　红旗进入 g・b 点意在突袭叫将，再以车 8・2 至 8・9 将，双子必擒王。故黑车须拦截叫杀旗。

⑽② 王 10・3—10・2　车 7・5—6・3⊾

⑽③ 旗 g・b—8・4⌈　……旗斜退与车交叉防守，若黑方接下以长短士、兵接续叫杀车、旗，则旗可凭借两个杀点的作用轻松吃兵，又不惧士的攻杀翻白旗，可再从容撤退复旗。这构成一项基本规则——

基本规则（24）。旗在防守时面对不构成链子威胁的攻杀可以从容吃子，被翻白子旗后再退回连带复旗，在这种情况下可以形成连续防守反击的效果。形势见图 5-12。

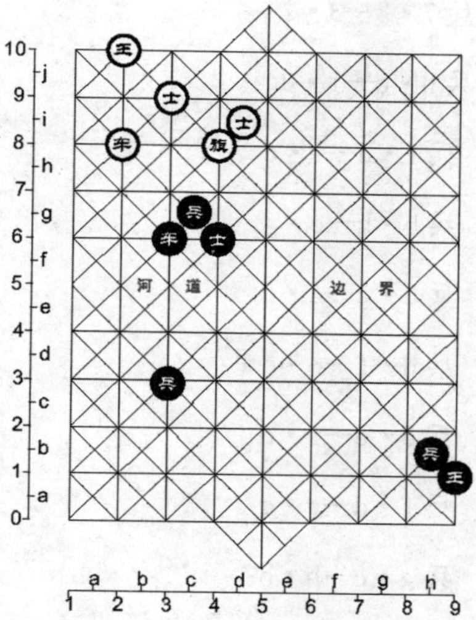

图 5-12

⑩③…… 车6•3—g•b：旗

⑩④车8•2—1•2！ 王1•9—2•9

⑩⑤车1•2—5•6！ 王2•9—1•9

⑩⑥车5•6—h•c：车 ……红子力弱，只有兑车求和。

⑩⑥…… 车g•b—8•1

⑩⑦士9•3—9•2： 车8•1—8•2：旗 车准备下一步叫将翻白子旗。

⑩⑧士i•d—i•c 士6•4—7•4：车

⑩⑨车h•c—i•b：车 车8•2—7•3⌊

⑪⓪旗•⌊8•4—9•4⌈ 士7•4—h•c：车

⑪①士i•c—8•3：士 士h•c—8•3× 士

⑪②车i•b—8•3× 士 车7•3—8•3× 车 此一回合黑方若再不兑车，则红车叫杀单兵、王，必杀王了。

⑪③旗9•4—8•3× 车 兵3•3—5•3

⑪④士9•2—8•2 兵5•3—6•3

⑪⑤旗8•3—i•c 兵6•3—7•3：士

⑪⑥士8•2—i•b 兵g•c—h•c：士

⑪⑦士i·b—9·2 兵7·3—8·2

⑪⑧旗i·c—j·b 兵h·c—i·d

⑪⑨旗j·b—10·3 兵i·d—i·c

⑫⓪旗10·3—j·c 兵b·h—c·g

⑫①旗j·c—10·4 兵c·g—d·f

⑫②旗10·4—j·c 兵d·f—e·e

⑫③旗j·c—10·4 兵e·e—f·d

⑫④旗10·4—j·c 兵f·d—g·c

⑫⑤旗j·c—10·4 兵g·c—h·b

⑫⑥旗10·4—8·4：兵 ……红方突然醒悟旗不能被动防守而应从腹背杀兵。

⑫⑥……兵i·c—i·b：士

⑫⑦士9·2—i·b× 兵 兵8·2—i·b× 士

⑫⑧旗8·4—j·b 兵h·b—8·2

⑫⑨王10·2—10·3 兵i·b—j·c！

⑬⓪王10·3—10·2 兵8·2—9·1！ ⑬①王10·2—9·2 兵9·1—i·a！

⑬②王9·2—10·2 兵i·a—j·b⊾ ⑬③旗⊾j·b—i·c 兵i·a—j·a！×

红方负。局面见图5-13。

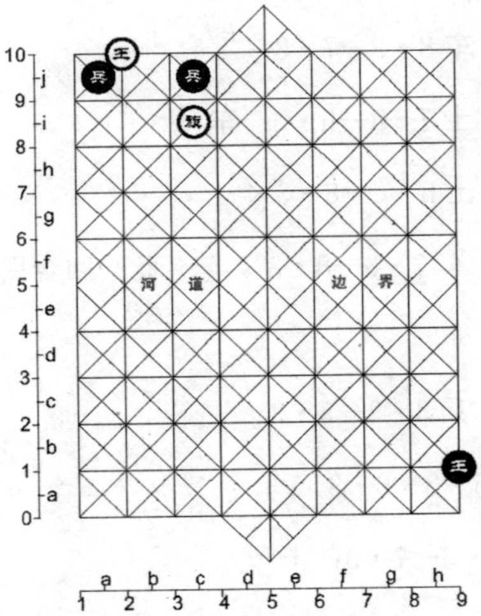

图5-13

第五节

第 23 局（接图 4-23）

车炮双士兵对后炮象双士兵类。

红单车活炮无奈黑紧密防守并以后兵象攻杀致胜局。

着法：

㊶车 2 • 1—a • b！　王 0 • 2—0 • 1

㊷炮 8 • 4—5 • 1！　兵 3 • 1—4 • 2

㊸车 a • b—2 • 1！　王 0 • 1—0 • 2

㊹炮 5 • 1—6 • 2！　兵 4 • 2—5 • 1：炮

㊺车 2 • 1—3 • 2！　王 0 • 2—0 • 1

㊻炮 6 • 2—9 • 2　兵 9 • 4—9 • 3：士

㊼士 j • b—9 • 3× 兵　后 8 • 3—9 • 3× 士！

㊽王 10 • 2—10 • 1　后 9 • 3—10 • 3！

㊾王 10 • 1—9 • 1　象 0 • 7—b • h！　㊿王 9 • 1—8 • 1　后 10 • 3—10 • 1！

66炮 9 • 2—9 • 1 ∧　后 10 • 1—9 • 1× 炮！×

黑方胜。局面见图 5-14。

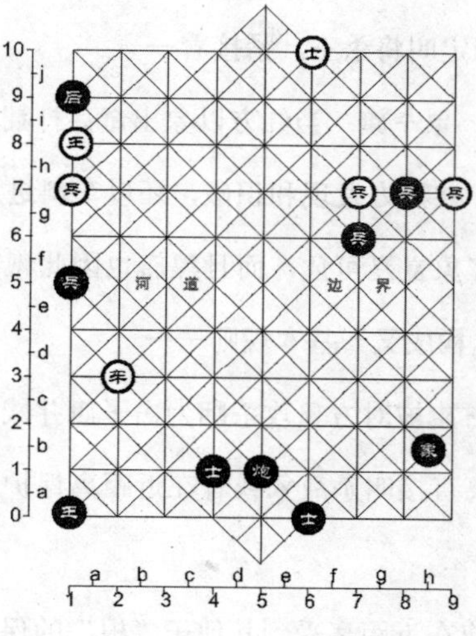

图 5-14

第六节

第 24 局（接图 4-25）

车象双士多兵对双车后旗双士多兵类。

红孤王被困，车象强弩之末合力照将，无奈黑防守缜密环环相扣更有兵回戈救驾，终致持续防反破杀成败局。

着法：

第㊿回若红车 b・f 至 a・g 将，王至 3・9，红象至 f・f 隔兵将或兵 5・7 至 4・8 将，都被 j・b 车回杀了，不行。红棋也面临一步被绝杀的危险，因此必须步步将——

㊿车 b・f—4・9！　……黑若兵 c・h 至 3・9 垫将，象 2・35・6 将就绝杀了。因此——

㊿……　王 2・9-2・8

接下如果红车先追杀，车 4・9 至 c・g 将，王 2・8 至 1・8；c・g 至 2・7 将，王至 0・8；车 b・f 将，王至 0・7；车 a・g 将，王至 0・6；车 1・7 将，王至 0・5；车 1・6 将，王至 0・4。王穿过九宫避将，无虞。故红以象配合杀——

㉛象 2・3—e・e！　旗 3・5—3・7 ∧　黑旗平移垫将而不是斜线垫将对下面的防御有决定意义。

㉜象 e・e—4・6⌞！　……象逼近旗的最近反击点杀旗，首先将旗翻为白子旗，同时根据白子旗子不塞象眼的规定叫将杀王。紧接着——

㉜……　车 0・9—3・6：象＋旗　当红方以象出奇兵打翻黑旗拦截继续叫将，准备绕开白子旗迂回奔袭杀王时，被黑方发现和识破，还以车斜进压在象的跟脚下并保护己方旗不被擒杀；这时，不仅红象岌岌可危，而且黑旗也因此恢复了士气可以扼守自己的要塞而不被象偷袭穿过了。这构成又一基本规则——

基本规则（25）。当己方旗被对方象攻杀翻为白子旗并威胁隔子叫将或飞吃时，如果我方另一子能随即在近距离直接叫杀敌象或者在近距离保护照应白子旗，则敌象就不能再隔白子旗叫将和飞吃了。

这是把象的远交近攻与旗在近距离受到其他子“根”的保护这两件事进行比较，把有"根"的保护就不能吃过路兵的规定推而广之，用在对象本身能力的限制和对白子旗作用的某种肯定上了。形势见图 5-15。

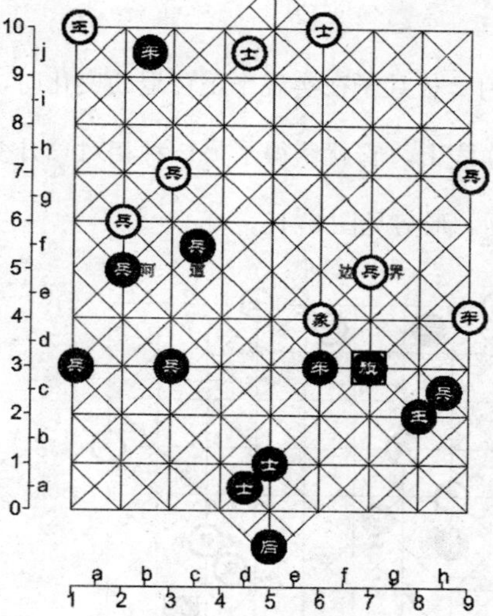

图 5-15

㊸车 4 • 9—1 • 9！　王 2 • 8—3 • 8　㊹车 1 • 9—c • g！　王 3 • 8—3 • 9

㊺象 4 • 6—e • f ＋王：兵　旗⌊3 • 7—d • g　象斜退一格保护角上的王。旗斜进一格拦象，由于从起点被车叫杀着，到落点又被象叫杀着，所以白子旗只能斜进一格而不能走连带复旗。同样，由于兵在近距离保护着白子旗，象也不能隔白子旗飞吃兵，而只能先攻吃白子旗或拼杀兵。这形成又一基本规则——

基本规则（26）。当白子旗在起点和落点上都被敌子叫杀着，白子旗只能从起点到落点走一次，不允许来回移动，也不准在被叫杀点上反复复旗，成"赖招打"式。否则判负。

㊻车 c • g—d • h！　王 3 • 9—2 • 9　㊼车 d • h—4 • 9！　王 2 • 9—2 • 8　如果车这样连续叫将，一次长将超过 12 步，判为输棋。

㊽车 4 • 9—1 • 9！　……接下王不敢再上将至 3 • 8 点了，因为象此时正控杀着白子旗及 3 • 8 点，王上将就等于是既阻断了兵对旗的保护又送将，这也是规则所不允许的。

㊽……　王 2 • 8—2 • 7

㊾车 1 • 9—a • h！　后▽—b • g ∧　红车兜底将，后通过兵的保护垫将。这时由于黑 c • h 兵先前已经接受了王的指令，获得了平王可退的权利，等于说他已经知道了王

的动向，获得了随时可以后退保王的权利和义务。那么不管是哪一枚兵子一旦它实现了平王可退的变化，它就获得了相对“升变”——继续后退一格行棋及吃子的权利。这形成又一基本规则——

基本规则（27）。当任何一枚兵子在实现平王可退的变化时，只要它走了直退或斜退一至两格，与王处于同一横线上，它就获得了另一种相对“升变”——防御时可以继续后退一格行棋及吃子的权利。形势见图 5-16。

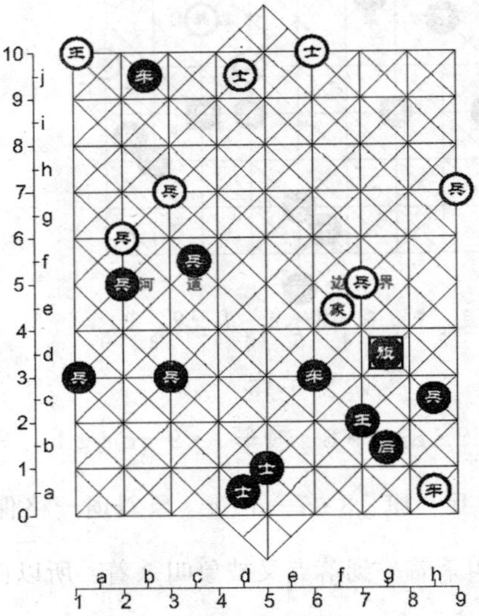

图 5-16

⑥⓪车 a・h—b・g× 后！　兵 c・h—b・g× 车　⑥①象 e・f—j・a　车 j・b—8・1！

⑥②王 10・1—10・2　车 3・6—6・6！×

这其实也可以算作是一种中局的最后一次破局胜。

第七节

第 26 局（接图 4-27）

车马炮士兵对车炮旗士兵类。

红车马突袭连将，因战术简单被黑方成功防守兑杀并以多兵反杀致败局。

着法：

面对黑方车兵交叉攻炮、一步绝杀的威胁，红方若先以车至4•6将，则黑旗拦截阻滞，使红车失去反击连将的机会。红方最佳应对是1•7马连跳一大一小两个马步至a•c点将军抽车——

㊺马1•7—a•c！：车　车2•3—0•3∧：马　马的叫将抽车迫使车必须避杀垫将，同时也控制了车的正面移动。

㊻马a•c—b•b！：车　车0•3—1•3∧：马

㊼车4•9—4•5＋马　……车横行看马，意在下一步马再变点跳回a•c点将军抽车，待车再垫回0•3点绊马，红车则可配合小立马压1•2点叫将闷杀了。正因如此黑7•2兵不敢吃炮，不敢叫将；这边旗也不敢拦车；否则车4•5至1•5吃士叫杀车，又是一个立马车的杀法。黑的最好应对是旗斜退杀马——

㊼……　旗c•e—a•c：马

㊽车4•5—3•5！　旗a•c—1•3∧　黑垫旗是必应之着，若避王至0•1则红炮至2•3马后炮链杀车王丢车了。

接下红方形势紧迫，若跳马避杀则黑车至f•f将，炮垫，拱兵再将黑王不保。红方最好的应对是炮避杀拉开至8•9点看马。形势见图5-17。

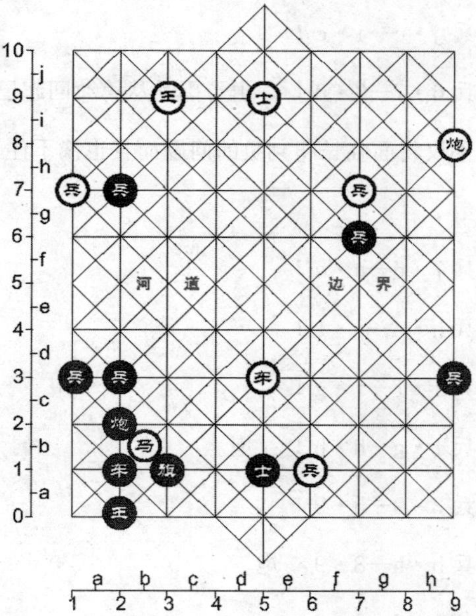

图5-17

㊾炮8・3—8・9＋马　兵7・2—8・2！ ㊿王9・3—8・3：兵　兵8・2—h・b！

51王8・3—8・4　兵h・b—h・c！ 52王8・4—8・5　兵h・c—h・d！

53王8・5—8・6　兵h・d—h・e！

54王8・6—9・6　兵h・e—i・f！　王不敢再平将至8・7点，否则6・7兵至7・8将军抽炮，双兵杀王必擒王了。

由此通过黑兵斜进两格叫杀炮（不考虑将军抽炮的问题）的着法，黑企图进兵杀炮来破炮的链子，而红方炮马配合则可先跳马踩车同时炮打车，使敌兵不敢吃炮，这形成又一种炮马间隔链子的战术——

基本战术（60）。当己方炮隔一枚敌子保护己方被车反杀的马，在同一条直线或斜线上形成间隔链子时，即使敌方一子攻杀炮，我方也可跳马踩车或叫将并闪开炮同时打车，使敌兵顾不上吃炮，而我方则可待敌车撤离后再从容撤离炮重新布置了。参见图5-17。

55王9・6—10・6　兵i・f—j・f！

56王10・6—10・5　兵j・f！—▽侧！

57王10・5—10・4　兵▽侧—▽侧！

58王10・4—9・4　兵▽侧—j・c！

59王9・4—8・4　兵j・c—i・c！

60王8・4—8・5　兵6・7—7・6！　由于黑兵从第㊾回起已经连将了11步，并且还走了一圈“推老磨”，不仅将面临长将判负的问题而且也擒不住王，因此必须改由6・7兵将。

61王8・5—8・6　兵7・6—h・e！

62王8・6—8・7　兵h・e—i・f！

63王8・7—8・8　兵i・f—i・g！

64王8・8—7・8　兵i・g—h・h！：炮

65王7・8—6・8　兵3・9—5・9！

66王6・8—6・7　兵h・h—8・9× 炮

67马b・b—4・5　车1・2—2・3

⑱车3·5—3·3：车、炮　车2·3—3·3×车

⑲马4·5—3·3×车　兵5·9—5·8！

⑳王6·7—6·6　兵5·8—5·7！

㉑王6·6—6·5　兵5·7—5·6！

㉒王6·5—7·5　兵i·c—h·d！

㉓王7·5—7·6　兵h·d—h·e！

㉔王7·6—6·6　兵5·6—f·f！

㉕王6·6—6·5　兵h·e—g·d！

㉖王6·5—5·5　兵f·f—e·e！×

黑方胜。局面见图5-18。

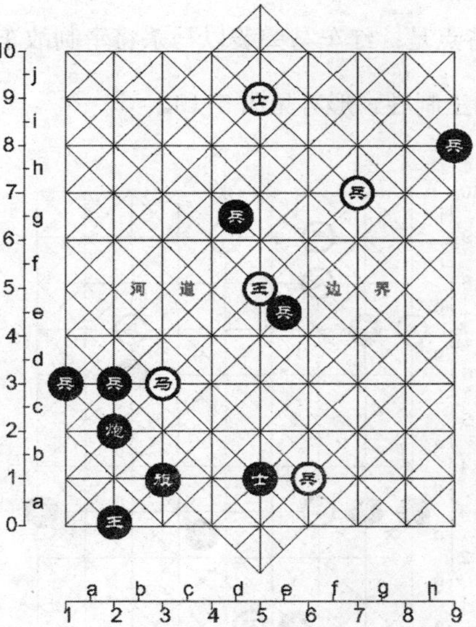

图5-18

反思这盘棋红方并非没有机会，因为下棋不仅是一般社会发展的进程，也往往是由人的主观能动性的自由程度所决定的。

试退回到第㊺重弈——

㊺车4·9—4·6！　旗c·e—3·5∧

㊻车4·6—4·5⊾　……车横行一格连带翻旗，预备下一步a·a点闷杀。

㊻……　车0·3—a·c×马　㊼车4·5—a·a！　王0·2—0·3

㊽车 a・a—0・1！　炮 2・2—0・2∧

㊾车 0・1—1・2！：炮　王 0・3—0・4　㊿车 1・2—1・5× 兵！　……车不能吃炮将，否则黑方垫车兑车红方还是输。

㊿……　王 0・4—0・3

接下车也不能回到 1・2 点将，黑旗会连带复旗垫将反杀夺回先机。红应——

㊿车 1・5—3・3！炮！　……面对车炮双将黑不能垫子只能避将——

㊿……　王 0・3—0・4

㊿兵 1・6—1・5！　王 0・4—0・5：兵

㊿兵 1・5—a・e！　王 0・5—0・4　㊿兵 a・e—a・d!×

红方胜。

这一盘残局杀法的特点是：红车马突袭以马杀将牵制敌车，续进车翻旗弃马杀将抽兵，巧借炮力调兵合击擒王制胜。形势见图 5-19。

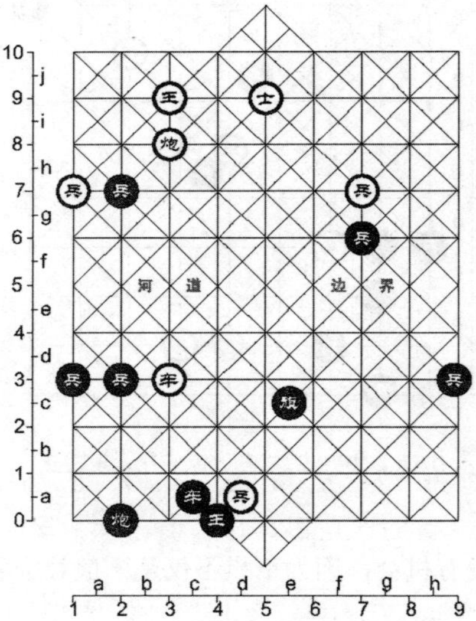

图 5-19

假如第㊻回黑方不以旗拦将而走王避将又会怎样呢？退回到㊻回重弈——

㊻……　王 0・2—0・1

㊼马 a・c—1・3！炮：车　……马先跳至 0・5 点再跳至 1・3 点叫将，同时立马车照应、马后炮打车。

㊼…… 车 0 • 3—a • b ∧

㊽马 1 • 3—b • a！ 车 a • b—b • a× 马 红弃马闪开下二路要点以便车压上杀王，同时车也躲开了旗的拦截。

㊾车 4 • 6—1 • 3 车 b • a—1 • 1：车 ㊿车 1 • 3—b • b！ 王 0 • 1—0 • 2

(51)兵 1 • 6—0 • 6：士 ……红兵沉底升变回 1 • 5 士，以弃子诱士来杀的方式促成车于0•4点的叫将（昏着！红方应炮 8•3—8•2 链杀双兵、炮）。这形成又一基本战术——基本战术（61）。己方为了消除对方对某一点的封杀，可以采用这种例如兵沉底升变邀敌来杀支开敌子以掩护另一子进攻的方式来争取主动。形势见图 5-20。

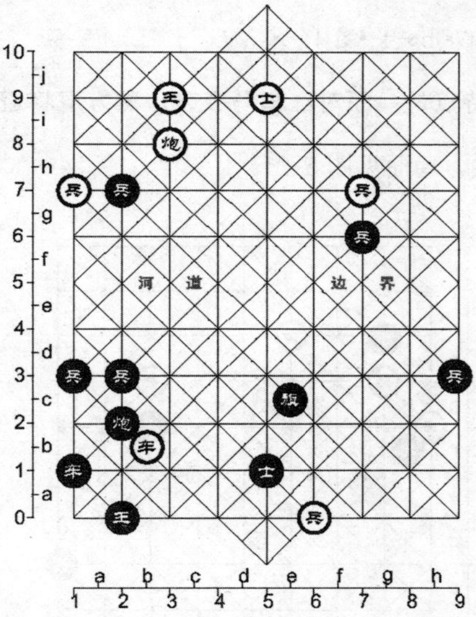

图 5-20

但是对方并不会跟着你的意图走，黑方也会等待后手兑杀而先去吃炮——

(51)…… 兵 7 • 2—8 • 3× 炮

(52)王 9 • 3—8 • 3× 兵 旗 c • e—0 • 3

(53)兵 0 • 6—1 • 5× 士 车 1 • 1—1 • 5× 兵

(54)车 b • b—2 • 2× 炮！ 车 1 • 5—1 • 2 ∧：车

(55)车 2 • 2—1 • 2× 车！ 旗 0 • 3—1 • 2× 车

(56)士 9 • 5—8 • 4 旗 1 • 2—5 • 6

(57)兵 7 • 1—7 • 2 旗 5 • 6—7 • 4！ 兵横行一步在与王相邻一路的条件下移动一步，

实现了平王可退的步骤，获得了平王可退的自由。而如果此时兵只顾自行仍前进一格，例如走左侧兵 7・7 至 6・6 斜进两格，企图跟进黑旗向右侧支援，则这枚兵子反而由于距王相隔一路而失去了平王可退的权利。

⑱王 8・3—8・2　旗 7・4—i・b！

⑲王 8・2—8・1　旗 i・b—i・a！

⑳王 8・1—7・1　旗 i・a—8・2！

㉑王 7・1—6・1　兵 3・2—5・2！

㉒王 6・1—6・2　兵 5・2—f・b！

㉓王 6・2—6・1　兵 f・b—f・a！ ×

这又一种残局杀法的特点是：面对红车马突袭，黑方退将避马控杀，出旗拦车紧密防守兑子，终以多兵擒王胜。局面见图 5-21。

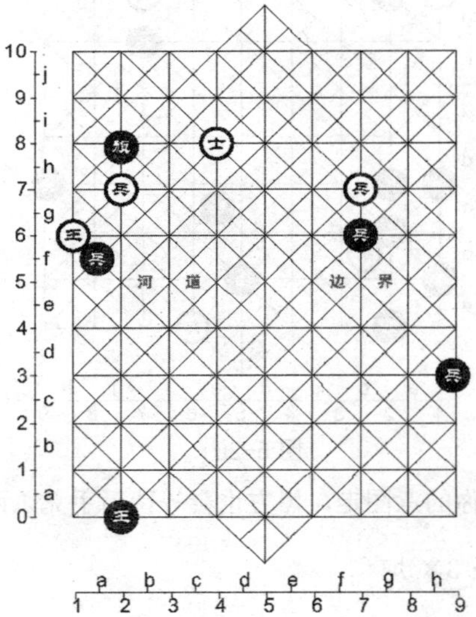

图 5-21

本局还有另一种接第十八节第 26 局，从第㉒回合变着而来残局的杀法。（接图 4-29）

若按前面弈局变化，接下第㊾回合，红王 9・3 至 8・3 避将，黑旗 4・4 至 7・4 将；王至 7・3 杀旗，车 j・b 至 8・4 将；王 7・2，旗至 8・3 将；王至 8・2，车至 7・3 将；王至 8・1，车至 i・a 将就绝杀了。红这样轻易被杀肯定应对有误，退回到第㊺回合重弈——局面见图 5-22。

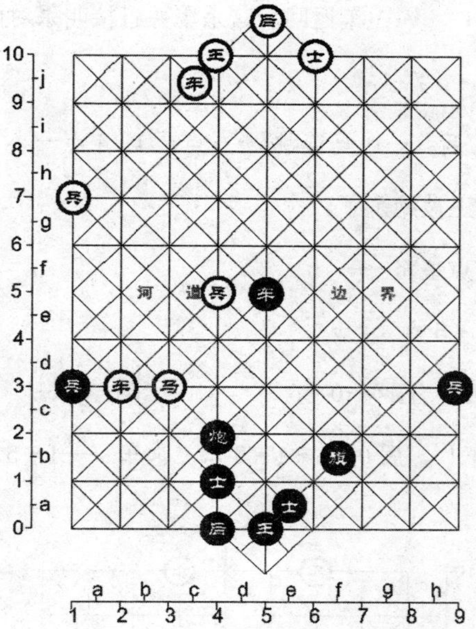

图 5-22

双车马窝宫后士多兵对车炮旗窝宫后双士多兵类。

红车马兵一翼压上，任凭敌肋线炮连续叫将拆开垫上，一抽杀还一拆反杀突袭另一翼，再王出宫，车后中路控杀敌车连将致胜局。

着法：

㊻兵 5・4—4・3　旗 b・f—4・4：马，炮！

㊼马 3・3—3・4∧　旗 4・4—c・b：车，炮！　㊽马 3・4—a・f！　士 a・e—0・6∧

㊾车 3・2—3・8！　炮 2・4—a・e∧

㊿车 3・8—a・e× 炮！　王 0・5—▽

当黑王退入后宫，士反杀车时，红方怎样才能既不丢车又争先反杀呢？红可采用先弃后取的战术——

㉛车 a・e—0・6× 士！　后 0・4—0・6× 车

接下红要中路进攻，不能走车 j・c 至 8・5 叫杀车邀兑，那样车被杀，己方后只能在九宫内兑车而不能出宫直接叫杀敌王了。红方此时应立即王出九宫解放后，使后与车连线配合控杀敌车并攻王——

㉜王 10・4—10・3，后：车　车 5・5—▽× 后

㊳车 j・c—▽ × 车！　……车返回后宫杀车并直接叫杀对面后宫里的敌王。

㊳……　士 1・4—0・5 ∧

㊴马 a・f—1・4！：后　……马连跳 2・6 点至 1・4 点一小一大两个马步叫将杀后，士因垫将着而不能杀马，王被绝杀了。

若㊳ 回合士走 1・5 点垫将——

㊳……　士 1・4—1・5 ∧

㊴马 a・f—1・5× 士　王▽—0・5

㊵马 1・5—b・c，车！　后 0・6—1・5 ∧　㊶车▽—1・5× 后！ ×

局面见图 5-23。

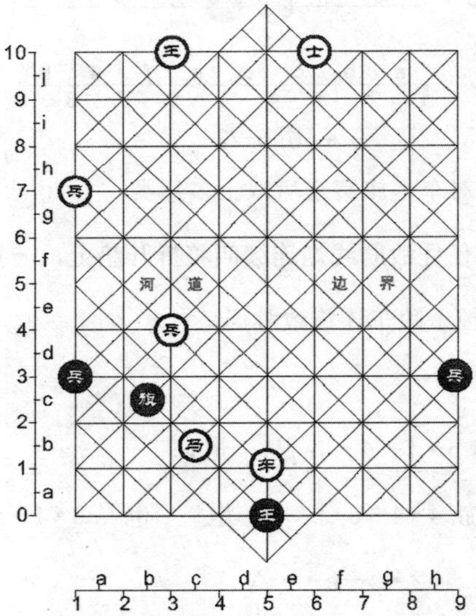

图 5-23

本局还有第二种从第㉙回合起变着残局的杀法。（接图 4-30）

按前面中局的变化，红方最后两回合的应对太软，只考虑防守和只顾车马自身的得失了，反被黑方后抽马又叫杀车；接下黑后拉开至 f・f 点将，再退回 5・6 点将，跟进连将四回合即擒杀王了。红方应对有误，现退回到第㊹回合重弈——

㊹后▽—9・3　……后出宫至 3 路线与车相连，构成捅将阵势。

㊹……　旗 c・e—a・c　看守 0・3 点。

由此展开一盘新的残局。局面见图 5-24。

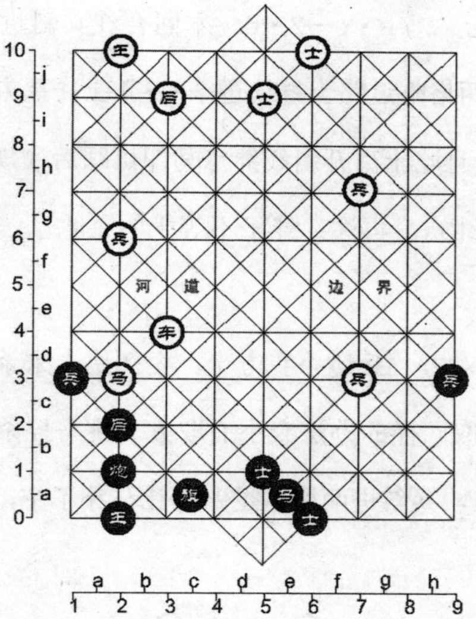

图 5-24

车后马双士多兵对后炮马旗双士多兵类。

红马兵保王被黑炮后链子，又车后捅将不成只顾撤王反杀失察，被黑打吃马又大举进攻，无奈子力、攻防手段不全终致告负局。

着法：

㊺王 10・2—10・3　炮 1・2—3・2× 马　红撤王摆脱链子，黑炮打吃马。

㊻后 9・3—5・7！　……此时黑若退王 0・1 点，则后进至 a・b 点控杀，再拉开车至 4・4 点邀杀后以便己方后一步杀炮擒王。黑王退却肯定不行。于是黑方调运中军旗队防御——

㊻……　旗 a・c—1・3 ∧

㊼后 5・7—b・c⌊　士 1・5—0・4 +⌊　后打翻白子旗，车后夺旗。士予以保护。

㊽兵 3・7—3・6　士 0・6—1・6　㊾兵 3・6—3・5　马 a・e—2・5：后

㊿后 b・c—1・4：士　士 1・6—b・e +马　此时马不敢跳在 c・c 点踩后和车，后将会杀士叫将。

(51) 兵 3・5—c・d：马　马 2・5—a・e：后　马叫杀后，同时士叫杀兵，红车始终不敢离开 3 路线吃子，否则黑后即上手叫将。

(52) 后 1・4—0・5：马　士 b・e—1・5 +马　其实此时黑白子炮可 1・2 至 0・3 复炮叫杀后并链杀正面车和王。当时没看出这步棋。

㉝ 兵 c・d—b・e：士　马 a・e—2・6　本回合红兵斜进邀杀士以便后吃马，若士不杀兵而跳马则兵可斜进两格吃过路士继续邀杀 0・4 士；黑方则将计就计马跳开连环杀至 2・6 点控杀红后，兵一旦吃士离开斜线绊点马即可踩后（规则和应用错误。没有沉底的兵对其后边的马不构成绊点。再注：绊子不等于叫杀吃子，绊子应不分前后方）。这形成又一基本战术——

基本战术（62）。当对方一兵邀杀我方士，企图诱士来杀弃小而取大时，我方另一子例如被叫杀的马则可采取同样的办法弃小而取大，跳马控杀敌强子，使敌方的进攻意图落空。若马跳在 3・6 点，兵斜进两格吃过路士让马扑了空，则此一战术就不成立。形势见图 5-25。

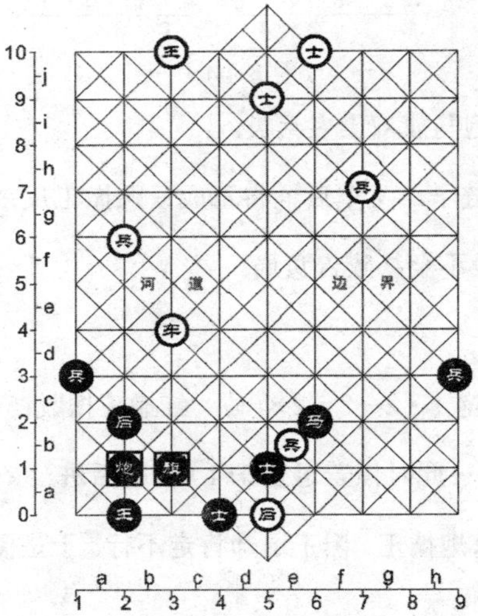

图 5-25

根据图 5-25，黑方遗漏了一步好棋。黑若走白子炮 1・2 至 0・3 连带复炮可叫杀后并链杀车、王（当时并未发现炮行棋连带复炮的规则，因此错失了机会）。按此局面（同时以排局形式将 1・3 路白子旗复旗，在此条件下），若红后 0・5—3・2 二路尖连车邀兑黑 2・2 后，黑炮 1・2—0・2 连带复炮链杀三路车、王；接红后 3・2—2・2 吃后将，黑旗 1・3—2・2 抽子离将吃 2・2 后，炮将！红车 4・3—2・1 抽子解将叫杀旗、炮，并威胁下一步或至 1・2 路变点杀白子旗连叫将绝杀，或 a・b 点叫将两步绝杀，黑马则 2・6—1・3 垫子炮将、抽踩车；红车只有 2・1—0・3 兑炮，必输棋了。这形成一项基本战术——

基本战术(63)。由此局面形成一种双方强子对杀叫将中，彼此一杀一将还一将一杀，接一解将还杀再接还一立马炮将马抽杀，直至逼迫红方弃车换炮转为劣势的基本战术。

这同时由于马 2·6—1·3 垫子将军抽杀还形成了一项基本规则：当一方兵在进攻中未沉底升变不能后退时，此时的兵虽然处于马的绊点上，但由于不能叫杀后边的马，因此也不绊马腿（此规则修改想象错误）。

实弈中走了如下着法：

㊹王 10·3—10·4 ……红一气攻杀被遏止之后，其实己方也有防守之虞，例如黑 1·2 路白子炮可斜退至 0·3 点连带复炮打车，链子车王必吃车，故而王先行撤离。

㊹…… 后 2·2—6·2× 兵

㊺士 10·6—j·e ……此时红方必须积极防御，支士于弱点隐蔽反击并打开左右通道，这是士或兵防守保王的基本战术要点。否则，黑后一旦叫将，上手连将，王不敢回到 10·3 路只有进到 10·5 路，后沉入后宫侧将军就绝杀了。

㊺…… 后 6·2—8·2！

㊻王 10·4—10·5 后 8·2—10·2！

㊼士 9·5—10·4 ∧ 后 10·2—i·c！

接下王可避将至 10·6，后沉入后宫侧将，王可绕着弱点上的士被后“推小磨”但没有危险，这就看出弱点上士或兵防御的意义来了；但同时后在“推小磨”叫将的过程中倒撤一步叫将则必杀另外一士，红不利。那么红方的防御可走士的小直角连接防守——

㊽士 j·e—j·d：后 后 i·c—7·5！

㊾士 j·d—9·5 ∧ 后 7·5—7·7× 兵

㊿车 4·3—4·6：马 马 2·6—1·7：后、兵

㉛车 4·6—1·6 ∧：马 ……这一回合红方若走后反杀马则马必吃兵，若兵至 1·6 点绊马尚可，但若走车至 1·6 点绊马叫杀马，同时又与兵合击 1·5 士是最好地应着。这造成一种声东击西的战术——

基本战术（64）。当对方跳马踩双攻击我方两子时，我方若能插入另一强子一边绊马拒敌，同时又与各子合力攻击另一侧敌子，则是一种有效防守反击的战术。形势见图 5-26。

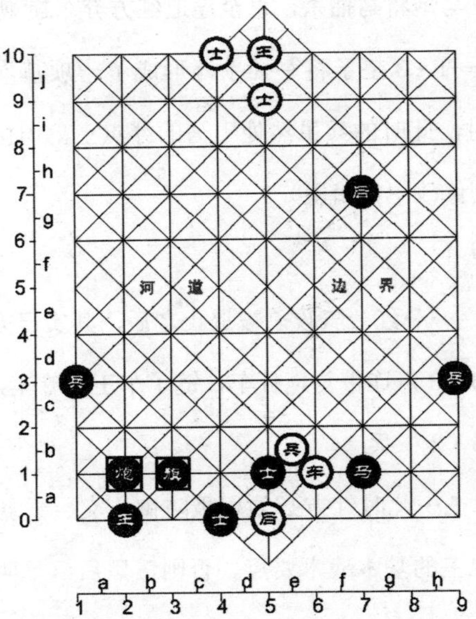

图 5-26

㉑…… 后 7・7—10・7！ 若后于 8・7 点将，则出宫士于 9・6 点垫将反杀，后仍须再将争先。

㉒士 9・5—10・6 ∧ ……这时黑方防守的一个要点是如何使士既不敢吃 b・e 兵，又如何能防止兵吃士及兵吃过路士多变的威胁呢？只有走旗连带复旗至 2・4 点看士给士以“根”的保护，阻止兵吃过路士的企图。

㉒…… 旗⌊1・3—2・4⌈+士 ㉓兵 b・e—1・5× 士 旗 2・4—1・5× 兵

㉔后 0・5—1・4⌊：士 ……黑面临红后杀士将的危险，若跳马踩车、后无效，若走士至 0・3 防守则必被绝杀，最好的一着是走旗连带复旗沉入后宫看士，稳固防守——

㉔…… 旗 1・5⌊—▽⌈+士 白子旗退入后宫底保护士。

㉕车 1・6—2・6 后：马 ……刚才红车、后在一条线上时，因车看守肋线士防后绝杀而不敢吃马，现车退一格与后交错叫杀马，邀后兑杀。这边看起来很热闹，其实红方意在车拨至右肋线 2・4 点叫将，连将擒王。这形成一种在一侧变线叫杀邀兑的同时又意图在另一侧威胁叫将擒王的组合战术——

基本战术（65）。当己方一车被控在一侧肋线防守，又与己方另一车或后横线相连却不能离开一侧肋线攻杀这边一敌子时，可采取双车或车后变线的方法使另一车或后应合叫杀该子以诱敌，同时又在另一侧造成叫将擒王的机会，以达到一种攻此及彼，声东击西的战术效果。形势见图 5-27。

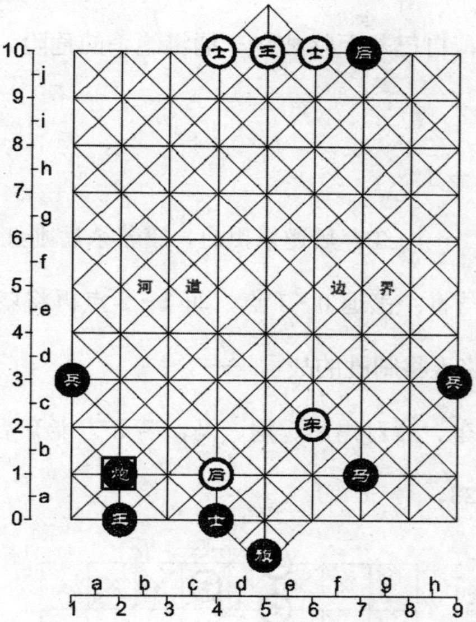

图 5-27

⑥5…… 马 1·7—1·3

⑥6士 10·4—9·5 后 10·7—8·7！

⑥7士 10·6—j·e∧ 后 8·7—8·3！

⑥8士 9·5—9·4∧ 后 8·3—6·5！

⑥9王 10·5—10·6 炮 1·2□—○：后

⑦0后 1·4—2·4 兵 3·9—4·9

⑦1车 2·6—2·8：旗 旗▽底—侧

⑦2车 2·8—2·7：旗、兵 后 6·5—7·6！＋兵

⑦3王 10·6—10·5 旗▽侧—底

⑦4后 2·4—a·e 兵 4·9—5·8 ⑦5车 2·7—2·8：旗 旗▽—1·7：车

⑦6车 2·8—2·4＋士：士 ……从第⑦4回合起红后脱离肋线与车围攻旗是误着，不仅捉不到旗，还使己方面临被绝杀的危险。若黑后吃 9·4 士将，连将，旗从后宫进到 8·5 点将就绝杀了。因此，车看士并叫杀黑士。

⑦6…… 后 7·6—6·5！

⑰王9•5—9•4　……若红方走士9•5垫将，则黑旗1•7至9•7胁迫于后宫侧将，再由后至i•b点将必擒王，是一步无救的绝招。红王避将是正着。

接下黑方无绝杀之着，自己却面临被红车捅将绝杀的危险。因此旗退回后宫看士是首选一着——

⑰……　旗1•7—▽十士

⑱后a•e—0•6：兵　……红弃后邀杀黑旗，旗若杀后则红车杀0•4士将；炮1•2至0•3垫将，车吃1•3马将；王退0•1点，车1•2点再将就杀王了。这形成一种弃子邀杀诱敌失守，进而捅将连将制胜的战术——

基本战术（66）。红车、后对黑后、炮、马，若红方能弃后送吃进而上手捅将、连将则可擒王。局面见图5-28。

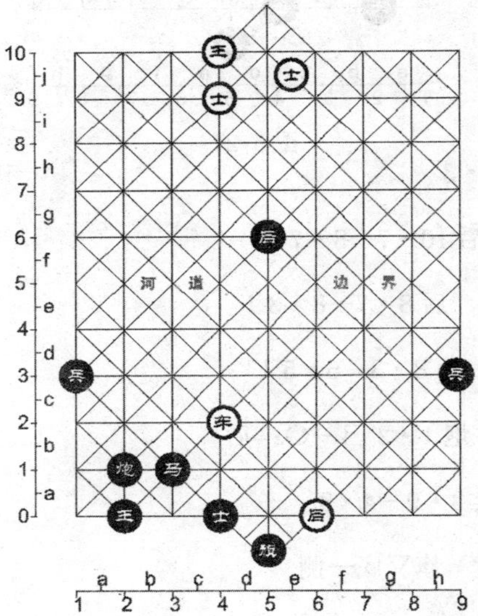

图5-28

原弈中继续避杀退守——

⑱……　旗▽底—左侧

⑲后0•6—3•9×兵：兵　……这时黑后若至10•1点将，士10•3垫，后i•b将，士走小直角与后连线拦，形成一将一垫，一将一拦局面。黑选择退后防御——

⑲……　后6•5—c•a十兵

接第⑲回合红一着，黑还有一种变式。若后至后宫底将，王10•4至10•3；白子炮 1·2 至 0·3 复炮将，士 9·4 至 9·3 垫；1·3 至 b·c，以一项精粹的基本战术，抽将的同时离将又垫将 2·4 车，车 2·4 至 2·3 垫将；后▽至 4·5 叫杀车，后 3·9 至 3·2 将；兵 3·1 至 1·2 直退两格垫将，车 2·3 至 4·3 叫杀后邀兑；马 b·c 至 2·2 预备双子夺车、后，红只能一车换炮、马，双方形成和局局面。原弈中——

⑳车 2·4—3·3：兵 ……红车与后重叠叫杀夺兵，同时车威胁于 1·1 点将军。黑方则进炮——

⑳…… 炮 1·2—2·2 ∧＋兵 黑进炮看兵同时拦车，形成斜六子一线阵形。同时这一阵形由于马的回防看守作用，红车或后也无法冲入防线叫将，只有继续破杀防线。

㉑后 3·9—2·9：炮 马 1·3—a·a＋炮

㉒后 2·9—2·4！ 炮 2·2—1·3 ∧

㉓车 3·3—1·1：马 后 c·a—b·b＋马

㉔车 1·1—b·a 旗▽侧—0·5 （黑没有看出红后吃 0·4 士将是死棋。本应走士小直角至 0·3 点防御车的叫将。）

㉕士 j·e—9·5 后 b·b—4·5：士 红支士本想堵塞后的斜线叫将及旗沉入后宫将（此时旗行棋无远近，规则错误），却不想被后叫杀，若支 9·4 士看 9·5 士，则后进至 h·a 点兜底叫将必擒杀红王。故须退后保士——

㉖后 2·4—8·4＋士 炮 1·3—1·4：士 黑炮链子士、王，若红后至 2·4 将，王退 0·1 点，后只有兑炮，必输。红只有躲王——

㉗王 10·4—10·5 炮 1·4—9·4× 士□

㉘车 b·a—3·3：兵 兵 3·1—4·1

㉙车 3·3—3·2！ 王 0·2—0·1

㉚后 8·4—7·4：兵 兵 4·1—5·1

㉛车 3·2—3·1！：兵 王 0·1—0·2

㉜车 3·1—5·1× 兵 士 0·4—1·3

㉝车 5·1—6·2！ 士 1·3—1·2 ∧

㉞后 7·4—6·5：后 后 4·5—7·8！

⑮王10·5—10·4　旗0·5—4·9

⑯车6·2—3·5！　炮1·4□—1·3○∧

⑰士9·5—9·4　……此时士横行一格堵塞旗的偷袭路线并掩护王向角部退却是防御要点，否则黑方一旦叫将上手必擒王。

⑰……　后7·8—7·3

⑱后6·5—9·2　旗4·9—6·9

⑲士9·4—10·5∧　旗6·9—5·9

⑳士10·5—j·d∧　后7·3—8·4！

(101)后9·2—9·4∧　……这时王不能平将10·3，否则黑支士炮将，红须弃车兑炮。同时因红车的控杀，黑也不能走炮链子后、王，而只能走后拉开将——

(101)……　后8·4—10·2！

(102)后9·4—10·3∧　后10·2—8·2！

(103)王10·4—10·5　后8·2—▽侧！

(104)王10·5—9·5　旗5·9—8·6！

(105)王9·5—9·4　后▽侧—9·6！

(106)王9·4—10·4　后9·6—10·6！

(107)士j·d—10·5∧　……车因控杀着炮而不能垫将。

(107)……　后10·6—8·4！(108)后10·3—9·4∧　后8·4—10·2！

(109)后9·4—10·3∧　后10·2—8·2！

(110)王10·4—9·4　后8·2—h·b！

(111)王9·4—8·4　后h·b—i·c！

(112)王8·4—7·4　旗8·6—g·d！

(113)王7·4—7·3　i·c—h·b！

(114)王7·3—6·3　旗g·d—f·c！

(115)王6·3—6·2　后h·b—g·a！

(116)王6·2—5·2　旗f·c—e·b!×

黑方胜。局面见图 5-29。

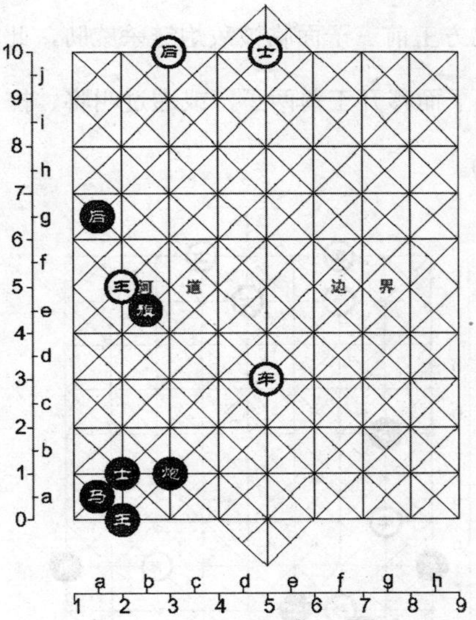

图 5-29

反思本局第二种变着残局的杀法，开始红马兵保王被黑炮后链子，而己方车后捅将又不成的情况下，完全可以先不必撤王或进车 2・3 点兑后或跳马 c・c 点叫杀后，应待后抽将杀马再跳回与其周旋，可保不丢马。

回到本局第三种变着残局的杀法。（接图 5-24）

㊺马 3・2—c・c：后　后 2・2—2・4：马，炮！

㊻马 c・c—3・2 ∧　后 2・4—2・2：马

㊼马 3・2—c・c：后　后 2・2—6・2× 兵！！

㊽王 10・2—10・3　士 1・5—2・4：马

㊾马 c・c—2・3！……这时若黑炮至 1・3 绊马拦将并链杀车，马则翻旗；炮打吃车，马吃白旗将；接下王只有走到 0・1 点，后再至 2・3 将，不出三步就擒杀黑王了。这当然有排局的成分，黑本着最佳应对是——

㊾……　马 a・e—b・b ∧，炮：马

面对黑马后炮打马，炮又威胁链杀车、后的情况，红方若想以叫将或兑杀敌炮的方式来争取主动都不现实，红此时最好的应对是以车兑后并控杀炮，通过兑后移开王前的两子以解除被链杀的危险——

㊿车 4・3—4・2：后　……这形成一项基本战术——

基本战术（67）。当己方王前三子面临被敌炮链杀威胁，此时摆脱困境的有效方式是通过逼迫对方兑杀一枚强子而移开王前两子，或通过叫将、控杀兑杀敌炮来化解险情以争取主动。形势见图 5-30。

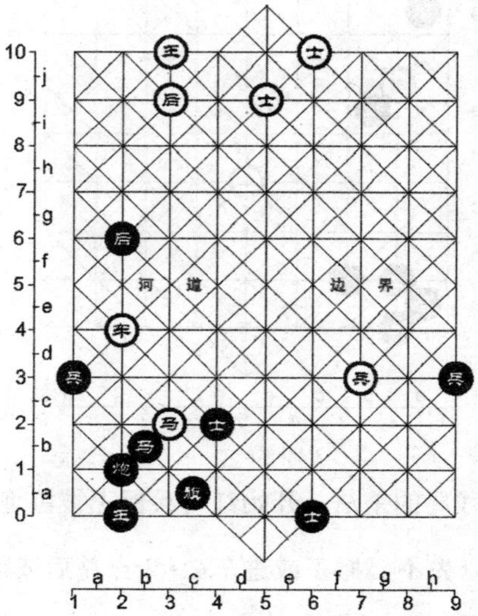

图 5-30

当然这一局面中由于 3・1 兵的存在，图中车 4・3 至 4・2 兑后的着法就不成立。因此局面退回到第㊾回合以跳马踩后一步重弈——

㊿马 2・3—4・1：后　后 6・2—6・7！　红马先跳离王前多子易被链杀的直线而叫杀后，正确应用了前述兑杀解围战术（67）。黑方则不想炮链杀车、后以兑后而拉开后叫将。

红王若向中路横行，黑炮连将加后将必杀王了。故王只有向边路退避——

�51王 10・3—10・2　后 6・7—6・2！炮！

�52王 10・2—10・1　后 6・2—5・1！

�53后 9・3—9・1∧　后 5・1—h・c！

�54马 4・1—8・3∧　炮 1・2—1・3：马

�55车 4・3—5・2！　炮 1・3—1・2∧

这时红边路后、王面临黑炮链杀的危险，而且不仅边路在每一路都应考虑炮的链杀；

红应对炮链杀的有效方式是尽量在每一路上只保留一枚强子。因此——

(56)后9·1—9·4＋马　士0·6—1·5

(57)兵3·7—2·7　后h·c—5·1！

(58)后9·4—9·1∧　后5·1—3·3

(59)后9·1—9·4　　兵3·1—4·2，炮：车

(61)车5·2—4·1　炮1·2—1·1！

(61)王10·1—10·2　兵4·2—5·3

(62)马8·3—e·d　后3·3—2·2！

(63)王10·2—10·3　炮1·1—1·3！

(64)车4·1—4·3∧　……若不垫车而撤王至10·4点，则炮1·4点链杀后、王。

(64)……　马b·b—c·c：车

(65)马e·d—d·b：后　后2·2—4·2：车

(66)马d·b—b·a！：炮　后4·2—1·2∧：马

由于前第(64)回黑炮打将红王，红车采取了近前接敌插入敌炮与炮架子之间一点垫将以免遭打吃的战术，因此也被链子不能自由离将了；接下红马跳小立马叫将踩炮，黑后垫将反杀；这时车还面临马踩杀的威胁，红方该怎样才能缓解危急、争取主动呢？车可于2·3点叫杀后邀兑，但后先吃马，车又不能离将而至a·a点一步擒王，此着不行；车可以直接弃车兑炮但实属下策；那么车直进一格看马暂缓一步倒是可以静观其变——

(67)车4·3—3·3＋马　……红进车看马，设想下一步马可连跳至c·b点叫杀后、炮踩双，黑只有炮至2·2点绊马打车脱离链杀线；马再连跳至2·3点叫将，炮返回1·3点绊马拦将（这时的炮因为起着垫将的作用而不能打吃车，否则马可直接通过白子炮的绊点杀王）；接下红后可从容拉至9·1点照看边路，再走马连跳两个大马步至2·1点以两个大马步攻击点同时踩双叫杀王和炮，因红车封杀着3·3至1·1点斜路黑后无法绊马拦将只有退王；于是马兑杀黑炮，车回杀5·3兵，红方完全化解了危急。形势见图5-31。

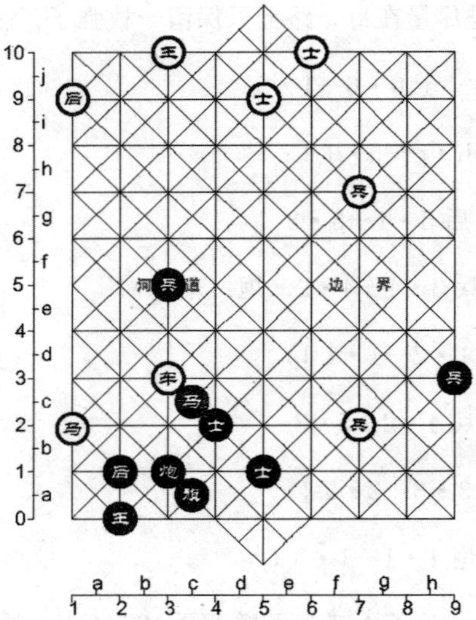

图 5-31

然而这只是设想地存在着现实必然性的形式。实弈中黑方也在争取主动，如果接第㊲回合走马至 d·d 点叫杀车使其必兑炮而无路可走结果会怎样呢？黑方跳马踩车——

㊲…… 马 c·c—d·d：车 ㊳车 3·3—1·3× 炮！ 旗 a·c—1·3× 车

㊴后 9·4—3·4：后、马 ……红方车兑炮后一身轻，再进后配合控将小立马叫杀垫将的黑后，黑后则因垫将及扼守着对方可被偷袭叫将一步擒王的要路而不敢吃马及挪动，这形成一种新的基本战术——形势见图 5-32。

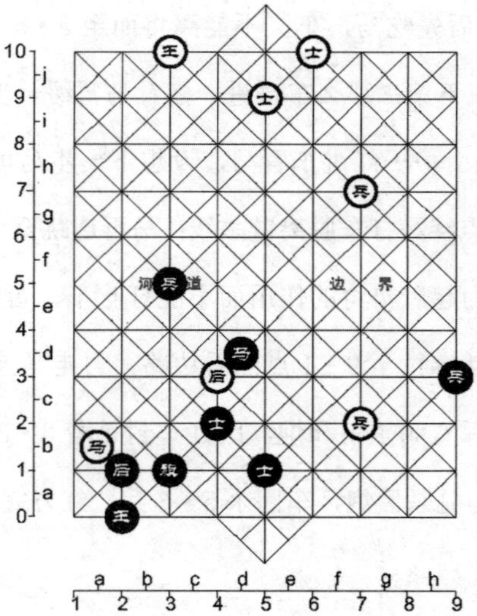

图 5-32

基本战术（68）。当己方跳小立马叫将被对方一枚强子垫将后，己方可再调运一枚强子叫杀垫将敌子，并威胁可通过该敌子扼守要点一线而偷袭叫将一步擒王，迫其不敢挪动半步，这构成一种小立马控将配合另一强子抽杀垫将敌子并威胁绝杀的组合战术。

黑马以其机动性连跳垫子——

㊾…… 马 d・d—c・c ∧

㊿后 3・4—3・3 ＋马：兵　王 0・2—0・3　黑退王解除了后垫将的压力，后威胁可直进下二路叫将绝杀了。

⑪马 b・a—4・2 ∧后：马、旗　马 c・c—6・5 ＋兵，士：后

⑫后 3・3—3・6！　王 0・3—0・2

⑬后 3・6—6・6：马　……红退后杀马，采取积极防御与黑换马的着法。若后退回到 7・2 点单纯防御，被黑后于 6・7 点一将，再跳马将则必输无疑。

⑬……　马 6・5—8・3！

⑭后 6・6—9・3 ∧：马　后 1・2—4・2× 马

⑮后 9・3—8・3× 马　兵 5・3—6・2

⑯兵 2・7—2・6：士　士 1・5—2・6× 士　红弃兵诱开尖连士。

⑰后 8・3—2・3⊾　后 4・2—1・2：后　红后突袭翻白子旗，威胁于 a・a 点绝杀，黑后退回拦截兑后。

⑱后 2・3—2・4× 士　兵 6・2—g・b　兵挪开 2 路线以便后叫将。兵挪开的落点很关键，如果兵走在 7・1 或 7・3 点上，在以后两回合红后叫将抽兵时，将会停在有利的强点上防守护王；而如果兵走在弱点上以后红后叫将抽兵时，就会吃不到兵或者吃兵后被迟滞一步丧失驰援救王的机会。

⑲后 2・4—0・4！　旗⊾1・3—0・3 ∧

⑳后 0・4—2・4！……红方已经面临一旦被叫将即输的危险，因此红后不敢吃士而必须连将。

接下黑方当然不肯垫将作和，于是避将——

⑳……　王 0・2—0・1

㉛后 2·4—5·1！　王 0·1—0·2

㉜后 5·1—9·1　后 1·2—6·7！

㉝士 9·5—9·4∧　后 6·7—6·3！

㉞士 9·4—9·3∧　后 6·3—1·3

㉟士 10·6—9·5　兵 g·b—h·c

㊱士 9·5—9·4　……两只士（或兵与士）的并排、尖连防守或前后成列的防守可以有效阻止单兵的进攻，否则一只士或兵是无法阻止对方单兵时而走长短斜线，时而走小直角进攻的。这是一种最基本的战术思考。

㊱……　兵 h·c—i·b：士

㊲后 9·1—8·2！　后 1·3—1·2∧：后

㊳后 8·2—i·b× 兵　兵 3·9—5·8

㊴士 9·4—j·c　士 2·6—c·f

㊵后 i·b—4·7：兵　后 1·2—1·8＋兵

㊶后 4·7—5·7！　旗 0·3—1·3∧

㊷兵 7·7—6·7：兵　兵 5·8—6·7× 兵

㊸后 5·7—6·7× 兵　旗 1·3—1·2∧

㊹后 6·7—2·3⊾　后 1·8—1·5

㊺后 2·3—b·c！　旗 1·2⊾—1·3∧

㊻后 b·c—3·2！　旗 1·3⊾—1·2∧

重复三次判为和棋。局面见图 5-33。

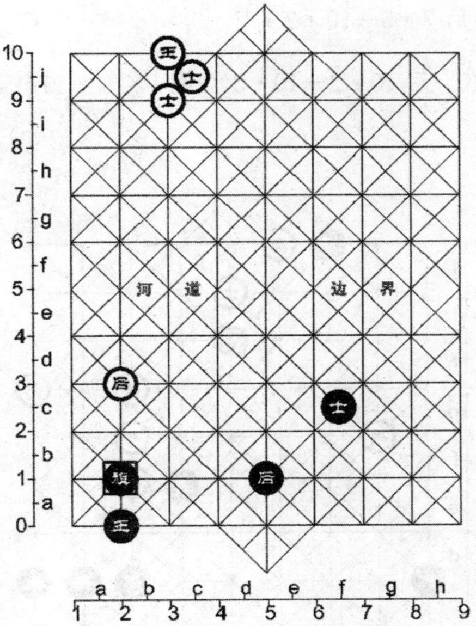

图 5-33

第八节

第 27 局（接图 4-32）

车炮士多兵对车后炮旗士多兵类。

红进炮将，再车叫将抽炮做最后一搏，无奈子力单薄防守空虚致负局。

着法：

㉟…… 王 0・3—0・4

㊱车 5・2—b・e！ 士 0・6—1・5 ∧

㊲车 b・e—1・6× 炮 后 5・5—h・b！

㊳王 10・5—10・6 后 h・b—▽侧！

㊴王 10・6—9・6 后▽侧—j・f！

㊵王 9・6—8・6 后 j・f—9・7！

㊶王 8・6—8・5 旗 2・4—7・4！

㊷王 8・5—8・4 后 9・7—7・5！

㊸王 8・4—9・4 旗 7・4—8・5！

⑭王 9・4—10・4　后 7・5—10・2！

⑮炮 5・3—10・3∧　后 10・2—10・3× 炮！×　黑方胜。

局面见图 5-34。

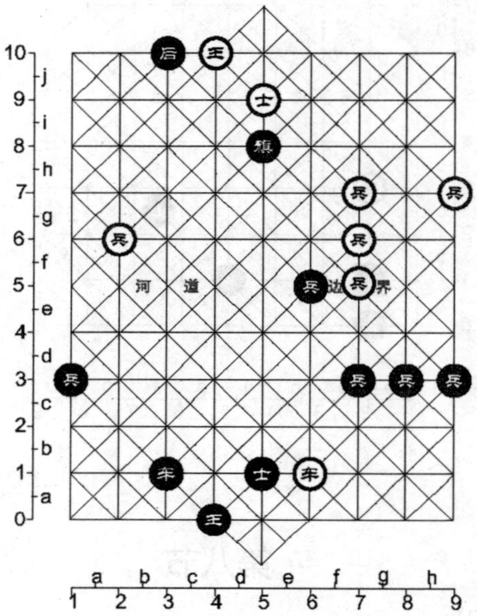

图 5-34

第六章　全局选录

回顾象艺全局精要，区区46子把不同社会典型分工职能、子力权重跃然纹枰，棋盘9×11道战加对角线穿透历史时空横亘眼前。彼岸是什么，此岸就概括反映什么，彼岸有什么本质内涵，此岸就思辨地演绎什么普遍形式。弈之为道，在于彼岸自然、社会各种要素的搏杀，弈之可行，全由此岸人的精神和意志力驱动。弈在此岸心头，博在彼岸脚下。彼岸是阴阳五行本质要素和五行体系，此岸是五行要素制约的人的物质与精神、思维与行动的五行之性。彼岸人的社会运动是有头脑、有目的性搏杀弈争的实践，此岸人的大脑思维弈争是普遍利害得失关系的搏杀演绎。此岸弈为主，为思维反作用支配因素，博为辅，为科学客体可被支配因素。彼岸博为主，为客观必然性的运动，弈为辅，为主观偶然性的思维作用。博弈二者，互为辅佐，须臾不可分离。博弈之道意蕴皇皇，弈者又该如何呢？弈者既在棋中，又在棋外。棋中做一个好棋手，棋外做一个好人。弈棋之道，本人实在愚钝，所知寥寥，是为生计，人生追求所迫勉为其难。弈者为人之道，无须赘述，诚以待人，善以做事，向模范学习，向好人看齐就好。一般人，弈不在深浅，略知一二，触类旁通即可；专学者，弈务求精深，专心致志，出神入化，傲视天下谁敌手永无止境。弈有修炼，在乎娱乐生活，和睦友朋，淳化民风，践行俗约，平心静气，怡情养性，用心动脑，有益健康。弈亦有本真，回到科学和社会实践，在各种社会政治、经济、公共管理博弈中一展身手，更须与自身博弈，实现人生的最大价值。

回到本章全局选录，新型传统象棋实弈由本人先开了个头，自弈或与人对弈先下了几盘棋，有了一些弈争经验，总结了一些弈争规律，但在对宏观弈争局面的把握，弈法规则的推敲和弈争理论的认识方面，还只是一个小学生，一个初学者，只是为继承传统博弈文化精髓，推进新兴棋艺文化事业发展做了开拓性的实践和铺垫。值此谨恭敬推荐棋界前辈周家森先生《象棋要略》一文，代为本章全局选录开头的概述，此文亦实为弈者修炼、弈义阐述的精辟之作，特与诸位棋友共学、共勉——

象棋一艺，为古今最高尚之消遣品，可以启发心思，陶冶德性，且寓有存亡进退之理，阴阳消长之机，于经国用兵之道，进取竞存之理，尤深关切。故一枰相对，妙趣无穷，应变随机，具有至理，然苦费思索，虽不在疆场，而行军运筹之宜，观敌度己之势，盈绌虚实，仍必知彼知己，方能百战百胜也。然善胜者不争，善阵者不战，善和者不败，善败者不乱，诗曰："小心翼翼"，其斯之谓欤？

大抵象棋之要略有五，兹分述如下：

一曰"胜气"，棋法甚多，太上为胜气，夫兵以气势为用者也，故传曰"一鼓作气"，兵贵聚气，气聚则盛，势合则威，故曰："单则易折，众则难摧"，是棋法亦以胜气为主者也。

二曰"争先"，棋法次为争先，兵贵神速，以先发制人为强，宁输一子，不失一先，故曰："步步占先机"是也。盖出人不意，攻人无备，先人方有夺人之气，先着方有胜人之功，后人发尤须先人至，明乎是理，始足以言棋。

三曰"谋算"，着棋非难，算棋为难，算棋而不失着尤难。

夫棋以正合其势，以权制其敌，有谋算方可移子，偶失着则全盘输而前功尽弃矣，故须先察敌情，蓄谋以俟之，不可临时始谋，以免失着。盖枉着则坐失机宜，废着则徒耗元气。夫上兵伐谋，贵谋而贱战，谋定后战，能以寡覆众，善战者尚智而不尚力，重谋而不重勇，此兵法所谓多算胜、少算不胜，于经国用兵之道，进取竞存之理，尤深关切者也。

四曰"布局"，能布局者无不成功，能量敌者无不胜算，布子贵乎联络，须得辅车相依，守望相助，宜深细严密，不可徒饰其外，奇正迭用，变动无常，迁移倚伏，均因敌而转化，运巧计于胸中，方能出奇制胜也。

五曰"量敌"，着棋宜审力，须先声后实，因其劳倦，待其饥渴，乘虚而入，伺机取胜，所谓兵法乘劳，击其衰怠，其势必举者也。锐则避之，懈则攻之，见可乃取，知难而退，持之有恒，自可以进攻退守，所谓量敌而后进，虑胜而后会者也。

象棋又有五忌：

一忌“畏怯”，畏怯则精神不足，气为之夺，诚为象棋之大忌，昧于固己，而长他人之志气，有失进取之机，一局未终已先输矣。故胆欲大而心欲细，胆大则勇，心细则智，自可以战胜攻取，即有不利，亦不至于一败涂地也。

二忌“恋子”，恋子常致失先，亦棋之大忌，遇必要时，须饵之以夺先，弃之以解围，每能转危为安，反败为胜。既诱以利，然后可取以智，所谓明取舍是也，明取舍者，棋之大计，取舍不明，患将及矣。

三忌“妄应”，不思而应，取败之道，随意而行，无谋之辈，以不可进而进，致多失着，夫无事闲着，不如坚营防固，内实则进攻，内虚则退守，征须有威，守须有材，所谓先安内方能攘外是也。

四忌“急攻”，不度力而急攻，易多伤元气，急进则步骤杂乱，往往首尾不能相顾，夫千里馈粮，士有饥色，内部未宁，而劳师远涉，骄满轻敌，欲速不达，所谓强弩之末，势不能穿鲁缟者也。

五忌“贪多”，贪多务得，每致失先，且易入敌井，敌方弃子不救，有图大志，所谓贪蛇勇行，必忘其尾，差毫厘而谬千里，牵一发而动全局，尤不可不慎也。

总之，棋虽小道，颇合用兵之法。兵不厌诈，棋亦犹是，声东以击西，攻前须顾后，以退为进，以左为右，示弱而强，示怯而勇，使敌无远虑，终必自败，此今日行军以退为进之策也。至于以治待乱，以逸待劳，以虚击实，以短击长，以静制动，以缓击急，以少克众，以柔克刚，术亦多方。此伍子胥所谓彼动我静，彼出我入，多方以误之者也，是端在临局者神而明之耳！此所谓经国用兵之道，尤深关切者，不期然哉？夫熟能生巧，久艺自精，所谓“拳不离手，曲不离口”，终成绝技。余为“棋不离眼”，则积年累月，学力所到，自能战无不胜，攻无不克矣。但棋为清闲之品，强中自有强中手，所谓泰山虽高，山上有天，沧海虽深，海底有地。胜固欣然，败亦可喜。棋本无夸，行一局尚未足以见智，可让处则让之，须留一着以为余地也。管见如是，谅大方家亦应以为然，敢还以质之。

第1局

（这是1993年前后自弈的全局谱，也可能是记录下来的最早的一盘棋了。原记谱纸页的套头处写着："环环紧扣，着着惊人"八个字。当时，新棋虽然在许多基本的和大的方面已经悟通和可行了，但在细节方面，在一些弈法规则的本质概括方面还是不够完善的。例如，尚未发现吃过路兵的方法和根的作用，未弄清象的隔子飞吃是不能隔己方区域内的己方子而飞吃对方区域的敌子，而首先只能飞吃进入中线及至我方区域的敌子或者应在当我方一子进入中线及至对方区域时才可隔子飞吃，这种由封闭线到半开放线转变的关系，及己方子不能隔对方子飞吃敌子的关系；未悟通炮打用炮翻白子炮落为后手后，白子炮在什么条件下才可以施行连带行棋复炮的着法；以及车后相遇、礼让后先（包括一方象、炮、后与对方后的相遇）中如何自然、合理地体现和协调双方的作用转换与子力平衡的关系问题，等等。然而尽管如此，这还是很有意义的一局棋，至今，十年过后重新复盘来整理这盘棋仍倍感十分亲切融洽，足以感悟一种合乎自然、社会本质的科学物种的生命力有多么顽强和不可遏制了。）

着法：

①炮8·2—8·5　炮2·8—2·5

②兵7·4—6·4　兵3·4—4·4　未发现直进两格着法。

③兵7·6—6·6　马0·2—4·2　巡河马出动太早易受兵压制

④兵6·6—5·6　士0·4—1·5　⑤马10·2—g·a　士4·4—5·4

⑥兵6·4—f·c：兵　兵5·4—f·c× 兵　未发现吃过路兵着法。

⑦兵6·3—f·c× 兵　兵4·7—5·6× 兵　黑先手兑兵毫无道理。

⑧兵6·7—5·6× 兵　兵3·6—4·6　⑨兵7·3—6·4　车0·1—3·4　出占肋车。

⑩车10·9—f·d　象0·7—2·9　红车过早出卒前车，最易被炮象控杀。

⑪兵7·8—6·7　马0·8—4·8　⑫象10·7—8·9　象0·3—2·1

⑬兵5·6—4·7　马4·8—6·7× 兵　红进兵预备象飞吃车，尚未弄清象不能隔己方一子飞吃对方未过界的车。马吃兵只顾截断象路，未发现红象可隔炮飞吃马。

⑭兵4·7—3·8× 兵　象2·9—b·h

⑮兵 7 • 7—g • f：马　兵 4 • 6—5 • 6 象：车

⑯车 f • d—g • e　象 b • h—6 • 4× 兵　象按不合理规则，隔己方未过中线一子飞吃对方区域敌子。

⑰象 8 • 9—5 • 6× 兵　车 3 • 4—1 • 4　象不能隔对方一子飞吃兵。黑方还丢着马，应先马 6 • 7—9 • 7 卧槽将。

⑱象 5 • 6—g • d：象　象 6 • 4—h • b！

⑲象 g • d—8 • 3 ∧　车 1 • 4—7 • 4：象

⑳炮 8 • 8—8 • 7　兵 4 • 3—5 • 3　炮与象相互威慑，炮更主动，不受双方隔子及区域条件限制；象则可利用飞吃隔子抵近叫杀炮。

㉑兵 f • c—5 • 4　车 0 • 9—5 • 4× 兵　送车给炮打吃。

㉒炮 8 • 7—5 • 4× 车□　象 h • b—8 • 3× 象！：车　黑方形成弃车诱炮，还以车象交错吃象叫将抽车战术。见图 6-1。

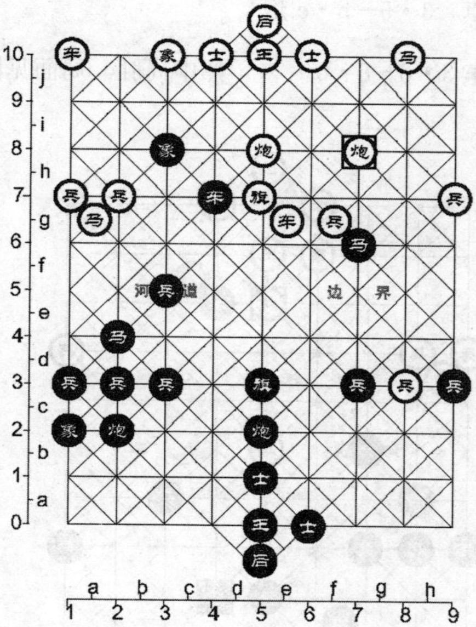

图 6-1

㉓车 10 • 1—8 • 3× 象　车 7 • 4—8 • 3× 车！

㉔王 10 • 5—9 • 5　象 2 • 1—g • e× 车　王起将。未认识到士首着亦可斜进并折返

90° 走 2—4 斜格至 j・d 点，形成长短士防守照应。

㉕象 10・3—9・4：车　车 8・3—h・c！

㉖王 9・5—9・6　象 g・e—7・5：⊾

㉗兵 g・f—6・7× 马　象 g・e—7・5×⊾

㉘炮□ 8・7—8・6　车 h・c—3・8× 兵　红方白子炮行棋，未认识到可以连带行棋复炮。

㉙兵 6・7—5・8 ∧车　兵 3・7—4・7：兵

㉚马 10・8—7・7+ 兵　炮 2・5—5・8× 兵□

㉛王 9・6—9・5　车 3・8—3・6：炮

㉜炮□ 8・6—7・6　炮 2・5 □—○　原位复炮。

㉝王 9・5—9・6　炮 2・5—2・6：炮　㉞炮 8・5—8・6：车　象 7・5—h・d！

㉟王 9・6—9・5　象 h・d—i・e！：炮　㊱王 9・5—10・5　象 i・e—8・6× 炮

㊲马 7・7—g・e：象　象 8・6—i・f！　㊳王 10・5—9・5　炮 2・2—2・5！

㊴炮□ 7・6—8・5 ∧旗　3・5—b・c 炮！

㊵马 g・e—5・5 ∧　车 3・6—8・6！×　黑中局胜。局面见图 6-2。

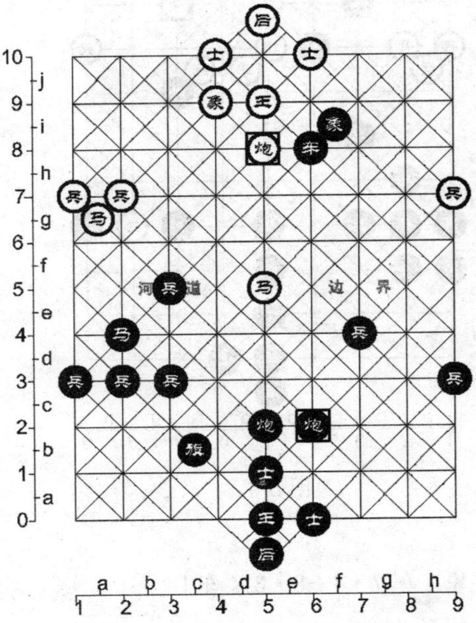

图 6-2

第2局

2000年10月22日星期天，小雨涟涟。我执黑与锦纶子弟学校初二学生薛志亮、高立强、五年级学生薛扬、冯静雅弈全局，中局开始记谱，后欲复盘不得，难寻来路，仅记后半局于下。开始时的棋形见图6-3。

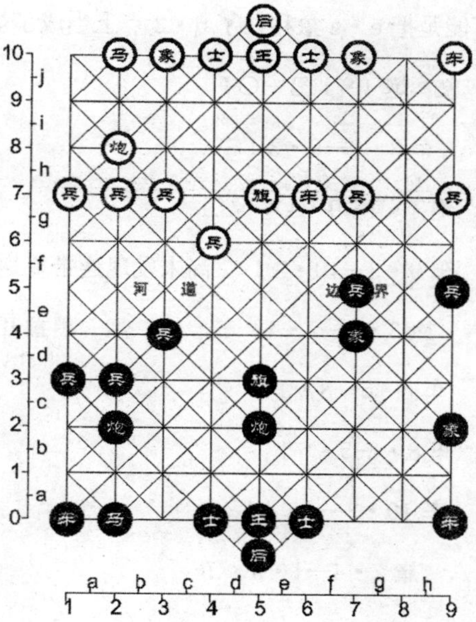

图6-3

由于黑双车威胁交错于7・2.7・8路叫将（红7・6车亦可于1・6路、4・9路叫将），红方只顾自己先支士防御——

着法：

①士10・4—9・5　车0・1—7・8！

②士10・6—j・e∧　车0・9—7・2×兵！

③马10・2—9・4∧+炮　车7・2—8・3　黑进车预备杀象将。

④车7・6—1・6！　马0・2—a・e∧

⑤车1・6—1・3：炮　马a・e—1・4+炮

⑥象10・7—e・a　炮2・2—4・4：马

⑦车10・9—7・6　车7・8—5・6：车　红车欲进至下2路叫将，配合象绝杀。黑车邀兑。

⑧车 7・6—e・h　士 0・4—1・5

⑨车 e・h—3・7　后▽—0・4

⑩车 3・7—c・g！　王 0・5—▽

⑪炮 8・2—3・2× 兵□　炮 4・4—9・4× 马□，车！　这着棋红炮因无“炮架子”显然不能打吃黑兵，但可能是把 e・a 象移在了 5・2 点上当成了炮架子所致。

⑫王 10・5—10・4+ 象　炮 4・4 □—○！

⑬象 10・3—9・4 ∧　车 8・3—9・3！

⑭王 10・4—10・5　炮 4・4—9・4× 象□

⑮炮□ 8・2—8・5　车 9・3—10・3！　尚未发现连带复炮的规则。

⑯士 9・5—10・4 ∧　旗 3・5—2・4：车，炮：炮　黑拉开旗抽车打炮。

⑰车 c・g—5・5 ∧　车 5・6—8・3！

⑱王 10・5—10・6　车 8・3-5・6！

⑲士 j・e—9・6 ∧　车 10・3—i・d！

⑳炮□ 8・5—9・5 ∧　旗 2・4—1・3× 车

㉑炮□ 9・5—○　车 5・6—h・h

㉒王 10・6—10・7　车 h・h—8・9！

㉓王 10・7—9・7　车 8・9—j・g！

㉔王 9・7—8・7　车 i・d—7・6！

㉕炮 9・5—h・f ∧　车 j・g—8・9！　红 7・7 兵已“平王可退”，可以保护炮拦车。

㉖兵 7・9—8・8 ∧　象 4・7—6・9！　红应后至 8・8 垫将。

㉗兵 7・7—h・g ∧　车 7・6—h・f× 炮！

㉘王 8・7—9・7　车 8・9—j・g！×　黑方中局胜。局面见图 6-4。

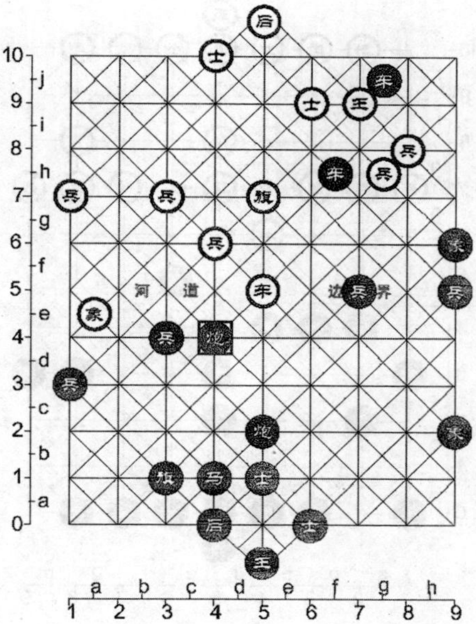

图 6-4

第3局

2000 年 11 月 11 日星期六，晴，在锦纶子弟学校音乐教室我执红与四年级学生张开望等三人弈全局，从第⑫回合起开始记谱，后复盘把开局的前 11 回合基本恢复，可以衔接起来了。弈至后边，其中的一位同学既不用心又固执己见地乱下，说他几句后其玩性大发地跑了，因此没有下完。从第㉝回合起是于 2002 年 11 月 11 日补弈完成的。

着法：

①炮 8・2—8・5　炮 2・8—2・5　②兵 7・4—5・4　兵 3・6—5・6

③兵 6・7—5・6× 兵　兵 4・7—5・6× 兵

④车 10・1—5・6× 兵　兵 3・7—4・7：车　⑤车 5・6—7・4　兵 3・4—e・c

⑥兵 5・4—4・4× 兵　兵 3・3—4・4× 兵　红兵直进一格吃过路兵规则使用错误，因黑 e・c 兵有“根”的保护，故红兵只能斜进一格吃兵而不能吃过路兵。

⑦兵 7・6—5・6　兵 4・7—5・6× 兵　⑧兵 6・3—5・4　兵 4・3—5・4× 兵

⑨车 7・4—5・4× 兵　车 0・9—5・4× 车

⑩车 10・9—5・4× 车　兵 3・2—4・3：车

⑪车 5・4—6・4　马 0・2—4・2　开局形势如图 6-5。

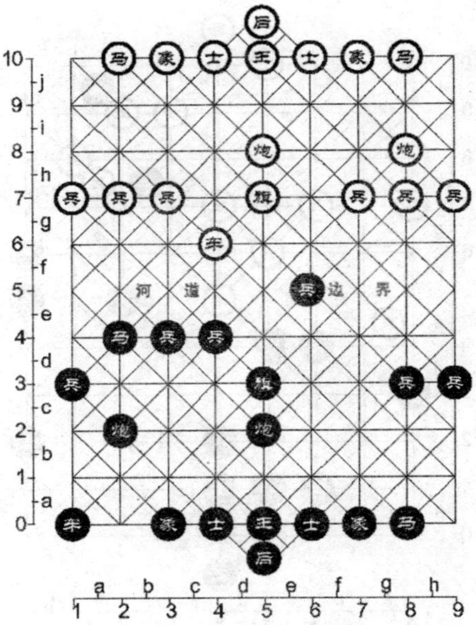

图 6-5

⑫车 6・4—c・g！　马 0・8—1・6 ∧

⑬象 10・7—4・1！　马 4・2—2・3 ∧

⑭象 4・1—c・b：炮　炮 2・2—2・1

⑮兵 7・7—5・7　士 0・6—1・5

⑯兵 5・7—6・4：旗　旗 3・5—4・5　这一着兵的进攻势单力薄，照理说不可能对旗构成多大威胁，而旗按直进两格吃过路兵的规则反而可以擒吃过路兵进至 5・5 点继续垫吃。只是当时并未认识到这些规律，旗反而避让了兵。

⑰车 c・g—3・8× 兵　炮 2・5—2・4

⑱车 3・8—2・7：象、旗　象 0・7—a・f

⑲车 2・7—d・e⊾　旗⊾4・5—2・5

⑳兵 4・6—3・6：⊾　车 0・1—1・2

㉑兵 3・6—2・5×⊾　象 0・3—2・5× 兵

㉒炮 8・5—2・5× 象□　炮 2・4—2・9

㉓车 d・e—b・c！　王 0・5—0・6

㉔车 b・c—2・3× 马　车 1・2—2・3× 车

㉕象c·b—2·3×车　马1·6—3·5：象

㉖象2·3—d·d：马　马3·5—5·7

㉗炮8·5□—○　马5·7—7·8　㉘士10·4—9·5　炮2·1—2·2：马

㉙象d·d—4·4×兵：炮　炮2·2—0·2：马

㉚马10·2—6·4　炮0·2—2·4：马

㉛马6·4—3·7：炮　象a·f—0·7+炮

㉜兵7·7—6·7：兵　马7·8—h·f：炮　原弈谱至此结束，其中有些步骤由于衔接不上的缘故做了适当修改。接下是补弈的部分了。

㉝象4·4—1·7！　王0·6—0·5

㉞马3·7—2·6！　……红立马挂角将，后有当头炮链将控杀，黑不敢支士吃马。

㉞……　象0·7—1·6∧

㉟象1·7—b·f：象　……　红立马链将炮再加象控杀绊马象形成一步绝杀棋。黑本应弃象，支0·4至a·d以掩护王向左侧避让出宫才是上策，这里黑走了起后看象一步棋——

㉟……　后▽—0·6+象　形势见图6-6。

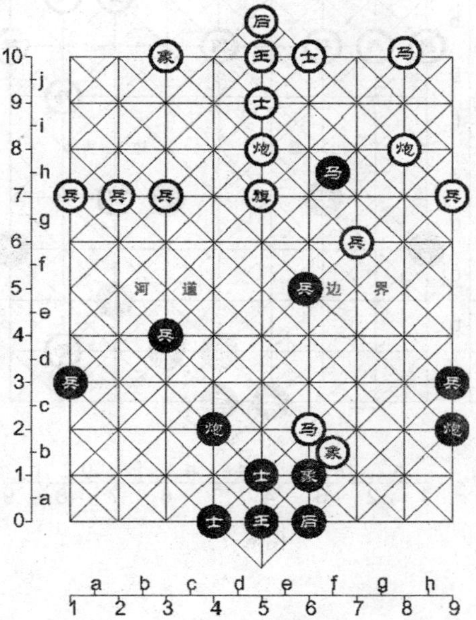

图6-6

㊱象 b・f—1・7：后　马 h・f—8・5× 炮　黑后一但挪动，被象叫杀又不能单独出宫杀象，躲又没处躲，只有弃后跳马踩炮。

㊲象 1・7—0・6× 后　马 8・5—9・7！

㊳士 10・6—9・6 ∧　王 0・5—0・6× 象

㊴马 2・6—1・8！　王 0・6—0・5　王若出宫，马则一踩三。

㊵兵 6・7—5・6× 兵　炮 2・9—2・5

㊶王 10・5—10・6　炮 2・4—4・6

㊷王 10・6—10・7：马　马 9・7—h・f：炮

㊸士 9・6—8・7 ∧：马　马 h・f—7・7：兵

㊹马 10・8—6・8+ 兵　炮 2・5—2・7：士

㊺兵 5・6—4・7 ∧　马 7・7—i・f！　黑跳马一将加炮链子控将，使红士不能支开吃马，这手棋形成立马将与链将炮的组合战术。形势如图 6-7 所示。

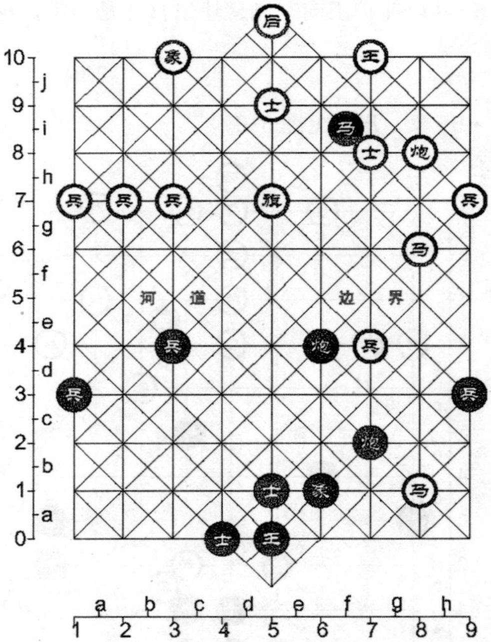

图 6-7

㊻王 10・7—10・8　炮 2・7—8・7× 士□

㊼炮 8・8—8・7：炮　炮□ 2・7—2・8○！

㊽王 10•8—10•9　马 i•f—8•8！　这一步马的连跳是通过先跳至 7•6 点再跳至 8•8 点并借助炮的保护（以免被后擒杀）叫将的；而如果马选择另一条路线先跳至 10・6 点再跳至 j・g 点叫将抽炮，则除非红马 6・8 至 8・9 再至 10・8 连跳绊马垫将，王即被绝杀了。由此可见马的机动性和化险为夷的能力。

接下红王避将不能平将至 10・8 点，否则黑马拉开连跳 8・8 点至 j・g 点再至 9・6 点叫将踩后，同时正面炮将，红必丢一后了。红只有起将——

㊾王 10・9—9・9　炮 4・6—5・5！

㊿王 9・9—8・9　象 1・6—3・4！　这一回合，红方仍不能王平将，也不能旗 7・5 至 6・6 垫将杀炮，否则黑方仍会跳马拉开炮将而抽后。

51 旗 7・5—f・f∧　……　由于旗的垫将有己方 6・8 马先期“根”的保护，因此即使黑象至 e・e 点继续叫杀翻白子旗也不能越过白子旗飞将杀王；反过来红方 8・7 炮则可不受限制地进炮至 7・8 点，凭借白子旗“炮架子”叫杀黑象。这里就把象的虚虚实实的可变性与炮的始终如一的不变性及彼此威力区分开了。这一战术形式见图 6-8。

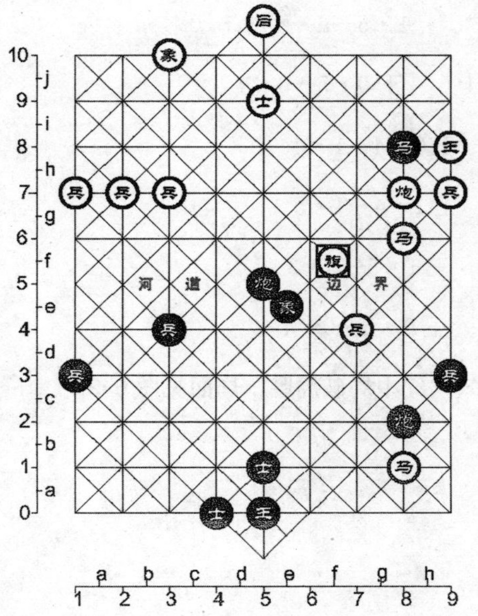

图 6-8

㉛…… 马8·8—7·7！：旗

㉜旗f·f—7·8∧ …… 红方退旗绊马垫将又能屏蔽正面炮的攻击及拦截象的攻杀，一举三得。

㉜…… 象3·4—g·g⦣！：马 象攻杀翻白子旗的同时叫将并叫杀马。

㉝马6·8—5·7+⦣：象 马7·7—10·8！

㉞炮8·7—j·h∧ 象g·g—7·7 红方只有退炮绊马才能避将，黑象则斜进一格预备于i·h点一步擒王。

㉟象10·3—4·9！ 王0·5—▽

㊱旗⦣7·8—8·8⦤：象 象7·7—8·8⦣，炮：⦣ 旗的走法：因为白子旗在起点不被敌子攻杀着，因此仍可退一格连带复旗拦截并叫杀象；而象亦可再紧接着反杀白子旗。

㊲后▽—10·6 炮5·5—8·8×⦣□

㊳马1·8—a·d！ 士0·4—0·5∧ 前段红方一直疲于防守而找不到有效的连续叫将点，因此出动后并跳马夹在两士之间叫将，意图弃马诱士来杀而助象、后于后宫侧及0·6点一步绝杀。因此士不敢吃马，只能绊马垫将。

㊴象4·9—0·5× 士，马！ 王▽—0·5× 象

㊵后10·6—1·6！ 士1·5—a·e∧

㊶后1·6—a·e× 士！ 王0·5—0·4

㊷后a·e—▽侧！ 王0·4—1·4

㊸后▽侧—a·c！ 王1·4—1·5

㊹后a·c—b·d！ 王1·5—0·5

㊺马a·d—1·3！ 王0·5—0·4

㊻后b·d—a·c！× 红中局破局胜。局面见图6-9。

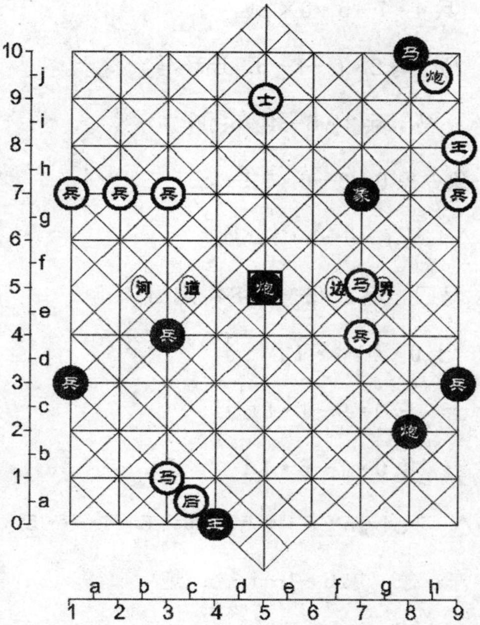

图 6-9

第 4 局（2002 年 9 月 10 日，自弈全局）

①炮 8・2—8・5　炮 2・8—2・5

②兵 7・6—5・6　兵 3・4—5・4

③兵 7・8—5・7　马 0・8—2・6

④兵 7・4—5・3　兵 3・2—e・b

⑤兵 7・2—f・b　马 0・2—3・2

⑥马 10・2—6・4　兵 e・b—5・3× 兵

⑦兵 f・b—e・c× 兵　兵 4・3—e・c× 兵　红方吃过路兵由马建“根”，黑兵故不能再走吃过路兵。

⑧马 6・4—e・c× 兵　兵 3・3—4・4：马

⑨炮 8・8—4・4× 兵□　红炮打吃兵为除掉马的绊子，以使马能卧槽抽车，故黑炮不敢打吃白子炮。车 0・1—1・1

⑩兵 6・3—4・4× 兵　马 3・2—4・4× 兵

⑪车 10 • 9—5 • 4　兵 4 • 7—5 • 6× 兵

⑫炮 8 • 8 □—〇：马　马 2 • 6—f • d，连环马

⑬兵 7 • 3—6 • 4 ∧：马　兵 3 • 6—4 • 5：车

⑭车 5 • 4—6 • 3：象　象 0 • 3—6 • 9！

⑮士 10 • 6—9 • 6 ∧　马 f • d—h • f：炮

⑯炮 8 • 8—4 • 4× 马□　炮 2 • 2—8 • 8× 炮□

⑰马 e • c—1 • 3！ 士 0 • 4—1 • 4 ∧

⑱车 6 • 3—2 • 3：士　车 0 • 9—1 • 8+ 士

⑲炮 8 • 5—8 • 4：士　象 0 • 7—6 • 1！

⑳士 10 • 4—9 • 4 ∧　兵 4 • 5—5 • 4 ∧　㉑兵 6 • 4—5 • 5　兵 5 • 4—3 • 3

㉒兵 7 • 1—6 • 2，车：象　象 6 • 1—i • c：炮

㉓马 10 • 8—8 • 6　士 0 • 6—b • d+ 士　㉔炮 8 • 4—9 • 5　马 h • f—f • d

㉕炮 9 • 5—10 • 4：士　兵 6 • 3—6 • 4 ∧　㉖王 10 • 5—10 • 6　车 1 • 8—g • b！

㉗士 9•4—9•5 ∧　……若黑象 i • c 至后宫侧兜底将，后杀象，g • b 至 9 • 5 吃士将，绝杀了。形势见图 6-10。

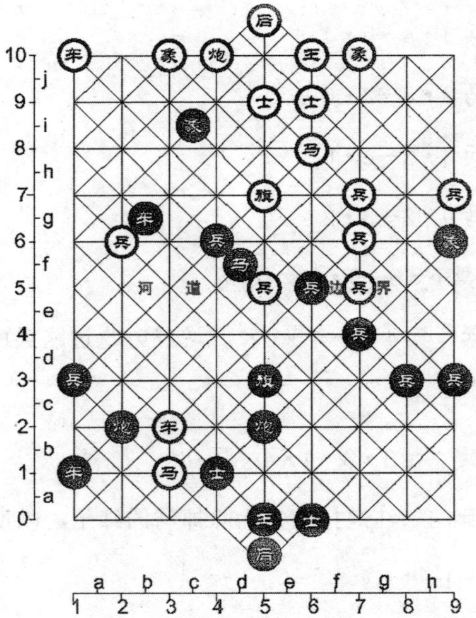

图 6-10

故——　㉗士 9・4—i・d　象、士拦车。马 f・d—8・7！

㉘马 8・6—9・7∧　兵 6・4—g・d：⊾

㉙兵 5・5—4・4∧，炮：士　象 i・c—8・4∧：士

㉚后▽—9・5+ 士（着法错误：后一旦动子，炮可打吃，马亦踩杀着后。）　兵 g・d—h・e×⊾

㉛兵 4・4—d・d：⊾　象 8・4—i・d× 士

㉜象 10・3—i・d× 象　兵 h・e—i・d× 象：后，炮：后

㉝后 9・5—3・5×⊾（判断错误：以为移动的后既被炮打吃，那我的后也可反杀了，却忘了王还未出宫。）兵 i・d—9・5！㉞王 10・6—10・5　兵 9・5—j・d！！×　黑方中局胜。

第 5 局（2002 年 11 月 14 日，自弈全局）

①炮 8・2—8・5　炮 2・8—2・5

②兵 7・6—5・6　兵 3・4—5・4　开局架中炮再对以仙人指路开通车路是必行之着，若开局先支士、飞象、跳马或拨边炮等无异于作茧自缚，延缓了局面展开。

③兵 7・4—5・3　兵 3・6—5・7

④兵 7・8—f・g，炮：马　马 0・8—d・g+ 兵　第③回合是继续走另一翼的仙人指路，加长短兵的变化呢？还是也可以走 2・8 路的抽兵打马呢？走仙人指路可以继续对称均衡地展开，而走抽兵打马兵直进两格（直一斜二）进占侧翼中点，同时炮打马，马须避开，先手还可再走另一翼兵的直进两格进占侧翼中点形成兵线的主动。似乎红方是占了优势，但事实上并非如此。以本回合为例（按走第③回合看），当红方抽兵打马时，黑马可跳至 d・g 点防守。接下，若——

⑤兵 f・g—e・h：马　马 d・g—4・6　此时，红方若进兵 5・6 至 e・f 叫杀马被黑 4・7 兵吃，若进兵 5・6 至 e・e 叫杀马被 0・1 车吃，红方没有取得任何优势，反使黑方跳起高立马，若红 5・6 兵不动，黑 4・7 兵则可“直进两格”至 f・f 点吃过路兵，配合车、马、兵叫杀 6・7 兵并威胁突破红左路防线了。由此看来先手在第③回合及第④回合无论

怎样走兵的变化都不会占得先机优势，并且后手方总能找到一些以守为攻、保持局面平衡的手段。局面见图 6-11。

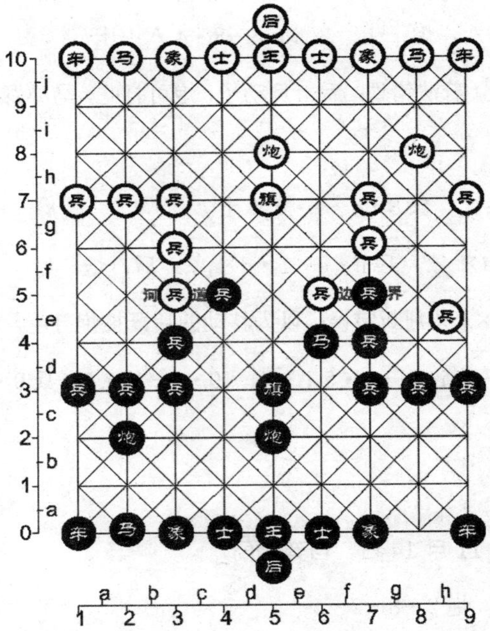

图 6-11

⑥兵 5·6—e·f：马　兵 4·7—5·6×兵

⑦兵 6·7—5·6× 兵　象 0·8—2·9：兵　第⑥回合红 5·6 兵不敢直接吃 4·7 兵，怕 0·3 象飞起兑吃并压制车路；然而红方一味走 5·6 兵至 e·f 叫杀马失去“根”的保护，还是被黑 4·7 兵“直进一格”吃过路兵把防御点反推回去。第⑦回合红只有再进 6·7 兵兑吃，而黑方则飞象 0·7 象叫杀兵。明显看出红方的这两步棋太短视和急功近利了。红方若想得子不如走兵 6·3 至 e·c“直进两格”吃过路兵倒可暂且多得一子。然而黑方怎肯白白拱手相让？黑方也可先走 3·2 兵“直进两格”至 e·b 点抽兵炮打马；红若走 7·2 兵至 f·b 抽开“炮架子”保护 5·3 兵，黑则可跳 0·2 马至 4·2 点叫杀 f·b 兵和 e·c 兵，同时炮继续打马；红若走 f·b 兵至 e·a 叫杀换马，马则连跳 f·b 点再至 7·2 点回杀 5·3 兵，威胁卧槽抽车同时炮还继续打马，使红方防不胜防。

由此看出在前⑥⑦回合若非出现真正的胜机，先手方的贸然进攻总会得不偿失，而后手方的快速出动、紧密防守却往往能带来后发制人的胜利转机。局面见图 6-12。

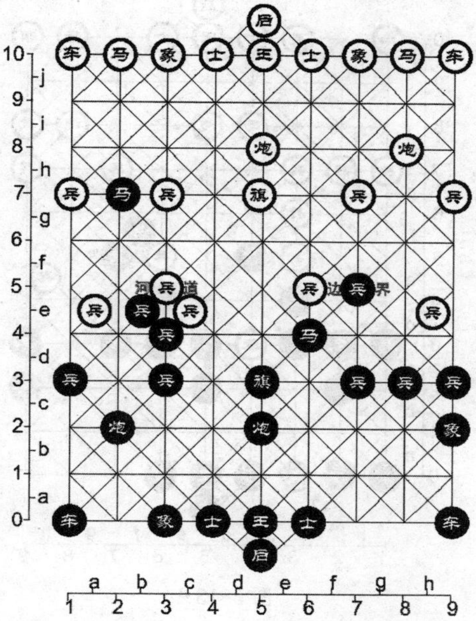

图 6-12

⑧象 10・7—8・9：车　兵 5・7—f・f ∧

⑨马 10・2—8・4　兵 3・8—5・7　接下红方若跳 8・4 马至 e・e 点叫杀旗，黑方可进一步旗杀马，也可直接以 0・1 车杀马，红兵吃车，黑 2・9 象吃 10・1 车，红 e・e 兵吃马，双方也是一次交换车、马的棋。因此红方选择直接进旗压迫黑阵——

⑩旗 7・5—4・5　……　这时黑方若以炮 2・5 至 4・5 攻杀翻白子旗，则白子旗仍可拉开向两侧角部连带复旗抽车，同时炮叫杀白子炮，这是合乎规则的（当时赋予旗行棋距离不限的错误规则）；因此黑方不能以炮攻打旗，而应进车杀旗。于是——

⑩……　车0・9—3・6⌞　这时的旗被车打翻并控杀着，白子旗想再向右侧拉开至1・2点连带复旗抽车炮打炮，当时的规则允许。现在按照合理规则连带复旗的过程中白子旗是不能在起点和终点都被对方同一子叫杀的，那样连续的翻旗又复旗属违规的“赖招打”。

⑪旗⌞4・5—3・4⌜：炮　……　红方白子旗可以拉开连带复旗叫杀炮与黑方换炮了（白子旗在落点亦被 4・6 马踩杀着，因此不能连带复旗）。这形成本局的开局形式。局面见图 6-13。

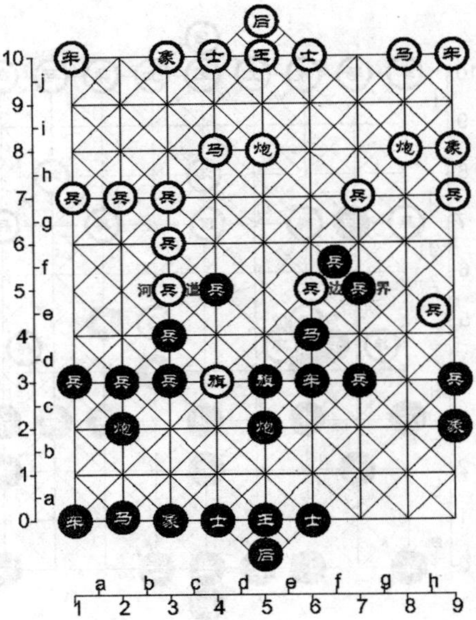

图 6-13

⑪……　炮 2・5—8・5× 炮□

⑫旗 3・4—2・5× 炮　车 3・6—2・5⌊

⑬炮 8・8—8・5+⌊　象 0・3—2・5×⌊　象若不吃掉白旗，下一步红方连带复旗至 1・6 点将同时与中炮双将绝杀了。而要制止这一双将，前一回合翻白子旗的时候车应后退一格翻旗并控制 1・6 点，白子旗则不能连带复旗了。

⑭炮 8・5—2・5× 象□　炮 2・2—2・5：炮

⑮马 8・4—5・5 ∧：车　炮 2・5—5・5× 马□　这两回合黑方的应对软了一些。若第⑭回合起黑象 2・9 至 5・6 吃兵叫杀车，红复炮将，黑进 5・4 兵至 6・5 垫将的同时象隔子继续叫杀车；红若 8・4 马至 6・5 吃兵，黑则 4・6 马至 6・5 吃马，再补上中炮马挂角将，这样应该更有威胁。

⑯炮 8・5 □—○：炮　兵 5・4—5・5 ∧

⑰象 10・3—9・2+ 兵：象　马 4・6—1・7+ 象　此时红象可以隔己方已经进入中线的兵飞吃黑象，而黑方由于投入的子力不够不能兑杀 5・6 兵，只有寻找防守的良策。黑方退马保象，同时让开肋线车路使己方攻击 5・6 点的子力转为优势，是一步以守为攻的好棋。形势见图 6-14。

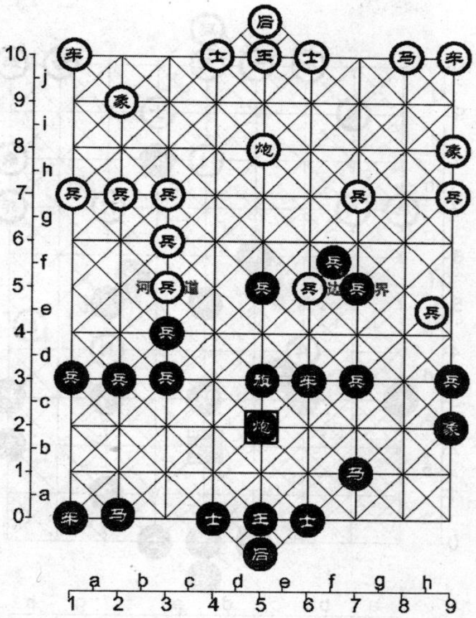

图 6-14

⑱兵 5 • 6—4 • 7：车　车 3 • 6—8 • 6：炮　⑲士 10 • 6—9 • 6+ 炮　车 0 • 1—3 • 4

⑳兵 5 • 3—5 • 4 ∧　马 0 • 2—d • c：兵　进入中线的 5 • 3 兵斜进一格再斜退一格至 5 • 4 点拦截车的叫将路线。黑马连跳攻击兵线。

㉑兵 7 • 3—f • c+ 兵　兵 3 • 2—5 • 3：兵　红兵“直进两格”成长短兵防御，黑兵“直进两格”叫杀，诱兵离开掩护 5 • 4 兵一线。

㉒兵 f•c—e•c× 兵　兵 4•3—e•c × 兵　红兵“直进一格”吃过路兵又折回到保护 5•4 兵和肋线的方向，黑方吃兵继续攻击 5 • 4 兵。

㉓车 10 • 1—10 • 3　兵 e • c—5 • 4 × 兵　红方眼看守不住 5 • 4 兵，只有出车看守 9 • 4 点防备车叫将。

㉔兵 6 • 3—4 • 3 ×：马　车 3 • 4—6 • 4：马　红兵直进两格吃过路兵叫杀马，链子马、车。本来前一回合黑兵吃 5 • 4 兵可以“直进两格”吃过路兵至 f • c 点，改变落点使红兵吃过路兵不能到达 4 • 3 点以链子马、车，而当黑兵停在 f • c 点，红兵再想吃过路兵就只能是先斜进一格吃兵再折返 90° 斜进两格在横一直二的范围内前进至 e • b 点叫杀马了。但是对于黑方来说这两种结果都无所谓，意图在于双车夺马兑车叫将。形势见图 6-15。

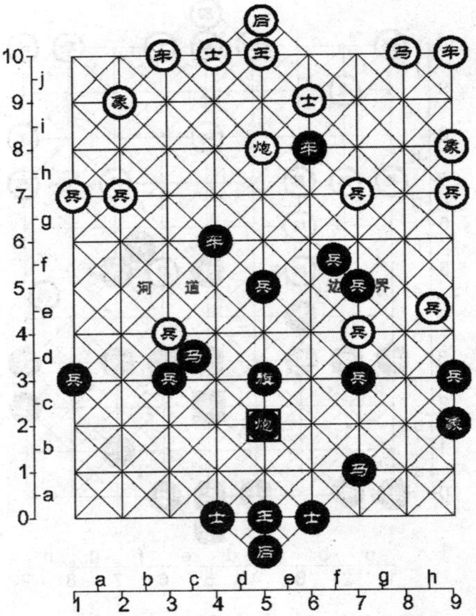

图 6-15

㉕兵 4・3—d・c× 马　车 8・6—10・8× 马

㉖车 10・9—10・8× 车　车 6・4—10・8× 车！

㉗后▽—10・6 ∧　炮□ 2・5—2・6 ○：后　红若落士垫将，黑车 i・f 将就绝杀了。

㉘士 9・6—j・e　……　接下黑方要支起"炮架子"继续打后，该走哪个子呢？若 3・7 兵至 4・6 炮打后，红兵 7・7 至 6・6 垫；黑不能进 f・f 兵至 g・f 吃过路兵，否则红象 8・9 至 2・3 将；王起将，红车再 10・3 至 3・3 吃兵将，很危险了。黑应对的妙着是马连跳两个大马步成马后炮叫杀后，待敌垫子，再利用马的机动性跳前挂角将军，步步争先。

㉘……　马 1・7—4・6，炮：后

㉙兵 7・7—6・6 ∧　马 4・6—8・6！

㉚士 j・e—9・6 ∧　马 8・6—8・7：后

㉛士 10・4—9・5+ 后　炮 2・6—9・6× 士□

㉜象 9・2—2・9× 象　士 0・6—1・5　黑先支士防御是好棋。否则黑若先复炮打后，红象 2・9 至 3・8 将；王起将，车 10・3 至 3・3 吃兵将，绝杀了。

㉝车 10・3—3・3× 兵　炮 2・6 □—○：后

㉞车 3・3—2・3！　王 0・5—0・6　接下来红方明知单象叫将是将不死王的，反

会助王、后出宫，因此不以象将而走兵垫炮——

㉟兵 4·7—3·6∧　兵 f·f—g·f×兵，炮：后　黑兵“直进一格”吃过路兵。

㊱兵 3·6—c·f：炮　车 10·8—i·f！　红兵拆开“炮架子”叫杀炮。局面见图 6-16。

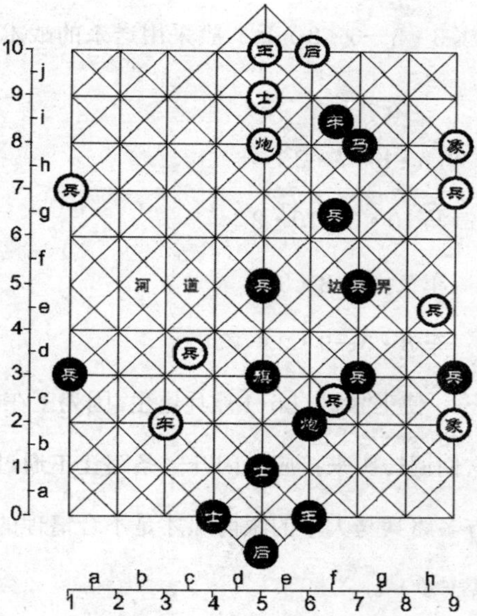

图 6-16

接下来的变化有多种。第一种王平将避将——

㊲王 10·5—10·4　车 i·f—6·4！

㊳炮 8·5—8·4∧　车 6·4—8·2！

㊴炮 8·4—9·3∧　炮 2·6—2·4

㊵兵 d·c—c·c：炮　车 8·2—8·4！！

㊶王 10·4—10·3　车 8·4—9·4！

㊷王 10·3—10·2　马 8·7—8·3　马隔断车炮联系，掩护车吃炮将绝杀。

㊸后 10·6—10·3：车　马 8·3—i·b！　红后随王出宫邀杀兑车并看炮。

㊹后 10·3—9·2∧　马 i·b—j·c！

㊺王 10·2—10·1　车 9·4—10·5！

㊻王 10·1—9·1　车 10·5—h·b！

㊼炮 9·3—8·2∧　马 j·c—9·2× 后

㊽车 2·3—2·2+炮　马 9·2—10·3！　红 2·9 象不敢吃马，因黑车吃炮将红就输了，只有拨车看炮。

接下王若下将必死，上将呢——

㊾王 9·1—8·1　旗 3·5—6·2：兵　旗采用送杀的战术让兵翻白旗，自己达到阻断车、马联系的目的。

㊿兵 7·1—6·2⌊　车 h·b—7·2！

51炮 8·2—h·a∧　马 10·3—10·2！

52象 2·9—9·2∧　车 7·2—8·3！

53炮 h·a—8·2∧　车 8·3—9·2× 象！

54王 8·1—6·1　……　使王"跳"过 6·1 点兵逃生。因为王在被车叫将时正与己方兵、炮队伍的尾部接触，让它们调转头来接应，闪开一条路让王通过合于情理，反倒是王被敌子一将就被将死在己方多路兵马大军的跟前那才是不合情理的（当时认为王可以穿越己方子而行，比易位更甚一步）。

54……　旗⌊6·2—f·a⌈ !×　这一种变化黑方中局争先破局胜。局面见图 6-17。

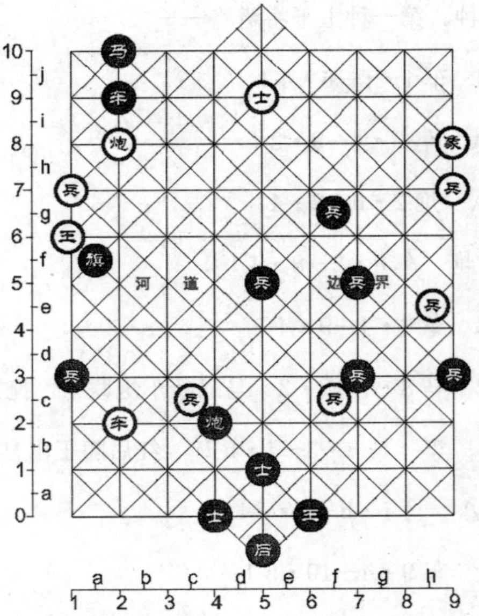

图 6-17

还有另一种变化（接图 6-16）

㊲后 10・6—j・e ∧　马 8・7—j・f！　接下王若平将已被证明必死，只有沉入后宫——

㊳王 10・5—▽　马 j・f—9・5× 士，车：后　后不敢吃马，否则车沉入后宫侧擒王了。

㊴炮 8・5—9・6 ∧！　兵 g・f—7・6 ∧　炮垫车并反将。

㊵兵 c・f—2・6× 炮　车 i・f—9・7！　红兵吃炮因有士和旗作为“根”的保护，因而不能吃过路兵至 b・f 点拔掉炮子以助 6 路炮再将。

㊶炮 9・6—10・6 ∧　马 9・5—j・d！：炮

㊷王▽—10・5 ∧　……　若垫后绊马则车杀炮将绝杀了。

㊷……　马 j・d—j・c！

㊸王 10・5—10・4　车 9・7—8・6！

㊹王 10・4—9・4　车 8・6—j・d！

㊺王 9・4—9・3　车 j・d—i・c！

㊻王 9・3—10・3　车 i・c—j・b！

㊼王 10・3—10・4　马 j・c—i・c！

㊽王 10・4—9・4　马 i・c—h・d！

㊾后 j・e—8・4 ∧　车 j・b—i・c！

㊿王 9・4—10・4　车 i・c—8・4× 后！

51王 10・4—10・3　车 8・4—j・b！

52王 10・3—10・4　马 h・d—j・e！

53王 10・4—10・5　车 j・b—i・c！

54王 10・5—9・5　车 i・c—9・4！×　黑方中局破局胜。局面见图 6-18。

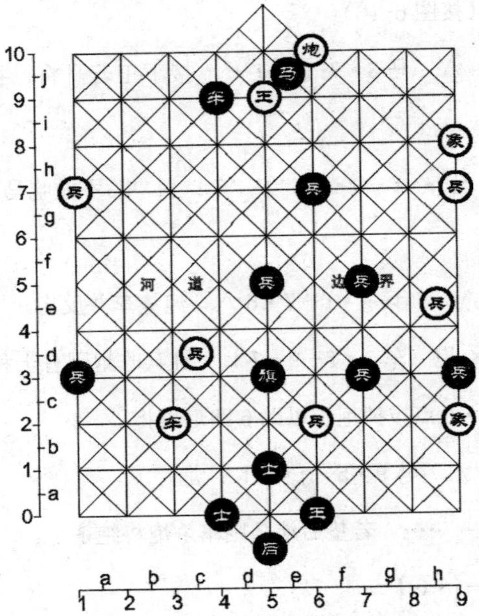

图 6-18

第 6 局（2003 年 6 月 27 日，我执黑和朋友榆次区乌金山镇东蒜峪村中医师李金生弈全局）

①炮 8・2—8・5　兵 3・6—4・6

②兵 7・4—5・4　兵 4・3—5・4× 兵

③兵 7・6—5・6　兵 5・4—6・3× 兵

④象 10・7—6・3× 兵　象 0・3—3・6：象

⑤象 6・3—3・6× 象　车 0・9—3・6× 象

⑥马 10・2—8・4　兵 3・4—5・5

⑦象 10・3—9・2　兵 4・7—5・6× 兵

⑧象 9・2—5・6× 兵　兵 4・6—e・e ∧：象

⑨象 5・6—3・8× 兵！　王 0・5—1・5

⑩象 3・8—4・7：车，炮：炮　车 3・6—4・7× 象

⑪车 10・1—4・7× 车　炮 2・8—8・8× 炮□

⑫车4·7—3·7× 兵！：炮　旗3·5—2·6∧

⑬车3·7—1·7⊾！　旗⊾2·6—1·6∧　红车连带翻白旗叫将。

⑭车1·7—2·8× 炮　车0·1—2·3：车

⑮旗7·5—e·b 炮！　旗⊾1·6—2·5∧　基本战术：白子旗垫将弃子喂炮，借此则车反抽车。

⑯车2·8—2·6！：⊾　王1·5—0·5　黑王应平将，预备出宫。

⑰车2·6—0·8× 马　象0·7—2·9　象应至e·b翻白子旗并封杀车路，以此形成基本战术：强子交叉攻杀二吃一着法。

⑱车0·8—b·f！　马0·2—a·e∧

⑲炮8·5—2·5×⊾□　象2·9—7·4：炮

⑳炮8·5□—7·5　车2·3—2·6：车

㉑炮7·5□—〇！　士0·4—1·5∧

㉒车10·9—3·2× 兵！　王0·5—0·4

㉓车b·f—2·6× 车　马a·e—2·6× 车

㉔车3·2—2·2× 炮！　王0·4—0·5

㉕车2·2—2·6× 马　象7·4—h·d：炮、马

㉖旗e·b—1·6！　王0·5—0·4

㉗车2·6—2·2！　王0·4—0·3

㉘车2·2—1·2！　王0·3—0·4

㉙车1·2—1·3！×　红中局胜。

第7局（2003年8月6日，在晋中市委后宿舍院教小学生下棋，第23手后为新弈）

①炮8·2—8·5　炮2·8—2·5

②兵7·6—5·6　兵3·4—5·4

③兵7·4—f·c　兵3·2—e·b

④兵7·2—5·3　兵3·6—5·7

⑤象 10・3—8・1　马 0・2—2・4

⑥兵 5・3—e・b× 兵　兵 4・3—e・b× 兵

⑦兵 7・8—f・g　马 0・8—4・6

⑧兵 f・c—e・d -×- 兵　兵 3・3—5・3

⑨兵 f・g—5・7× 兵：马　马 4・6—2・6

⑩兵 5・6—4・7× 兵　兵 3・8—4・7× 兵

⑪炮 8・8—8・9　车 0・1—1・1

⑫兵 e・d—4・5　象 0・3—2・1：车

⑬旗 7・5—g・e ∧　象 2・1—f・d：⊾

⑭车 10・9—7・6　马 2・4—5・5：车、⊾

⑮象 8・1—e・d：车　马 5・5—7・6× 车

⑯象 e・d—0・9× 车　马 7・6—9・7！

⑰王 10・5—9・5　马 9・7—8・5× 炮

⑱ 10・7—8・5× 马　象 f・d—g・c× ⊾

⑲象 0・9—3・6：炮　象 g・e—h・f！

⑳王 9・5—10・5　炮 2・5—1・6：象

㉑象 3・6—c・f：马　炮 2・2—2・5

㉒象 8・5—4・1！　士 0・4—1・4

㉓炮 8・9—8・5　象 h・f—i・e：炮

㉔车 10・1—7・4　士 0・6—a・d+ 士

㉕象 h・f—2・6× 马　象 i・e—8・5× 炮

㉖象 2・6—a・d× 士！　士 1・4—a・d× 象

㉗象 4・1—a・d× 士！　王 0・5—0・6

㉘车 7・4—8・5× 象　旗 3・5—d・d：兵，炮：车

㉙兵 7・7—5・5 ∧　旗 d・d—e・e -×- 兵

㉚马 10・8—7・5 ∧　旗 e・e—f・d -×-

㉛兵 6 • 7—4 • 5 ∧　……　红兵再垫炮防车被打吃，若黑起车控制肋线防兵攻杀炮而不先炮吃马，则红马采用连跳变攻击目标为炮架子战术至 3 • 5 点，黑车再后手捉马，马则连跳 1 • 4 点叫将抽杀后，黑炮绊马，黑方非常被动了。局面见图 6-19。

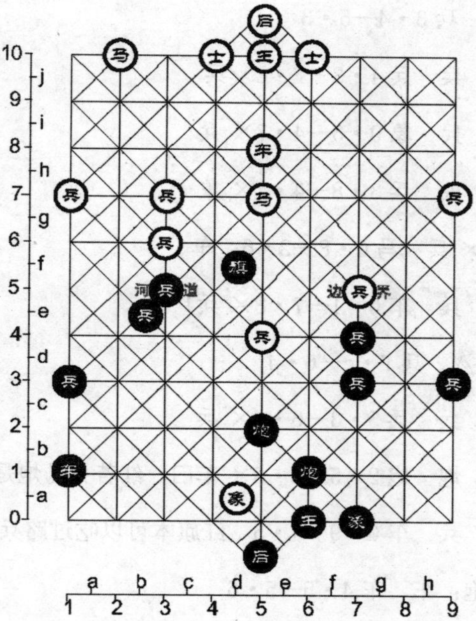

图 6-19

因此——㉛……　炮 2 • 5—7 • 5× 马□

㉜兵 4 • 5—3 • 6：炮　炮□ 2 • 5—5 • 5 ○！

㉝士 10 • 4—9 • 5 ∧　车 1 • 1—4 • 4　黑车占肋预备抽车。

㉞士 10 • 6—9 • 6+ 车　车 4 • 4—7 • 4：车

㉟王 10 • 5—10 • 6　车 7 • 4—7 • 9× 兵！

㊱王 10 • 6—10 • 7　车 7 • 9—10 • 9！

㊲王 10 • 7—9 • 7　车 10 • 9—10 • 8！

㊳王 9 • 7—8 • 7　车 10 • 8—9 • 8！

㊴王 8 • 7—7 • 7　兵 4 • 7—6 • 6！

㊵王 7 • 7—6 • 7　车 9 • 8—7 • 8！×　黑破局胜。

第8局（2003年9月30日，在北京大学45号楼与李志达同学弈全局）

①炮8・8—8・5　炮2・2—2・5

②兵7・4—5・4　兵3・6—5・6

③象10・7—7・4　兵3・4—5・3

④兵6・7—5・6× 兵　兵4・3—f・c×兵

⑤兵5・6—4・7× 兵　象0・3—4・7× 兵

⑥象7・4—4・7× 象　兵3・8—4・7× 象

⑦车10・1—4・7× 兵　马0・8—2・6：车

⑧车4・7—3・7× 兵　车0・1—7・8× 兵！

⑨马10・8—8・7 ∧　兵f・c—6・4

⑩兵7・3—6・4× 兵　兵5・3—6・4× 兵

⑪车3・7—2・8× 炮　炮2・5—2・8× 车□　红若兑马炮是好棋。

⑫旗7・5—6・4× 兵　车0・9—4・5　红旗本可以吃过路兵，炮叫杀炮。

⑬兵7・6—5・5炮：车　车4・5—5・6

⑭兵5・5—4・4　车5・6—9・6！

⑮马10・2—j・e ∧　马2・6—4・5 ∧

⑯兵4・4—d・d⊾　马4・5—5・7：车　红兵进一斜格连带翻白子旗。黑跳马弃炮，预备马走9・7点卧槽马绝杀。

⑰⅂6・4—6・7 ∧马：车　马5・7—8・4！

⑱士10・4—9・4 ∧　车7・8—7・7× 兵　黑应马8・4连跳小马步至9・7卧槽抽车。

⑲后▽—10・4　车7・7—7・2× 兵　起后防车j・d绝杀。

⑳兵4・4—3・5×⊾　车9・6—8・5× 炮

㉑马j・e—8・5× 车　车7・2—8・2× 炮

㉒马8・7—4・7　士0・4—1・5　黑应付炮链将。

㉓士10・6—9・5：马　马8・4—6・3× 兵

㉔旗6・7—a・a：马　车8・2—4・6　黑错误地放弃了王出宫一翼的防御。

㉕车 10·9—3·2× 兵！ 炮□2·5—2·3 ○∧

㉖车 3·2—0·2× 马！ 士 1·5—0·4 ∧

㉗马 4·7—2·6！ 象 0·7—b·e ∧：马

㉘车 0·2—b·c！ 王 0·5—1·5

㉙兵 3·5—2·4！ 王 1·5—1·6

㉚马 2·6—b·g！ 王 1·6—1·7 马叫将反使王出宫，解放了后。

㉛马 b·g—3·8！：车 车 4·6—c·g ∧：马

㉜马 3·8—3·6！：车 象 b·e—c·f ∧：马

㉝车 b·c—1·4！ 士 0·6—1·5 ∧

㉞兵 2·4—1·5× 士 士 0·4—1·5× 兵

㉟车 1·4—c·e！ 炮 2·3—2·6 ∧ 车步步将，不吃炮致炮重新复炮链子垫将。

㊱马 8·5—4·7：车 车 c·g—3·7：马

㊲马 3·6—e·e+ 马 后▽—c·a 后预备 8·7 将，绝杀了。

㊳马 4·7—c·f× 象！ 王 1·7—2·7 黑不能车杀马，否则 e·e 马至 3·8 将军抽车了。

㊴马 e·e—4·7 后 c·a—10·9！ 红跳 4·7 连环马同时阻拦车捅将路线。

㊵士 9·5—10·6 ∧ 后 10·9—8·7！

㊶王 10·5—▽ 后 8·7—6·5！

㊷士 9·4—9·5 ∧ 马 6·3—5·5：马

㊸象 10·3—4·9！ 兵 3·9—3·8 ∧

㊹象 4·9—3·8× 兵！ 车 3·7—3·8× 象

㊺马 c·f—3·8× 车 后 6·5—4·7× 马：车、马

㊻车 c·e—4·7× 后！ 马 5·5—4·7× 车

㊼马 3·8—2·6× 马 士 1·5—2·6× 马 兑子破局成残局了。

㊽王▽—10·5 马 4·7—8·7

㊾后 10·4—8·4 马 8·7—8·3

㊿旗 a•a—5•6　兵 3•3—5•4

51旗 5•6—7•4：马　马 8•3—j•c！：后

52后 8•4—10•4∧　兵 5•4—6•4

53士 10•6—j•e　马 j•c—h•e：ㄕ

54王 10•5—10•6　马 h•e—8•7！

55王 10•6—10•7　马 8•7—9•9！

56王 10•7—9•7　马 9•9—i•h！：兵

57王 9•7—9•8　马 i•h—7•9× 兵！

58王 9•8—8•8　马 7•9—h•f　弈此停止。据此局面，黑单马不可能阻止王、后出宫。红方残局胜。

第 9 局（2004 年 4 月 10 日，星期六，自弈全局）

①炮 8•2—8•5　炮 2•8—2•5

②兵 7•6—5•6　兵 3•4—5•4

③兵 7•8—5•7　马 0•8—2•6

④兵 7•4—5•3　兵 3•2—e•b：兵

⑤马 10•2—g•c+ 兵：兵　兵 3•6—e•d

⑥炮 8•8—e•d× 兵☐　兵 3•3—e•c：兵，炮：炮

⑦炮 8•8☐—8•6〇：马　马 2•6—f•d

⑧车 10•9—9•8　象 0•7—2•9

⑨兵 5•3—e•c× 兵　兵 4•3—e•c× 兵

⑩兵 6•3—5•4× 兵　兵 e•c—5•4× 兵

⑪象 10•3—8•1：兵　马 0•2—d•c+ 兵

⑫兵 7•3—6•3：兵　兵 5•4—6•3× 兵

⑬兵 7•2—6•3× 兵　兵 4•7—5•6× 兵

⑭兵 6•7—5•6× 兵　马 f•d—5•6× 兵

⑮马 10・8—8・9+ 兵　兵 3・8—4・8：兵，象：车

⑯兵 6・3—5・4，象：车　马 5・6—7・5：⌊

⑰兵 7・7—f・f：马　炮 2・5—7・5×⌊□

⑱炮 8・5—2・5× 炮□　炮 2・2—2・5：炮

⑲兵 5・4—4・5 ∧　（这时机会来了，黑若旗 3・5 至 d・e 抽杀兵，炮链杀白子炮，同时旗还阻断了 8・1 象对车的叫杀，终结了双方兑车的局面，应该是一着先弃后取、棋看三步的好棋。这构成一项基本战术。）……马 5・6—i・d！：炮

⑳士 10・4—9・5 ∧　马 i・d—8・6× 炮！

㉑士 9・5—8・6× 马　旗 3・5—g・a（旗仍按行棋距离不限错误规则走子），炮：炮

㉒王 10・5—10・4　旗 g・a—j・d！ 若红王不动，旗一步至 j・d 将，绝杀了。

㉓王 10・4—10・3　象 2・9—10・1× 车

㉔象 8・1—0・9× 车　旗 j・d—9・4！

㉕王 10・3—9・3：⌈　旗 9・4—i・c！

㉖王 9・3—10・3　车 0・1—2・3！

㉗马 g・c—9・3 ∧　旗 i・c—9・3× 马

㉘象 0・9—2・7！　士 0・4—a・e ∧

㉙后▽—j・c：⌊　旗⌊9・3—i・c⌈，车！（红后应该可以进位至 9・3 点击退并继续叫杀白子旗，同时邀杀兑车。）

㉚后 j・c—9・3 ∧　旗 i・c—9・3× 后

㉛车 9・8—9・4：⌊　旗⌊9・3—j・c ∧，车！

㉜王 10・3—10・4　象 10・1—i・b！（象叫将规则错误！象所隔己方白子旗，此时正受到红车反制"根"的破解作用，因此象不能隔己方子飞将了。）

㉝王 10・4—10・5　旗⌊j・c—▽侧⌈！

㉞王 10・5—9・5　车 2・3—7・3！

㉟王 9・5—9・6　车 7・3—7・8！

㊱王 9・6—9・5　象 i・b—h・c！

㊲车 9・4—8・4∧　象 h・c—8・4× 车！

㊳王 9・5—9・4：象　象 8・4—i・c！

㊴王 9・4—9・5　车 7・8—10・5！×　黑破局胜。

第 10 局（2004 年 5 月 30 日，在北京海淀区水清木华园小区学生公寓与自考女孩李娟弈全局。边讲边下，误着和违规不断）

①炮 8・2—8・5　炮 2・8—2・5　顺手炮

②兵 7・6—5・6　兵 3・4—5・4　逆手仙人指路

③兵 7・8—5・7　马 0・8—2・6

④兵 7・4—f・c　兵 3・2—e・b

⑤马 10・2—6・4　马 2・6—f・d：「

⑥兵 f・c—5・4× 兵　兵 4・3—5・4× 兵（正着：应红兵 f・c 吃 5・4 兵，黑兵 4・3 吃过路兵反推回 f・c 点，重新与 e・b 兵建根）

⑦兵 6・3—5・4× 兵　炮 2・2—2・1+ 马　由于红双兵夺黑卒前马后卒，炮链杀红兵保护马不被车杀，这形成一种隔“炮架子”敌子“链杀”敌子的基本战术。

⑧马 10・8—7・8　马 f・d—6・6　黑跳开马叫杀炮，同时炮抽杀车。若按马变点杀旗的规则，马若 f・d—7・5—f・e 翻白旗的同时，炮抽杀车，则形成又一基本战术：马在变点杀旗跳开继续踩杀白子旗的同时，马后炮可以抽杀敌另一枚强子，形成二吃一局面（黑跳马不妥。若红旗 7・5—6・6 吃马，红炮叫杀黑当头炮，形成红车换黑马、炮局面了）。

⑨车 10・9—9・9　马 6・6—8・5× 炮

⑩象 10・3—8・5× 马　旗 3・5—5・3：马，炮：象

⑪马 6・4—5・5∧　兵 3・6—4・5 炮：马

⑫马 5・5—3・5∧　车 0・1—1・2　防止马两侧卧槽抽车。

⑬兵 5・6—4・6　兵 3・7—4・6× 兵

⑭兵 5 • 7—4 • 6× 兵　兵 4 • 5—5 • 4× 兵

⑮兵 6 • 7—5 • 7　车 0 • 9—4 • 5：马

⑯马 7 • 8—6 • 6：车　兵 4 • 7—f • e

⑰马 6 • 6—8 • 7　车 4 • 5—7 • 8：马（红马不该退回到炮口下。黑应车 4 • 5—4 • 6×兵，或炮 2 • 1—8 • 7 吃马）

⑱车 9 • 9—9 • 8　炮 2 • 1—8 • 7× 马□，车！

⑲士 10 • 4—j • e ∧　车 1 • 2—7 • 2× 兵！

⑳王 10 • 3 ∽车 10 • 1　车 7 • 2—7 • 3× 兵！　红王走一步特殊性王车易位，致车、后可交叉保护王。

㉑后▽—9 • 3 ∧　车 7 • 3—9 • 3× 后

㉒王 10 • 3—9 • 3× 车　兵 3 • 3—4 • 3

㉓马 3 • 5—1 • 7！　士 0 • 6—1 • 6 ∧

㉔车 10 • 1—f • e× 兵　炮 2 • 5—8 • 5× 象□

㉕车 f • e—c • b！　象 0 • 3—1 • 4 ∧：车

㉖车 c • b—1 • 1：马、象、炮　马 0 • 2—b • b+炮、象，：车

㉗车 1 • 1—0 • 1：马　车 7 • 8—6 • 7

㉘旗 7 • 5—8 • 5 ∧　旗 5 • 3—7 • 5

㉙士 10 • 6—9 • 4　旗 7 • 5—8 • 4！　红士斜退一格折返 90° 斜进三格，走了士首着直进两格的变式。旗按错误规则行棋距离不限走棋。

㉚王 9 • 3—10 • 3　旗 8 • 4—j • b！

㉛王 10 • 3—10 • 4　象 1 • 4—f • h

㉜象 10 • 7—i • e ＋兵　象 f • h—7 • 7× 兵：象、炮

㉝象 i • e—7 • 7× 象　车 6 • 7—7 • 7× 象！

㉞士 j • e—9 • 5 ∧　旗 j • b—9 • 3！

㉟王 10 • 4—10 • 5　旗 9 • 3—▽侧！

㊱王 10 • 5—10 • 6　炮□ 2 • 5—2 • 6 ○！

㊲旗 8 • 5—8 • 6 ∧　车 7 • 7—8 • 6⊾

㊳车 0 • 1—b • b× 马　炮 2 • 6—8 • 6×⊾

㊴车 b • b—2 • 3！ 王 0 • 5—0 • 6

㊵车 2 • 3—2 • 4！ 士 0 • 4—1 • 5 ∧

㊶车 2 • 4—2 • 1× 炮　炮 2 • 6 □—○！

㊷车 2 • 1—2 • 6× 炮　士 1 • 5—2 • 6× 车

㊸马 1 • 7—3 • 8× 兵　车 7 • 7—6 • 6！

㊹王 10 • 6—10 • 7　象 0 • 7—2 • 9：马

㊺马 3 • 8—2 • 6× 士　象 2 • 9—7 • 4！

㊻士 9 • 5—8 • 5 ∧　旗▽侧—j • e

㊼马 2 • 6—1 • 8！ 王 0 • 6—0 • 7

㊽兵 5 • 7—4 • 8 车！ 王 0 • 7—0 • 8（可能是红方将 9 • 8 点车碰动，移到了 9 • 7 点上，因此车多走了一步棋：9 • 8—9 • 7 点）

㊾马 1 • 8—1 • 4：后，炮！ 车 6 • 6—8 • 8× 炮

㊿车 9 • 7—8 • 8× 车　旗 j • e—9 • 6！

(51)王 10 • 7—10 • 8　后▽—7 • 5！

(52)王 10 • 8—10 • 9　旗 9 • 6—9 • 9：车　旗叫杀车错误！车若至 4 • 4 将，黑方负。应后 7 • 6 将。

(53)车 8 • 8—9 • 8⊾　后 7 • 5—7 • 9× 兵

(54)车 9 • 8—9 • 9×⊾　后 7 • 9—i • g！

(55)王 10 • 9—10 • 8　象 7 • 4—g • d！

(56)士 8 • 5—h • e ∧　象 g • d—h • e× 士！

(57)王 10 • 8—10 • 7　象 h • e—j • g！ ×　黑破局胜

第 11 局（2004 年 7 月 4 日，在清华园清华学堂侧自弈全局，第㉔回合后为 2016 年 11 月 14 日重弈）

①炮 8・2—8・5　炮 2・8—2・5

②兵 7・6—5・6　兵 3・4—5・4

③兵 7・8—5・7　马 0・8—2・6

④兵 7・4—f・c　兵 3・2—e・b

⑤兵 7・2—g・b　红若要不丢子，只有三子连珠，或兵 7・2 至 5・3。兵 3・6—e・d

⑥炮 8・8—e・d× 兵□　兵 5・4—f・c× 兵

⑦兵 6・3—f・c× 兵　兵 e・b—f・c× 兵

⑧兵 g・b—f・c× 兵　兵 3・3—5・4+ 兵，炮：炮

⑨炮□ 8・8—8・6 ○：马　马 2・6—f・d：ᒥ

⑩兵 7・3—6・4：马　马 f・d—5・6× 兵

⑪兵 6・7—5・6× 马　兵 4・7—5・6—6・5× 兵

⑫炮 8・5—6・5× 兵□　旗 3・5—e・d+ 兵，炮：炮

⑬车 10・1—3・8× 兵　士 0・4—a・e ∧

⑭象 10・7—8・9：车　兵 3・7—e・e ∧

⑮车 3・8—3・2！　炮 2・2—2・3 ∧：双象

⑯象 8・9—e・e× 兵：炮　炮 2・5—8・5× 炮□（黑方应先炮 2・3 至 10・3 吃象）

⑰炮 8・6—8・5：炮　旗 e・d—4・5 ∧

⑱旗 7・5—f・e，炮：炮　象 0・3—6・9！

⑲士 10・4—j・e ∧　炮 2・3—10・3× 象□

⑳炮 8・5—2・5× 炮□　旗 4・5—e・e× 象

㉑炮□ 8・5—4・1 ○：炮、车　象 0・7—6・1！

㉒王 10・5—10・6　兵 3・1—d・a ∧：炮　兵抽子垫子反杀破炮捉双杀法形成一项基本战术。

㉓车 3・2—d・a× 兵　王 0・5—0・4

㉔炮 4 • 1—2 • 3× 炮□　象 6 • 9—1 • 4：车、炮　黑方有“根”的象反制链杀对方车和白子炮必得一子，这形成一项基本战术，如图 6-20 所示。

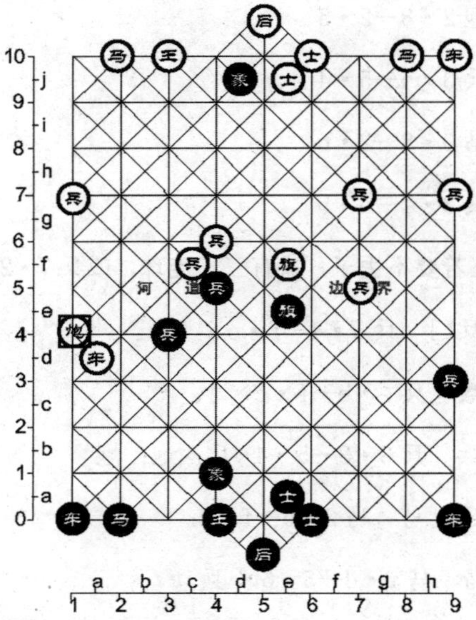

图 6-20

㉕车 d • a—1 • 4× 象　马 0 • 2—1 • 4× 车

㉖炮□ 4 • 1—8 • 5 ○ 王 0 • 4—0 • 3　黑后随王出宫，开始叫杀红中炮。

㉗兵 f • c—5 • 4× 兵　红方希望黑兵 4 • 3 至 5 • 4 兑兵，以便炮 8 • 5 至 8 • 1 捉双车。象 j • d—i • c　象此一着预备 j • b 点叫将，可化解下一步红炮 8 • 1 点捉双车。……下一步，若红炮 8 • 5 至 6 • 3 将军抽车，黑兵 4 • 3 至 f • d 吃过路兵，炮将军抽车不成立。故——

㉘后▽—8 • 2　兵 4 • 3—f • d ×兵

㉙后 8 • 2—7 • 3！　王 0 • 3—0 • 2，后：炮

㉚兵 6 • 4—5 • 5 ×兵，炮：后　象 i • c—j • b！

㉛王 10 • 3—10 • 4　车 0 • 1—3 • 4！

㉜炮 8 • 5—7 • 4 ∧　车 0 • 9—h • a！

㉝王 10 • 4—10 • 5　象 j • b—i • c！

㉞王 10 • 5—9 • 5　车 h • a—10 • 4！

㉟王 9 • 5—9 • 6　车 10 • 4—i • e！

㊱王 9・6—9・7　象 i・c—7・5！

㊲兵 7・7—i・f∧　车 3・4—7・4×炮：后，？！×　因红炮看着车 7・7 叫杀点，黑必应以双车夺炮，同时双车还威胁形成斜线捅将绝杀的战术。这形成又一基本战术。

局面如图 6-21 所示。

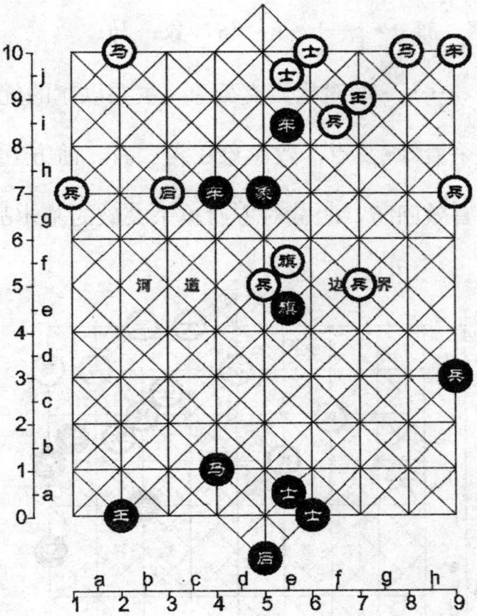

图 6-21

㊳车 10・9—3・2！……　若黑后▽至 2・2∧，车 3・2 至 2・2 吃后，黑马 1・4 至 2・2 兑车，红后则 7・3 至 1・3 将，绝杀了。故——

㊳……　马 1・4—2・2∧　㊴后 7・3—7・4×车　车 i・e—7・4×后

㊵马 10・2—9・5：车　车 7・4—8・5

㊶兵 7・9—8・9　车 8・5—8・8！

㊷马 10・8—i・g∧　象 7・5—5・7×兵

㊸兵 5・5—6・4　象 5・7—7・9

㊹兵 8・9—9・8+马　车 8・8—7・7！

㊺兵 i・f—8・7∧　后▽—7・5！

㊻士 j・e—i・f∧　后 7・5—2・5

㊼兵 7・1—8・3　首着横一斜二回撤。兵 3・9—5・9

㊽兵6·4—7·4　旗e·e—f·f　㊾旗f·e—g·e　旗f·f—g·g

㊿旗g·e—h·f　车7·7—h·f：⌊

51 王9•7—10•7　王一落将避开象的链杀，马就可以直接叫杀车了。故——车7•7—6·7

52 旗⌊h·f—h·g⌈　旗g·g—h·h：马，象：马

53 马i·g—9·9：⌈　……　面对黑旗支架象，主要以旗的优势叫杀马，马跳至9•9点反踩旗，并配合红旗扼杀着8·8点，致黑象在左、右、前方五个点上无法立足，这构成一项多子配合己方旗子有效回防、阻截对方旗攻杀突破的基本战术。局面见图6-22。

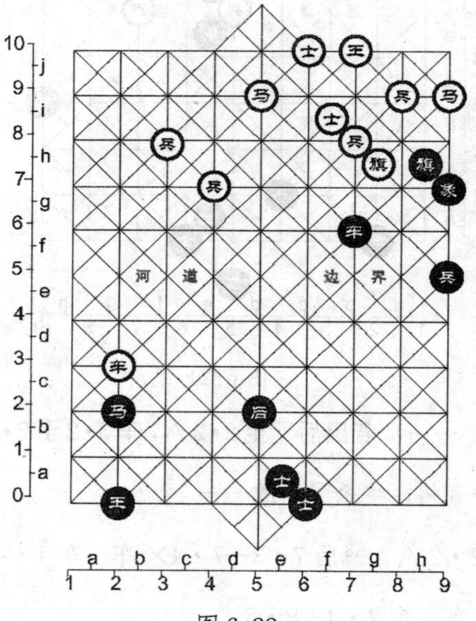

图6-22

图中黑旗可以选择进攻的五个点都有对方短程棋子的防守扼制。根据规则：旗被打翻，则白子旗除非可以向己方每个有“根”的保护的落点上生存转移一次复旗，仍不能在同一点上“赖招打”外，白子旗更绝对不能在起点和落点都被叫杀的情况下，向对方的控杀点上行棋及连带复旗。这时旗被马踩杀着，黑方无计可施。

然而退回到第㊿回合。若红旗回援不及，被黑旗抢了先手，从g·g点至h·h点，形成旗、象重叠双杀效应；由于各子都怕旗的一步杀不死效应和象的隔子飞吃效应，尽管马可以i·g至9·9点跳起来叫杀旗，形成反制的“根”而阻止象隔旗飞子绝杀。同时，

之前由于马还踩杀着7•7点车，当旗、象连线重杀，给马以后手跳开反制旗形成反制“根”的机会，可以阻截象飞吃效应时，这时马虽然似乎可以直接吃车，再叫杀旗后补反制“根”的效应，但一步棋不能同时产生既吃子又间接产生反制“根”的效应，不能产生两个阶段性目标。故马不能吃车。这应该算作一项基本规则。但终归若黑旗 h•h 至 8•8 点继续重叠双杀叫将，旗并抽马，颇具威胁。这构成一项旗、象重叠杀将的基本战术。局面参见图 6-22。

局面回到第㊿③回合——㊿③ ……车 6•7—8•5！

㊿④王 10•7—10•8　旗 h•h—g•g，象：士

㊿⑤兵 8•7—8•6　象 7•9—e•f　㊿⑥马 9•9—8•7：⸢　象 e•f—f•e：⸢

㊿⑦兵 8•6—i•e：车　车 8•5—5•8　㊿⑧兵 8•3—8•4　兵 5•9—6•8

㊿⑨兵 7•4—7•5　士 0•6—2•6　⑥⓪兵 8•4—8•5　车 5•8—4•9

⑥①兵 7•5—7•6　兵 6•8—7•9　⑥②旗 h•g—i•h　象 f•e—h•g：⊾

⑥③旗⊾ i•h—8•9⸢　兵 7•9—8•8

⑥④士 10•6—9•7：兵　车 4•9—8•9—i•h：⊾　车进位击翻击退有“根”的旗的形式如图 6-23 所示。

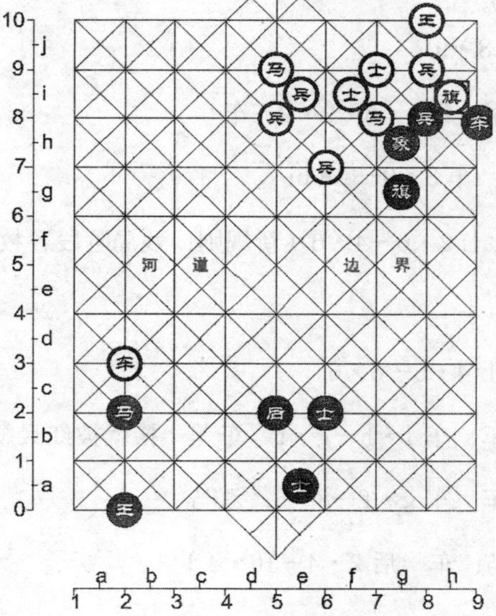

图 6-23

在此局面下，红方11子子力分值为41分，黑方9子分值为44分，双方当成和局。在攻守中，红方应以守为主，黑方应边、底路机动突袭争取优势。

㊶旗⌊i·h—j·h⌈+兵，兵：车　兵8·8—9·7× 士

㊷士i·f—9·7× 兵　车8·9—7·9

㊸兵i·e—j·f+ 士　后2·5—2·4

㊹兵9·8—8·8：象、车　象h·g—8·8× 兵

㊺士9·7—8·8× 象　车7·9—8·8× 士！

㊻王10·8—10·7　后2·4—10·4！

㊼兵j·f—10·6 ∧　车8·8—8·9！

㊽旗j·h-j·g ∧　后10·4—2·4

㊾兵10·6—9·7+⌈　旗g·g—h·g：马

㊿马8·7—9·6　车8·9—9·8：⌊

(75)兵7·6—h·f　旗h·g—i·h

(76)兵h·f—i·g：车　车9·8—10·9！

(77)旗⌊j·g—10·8⌊∧　……　黑方不能走旗至9·9点叫杀白子旗，否则红兵至9·8点叫杀车，旗至j·h点垫子，兵将旗击翻短程链杀白子旗、车，必吃白子旗了。

(77)……　车10·9—8·9

(78)旗⌊10·8—j·h⌈　旗i·h—9·9，车！

(79)旗j·h—9·8 ∧　车8·9—i·h：⌊

(80)旗⌊9·8—j·g　士2·6—4·6（新规则：残局阶段各枚短程棋子都可在行棋中每着直进两格）

(81)兵8·5—8·7　士4·6—6·6

(82)兵i·g—9·8：车　车i·h—g·f　车差一格就被红兵憋杀。

(83)兵8·7—7·7：车　车g·f—8·5：双马

(84)马9·5—j·d+ 马：车　后2·4—10·4！

(85)兵9·7—10·6 ∧　车8·5—6·3

⑧⑥旗⊾j·g—j·f⌈　后10·4—4·4

⑧⑦兵7·7—6·6× 士　后4·4—6·6× 兵

⑧⑧车3·2—8·7　后6·6—3·6（至⑧⑨回合为省时，允许黑子力全线压上，各子落点为马7·3，王6·3，车6·4，士6·5）

⑧⑨旗j·f—9·7　士6·5—7·6：车

⑨⓪车8·7—7·7　后3·6—5·8+士：兵

⑨①车7·7—i·h：⊾　按规则远程棋子不得远距离将无“根”的旗子击翻连带击退杀旗。黑车不能离开6·4点，否则红车一旦上手将，配合双马错杀王了。后5·8—4·9+⊾

⑨②兵9·8—j·h：⊾　士7·6—8·5：马

⑨③车i·h—e·d！　车6·4—5·4∧、黑车若f·c垫将，而不是5·4点垫将并在下一步与后连线，则被红双马盘将错杀必输。

⑨④车e·d—3·3！　车5·4—4·3∧

⑨⑤马j·d—8·2！　王6·3—6·2

⑨⑥马8·2—e·a！：车　王6·2—7·2　黑只有弃车而不能车绊马或王落将，否则必输；同时车只有连线后或借助马拦车才能保证不输。同时红亦不想马吃车而让黑方上手将；若黑方一旦士吃马将，后8·9将，至少黑和局了。

⑨⑦马9·6—9·3！　王7·2—8·2

⑨⑧马e·a—g·b！　王8·2—8·3

⑨⑨马9·3—i·a！　王8·3—8·4

①⓪⓪马i·a—j·c！　王8·4—9·4

①⓪①马g·b—h·c！　王9·4—10·4

①⓪②马h·c—8·3！　马7·3—i·c∧

①⓪③马8·3—j·b！　王10·4—10·3

①⓪④马j·b—j·a！　王10·3—10·4　此时红方连将12步，必须停一步让先了！这是排局！检验证明：双马盘将兑马王必胜。王应尽量躲开车的破杀。

①⓪⑤车3·3—9·9×⊾：后　士8·5—9·6！　红方兑车不如吃旗弃马。

⑩⑥马 j・c—j・f ∧　后 4・9—4・7

⑩⑦马 j・a—j・b！　王 10・4—10・3

⑩⑧车 9・9—g・f！　王 10・3—9・3

⑩⑨车 g・f—j・c！　王 9・3—9・2

⑪⓪车 j・c—9・4！　马 i・c—9・3 ∧

⑪①马 j・b—10・4！　王 9・2—10・2

⑪②马 10・4—j・c！　……黑王不能落将，车 7・2 点将死了；亦不能王 10・2 至 10・3，车马抽杀双将丢子了。应——王 10・2—10・1

⑪③车 9・4—10・4！　马 9・3—10・3 ∧

⑪④马 j・c—i・a！　王 10・1—9・1

⑪⑤车 10・4—9・4！　王 9・1—8・1

⑪⑥马 i・a—h・b！　王 8・1—8・2

⑪⑦车 9・4—10・4！　……一旦让红车突破己方车后兑杀线就危险了。故——后 4・7—i・b ∧

⑪⑧车 10・4—8・6！　王 8・2—7・2……红方连将 11 步了，绝无可能将死。黑方应提防红方会先行弃将，使马避开拦将反杀纠缠，以使其红车能先手吃士而不丢马。

果然——

⑪⑨车 8・6—9・6× 兵　车 4・3—7・3：马

⑫⓪马 h・b—8・5　车 7・3—8・4

⑫①车 9・6—7・6！　后 i・b—7・4 ∧

⑫②车 7・6—3・2！　车 8・4—6・2 ∧

⑫③车 3・2—3・6！　马 10・3—6・3 ∧

⑫④马 j・f—9・3！：后　后 7・4—8・3 ∧

⑫⑤马 8・5—i・d：后　后 8・3—i・b ∧

⑫⑥车 3・6—7・6！　王 7・2—8・2

⑫⑦马 i・d—i・c！：后　王 8・2—8・1

(128) 马 i・c—7・3！：后　马 6・3—h・b ∧

(129) 车 7・6—2・1！　车 6・2—7・1 ∧

(130) 车 2・1—5・4！　王 8・1—9・1

(131) 马 9・3—j・b！王 9・1—9・2

(132) 马 7・3—i・c！ 后 i・b—9・3 ∧：双马

(133) 马 j・b—10・4！ 王 9・2—9・1

(134) 马 10・4—8・5：后　后 9・3—9・6：⊾！

(135) 王 10・7—10・8　车 7・1—7・8！

(136) 兵 j・h—9・8 ∧　车 7・8—7・1

(137) 兵 10・6—10・7：后　后 9・6—10・5

(138) 旗⊾ 9・7—9・5⌈　后 10・5—9・5：⊾

(139) 旗⊾ 9・5—8・4　车 7・1—8・1：车、⊾

(140) 车 5・4—8・1× 车　红不兑车将丢旗。王 9・1—8・1× 车

(141) 旗⊾ 8・4—8・3⌈　马 h・b—6・2

(142) 旗 8・3—7・2！　王 8・1—9・1

(143) 马 i・c—j・b！　王 9・1—9・2

(144) 马 8・5—7・3！　后 10・5—h・b：⊾∧

(145) 马 j・b—i・b+ 马、⊾　马 6・2—9・1：马、⊾

(146) 旗⊾ 7・2—8・1⌈！　黑方不能王 9・2 至 9・3，否则马 7・3 至 7・4 将军抽后了，然而王落至 8・2，旗 i・a 点将军抽后了。故退回第(145)回合——

(145)　……马 6・2—h・a　马只跳一个小马步叫杀马同时绊旗。

(146) 马 7・3—10・4！ 马 i・a—j・c ∧

(147) 旗⊾ 7・2—8・1⌈！ 王 9・3—9・4

(148) 马 10・4—7・4！：后　马 j・c—8・4 ∧：马

(149) 马 i・b—8・4× 马！ 王 9・3—9・4

(150) 马 8・4—h・b× 后　王 9・4—10・4

⑮¹ 马 h • b—i • c！ 王 10 • 4—9 • 4

⑮² 马 i • c—9 • 2…… 困毙。红方胜。

第 12 局（2004 年 7 月 21 日，入伏天，从中午 1 点 30 分起在北京大学三角地，在孙宇擎、李庆新同学观看下自弈全局）

①炮 8 • 2—8 • 5 炮 2 • 8—2 • 5

②兵 7 • 6—5 • 6 兵 3 • 4—5 • 4

③兵 7 • 8—5 • 7 马 0 • 8—2 • 6

④兵 7 • 4—f • c 兵 3 • 2—e • b

⑤兵 7 • 2—g • b 兵 3 • 6—e • d

⑥兵 7 • 7—5 • 8 象 0 • 7—2 • 9 车象交叉加兵可以夺 5 • 6 兵。

⑦象 10 • 7—8 • 9+ 兵 兵 3 • 1—5 • 2

⑧马 10 • 2—8 • 4 马 2 • 6—f • d

⑨兵 7 • 3—6 • 4：马 马 f • d—7 • 5—f • e：⊾ 马变点翻白子旗，左兵右卒前马。

⑩马 10 • 8—h • f 兵 e • d—f • d

⑪兵 6 • 4—f • d× 兵 马 f • e—i • e！ 马应吃白子旗。

⑫马 8 • 4—i • e× 马 炮 2 • 2—8 • 8× 炮□

⑬马 i • e—5 • 5 炮 2 • 5—5 • 5× 马□

⑭旗 7 • 5—6 • 4⊾，炮：□ 兵 4 • 7—5 • 6× 兵

⑮炮 8 • 5—2 • 5× 炮□ 炮 2 • 2□—2 • 5 ○

⑯兵 6 • 7—4 • 5×象：车 兵 3 • 8—5 • 6 ∧

⑰象 8 • 9—5 • 6× 兵 象 2 • 9—5 • 6× 象

⑱车 10 • 1—5 • 6× 象 车 0 • 1—4 • 5× 兵

⑲车 5 • 6—4 • 5× 车 车 0 • 9—4 • 5× 车

⑳兵 f • d—5 • 4× 兵：车 车 4 • 5—5 • 6

㉑旗 6 • 4—7 • 5 旗 3 • 5—e • e 炮：炮

㉒旗 7•5—6•5：车　车 5•6—6•5⊾　㉓马 h•f—g•f：车　车 5•6—9•6！

㉔士 10•4—j•e∧：车　车 9•6—h•g：马

㉕马 g•f—3•5∧　旗 e•e—6•4　㉖炮 8•5□—○　旗 6•4—7•4

㉗马 3•5—1•7！　士 0•6—1•6∧

㉘炮 8•5—2•5× 炮□　旗 7•4—8•5× 炮　㉙象 10•3—9•4⊾　旗 8•5—j•f⸢

㉚车 10•9—7•6　士 0•4—b•e+ 士　㉛兵 5•7—4•7：兵　车 h•g—5•5

㉜车 7•6—7•4　象 0•3—c•e：马兵

㉝马 1•7—1•8　兵 4•3—5•4× 兵

㉞兵 f•c—e•c×　象 c•e—e•c× 兵

㉟象 9•4—j•c+ 兵　马 0•2—4•4　双方争相封堵车路，掩护王出宫。

㊱王 10•5—10•4　王 0•5—0•4　红占肋车加象对单车形成王必然出宫基本战术。

㊲王 10•4—10•3　车 5•5—i•a！

㊳王 10•3—9•3　王 0•4—0•3　黑车无法步步追杀逼王回九宫，只好后手王紧跟出宫。这形成双方王先后出宫基本战术，见图 6-24。

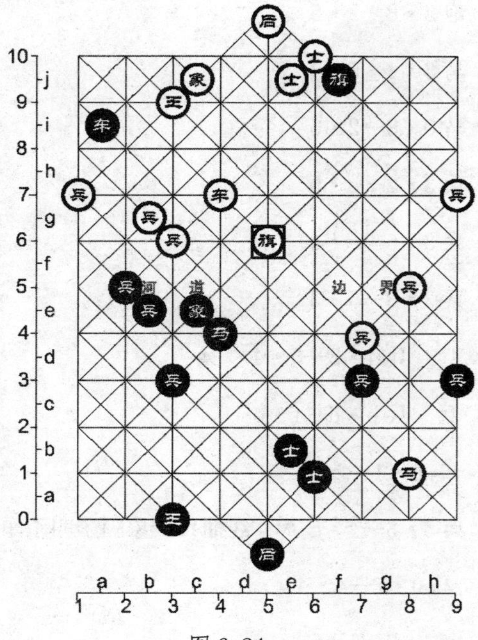

图 6-24

㊴旗⊾6·5—0·5⌈ 后▽—0·5—1·5：⊾ 后连带进位杀旗。

㊵旗1·5—1·2⌈！ 王0·3—1·3

㊶旗1·2—b·b！ 王1·3—1·4

㊷车7·4—e·f！ 兵3·7—4·6∧

㊸马1·8—3·4！ 兵3·3—c·c∧

㊹马3·4—2·1 王1·3—1·4

㊺车e·f—i·b+象 象e·c-g·e！ 红将不死王，车又被兵叫杀着，只有退回i·b点与象照应。

㊻王9·3—9·4 车i·d—h·b！

㊼王9·4—10·4 车h·b—j·d！

㊽王10·4—10·3 象g·e—j·b！× 黑破局胜。

第13局（2004年7月29日，在北京大学45号楼二层学习室与严绍玮同学、岳同学弈全局）

①炮8·2—8·5 炮2·8—2·5

②兵7·6—5·6 马3·4—5·4

③兵7·8—5·7 马0·8—2·6

④兵7·4—f·c 兵3·2—e·b

⑤兵7·2—g·b 兵3·6—e·d

⑥兵7·9—6·9 兵3·3—5·3

⑦兵f·c—5·4×兵 兵4·3—5·4×兵

⑧兵6·3—5·4×兵 兵e·d—f·e

⑨象10·3—8·1 车0·1—2·1

⑩兵g·b—f·a 兵5·3—f·c∧ 红抽兵，象隔子叫杀车。黑垫兵。

⑪马10·2—8·4 马0·2—4·4

⑫兵5·4—e·c 兵3·7—5·5

⑬炮 8 • 8—f • e× 兵□　兵 e • b—f • a× 兵

⑭炮 8 • 8 □—○　兵 4 • 7—5 • 6× 兵

⑮兵 6 • 7—5 • 6× 兵　马 2 • 6—d • f

⑯马 10 • 8—g • g　马 d • f—5 • 6× 兵

⑰兵 7 • 7—f • f：马　马 5 • 6—6 • 7—7 • 5⌊　红兵若斜进三格至 f • e 绊马腿，则马不能变点杀旗了。马下一步吃白旗，同时威胁卧槽抽车。

⑱车 10 • 1—3 • 8× 兵！　士 0 • 6—1 • 6 ∧

⑲车 10 • 9—10 • 8+⌊　车 2 • 1—e • c× 兵　相持中黑方迎来反击机会。

⑳旗 7 • 5—7 • 6⌈：马　马 6 • 7—f • d

㉑兵 7 • 3—6 • 4：马　炮 2 • 2—10 • 2！

㉒炮 8 • 5—10 • 3 ∧　兵 5 • 5—6 • 6 炮！

㉓旗 7 • 6—6 • 5 ∧　车 e • e—7 • 1× 兵

㉔车 10 • 8—9 • 7　旗 3 • 5—3 • 7 炮！

㉕士 10 • 6—9 • 5 ∧　车 7 • 1—9 • 3：马

㉖象 10 • 7—h • d：车　车 9 • 3—9 • 5× 士！

㉗车 9 • 7—9 • 5× 车　炮 2 • 5—9 • 5× 车□

㉘炮 8 • 8—8 • 5：□　炮 10 • 2—h • d× 象□

㉙炮 8 • 5—2 • 5× 炮□　炮□ 10 • 2—j • a ○：车　黑应炮 8 • 2 打炮或撤回 3 • 2 点打车。

㉚炮 8 • 5 □—○！　士 0 • 4—1 • 5

㉛旗 6•5—f•d× 马，炮！　炮 j•a—4•7　红旗吃马的同时，炮将！双方都没有看出。黑炮⑲回合就应退回 3 • 2 点打车，或跳马飞象叫杀炮，则此时正好垫将反将。

㉜马 g • g—6 • 6× 兵　车 0 • 9—e • d：马

㉝旗 f • d—5 • 5：车　车 e • d—5 • 5：⌊

㉞旗 5•5—d•f：⌈　车 e•d—6•6× 马　黑方应炮 4•7—4•5 ∧！，却又未看出炮将。

㉟旗 d • f—1 • 4！　象 0 • 3—1 • 4：⌊

㊱旗 1·4—a·d⸢！ 士 1·5—a·d⸤

㊲士 10·4—9·5+ 马　炮 4·7—6·9

㊳象 8·1—f·c× 兵　车 6·6—9·6！！

㊴王 10·5—10·4　炮 6·9—f·h！

㊵车 3·8—6·8 ∧　车 9·6—8·5× 炮

㊶车 6·8—f·h× 炮　象 0·3—f·h× 车

㊷马 8·4—i·c+ 士　车 8·5—j·c！

㊸王 10·4—10·5　象 f·h—6·9！

㊹王 10·5—10·6　车 j·c—7·6！

㊺王 10·6—10·7　车 7·6—9·6！

㊻王 10·7—10·8　象 6·9—i·f！

㊼象 f·c—i·f× 象　车 9·6—i·f× 象！

㊽王 10·8—9·8　车 i·f—8·7！

㊾王 9·8—9·9　象 0·7—2·9

㊿炮 10·3—4·9！　象 2·9—3·8 ∧

51旗 a·d—1·4⸢！　王 0·5—0·6

52马 i·c—6·6：车　车 8·7—7·6：马、炮

53后▽—8·8：象　车 7·6—j·h！

54王 9·9—8·9　象 3·8—4·9× 炮

55后 8·8—0·8！　旗 3·7—0·7 ∧

56后 0·8—4·4× 马　车 j·h—10·9！

57马 6·6—9·9 ∧　车 10·9—9·8！

58马 9·9—i·h ∧　象 4·9—h·e　象因避开兵可后退吃子的规则，故不敢 6·7 点叫将。

59后 4·4—5·5　士 1·6—a·e

60兵 6·9—7·9　旗 0·7—a·g

㉑旗 1・4—2・5　王 0・6—0・7

㉒旗 2・5—a・f！　后▽－0・6—a・f◺

㉓后 5・5—3・7！　王 0・7—0・8

㉔后 3・7—1・9！　王 0・8—0・7

㉕后 1・9—3・7　旗 a・g—1・7∧

㉖兵 7・9—8・8+马　象 h・e—j・g

㉗后 3・7—b・h!　旗 1・7—a・g∧

㉘后 b・h—3・7！　旗 a・g—1・7∧

㉙旗 a・f—2・5⸢　象 j・g—i・h× 马

㉚兵 8・8—i・h× 象　车 9・8—i・h× 兵!

㉛王 8・9—7・9　后 0・6—7・6！

㉜王 7・9—6・9　车 i・h—8・9！

㉝王 6・9—6・8　车 8・9—7・9！×　黑破局胜。

第 14 局（2004 年 10 月 1 日，在清华长廊石桌上自弈全局。从第㊷回合起为 2016 年 11 月 17 日新弈）

①炮 8・2—8・5　炮 2・8—2・5

②兵 7・6—5・6　兵 3・6—5・4

③兵 7・4—5・3　兵 3・2—e・b

④兵 7・2—f・b　兵 3・1—5・2，炮：马

⑤马 10・2—8・4　兵 3・4—e・c

⑥兵 7・8—5・7　马 0・8—2・6

⑦兵 7・7—5・5　兵 3・3—4・4

⑧炮 8・8—8・6　马 2・6—d・c

⑨兵 5・5—4・5　炮 2・5—4・5× 兵□

⑩旗 7・5—f・d，炮：炮　旗 3・5—7・5：炮、马（错误规则：行棋无远近）

⑪炮 8·6—8·8：马　马 d·c—6·6　基本战术：马由被链杀连跳越前变为可以抽杀敌子的“炮架子”。

⑫炮 8·5—2·5× 炮□　马 6·6—8·5× 炮　红马应卧槽抽车。

⑬象 10·3—8·5× 马　炮 2·2—8·8× 炮□

⑭马 8·4—e·e　车 0·1—1·2　⑮马 e·e—4·4× 兵　象 0·3—c·e：马

⑯兵 5·3—e·c× 兵　兵 4·3—5·3⨯兵

⑰旗 f·d—e·c⨯兵+马　象 c·e-4·4× 马

⑱旗 e·c—4·4× 象　炮□ 2·2—2·5○

⑲旗 4·4—c·e：炮　炮 2·5—1·5　⑳旗 c·e—b·d　炮 1·5—3·5

㉑兵 6·3—4·5∧　旗 7·5—h·d：象　㉒旗 b·d—c·e：炮　炮 3·5—1·5

㉓象 8·5—h·d：⌊　炮 1·5—8·5× 象□　㉔象 10·7—h·d×⌊　炮□ 1·5—○！

㉕士 10·4—9·5∧　兵 5·2—f·b× 兵

㉖王 10·3∽车 10·1　王车易位，可以车不动只王动子。 兵 4·7—5·6× 兵

㉗兵 6·7—e·e⨯　象 0·7—2·9　㉘兵 4·5—d·d　炮 1·5—5·1：车

㉙车 10·1—6·5！　士 0·6—1·5∧

㉚象 h·d—3·9× 兵　车 0·9—8·1！　㉛王 10·3—10·4　车 1·2—8·2！

㉜王 10·4—10·5　车 8·1—10·3！

㉝后▽—10·4∧　车 8·2—7·2！

㉞马 10·8—j·d∧　车 7·2—9·4

㉟士 10·6—▽+后　车 9·4—2·4

㊱象 3·9—1·7　兵 3·8—5·6

㊲象 1·7—b·f！　王 0·5—0·6

㊳象 b·f—1·7！　王 0·6—0·5　王若强行出宫至 0·7 点，则“象后相遇”，此时象为先手不能直接进宫杀后，须停子走旗 c·e 至 b·f 加象，待后来杀再后手兑杀或停一步再进宫杀后，称为车、象的“停子待兑”规则。

㊴车 6·5—3·2！　士 1·5—a·d∧

㊵车 10·9—5·4　车 2·4—5·4× 车

㊶车 3·2—5·4× 车　炮 5·1—1·5！

㊷兵 d·d—3·5∧　车 10·3—4·9

㊸旗 c·e—2·6：炮　炮 1·5—2·5

㊹车 5·4—2·4　马 0·2—a·e：⎾、象

㊺象 1·7—c·e：炮　马 a·e—2·6：⦜

㊻象 c·e—2·5× 炮　象 0·7—2·5× 象

㊼兵 3·5-c·d：象　象 2·5—6·9！

㊽王 10·5—10·6　士 a·d—1·5：⦜、车

㊾车 2·4—2·3！……　此时不能黑王 0·5 至 0·6，否则红旗 2·6 至 b·f 叫杀马，乍看车应该打翻白旗，其实旗不是要吃马，而是要 b·f 至 a·f 将军绝杀了。黑应看守住 0·6 至 3·9 一线。然而在车回撤防守之前，面对红车叫将，黑方直线上车、象两子还有一着通过象的抽离垫将反杀，诱敌垫兵缓着，以便让开己方车路吃兵反将，再撤回象连将兑子，再续回撤车防守或马吃白子旗消除隐患的着法。这构成一项基本战术。形势如图 6-25 所示。

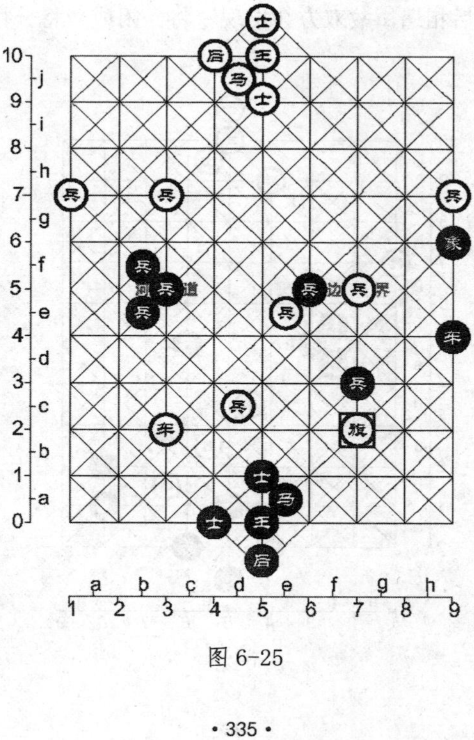

图 6-25

㊾……　象 6 • 9—1 • 4 ∧

㊿兵 c • d—b • c ∧：　车 4 • 9—7 • 9× 兵！

51王 10 • 6—10 • 5　象 1 • 4—6 • 9！　52马 j • d—j • e ∧　象 6 • 9—j • e× 马！

53士 9 • 5—j • e× 象　马 a • e—2 • 6×⊾　当然，第㊿回合红方也有好的应对——

㊿车 2 • 3—d • d+　车 4 • 9—7 • 9× 兵！　51王 10 • 6—10 • 5　象 1 • 4—6 • 9！

52马 j • d—j • e ∧　象 6 • 9—j • e× 马！

53士 9 • 5—j • e× 象　马 a • e—2 • 6×⊾

54兵 c • d—c • e：马　红兵一退一进斜格，等于横行一格。马 2 • 6—1 • 8

55兵 5 • 7—4 • 6　兵 3 • 7—4 • 6× 兵

56兵 e • e—d • f× 兵　车 7 • 9—7 • 3× 兵

57兵 d • f—c • f　王 0 • 5—0 • 6　58兵 c • f—b • f　车 7 • 3—2 • 8　……　接下若红兵 b • f 至 a • g，车至 1 • 7 断后并链杀后队兵、车，红方一时无法进攻。黑王亦无法出宫。

59后 10 • 4—9 • 4　……红王向左侧无法出宫，向右侧出宫则虽黑车可步步叫杀，但不能同时与已动子的后相遇，故双方会出现一将一闲或一将一拦判和的局面。形势见图 6-26。

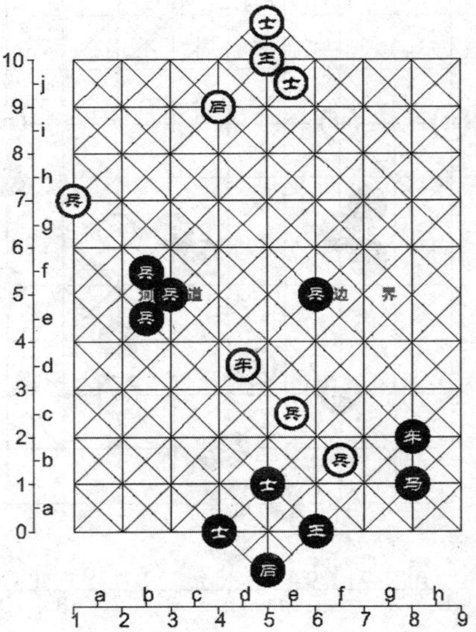

图 6-26

⑲……　马1·8—1·9

⑳王10·5—10·4　士1·5—1·6

㉑王10·4—10·3　车2·8—7·3！

㉒王10·3—10·2　车7·3—8·2！

㉓王10·2—10·1　车8·2—8·1！

㉔王10·1—10·2　车8·1—j·b！

㉕王10·2—10·1　一将一避。　车j·b—8·1！

㉖后9·4—9·1∧　车8·1—10·3！

㉗后9·1—10·2∧　一将一拦。重复三次判为和局。本局为和局。

再看黑方出宫的方法。局面回到第㉑回合——

㉑　……士0·4—0·5

㉒兵c·e—2·6　王0·6—0·7

㉓兵b·f—1·7　王一旦出宫，宫沿上的1·6士已经叫杀b·f兵了。士1·6—a·f：兵

㉔兵1·7—a·f× 士　后▽—a·f× 兵　说明黑方只要争得一手先机还是可以出宫的，但同时红方也就轻易出宫了。

第15局（2004年10月10日，星期天，阴，在北京大学三角地自弈及与清洁工苏师傅和郑大艺术系一男生弈全局）

①炮8·8—8·5　炮2·8—2·5　列手炮

②兵7·4—5·6　兵3·6—5·4　顺手仙人指路变右翼仙人左指兵。

③兵7·1—5·3　兵3·9—5·7

④马10·2—8·4　兵3·4—e·d　左翼仙人指路变砥砺右翼仙人指路兵（是指左翼仙指兵落在右翼，右翼仙指兵落在左翼），支持其一翼卒前马基础，自己又建立左右卒前马基础。

⑤兵7·6—f·f　马0·2—c·d

⑥兵7·2—5·2　炮2·2—2·4：马

⑦马 8・4—6・6　象 0・7—2・9

⑧兵 7・8—f・g　兵 3・8—e・g　在形成如上兵形胶着的局面时，兵的兑杀切忌盲目跟进平兑，应采用或交错进击，诱敌来兑，攻其后背的方式；或反之将计就计，反推建根，攻其弱点的方式，以争取己方得子优势。例如，黑先行时，想以兵 5・7 至 f・g 吃兵诱敌来兑，再以 e・g 兵交错攻吃失去根的 f・f 兵并叫杀马。而轮红反击时，则反其道而行之，面对先杀的 f・g 兵，还以兵 6・7 至 5・7 直进一格吃过路兵的方式再将攻击点推回至 5・7 点上；若黑 e・g 兵来杀，则 f・f 兵再以直进一格吃过路兵的方式将攻击点推回至 e・f 点上；若黑再而三以 4・7 兵兑杀，则红 5・7 兵再反兑并将攻击点推回至 4・7 点上，并依靠车、马的两子照应而不惧黑双象来夺。这形成又一基本战术（69），如图 6-27 所示。

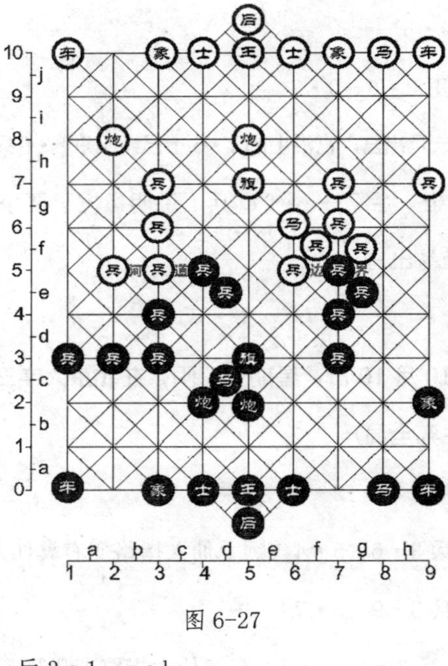

图 6-27

⑨象 10・3—8・1　兵 3・1—e・b

⑩车 10・1—g・d　兵 e・d—5・5：马　这时旁边一位姓苏的校园清洁工经前几回询问交流，直接上手下起来。他下了十手棋。

⑪炮 8・2—5・5× 兵□　兵 5・4—6・5：车

⑫炮 8・5—6・5× 兵□　旗 3・5—e・d，炮：炮

⑬车 g・d—6・5∧　旗 e・d—5・5，炮：车

⑭车 6・5—f・d：◺　旗 5・5◺—f・e◺：马，炮：□　红车变线连带杀白子旗。白子旗连带复旗叫杀马，炮叫杀白子炮。

⑮马 6・6—4・5∧　马 c・d—4・5× 马　红马 e・f、4・5 连跳两个小马步。

⑯兵 5・6—4・5× 马　旗 f・e—7・4：炮　⑰炮 8・5□—9・5○　旗 7・4—9・4！

⑱炮 9・5—j・d∧　旗 9・4—j・d× 炮

⑲士 10・4—j・d◺　旗 j・d—9・4◸！

⑳王 10・5—9・5：◸　车 0・9—4・5× 兵　苏师傅刚走，旁边一郑州大学艺术系的男生接着下起来。弈了七手。

㉑王 9・5—9・4◺　车 4・5—e・e：车，炮！

㉒车 f・d—6・5∧　旗 9・4—i・d◸！

㉓王 9・5—9・6　车 e・e—7・3× 兵

㉔象 8・1—d・e：炮　车 0・1—9・1！

㉕王 9・6—8・6　车 9・1—9・7！

㉖王 8・6—7・6　车 9・7—h・e◺！

㉗王 7・6—6・6　兵 4・7—f・e！×　黑破局胜。

第 16 局（2004 年 10 月 15 日，星期五，在清华长廊自弈全局画开局图，又转到北大三角地弈完。天擦黑了）

①炮 8・8—8・5　炮 2・2—2・5　②兵 7・4—5・4　兵 3・6—5・6

③兵 7・2—5・3　兵 3・2—e・b　④兵 7・1—5・2　马 0・2—d・b

⑤兵 7・6—5・7　兵 3・4—4・4

⑥兵 5・4—4・3× 兵：马　预备炮捉双车。炮 2・5—2・1：车（错着，黑应象 0・7 至 4・3 吃兵叫杀车）

⑦车 10・1—g・d　兵 e・b—5・3× 兵　⑧马 10・8—g・f　马 d・b—5・2× 兵

⑨车 10・9—9・9　马 5・2—7・3× 兵：车

⑩车 g·d—8·3：马 ……接下，若黑炮 2·1 至 2·5，红车 8·3 至 7·3 吃马，黑炮 2·8 打吃 7·3 车，红方或炮 8·2 打吃 2·8 白子炮，形成车兑马、炮棋，或者 8·2 炮还可不吃白子炮，而走 8·2 至 8·1 形成捉双车局面。因此第⑩回合黑方应——

⑩…… 马 7·3—8·4！

⑪炮 8·2—8·4× 马□ 炮 2·8—8·2× 炮□ ⑫兵 4·3—3·2：炮 炮 2·1—2·5

⑬兵 6·7—e·f ✕兵 兵 4·7—f·g：马 ⑭马 g·f—5·6 兵 3·9—5·8

⑮马 5·6—3·5：⌊ 车 0·9—3·6：马

⑯马 5·6—3·5×⌊ 车 3·6—3·5× 马

⑰炮 8·5—3·5× 车□ 车 0·1—7·8× 兵！

⑱士 10·6—9·6 ∧ 炮 2·5—8·5× 炮□

⑲象 10·7—g·c：兵 炮□ 2·8—2·9 ○：车

⑳车 9·9—9·7 象 0·7—f·a 象控制王出宫。

㉑士 10·4—i·d ∧ 兵 3·8—e·g

㉒兵 5·7—4·7 ✕兵 象 0·3—4·7× 兵：兵，炮：兵、车 黑象吃兵邀杀兵，借助后炮形成象叠炮链杀敌兵、车基本战术，见图 6-28。

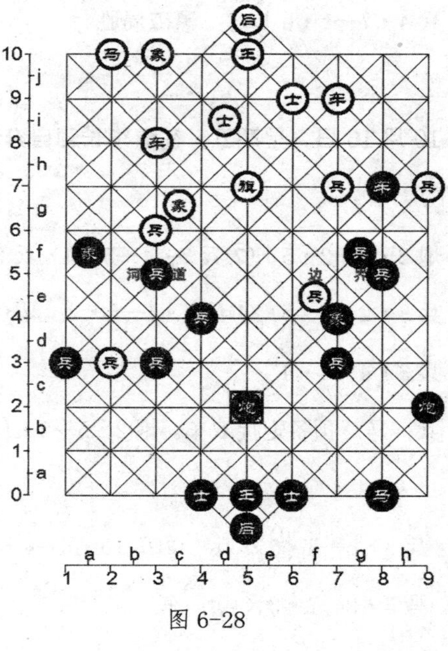

图 6-28

㉓兵7•7—f•f　应走王出宫，进兵意图不明。象4•7—f•f，炮：车

㉔兵e•f—d•e　炮□2•5—〇！

㉕王10•5—10•6　炮2•5—2•6！

㉖王10•6—10•7　炮2•9—2•7：车

㉗士9•6—8•7∧：车（黑应抽兵链杀车、王）　炮2•7—8•7× 士□

㉘车9•7—3•7× 兵：炮　车7•8—9•8！

㉙王10•7—10•6　炮□2•7—1•6〇！

㉚王10•6—10•5　炮2•6—2•5！

㉛王10•5—10•6　马0•8—2•6，炮！

㉜旗7•5—7•6∧　马2•6—6•4，炮！

㉝旗8•6—8•7：车　炮2•5—2•6！

㉞王10•6—10•5　马6•4—9•7！

㉟象g•c—j•f∧：马　车9•8—10•7！

㊱后▽—10•6∧　炮1•6—10•6× 后□，车！

㊲王10•5—▽　象f•a—10•4！

㊳旗8•7—▽侧∧（旗行棋无远近）　马9•7—9•6！

㊴士i•d—j•e∧　象f•a—j•e× 士，马！

㊵象j•f—9•6× 马　车10•7—10•6！×　黑破局胜。

第17局（2005年1月30日，星期天，自弈全局）

顺手炮 顺手仙人指路 接列手仙人指路对士角马局。

①炮8•2—8•5　炮2•8—2•5　②兵7•4—5•4　兵3•6—5•6

③兵7•8—5•7　马0•8—2•6　④兵7•6—f•d　兵3•4—5•3

⑤象10•7—8•9　兵3•9—5•8　兵落点不对，应兵至e•g点。下一步红若走兵6•7至e•f吃过路兵重新建根时，则黑兵可破其根，斜进两格吃过路兵并封堵象路。

⑥兵7•9—f•g　兵3•1—5•2

⑦马10・2—8・4　兵3・7—e・e　⑧兵7・7—5・5　马2・6—f・e

⑨车10・9—9・8　马f・e—7・5⌊　⑩旗7・5—6・6⌈：马　车0・9—6・9！

⑪马10・8—9・6∧　马f・e—8・7　⑫兵5・5—4・5⨯　马8・7—i・f：车炮

⑬炮8・8—9・9：车　马i・f—9・8×车　⑭炮9・9—6・9×车□　马9・8—8・6

⑮炮9・9□—○　兵3・3—5・5　⑯兵f・d—e・d⨯　兵5・6—6・7×兵

⑰象10・3—6・7×兵　车0・1—5・1

⑱兵7・2—6・2　车5・1—6・1！

⑲士10・6—j・d∧　兵4・3—f・c⨯

⑳兵6・3—f・c×兵　兵5・3—f・c×兵

㉑兵f・g—e・g⨯　兵5・2—6・3

㉒象6・7—2・3！　象0・3—1・4∧　红重叠象叫将。

㉓象2・3—1・4×象　马0・2—1・4×象

㉔象8・9—2・3：马　士0・4—a・d+

㉕兵e・g—4・7×兵　车6・1—i・c：马

㉖王10・5—10・6　马8・6—8・7！：炮

㉗炮9・9—9・7∧　炮2・5—1・6：马

㉘兵4・5—3・6∧，炮！　王0・5—0・4

㉙兵4・7—3・8×兵　象0・7—1・8：兵

㉚王10・6—10・7　象1・8—3・6×兵

㉛兵e・d—d・c　象3・6—6・9：马

㉜马9・6—i・e：马　车i・c—9・3

㉝士j・d—9・5　炮1・6—0・7

㉞象2・3—b・b！　王0・4—0・3

㉟象b・b—1・2！　旗3・5—a・b∧

㊱象1・2—a・b⌊　王0・3—0・2：象

㊲象1・2—a・a！　王0・2—0・3

㊳车 10・1—5・6　旗 a・b⊾—◸　㊴车 5・6—2・3！　王 0・3—0・4

㊵象 1・2—b・b！　旗 a・b—1・3 ∧

㊶象 b・b—1・3⊾　士 0・6—2・4

㊷马 i・e—7・5　马 8・7—9・9！

㊸王 10・7—10・6　马 9・9—i・f！

㊹马 8・4－9・6 ∧　象 6・9—9・6× 马

㊺王 10・6—9・6× 象　炮 0・7—10・7× 炮

㊻后▽—9・7：马　炮 0・7□—1・6 ○！

㊼兵 5・7—4・6⊾　马 i・f—8・9：后　局面见图 6-29。

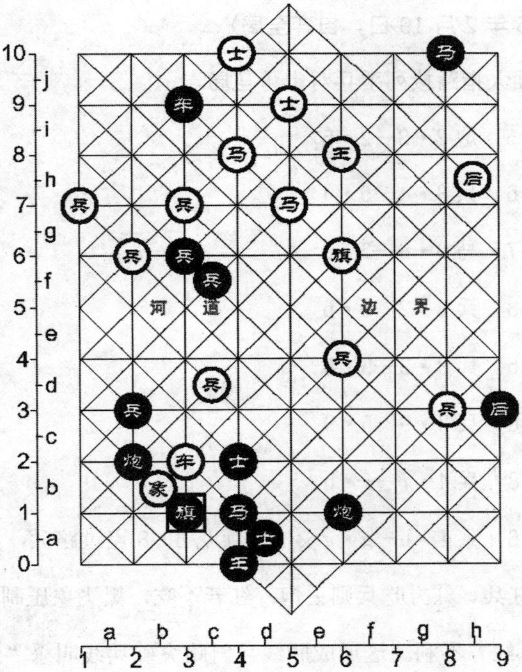

图 6-29

㊽后 9・7—h・h：马　马 8・9—10・8！

㊾王 9・6—8・6　后▽—3・9　黑车可以 7・5 吃马将。

㊿象 b・b—2・2× 炮　马 10・8—10・7！

51 马 7・5—j・f ∧　后 3・9—5・7⊾

㊷后h·h—6·7∧　后5·7—4·6× 兵

㊸王8·6—8·7　后4·6—g·h！

㊹后6·7—7·8∧　后g·h—5·7！

㊺旗6·6—7·7ᚠ∧　车9·3—g·e！

㊻王8·7—8·6　车g·e—6·6！！

㊼炮8·5—7·6∧　车6·6—7·5！

㊽炮7·6—h·e∧　车7·5—h·e× 炮！

㊾王8·6—8·7　车h·e—i·f！×　黑破局胜。

第18局（2005年2月19日，自弈全局）

顺手炮　逆手仙人指路接列手兵对士角马局。

①炮8·2—8·5　炮2·8—2·5

②兵7·6—5·6　兵3·4—5·4

③兵7·8—5·7　马0·8—2·6

④兵7·4—5·3　兵3·2—e·b

⑤兵7·2—f·b　兵3·3—5·5

⑥旗7·5—g·d　兵3·9—5·9

⑦兵7·9—6·8　兵4·7—f·h

⑧兵5·6—4·6　兵f·h—g·g⩙　黑兵吃6·8点过路兵，脱离己方根的保护，邀杀7·7点炮架子红兵。红方吃兵则丢炮；红若不吃，黑飞象压制；红若强子看兵，黑兵照样夺兵叫杀炮。红方不利。这形成肋线兵斜路突破兵线叫杀“炮架子”兵，掩护另一翼炮抽杀炮的基本战术（70）。

⑨兵7·7—6·8⩙　炮2·2—8·8× 炮□

⑩炮8·5—8·9：双车　旗3·5—e·e∧炮，炮！

⑪旗g·b—6·5∧　兵5·9—6·8× 兵

⑫兵4·6—3·7× 兵：马　兵5·5—6·6炮！

⑬士 10・4—9・5∧　马 2・6—f・e？！：车　马预备威胁卧槽抽车。

⑭兵 6・7—4・9 炮：双车　马 f・e—9・7！：车　红进兵再炮捉双车。黑马卧槽抽车。

⑮王 10・5—10・4　炮□2・2—2・4○！

⑯兵 6・3—e・c⨯　旗 e・e—6・4 炮！　黑若炮 2・5—3・4 重炮将，就抽杀炮而破炮捉双了。这形成基本战术（71）。

⑰旗 6・5—5・4∧　旗 6・4—7・3× 兵，炮！

⑱兵 e・c—4・4∧　旗 7・3—9・3！：马　仍在使用旗行棋距离不限错误规则。

⑲王 10・4—9・4：卩　车 0・9—4・9× 兵！　车斜路叫将，红象隔王反制为半开放线，只能封杀进入己方区域敌子，不能叫杀车。

⑳象 10・7—8・5∧　……　这时，若黑马 9・7 至 h・d 叫将，王按当时规定不能进位杀旗出宫，只有士 8・4 绊马拦将；旗 9・3 至 8・4 吃士，马继续将；王 9・4 至 10・4 落将；旗 9・3 将；象 10・3 至 j・c 拦将；马 h・d 至 i・c 将；象 8・5 至 9・4 绊马拦将；车 0・1 至 g・g 将；王 10・4 至 10・5；炮 2・4 至 3・5 重炮将，绝杀了。

局面回到⑳回——

⑳……　车 4・9—8・5× 象！　其实黑先马后车夺双象也是绝杀。

㉑象 10・3—8・5× 车　马 9・7—10・9× 车

㉒车 10・1—3・8× 兵！　士 0・6—1・6∧

㉓炮 8・9—0・9！　王 0・5—1・5

㉔象 8・5—e・h！　王 1・5—1・4

㉕炮 0・9—1・9！　士 0・4—1・5∧

㉖炮 1・9—1・5× 士□　兵 3・1—d・a

㉗炮 1・9□—○！　炮 2・4—1・5∧

㉘炮 1・9—1・5× 炮□　车 0・1—6・1！

㉙旗 5・4—7・2∧　炮 2・5—2・4！

㉚兵 4・4—3・5：炮　车 6・1—6・4！

㉛旗 7・2—7・4∧　旗 9・3—i・c！

㉜王 9・4—10・4　车 6・4—8・2！

㉝旗 7・4—i・b∧　车 8・2—8・4！！

㉞王 10・4—10・5　旗 i・c—9・4！

㉟马 10・2—9・4⊾　车 8・4—10・2× 马！

㊱旗 i・b—10・4 ∧　旗 9・4⊾—⊾！

㊲士 9・5—j・b！∧　旗 9・4—j・b× 士！

㊳旗 10・4—j・b⊾　旗 j・b⊾—9・4⊾！

㊴王 10・5—9・5　车 10・2—7・5！

㊵王 9・5—9・6　车 7・5—i・f！

㊶王 9・6—9・5　车 i・f—8・6！×　黑破局胜。

第 19 局（2006 年 7 月 20 日，在清华大学十食堂斜对面长廊石桌上与海南来京儋州市那大中学林建宇同学弈全局）

逆手炮 顺手仙人指路 接对手 2 路 5・3 兵对隐蔽马局。

①炮 8・8—8・5　炮 2・2—2・5

②兵 7・4—5・4　兵 3・6—5・6

③兵 7・2—5・3　马 0・2—c・d

④兵 7・3—5・5　兵 3・1—5・2

⑤兵 7・6—5・7　车 0・1—6・1！

⑥象 10・3—9・4 ∧：车　车 6・1—3・1

⑦兵 6・3—e・b⨯　兵 4・3—f・d⨯

⑧车 10・9—f・d× 兵　象 0・3—2・1

⑨车 f・d—7・6　马 c・d—2・6

⑩兵 6・7—e・f⨯　士 0・6—1・5

以下因开局讲棋没有准确复盘，漏记和错走了 2 回合，大致补漏如下：兵 e・f—4・6，兵 3・7—4・6× 兵，兵 5・5—4・6× 兵，兵 4・7—e・g。

⑪兵4·6—d·e⌊ 车0·9—d·e× 兵

⑫兵5·7—4·6 车d·e—h·a

⑬炮8·2—8·1：车 兵3·3—5·1∧ 应兵3·2—4·1，象叫杀车。

⑭兵7·1—g·a炮：车 车h·a—7·1∧

⑮兵4·6—3·5×⌊ 马2·6—4·7

⑯马10·2—8·3：车 车7·1—8·1× 炮

⑰车10·1—8·1× 车 车3·1—4·1

⑱车8·1—a·h：马 马0·8—4·6

⑲车a·h—3·6 马4·7—f·f：车

⑳车7·6—6·6 马f·f—e·f：双车

㉑车6·6—c·b！ 士0·4—a·d∧

㉒车3·6—0·9：象 马e·f—b·f+ 象

㉓兵3·5—2·6：马、士 炮2·5—8·5× 炮□

㉔兵2·6—1·5× 士 马b·f—1·5× 兵

㉕车c·b—a·d× 士！ 王0·5—0·6

㉖象10·7—4·1× 车 炮□2·5—〇！

㉗士10·6—9·5∧ 兵3·2—4·1× 象

㉘王10·5—10·6 王0·6—1·6

㉙车0·9—1·9！ 王1·6—2·6

㉚旗7·5—3·5！ 王2·6—3·6

㉛旗3·5—d·e！ 王3·6—2·6

㉜车1·9—1·7！× 红破局胜。

第20局（2006年7月21日，星期五下午，在昨天同一地点，林建宇同学与另一偶遇贾先生弈全局）

逆手前5·7兵对仙人指路 逆手炮接顺手士角炮对仙人指路局。

①兵 6·7—5·7　兵 3·4—5·4　习惯走仙人指路后补中炮开局。

②炮 8·8—8·5　炮 2·2—2·5

③炮 8·2—8·4　兵 3·6—4·6

④兵 6·3—5·4× 兵　兵 4·3—5·4× 兵

⑤炮 8·4—5·4× 兵□　车 0·1—7·8× 兵！

⑥象 10·7—9·6　车 7·8—7·7× 兵

⑦马 10·8—8·9　车 7·7—5·9

⑧兵 5·7—4·6× 兵　兵 3·7—4·6× 兵

⑨士 10·6—9·5　马 0·2—4·4

⑩王 10·9∽车 10·7　象 0·7—1·6　红王车易位。

⑪炮 8·4□—○　马 4·4—5·3

⑫兵 7·4—6·4：马　马 5·3—7·2× 兵

⑬后▽—▽侧：马　马 7·2—9·3：车

⑭车 10·1—9·1：马　马 9·3—8·5× 炮

⑮象 10·3—8·5× 马　象 1·6—4·3

⑯马 10·2—6·2：象　象 4·3—e·c

⑰兵 7·1—5·1　炮 2·8—2·7：车

⑱车 10·7—10·8　车 5·9—h·f！

⑲王 10·9—9·9　车 h·f—g·g

⑳车 10·8—3·8× 兵　马 0·8—1·6

㉑后▽—8·8　士 0·6—a·e

㉒车 3·8—1·8：车　炮 2·5—d·c！

㉓王 9·9—10·8　……　此时王应在 9·9 点，不知怎么返回 10·9 点。前一回，红车、后连线邀兑黑车。若黑反以炮东侧打将，配合前车威胁将军绝杀，则这边黑车可白吃一车。这形成一种交叉反攻，令敌攻此失彼、首尾难顾的基本战术（71）。

㉓……　炮 2·5—2·8！

㉔车 1·8—2·8× 炮　马 1·6—2·8× 车

㉕后 8·8—2·8× 马　……　黑应王车易位兑后。

㉕……　车 g·g—h·h

㉖王 10·8—10·7　炮 d·c—0·7！

㉗兵 7·6—6·7∧　兵 4·7—6·6 炮！

㉘旗 7·5—7·7∧　旗 3·5—7·5

㉙马 8·9—8·7：车、「　旗 7·5—j·g！

㉚马 8·7—j·g⌊　车 h·h—i·g∧马　黑应旗退一斜格复旗将军抽马，王至 10·8，车至 9·7 将，绝杀了。

㉛象 9·6—j·f：车　旗 j·g—「！

㉜王 10·7—10·6　车 i·g—10·9！

㉝象 i·f—10·7∧　……　（这时，旗的行棋无远近，抵近攻王，有两个杀点的威力过大的错误又引发了质疑。贾先生说："这旗纯粹是胡编乱造嘛，有什么意义，吃了又回来了。"）

㉝……　车 10·9—i·g！

㉞王 10·6—9·6　象 e·c—8·7！

㉟王 9·6—8·6　……　停弈。

（贾："感觉不行，不知怎么回事！这个缺点太多，那个（中国象棋）优点太多。旗怎么能这样啊？打仗时是几个兵几个兵一块冲呢，一块去杀，那个军队死了人可以补充兵员，旗倒了可以再缝一个，那叫什么玩意儿！"林："战争中倒下起来的很多，照说伤兵还可以爬起来，有钱可以招兵，没钱……，这是生活常识。不能用兵……"。贾："纯粹白扯，比那个复杂。如没有象棋那么简化，不可能再接受这个。简化可普及，复杂不能普及。这是结合中外象棋了。我看你这没意义，简直复杂不知多少倍。""自己的兵不挡马"。林："不行。"贾："行，试一下。中国象棋王不能出宫，为什么呀？国际象棋马不别腿可以……如你随意拍脑瓜子，那就叫发明了？没含金量。"林："发明是国家法律，他这是村规条约。"贾："棋盘太乱了。"）

第21局（2009年8月4日晚，在榆次与女儿张琪弈全局至29手，后补弈）

①炮8·2—8·5　炮2·8—2·5

②兵7·6—5·6　兵3·4—5·4

③兵7·8—5·7　兵3·6—e·f

④兵7·4—f·c　兵3·2—e·b　黑e·b兵不对，丢子了！

⑤马10·2—6·4　兵e·b—f·c× 兵

⑥兵6·3—f·c× 兵　兵5·4—f·c× 兵

⑦炮8·8—0·8× 马　兵f·c—6·4× 马

⑧兵7·3—5·3× 兵　兵e·f—5·7× 兵

⑨象10·7—6·3：车　象0·7—1·8：车

⑩象6·3—1·8× 象　车0·9—1·8× 象

⑪车10·1—7·4　马0·2—d·c

⑫炮8·8□—○：马、车　车1·8—5·4：双车

⑬车7·4—5·4× 车　马d·c—5·4× 车

⑭象10·3—8·1：马　象0·3—2·1+ 马

⑮兵5·6—4·5　炮2·5—4·5× 兵□

⑯旗7·5—f·d：马，炮：炮　马5·4—7·5∧：旗　威胁卧槽抽车。

⑰车10·9—7·6：马　炮2·5□—○+ 马

⑱车7·6—1·6！　王0·4∽士0·5　走了一步王士短易位。

⑲车1·6—2·5× 炮　车0·1—b·b

⑳象8·1—c·f！　士0·5—1·5∧

㉑车2·5—3·5—3·6　车进位杀旗至3·6点。炮2·2—8·8× 炮□（黑隔两子错误吃炮，因走乱了棋子。）

㉒车2·5—7·5× 马　王0·4—0·3

㉓王10·4∽士10·5　车b·b—6·7× 兵

㉔车7·5—2·5！　炮2·2□—a·c○∧

㉕王 10·4—10·3　象 2·1—7·6：炮　黑象、车夺炮并链杀王，红炮因没有“根”的保护，若打吃车，则象隔白子炮擒王了。这形成一项象、车链杀炮、王，又不惧炮打吃车的基本战术。

㉖马 10·8—9·7　象 7·6—8·5× 炮

㉗马 9·7—8·5× 象　兵 4·7—6·6

㉘兵 7·7—6·6× 兵　兵 5·7—6·6× 兵

㉙兵 7·2—f·b　兵 6·6—7·6：马

㉚马 8·5—g·e：车 +◸　车 6·7—1·2

㉛后▽—9·3　士 1·5—b·d：车　士诱车来杀，以便后▽—10·5 将。

㉜车 2·5—▽ × 后　士 0.6—▽ × 车

㉝兵 5·3—e·c：兵　兵 4·3—5·3× 兵

㉞兵 f·b—e·c×兵　炮 a·c—1·3：后

㉟旗 6·4—5·3 ∧（旗原在 f·d 点被碰移到了 6·4 点）　兵 3·3—d·b 炮：后

㊱兵 e·c—4·3 ∧　兵 d·b—e·c×兵

㊲马 g·e—4·3 ∧　旗◺3·6—3·4◸：马

㊳马 4·3—c·b：车、炮　车 1·2—2·3 ∧（车应 1·2 至 9·2 将军抽后，绝杀了）

㊴象 c·f—d·e：炮　车 2·3—c·b× 马

㊵象 d·e—1·3× 炮　王 0·3—1·3× 象

㊶旗 5·3—4·4×兵，后！　旗 3·4—2·3 ∧

㊷后 9·3—3·9× 兵　车 c·b—3·3：◺!

㊸后 3·9—9·3 ∧　车 3·3—4·4×◺

㊹后 9·3—7·3　兵 7·6—8·5　㊺兵 7·1—8·3　兵 3·7—5·5

㊻兵 7·9—8·7　兵 3·1—5·3　㊼后 7·3—6·3　兵 8·5—8·4

㊽士 10·6—j·d　兵 5·5—6·4　㊾兵 8·7—8·6　兵 3·8—5·6

㊿兵 8·6—9·5：兵　兵 8·4—9·5× 兵

51 士 j·d-i·d×兵　兵 5·6—6·5

52 士 10·5—9·4　车 4·4—4·2

53 后 6·3—d·e！　士 b·d—b·c∧

54 后 d·e-1·8！　王 1·3—0·3

55 后 1·8—0·9！士▽—0·4∧

56 后 0·9—3·6！　士 b·c—1·4∧　黑士垫死后叫将路线，不给红方和局的机会。

57 后 3·6—6·3　车 4·2—9·2！

58 王 10·3—10·4　车 9·2—6·2：后

59 后 6·3—6·2× 车　兵 5·3—6·2× 后

60 红方停弈 6 步，待黑方全线压上——

66 ……旗 7·3—8·4：士

67 士 i·d—8·4：◣　旗◣8·4—9·3◤！

68 王 10·4—10·5　兵 6·2—7·3

69 王 10·5—9·5　兵 7·3—8·4：士

70 士 i·d—8·4× 兵　旗 9·3—8·4× 士！

71 王 9·5—10·5　兵 6·4—7·4：兵

72 兵 8·3—7·4× 兵　兵 6·5—7·4× 兵

73 王 10·5—10·4　旗 8·4—9·3！

74 王 10·4—10·5　兵 7·4—8·4

75 士 9·4—j·d　兵 8·4—i·c：士

76 士 j·d—9·5　旗 9·3—9·4！

77 王 10·5—10·6　旗 9·4—8·5

78 士 9·5—j·e　旗 8·5—9·6：士

79 王 10·6—9·6：◣　旗 9·6◣—j·f◤！

80 王 9·6—9·5　兵 i·c—j·d！

81 王 9·5—▽　旗 j·f—▽侧！×　黑方胜。

第22局（2012年10月31日，在北京昌平农家小院上门求医与李金生弈全局）

顺手炮 逆手仙人指 路接边路5·3兵对3·2至e·b兵局。

①炮8·2—8·5　炮2·8—2·5

②兵7·6—5·6　兵3·4—兵3·4—5·4

③兵7·1—5·3　兵3·2—e·b

④马10·2—g·b　马0·8—4·6

⑤兵6·3—5·4× 兵　兵4·3—5·4× 兵

⑥马10·8—8·7　炮2·2—2·1：车、马　无意义、壅塞的屏风马此时偶尔阻止了炮捉双车。

⑦车10·1—3·1× 兵　炮2·1—8·7× 马□

⑧兵5·6—e·e：马　马4·6—d·b：车

⑨车3·1—3·3× 兵　马0·2—2·3+ 马

⑩车10·9—5·4× 兵　马d·b—3·1

⑪兵5·3—e·b× 兵　象0·7—e·b× 兵

⑫炮8·8—8·6：象　象e·b—d·c：车

⑬车3·3—3·1× 马　马2·3—3·1× 车

⑭炮8·6—3·1× 马□　象d·c—7·7× 兵：炮

⑮车5·4—7·6：象　象7·7—h·g！

⑯王10·5—9·5　车0·1—e·e× 兵

⑰象10·3—i·a！　车e·e—1·2

⑱象i·a—h·b　炮2·1□—2·4○　开始采行炮行棋连带复炮规则。

⑲马g·b—3·3　车1·2—2·2　黑应炮2·5至2·6链杀车、炮；或车1·2至3·4绊马，或直接象h·g—3·3吃马。不断纠正红方的错着，自己却经常看不出简单的棋路。

⑳马3·3—2·5× 炮　象0·3—2·5× 马

㉑炮8·5—8·2：车　车2·2—4·4

㉒兵7·3—6·4　炮2·4—6·4× 兵□

㉓旗 7・5—h・d　象 2・5—f・a！

㉔王 9・5—9・4　炮 2・4□—○

㉕王 9・4—9・3 出宫　车 4・4—3・3！

㉖炮 8・2—8・3∧　象 f・a—h・c：炮

㉗后▽—6・5　象 h・c—8・3× 炮

㉘象 h・b—8・3× 象　炮 2・4—2・3：象王

㉙兵 7・4—6・3∧　炮 2・3—6・3× 兵□

㉚后 6・5—4・3：车　车 3・3—2・2　黑应付炮，后手车、象待兑于后。

㉛炮□ 8・6—8・5○！　士 0・6—1・5∧　炮将可以打吃一枚垫将的士，但炮将对于黑方来说，却给了其一个被动支士而备妥王车易位条件的绝好机会；红方先手落后手，反让黑方捡了后手反先一步的便宜。这形成一项切忌送给对手后手反先行棋机会，避免误着的基本战术（72）。

㉜后 4・3—3・2：车　王 0・9∽车 0・5　车应易位在 0・6 点看 3・6 兵。

㉝后 3・2—2・2× 车　象 h・g—2・2× 后

㉞车 7・6—3・6× 兵！　炮□ 2・3—2・7○∧

㉟车 3・6—3・7× 兵　炮 2・7—2・8　……

（李：哦，下这个棋心里可烦呢！遂中断）这时的规则中，李提出象隔子行棋只能隔两子不塞象眼。此时，可能已恢复了旗与兵一样的行棋距离的规则。

第 23 局（2015 年 9 月 2—3 日，本局开局为 2014 年 11 月 3 日所弈，今复盘检验弈自第⑨回合时，盘面混乱，错误不断，难以衔接，只好续开局部分重弈）

顺手炮 逆手仙人指路 接列手 8 路 5・7 兵对 e・g 兵局

①炮 8・2—8・5　炮 2・8—2・5

②兵 7・6—5・6　兵 3・4—5・4

③兵 7・8—5・7　兵 3・8—e・g

④兵 7・9—f・g　兵 3・6—4・6

⑤兵7・4—5・3　兵4・7—f・f×兵

⑥兵6・7—f・f×兵　车0・1—f・f×兵　黑得子。若红兵吃过路兵至5・6点，黑炮捉双车。反之红方在同一侧交叉方向也有争先炮捉双车的机会。

⑦车10・1—3・8！　马0・8—1・6∧

⑧兵5・7—4・6×兵　兵3・7—4・6×兵

⑨兵7・7—6・6：车　车f・f—3・4

⑩象10・3—8・1　象0・3—2・1

⑪马10・2—g・c　兵3・2—e・b　在中心区域5・4点的弈争中，双方各投入了4重子力，红若先手兑杀必失子吃亏。红方若5・3兵吃e・b兵，诱4・3兵来兑，黑将失掉5・4兵根的作用。黑若以4・3兵斜进3格折返90°吃过路兵至f・c点，还以一杀还一杀，失一根前推再建一根的着法，则形成又一条兵形应兑的基本战术（73）。

⑫象10・7—8・9：车　车3・4—2・4

⑬兵7・1—f・b　兵3・1—5・2炮：兵

⑭兵7・2—g・b　兵e・b—5・3×兵

⑮兵f・b—5・3×兵　兵5・2—6・3×兵

⑯兵g・b—6・3×兵　兵5・4—6・3×兵

⑰象8・1—6・3×兵　兵4・3—f・c：象，象：车

⑱象6・3—f・c×兵　……　红方想与黑方兑车，当对方象吃10・9车时，己方象也吃0・9车。但此时红方车、象被黑方车、象先手叫杀必丢一象，又面临黑炮沉底将，王位堪忧。

⑱……　车1・4—9・4！　黑方先肋线车捅将，压制王起将，否则车无法入界立足。

⑲士10・6—j・d∧　炮2・2—10・2！

⑳士10・4—▽　……　立车炮将，按中国象棋已经是“闷宫”绝杀了；此时，士却可以退至后宫侧。

⑳……　车9・4—8・5×炮！

㉑王10・5—10・6　……　黑王平将比垫窝心马或士强，那样将被反复抽将。之后

车后相遇，车在九宫内仍须礼让后先。于是——

㉑…… 车 8・5—8・6⊾！ 车在连带行棋杀旗翻白子旗的同时，叫将。

㉒王 10・6—10・7 车 0・9—f・c× 象

㉓车 10・9—2・1× 象 马 0・2—2・1× 车

㉔车 3・8—8・3：车 车 8・6—7・7！

㉕炮 8・8—8・7 ∧ 炮 10・2—10・8× 马□

㉖炮 8・7—0・7× 象□ 炮 2・5—2・7：□

㉗兵 f・g—5・7 ∧ 兵 e・g—f・f× 炮：□

㉘兵 6・6—5・7× ∧ 车 7・7—5・7× 兵

㉙旗⊾7・5—7・7⌜ 车 5・7—h・d！

㉚车 8・3—8・5 ∧：车 车 h・d—8・5× 车

㉛后▽—8・5× 车 …… 黑炮再打吃红白子炮，红大势已去。退回第㉔回合，看另一种变化。局面见图 6-30。

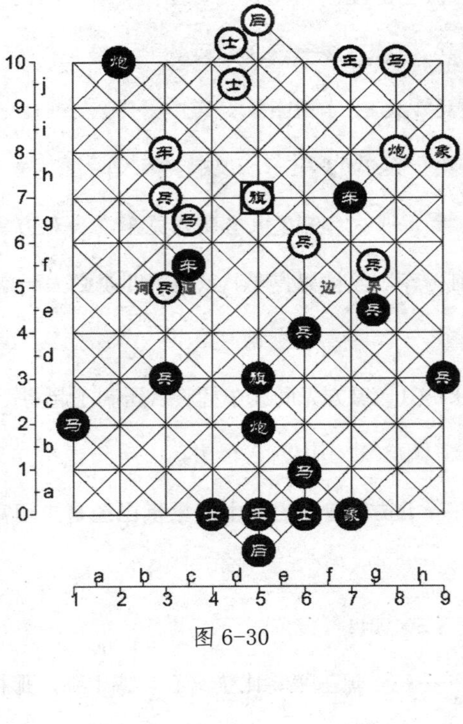

图 6-30

㉕炮 8•8—9•7∧：车、象　炮 2•5—7•5×◺□

㉖马 g•c—6•5：双车　象 0•7—5•2！

㉗马 10•8—i•e∧　象 5•2—i•e× 马！

㉘士 j•d—i•e× 象　车 7•7—i•e× 士！

㉙王 10•7—10•8　车 i•e—10•4！！

㉚王 10•8—9•8　车 10•4—6•8！

㉛炮 9•7—8•8∧　……王出宫后的防御，炮应保持明炮的先机，及时在正面应将垫炮；言外之意，出宫王在正面防御应尽量依托旗或炮的掩护，以避免在正面被对方炮链杀乃至抽杀。这形成又一防御的基本战术（74）。

㉛……　车 6•2—h•f！：马

㉜马 6•5—8•3∧　炮□ 10•2—3•2○：马

㉝象 8•9—2•3！：炮　士 0•6—a•d

㉞象 2•3—3•2× 炮　车 h•f—3•2× 象

㉟兵 6•6—7•7　炮□ 2•5—2•8○！

㊱王 9•8—9•9　车 f•c—i•f：马

㊲后▽—i•g　炮 2•8—2•7：马　当黑双车夺马且车威胁二路叫将时，后只有看马。

㊳兵 7•7—6•8　马 1•6—3•7 炮：马

㊴马 8•7—7•6　车 i•f—10•8！

㊵王 9•9—8•9　炮 2•7—0•9！

㊶兵 6•8—6•9∧　马 3•7—7•7！：后

㊷炮 8•8—h•g∧　车 3•2—1•2！

㊸兵 f•g—g•g　兵 3•9—5•8 炮！

㊹兵 6•9—5•8× 兵　车 1•2—1•9！！

㊺兵 5•8—6•9∧　车 1•9—6•9× 兵！！

㊻后 i•g—7•8　炮 0•9—7•9× 后□车！×　黑破局胜。

弈完感叹：以前所下的棋局都可以置之不顾了，一盘棋完善规则。28 年，两个抗日战争的时间熬炼的心血没有白费。一个人只能把握自身努力的轨迹，一个人永远不能改变生命在自然界留下的印记。新棋在弈法原理上已经愈臻愈切，无懈可击了，弈争规律的揭示也精彩迭现，妙手连连，至善至美了。

这大有挟中国人民抗战暨世界反法西斯战争胜利70周年纪念之余威更上层楼感，这是传统社会历史和文化观念的一次终结，新型象棋文化艺术实践的新的开端。

第24局（2016年3月12日，自弈全局）

顺手炮 逆手仙人指路 对手仙人指路变局。

①炮8・2—8・5　炮2・8—2・5　②兵7・6—5・6　炮3・4—5・4

③兵7・4—5・3　兵3・1—e・b　④马10・2—g・c　兵3・6—5・7

⑤象10・3—8・1　象0・3—2・1　红方飞边象防止黑兵、车夺双兵。黑象亦防兵6・3至e・c吃过路兵再夺4・3兵。

⑥兵6・3—e・c—5・3⨯兵　兵e・b—f・b⨯：马　红方若直接吃5・4兵，在该点上有四重兵力的投入，必得一子。

⑦马g・c—e・e：⎾　兵3・7—4・6∧：马　红跳卒前马叫杀旗并威胁卧槽抽车。

⑧马e・e—5・4：⎿　兵3・3—e・d∧：马　传来阿尔法g与李世石人机对弈的消息，更激励起我钻研象棋开局的欲望。

⑨马5・4—2・4！　王0・5—0・6　红立马将，黑只有支士b・d点才能绊将，否则卧槽抽车了。故黑只有起将。

⑩兵e・c—4・4⎿：　旗⎿3・5—4・5⎾

⑪马2・4—b・c！：双炮　马0・2—1・4∧+炮　红马跳将踩双炮，黑马绊将并保护2・2炮。

⑫兵4・4—3・4：炮　炮2・2—0・2　黑可车、象夺3・4兵。

⑬兵5・6—5・7⨯兵　兵3・8—5・8⨯∧　黑兵吃过路兵同时垫炮防炮打吃马。

⑭车10・1—d・g！　炮2・5—2・6∧　黑没看出来1・4垫将马不能保护2・6炮。

⑮马b・c—b・f！：象　象0・7—1・6∧：马　红不该匹马单车冲入敌阵拼杀。

⑯兵3·4—2·4！　王1·5—0·5　⑰⎾7·5—5·4：兵，炮！　士0·4—1·5∧

⑱马b·f—c·e：士　车0·1—2·3∧炮：兵

⑲⎾5·4—4·3×兵　车2·3—3·3⎿　黑方应象2·1至4·3隔子翻白旗并连带击退杀旗至e·b点，同时兵前象叫杀10·9车。

⑳⎿4·3—3·4⎾　象1·6—c·d⎿：兵

㉑兵7·7—5·6：⎾，炮：车　兵e·d—f·c

㉒⎿3·4—4·4⎾∧，炮：车　车3·3—7·3×兵　规则允许红白子旗由3·4点至4·4点，在落点被车叫杀的情况下复旗一次，同时炮叫杀车。

㉓象8·1—f·c×兵　象2·1—d·b：车、兵

㉔象f·c—5·4∧⎿：象　象d·b—2·4×兵　黑应兑象，或c·d象吃兵保持d·b象对车的牵制更好些。

㉕象5·4—4·5×⎿：车　车0·9—4·5×象

㉖马c·e—4·5×车　车7·3—7·8×兵！

㉗炮8·8—8·7∧　车7·8—7·2×兵！

㉘士10·6—j·d∧　王0·5—0·4　王避开链杀，防马后炮抽炮将。

㉙马4·5—2·6×炮　马1·4—2·6×马　㉚炮8·5—9·4：象　马2·6—6·4∧

㉛炮8·7—9·6　王0·4—0·3　红若主动进旗至3·3点抽杀象，炮链杀象更有威胁。黑王出宫。

㉜车d·g—3·8：马　象c·d—4·3：车　红车叫杀马的同时双车夺3·2兵，黑卒前象叫杀车。

㉝象10·7—9·8∧：象　马0·8—2·6：车

㉞车3·8—5·8×兵！　象2·4—b·d∧：车

㉟炮9·6—6·9：象　士1·5—a·e后！　红车后炮斜线链杀象、王，继而威胁车吃象捅将，黑士斜退一格闪开后路后叫将。士若走斜格直角至1·4点垫子，则可在闪开垫子，后叫将的同时直接象叫杀5·8车。这形成一项基本战术——

基本战术（75）。当一方车、炮斜线链杀对方象、王，对方若能以一子闪开配合另

一强子抽将的同时再垫子链杀并反杀车、炮，则可形成一种在抽将叫杀又垫子的同时又使另一强子反杀车、炮，破掉车炮链杀的战术。局面见图6-31。

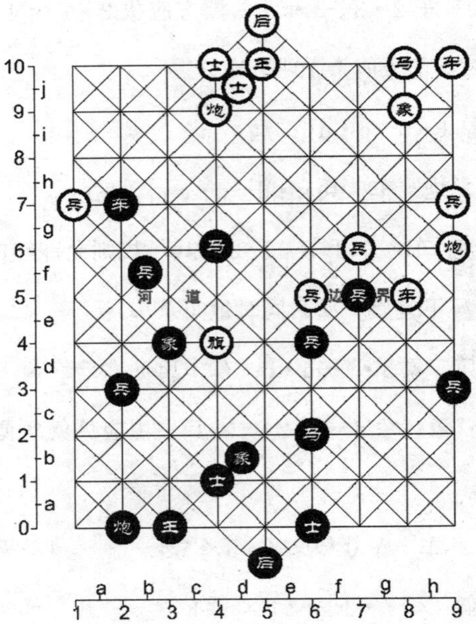

图6-31

㊱马10·8—9·5∧　后▽—9·5×马！

㊲士j·d—9·5×后　车7·2—9·4×炮！

㊳车10·8∽王10·9　王0·3—1·3　㊴炮6·9—b·d×象　士a·e—b·d∧

㊵车5·8—3·6：马　马6·4—c·d：车　㊶车10·8—3·1！　王1·3—0·3

㊷象9·8—4·3×象　马c·d—3·6×车　其实红若弃车吃b·d士，再车a·c将就绝杀了。

㊸象4·3—3·2×兵　马3·6—1·2：车，炮：象

㊹炮□6·9—○！　兵3·9—e·g∧　黑兵应直进两格至5·8点垫将并反杀炮。

㊺车3·1—5·3！　马2·6—1·3∧

㊻炮6·9—0·9！　士0·6—1·5　按规则士首着“直进两格”可斜退一格折返90°再斜进三格。

㊼炮0·9—0·2×炮　车9·4—7·2：象、炮

㊽象 3・2—2・1：马　士 b・d—b・c+ 马

㊾炮□ 0・9—6・9 ○！　王 0・3—0・2　㊿士 9・5—i・e　士 1・5—1・4

51 后▽—8・8　马 1・3—2・1× 象

52 后 8・8—0・8！　马 2・1—0・3 ∧　此时，若红炮 6・9 至 0・9 链杀马、王，企图接下一步通过车的交叉配合，后吃马捅将或后抽将时，黑车则可直接 7・2 至 5・4 叫将并叫杀炮，红后垫将回防不及会被车兜底将抽吃后或车也可直接吃炮，破掉链杀、抽杀，这形成一项基本战术——

基本战术（76）。当对方后、炮底线链杀我方马、王，并企图后在车的交叉配合下夺马捅将及抽将时，若我方车可紧接着斜线交叉叫将并叫杀炮，同时威胁兜底将抽杀后或直接杀炮，则形成一种先手交叉叫将并威胁吃炮，从而化解链杀、抽杀的战术，见图 6-32。

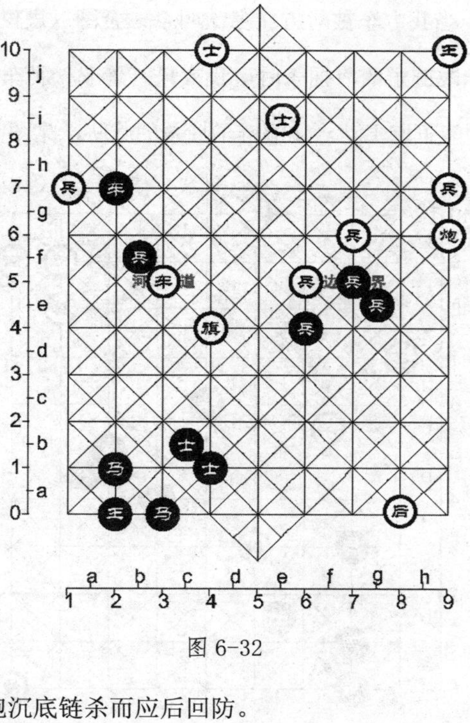

图 6-32

故第53回红不能炮沉底链杀而应后回防。

53 后 0・8—8・8+ 兵　车 7・2—5・4！　54王 10・9—9・9　车 5・4—j・h！

55 王 9・9—8・9　车 j・h—10・9！　56 后 8・8—9・9 ∧　车 10・9—10・7！

㊼王8·9—8·8　车10·7—i·e×士　㊽炮6·9—1·4×士　车i·e—7·7！

㊾王8·8—9·8　车7·7—7·8！

㊿兵7·9—8·8∧　车7·8—6·7×兵　红兵斜退一格平王救驾。

61炮□6·9—0·9○！　马0·3—3·2：车、旗

62车5·3—f·b×兵　车6·7—5·6×兵

63旗4·4—4·5：车　车5·6—4·5—4·4◺　红旗叫杀车闪开车路，预备车、炮抽将。黑车进位杀旗将白子旗杀退回4·4点。

64旗◺4·4—3·4◸：车　……　黑车若再打翻白子旗仍是后手一步，红车至0·8点车炮将会抽杀黑车。

64……　车4·5—6·5！　黑车只有避开旗的叫杀，后退反杀叫将才能争取主动，这形成一项基本战术——

基本战术（77）。当我方车被对方旗多次叫杀，企图以进位叫杀闪开车路，以便于车斜线沉底，车、炮一线链子叫将抽杀时，我方只有采取一种车后退避杀反杀叫将并接续拦子兑车的战术，才能争取主动，化解链子抽杀的威胁，见图6-33。

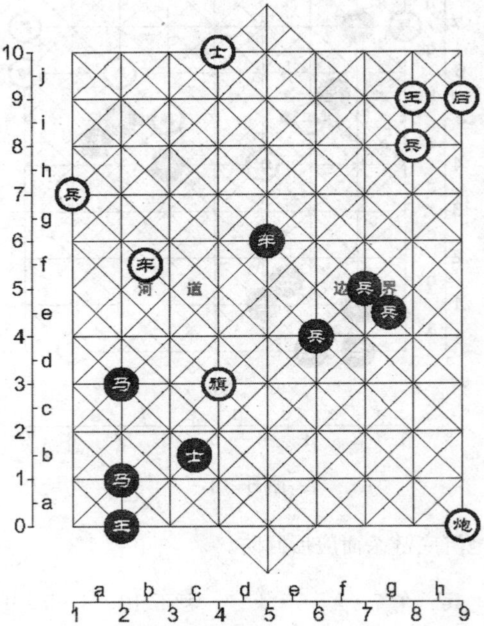

图6-33

⑥⑤ 王 9 • 8—10 • 8　车 6 • 5—7 • 5！ ⑥⑥ 兵 8 • 8—9 • 7 ∧　车 7 • 5—5 • 3 ∧：车

⑥⑦ 车 f • b—7 • 4　马 1 • 2—b • a+ 马

⑥⑧ 旗 3 • 4—2 • 3：马、士　马 b • a—2 • 3⌊　旗故意送杀闪开车路待车、炮将。

⑥⑨ 车 7 • 4—0 • 4！！　王 0 • 2—1 • 2　⑦⓪ 车 0 • 4—0 • 3！　马 b • a—a • b ∧

⑦① 后 9 • 9—1 • 9！　王 1 • 2—2 • 2　⑦② 炮 0 • 9—2 • 7！　车 5 • 3—2 • 6 ∧

⑦③ 旗⌊ 2 • 3—3 • 3⌈，炮！！×　这形成一种基本战术——

基本战术（78）。当我方多枚强子先手以横线叫将，逼对方王起将至 3 路与我方受强子保护的另一子同处一线时，我方则可再进炮叫将，待敌子垫将，再拉开前炮架子白子旗打将的同时又复旗叫将，形成双将绝杀战术。红中局破局胜，见图 6-34。

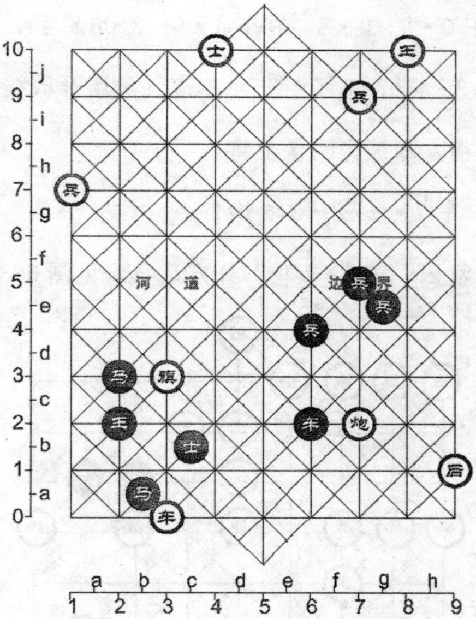

图 6-34

第 25 局

这是 1989 年 4 月 28 日与山西省体工队象棋总教练张致忠弈的一盘棋，就十多分钟，我执红先行。这也是新型传统象棋问世后的第一局实战全局谱。5 月 1 日复盘记了谱。30 年过去，2019 年 4 月 3 日又与张致忠先生联系上了，他说："知道，我们 80 年代就一块下过棋。"

①炮 8 • 2—8 • 5　炮 2 • 8—2 • 5　顺手炮。

②兵7•4—5•4　兵4•3—5•4× 兵　红顺手仙人指路对黑直接吃兵。

③兵7•6—5•6　兵5•4—6•3× 兵　红逆手仙人指路对黑再吃兵。

④象10•7—6•3× 兵　象0•3—2•1　红象交叉高飞河沿两侧照应、威胁，黑象拨边象只能压制一条车路。

⑤车10•9—9•9　兵4•9—5•8　⑥兵6•7—5•8× 兵　兵4•7—5•8× 兵

⑦车9•9—9•6　兵3•4—4•4

⑧士10•6—9•5　象0•7—2•9　红支10•6士错着，应支10•4士。

⑨马10•8—6•8　兵3•7—4•7：兵　⑩兵5•6—4•6：旗　马0•8—2•7：兵

⑪兵4•6—3•5：⊾　马2•7—4•6× 兵　⑫车9•6—4•6× 马：⊾　车0•1—3•4+⊾

⑬马6•8—3•7　车0•9—0•8　⑭车4•6—3•6× 兵　兵3•2—5•2：象

⑮马3•7—1•8　车3•4—7•8× 兵！　本来红象居开放线上，可象6•3—2•7将，或车、马夺中炮，马持角将，却被黑叫杀上将。

⑯王10•5—10•6　车7•8—8•8× 炮！

⑰王10•6—9•6　象2•1—8•7！　红方认负，见图6-35。

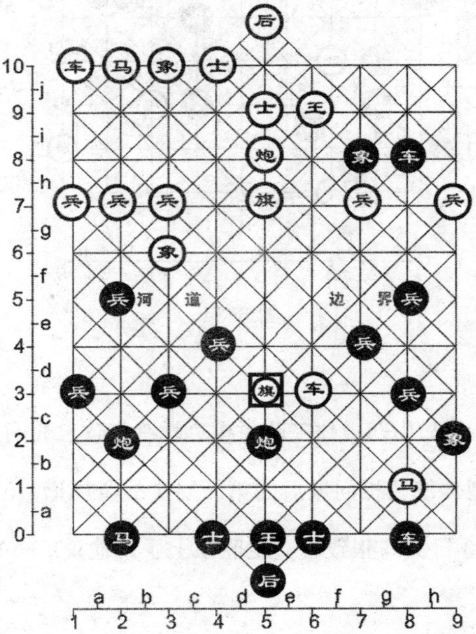

图6-35

希望之火不灭（后记）

一个只有小学文化程度的人，从20世纪70年代开始追寻西方科技史专家李约瑟博士对中国象棋批判的目光，到1987年开始进行棋牌发明创造活动，期间共完成十项发明，其中有五项获得国家发明专利。这28年的历程，无论什么文化的欠缺，生活的贫困，命运的颠簸，病痛的折磨，一切的一切都不能阻止我前行的脚步。因为目标就在那里。

借助西方人的“第三只眼”，看到了中国传统文化封闭和保守的一面

小时候的我充满了幻想和迷惘。我属于那种性格内向，反应比较迟钝，凡事喜欢多问几个为什么，好慢慢琢磨、刨根问底的人。一次在数学课上，我的太原九一小学大米老师在讲一道追击应用题时，把距离、速度和追上时间的逻辑关系搞颠倒了。我发问指出错误，老师当时否定了我。第二天则肯定我说的对，表扬了我。这事我都记不清了，我母亲却能绘声绘色地形容一番。然而我对下棋的兴趣似乎天生就不高。记得以前也曾与哥哥和同学们下过几次象棋。与同学们下棋总是输，记忆里只有某个同学战胜我后，丢下的一串嬉笑与欢笑声。与哥哥的对弈，则更是索然无味，俩人好像不是下棋，而是哥哥用他的经验和实力很快扫荡了我的主要棋子，兵临城下开始推我的“老磨”。照当时的规则，对方能有几子进入你方九宫的中心而你又毫无还手之力，对方摞了几子就可以推你几圈“老磨”。于是我极不情愿又很屈辱地移动老将转圈圈。哥哥还一直催促着：“走啊，走啊！”最可气的是，哥哥并不讥笑我不会下棋，而是非常认真的，要看穿我

的五脏六腑似的，透出那种亮晶晶的胜利者的眼神。然后，双方无语，像完成了一件任务那样各自走开。这是1966年以前的事了。自那以后，我再不记得还曾与谁下过棋，不记得还曾有过可以静下来与人下棋的闲情逸致。然而既然如此，我又是怎样对棋牌文化产生兴趣，进而走上棋牌发明之路的呢？

20世纪70年代初，我从工程兵部队退伍复员后，在山西锦纶厂牵伸车间做一名保养工。保养工每天上班只是给机器加点油，链条断了的时候换个新的，由于手笨脑子慢，无喜爱的技术可学，工作比较被动。那时的政治运动很多，诸如“批林批孔”“批周公”“一学四批五大讲”“反击右倾翻案风”，还夹杂着两派群众斗争。到后来的拨乱反正，揭批“四人帮”等等。一个工厂就是一个社会的缩影，各种关系交织着。我是1966年小学毕业的，是人们说的那个文革“老三届”的小弟弟。知识贫乏、文化水平很低的我，连个开平方的算式也不会，还能干什么？也曾参加了全国统一恢复高考的考试，除了历史、地理题几乎都答出外，数学和作文“心里的话儿告诉华主席”交了白卷。曾做过文学青年梦，但写出的文学剧本和小说自己也觉汗颜。

由于当时社会上很重视工人理论队伍的建设，我被当时在厂宣教科的北京知青、后来的作家柯云路推荐临时做了宣传工作。利用这一机会，我看了一些马克思、列宁的书和“毛选”。譬如通过学习《共产党宣言》《哥达纲领批判》，对特定历史条件下无产阶级革命的历史运动和形形色色社会主义文献的实质，对资本主义社会、社会主义社会和共产主义社会生产关系的实质及生产、交换方式与分配原则，有了初步认识。当时还有一件事对我的触动很深。那就是英国科技史专家李约瑟博士的研究成果，由他的助手编的关于人类科技史上技术领先的《中国古代发明100例》一书，在《新华文摘》上转载了，其中有关于中国象棋的介绍。我只记得谈到其中“炮”的走法时，说中国象棋的“炮”在隔子吃子时要把己方的炮子本身连同炮弹一块打出去然后吃掉敌子，好像《一千零一夜》故事中可以坐着飞毯飞过去一样。这一点令他们疑惑不解。以西方人的眼光和对枪炮知识的了解，把炮弹的飞行作用和炮体、炮位的发射作用混为一谈，这是很悖理的，属于常识性的错误。是啊，这一观点也深深地触动了我内心。虽然“炮”的这一着法千百年来约定俗成，习惯成自然了，以前也没觉得有什么不对，但是借助西方人的“第三只眼”，使我从另一个角度看到了传统中国文化封闭和保守的一面，也似乎感觉到了某种变革和发明的萌动。

1977年，我一次在车间工作室加工勾刀时，由于自己人为的原因，坐在长靠背椅上向后仰，突然身体失去平衡向后摔去，惊悚震颤的一声响，后脑勺刮擦过一个角铁工具箱重重地摔在地上，致脑外伤出血。短暂昏迷后醒来，不知老天怎样的眷顾，留我一条命，人还活着没摔死。此事因种种原因未能认定为工伤，又不能调整工作，只好以病假转了劳保。

一种艺术的价值和生命力，不仅取决于它现实概括的客观性、真实性，而且不同时代不同本质的概括，还会有其他不同艺术形式的延续和发展

一晃十年过去了，在社会上奔波闯荡一事无成。曾养花卖花；扶持省养貂状元户搞多种经营联合体，投入4千元买下一处近1亩地房院养鸡养猪；去郑州引种购买2000枚瓢蛋（快孵出小鸡的蛋），未成活，自己还被人用半头砖拍后脑出了血；烧花盆，因用水、雇工被村里人暴打，耳根子撕裂一截；引种和售卖蚯蚓；合伙的农户抽挪利润跑运输，撞人赔了钱；我无承付托收一台远红外烤炉，投入千元，以他人身份合伙办了市内第七家面包厂，找担保贷了款，然而开业即被独吞；承包服务公司小食摊，炸麻叶，卖老豆腐，烤吊炉饼，20天赔了600元；开小饭店，筹办烧鸡店，都是刚开张就赔钱关门了。然而所有这一切经营活动，好像都只是为了自己有口饭吃的同时给别人一碗饭吃，让大家都过得下去，别人找我来干我就张罗着干起来。我当甩手掌柜，也不算账，不管钱，收入多少算多少，赔了再重来。无奈就去花房打临工、种子公司采剥种子。最后还困惑，这些都不适合我。我的心漂泊着，不知哪里是归宿。债务还不上，或被缠在霸王火边半宿挨冻，或被强行上门抬走电器，或债主找上父母家，由父亲替儿子还债。别人说我“干事不专心，想的太大太多”，话外音就是不会挣钱。我仅靠每月23元劳保生活费，骑一辆自行车瞎跑，所求只是谁给我一口饭吃，跑断腿也乐意。1987年，见到我这撞到南墙

不回头、不到黄河不死心的劲儿，母亲实在受不了了，送礼求人帮我调换恢复了工作，在厂子弟学校当了门卫。我终于可以静下心来，认真思考一下出路了。重拾文学青年梦？参加“我在难忘的这一年的这一天”征文活动？太可笑，太幼稚了，文学之路比登天还难。

那时，1985年国家已颁布了《专利法》，市面上经年已流传着“星球大战棋”等发明的信息，撩动人的兴趣。突然有一天，我也灵光一闪，拨动了发明的神经。

象棋文化在世界上流传几千年了。人们提到象棋，只知有中国象棋、国际象棋，不知在不同国家、不同文化圈子里还有其他一些象棋的变种。尤其在中国传统文化圈子里，以为现在流行的中国象棋就是象棋艺术顶级、最好、奉若神明的形式，却不知一种艺术的价值和生命力，不仅取决于它现实概括的客观性、真实性、科学性，而且在于对不同时代、不同领域，不同自然、社会和思维本质的概括，还会有其他不同艺术形式的延续和发展。

第一项发明申请叫“大同棋”，其实是“现代象棋”的模式。太原专利事务所一位北京知青代理人给我无私的帮助，免费改写了权利要求书。我知道了在棋盘9×11道线方格的基础上同时存在的斜线，可以用“并使其中的每个方格都具有两条对角线”这样的方式来表述。这时我女儿的生命在孕育中，这种生活的稳定给了我养家糊口的定力，鼓舞了我从事发明活动的热情。我收到发明“受理通知书”时的振奋心情难以言表，感觉自己捕捉到了一个自然本质的讯息，抓住了那些可以反映自然和社会本体、本质发展的根本要素。虽然人的生命和思维是此岸最有灵性、最具风采的创造主体，但在彼岸，自然界和人的生命元素都来自同一个体系，那里是一切自我更新和创造的源泉所在，我和我的思维只不过是感悟到了这一点，并在心头点燃了一束向着目标前进的希望之火而已。

随后专利又不断重新设计和完善。1989年春，我提交了“一种新型传统象棋、军事象棋、现代象棋、过渡象棋和大同象棋系列”的申请。时专利局大楼还在建设中。受理后被要求分案，分案时交纳了五项申请费。但由于没有提交等份的各个分项的费用减缓请求书，被通知欠了好多费。去一问，原来是有的按全额收费，还有的扣了滞纳金，一旦分案就分项、分人独立审查了，其内部对原有信息是不负任何连带责任的。我提出质疑，部门负责人抛给我一句：“你搞专利不是为了自己获利？”我被刺痛了：“那国家和科学的利益呢？”他们有选择通知欠费的现代、过渡象棋被我放弃了。其实任何时候你对一个技术资本的裁决和保护机构都不能有更多期待。之后是围棋、雀牌、新型扑克牌、五行博塞棋，这与原有的棋牌艺术生命不是一回事，有文化遗传关系，但在科学形式上却是实质性的突破和完整的创新。围棋，我想绕开这个名词，但是连审查员也一眼看穿，通知“变更著录名称”改称围棋，我加改为“新型围棋”。“一种新型四人象棋系列”的发明，审查员认为：这样一种十字线棋盘的的技术，普通技术人员不需要经过创造性劳动就可以设计出来，坚持驳回。经复审程序，我陈述指出：虽然十字线技术人人会用，但通过十字线表现的四方交叉的纵横线道、格数，每方在保留各自基本线道的同时又使四方在中心格域的连接，这种由斜十字线方向小方格尖连产生的斜向线路不通，各方在通过斜十字线偶数点位时线路不通效应，以及四方五种象棋棋子各分为四种颜色，它们在棋盘上的摆置及两两分合的下棋顺序都是完全的创造。终获发明专利。另几项发明也是因为没钱，无暇顾及而放弃了。新棋在提交发明申请的同时，其弈法规则整体上是臻于合理、切实可行的。20 世纪 90 年代初，除传统象棋外的另四种象棋共自弈并记录下几十盘实战全局谱。棋谱都记录在当时由全国各地寄来推销教学仪器设备废弃的信封的内面纸上。还记得当时从军事象棋、现代象棋、过渡象棋一直下到大同象棋，愈下愈弈争愈被那些精彩局面呈现的深刻变化和深邃意境搞得愈发振奋不已。始信科学和艺术的概括力竟有如此巨大，如此真实通透，竟会产生如此巨大、深刻心灵的感染震撼！至于传统象棋的弈争规律，我想：我一个普通百姓，又不会下棋，我只需揭破传统中国象棋的致命缺陷，还它一个科学本质的新体系，我的任务就完成了。其他的应该是国家体育机构的事，历来棋文化都是自上而下推广的，还用得着我去总结这些一般的规律吗？

研究推广路漫漫，艰辛困苦多

我开始四处奔波，渴望与人交流，求人指点迷津。曾写信给“青年导师”范曾，找到肯助人危困的刘宾雁家与其妻子面谈。通过钱学森秘书介绍回山西找某研究所，又转荐了某副研究员送上我的资料。待我再次上门求教，其返家神态鄙夷地板着一副泥胎夫子脸，不问一句事由，劈头就说："你也不是小孩子了，你知道小学只是认个字，中学生识个数，大学入个门。啊……"听了这话，虽眼见大嫂已端上热腾腾的大米饭烩菜，顾不上索回资料，还是提起挎包落荒而逃。在某出版社找老相识的总编，给我介绍了懂棋的办公室主任。其第一句："不感兴趣。你发明五种象棋？我能发明一万种，这桌子、板凳都可以说成是象棋了。"我想：当然，象棋的概括意义无所不在，但那是要依据本体、本质模型和原理来建分支系统、子系统类功能模型的。如床是睡卧的用具，为住、为生命息养基础，为水，为商人和本钱；桌椅是安身正体、思考工作的用具，为头脑、思想运行，为火，为上层建筑，为学者和思想智慧；橱柜茶几案板为餐厨用具，为食，为木，为厨房劳动，为农民和农林渔牧副业，为生产关系；锅碗瓢盆、刀具、电器为生活和加工手段，为衣饰、生活用品，为工人，为生产力因素和生活消费水平；基于住房条件的花草树木，室内装潢和环境卫生，为居家生活品质，为用，为生命调养手段和家庭交往方式，为土，为园丁，为保姆职能，为社区与家庭调节机制，为公共权益保障机构，为官兵。基于这些由五行之性暨五种生活交往功能决定的五类家具、用具的使用功能，再拟人化地将其使用价值功能主宰的人及人的消费需求，类比为社会的必然王国，这样也就自然而然地建构起关于家具用品功能的现代象棋模型。换个角度还可以比喻为其他象棋。但是能够认识到这一点并将其提示出来的是我而不是你，并且是在多年以前就认识到了的。另一次在前省委第一书记女儿任职的专利事务所遇到了我小学同学，他看了"说明书"说："你搞发明吧，说这些资本主义、社会主义干什么？"他不理解理论思维对象棋发明的特殊意义，不会体验我对马克思的崇拜之情。正是那段时间，我在省新华书店购买集齐了《马克思恩格斯全集》50卷50多册。与刘宾雁家书柜里的陈列一样了，颇有富足感。那时要求承办代理技术转让的信件天天不断，都是只收钱不办事。难得有广州天佳实业公司和中国《设计》杂志社驻广州记者站来信表示公司和外商对此十分感兴趣，询问五项象棋转让了几家，希望对发明项目进行投资生产和进行第二次开发。颇为感动的是，每次我去找省中国象棋队总教练张致忠，他总是很热情地接待，如逢良师益友，认真地摆一盘棋，就用我自画的棋盘和纸质棋子。甚至一开始我也不知兵该怎么走，就按原来的老方法兵直走直吃。他也见子就吃，调动强子很快战胜了我。说新棋还不行，深度不够。在那个经济十分拮据、月工资只有百十元的年头里，我的朋友李金生无条件借给我两千元，儿时同学东阳亦仅凭对贫困的感觉和在干一件正经事的印象，无条件资助我一千元，均不打借条。这种贫困时帮人一把的情谊，只有经历过了才知它的珍贵，更在于人心的那份理解、相互关注与沟通，怎么感谢都不为过。

1996年第8期山西《体育文化月刊》登载了我的《传统象棋新变革》一文，我平生第一次挣得了70元稿费。1997年2月，其时正值申办2000年奥运会临近时间，大家都想以自己的方式为申奥添一把力，我写了《关于实施新兴棋牌文化、体育、工贸事业和奥运战略新举措的报告》给各级政府部门——

在贯彻十四届六中全会《中共中央关于加强社会主义精神文明建设若干重要问题的决议》方针，迎接香港回归和中共十五大即将召开，改革开放取得巨大进步之时，我国的体育事业也同其他行业一样到处充满了生机和希望。体育的发展离不开一定物质文明的基础。有现代化生产、传媒和思维工具的支持，才有与之相适应的精神文明体系的运作，有现代化科学、生产、生活和文化交往方式及观念的变革，才有新的文化体育事业的兴旺发达，这对于棋牌文化和体育竞技事业来说也是如此。棋牌文化、竞技运动比照奥林匹克运动在体魄、爆发力、耐力及技巧等方面的竞争形式，特别侧重在思维智慧力方面展示人的综合才能，富有极深刻的哲理内涵、趣味性和竞争性，可以培养聪明才智，愉悦身心，增进健康，深得人们的喜爱，它在普及性、大众化和社会影响力方面是其他一些文化、体育竞赛项目所不可比拟的。但是旧的传统棋牌文化背负太重的历史负担，存有许多悖理、缺陷，难以进入科学的层次。要在这一领域真正建立起棋牌文化宏伟殿堂，开创棋牌文化和竞技新局面，非有崭新的与现代科学文化水平一致的棋牌工具及其文化思维体系不可。因此，为能及时抓住历史机遇，仅以我从1987年开始研制完成并申报国家发明专利的新型传统象棋等十项发明成果为依据，以开发推广这些棋牌玩具为手段，带动相关具有棋牌文化休闲特色的集棋牌竞博、商贸、宾馆、写字楼功能于一体的北京棋牌城的建设，奠定并促成举办2001年世界棋牌奥运会的物质基础和社会条件，特提出实施该项行动的方案与思考报告，请予审定。

一、新兴棋牌的文化价值分析

传统文化中各种棋牌文化艺术形式的形成和演进已有成百、数千年的历史了。从中国古代南宋初定制的中国象棋、围棋，到19世纪中叶定制的麻将牌；从国外古印度四角棋，蒙古象棋，到15、16世纪在欧洲定制的国际象棋，吉卜赛文化演变的扑克牌，军棋等；不同时代，不同民族国家、区域地缘政治特点和社会制度下，就有一定与其经济、政治和文化发展相适应的不同棋牌艺术形式的发展。这些传统棋牌艺术在其发展过程中大都是从社会的局部或个别现象出发，虽然逐渐发现了与实际生活相适应的艺术类型及一定的表现手段，但往往进入到绝对观念领域就止步不前了。从自身素质说，看不清艺术与自然、社会本质的联系，从外部环境说，受君权政治的束缚和民族文化的羁绊，因而造出一个个连续的不能上升到科学本质的自我完善的绝对体系及在此基础上形成的同时也不能再回到现实世界中去的自我发展的绝对观念。其结果必然导致艺术与现实，着法、弈法、玩法与兵法、战法及辩证运动的规律相脱节，停留在形式范畴的演绎和习惯技巧的磨炼上，只注重意识逻辑而不顾现实存在，最终走入主观唯心主义思维的劣圈中。

新兴棋牌发明则是在批判地继承传统棋牌艺术精华的基础上，以现代科学文化技术的统一性标准和历史科学的高度重新阐述、创造出来的。这些发明项目是：89102630.4传统象棋，9110955.1军事象棋，92102866.0现代象棋，92102887.3过渡象棋，92102997.7大同象棋，90100426.x新型围棋，88109068.8朱雀牌，91103874.4五行棋，91103875.2五行扑克牌，92114483.0一种新型四人象棋系列。

以新型传统象棋为例，它的棋局采用9×11道线加对角线，棋子46枚。棋盘说明天圆地方，它把一个经纬各9道线的方正之局纵向分开各占5道线，中心留下一道虚隐的河道中心线。棋子寓意，在以小农经济不具备自我发展社会机制的条件下，总结出以五行物质属性，五业分工相对照的，五种取得封建社会政治地位暨封建军事战争主要作用的车、马、炮、士、象军事分工的职能。其中，车作为将帅或校尉与先进运输工具结合的功能，马作为将帅或校尉与自然畜力结合的功能，炮作为士卒与先进生产力器械和火力能源结合的功能，象子以军师、丞相职能驱使并决定的利用各种非正面战场因素——即某种政治的成熟度，文化心理因素，气象、地理特点，而在暗中调遣奇兵、伏兵或设定其他计谋可以间接达至的多元杀伤力、破坏力等等这些超常规辅弼战斗力和计战、胜战之象的内容。（这里，象做为士大夫阶级一员的军师、丞相本身虚隐着，而以其主观能动性对封建天命五德之象、社稷兴衰之象历史机宜和特殊战力的把握运筹为实指。故而通过象子表现的对战争机宜的把握有对称的两个位次，并且这种机宜也不是唯一的。失去象子，尚有其他各子及王、后正面拼杀之机宜，不一而足。）士则作为一般士大夫阶级、御林军发挥谋士与卫士的职能。兵作为最基本战争主体工具、资源，同时又必然是将校乃至主帅来源的职能。旗作为金鼓旗号令核心，击鼓兵进，鸣金兵退，旗倒军乱，旗倾军危，及行似步军传令和作战的职能。王作为一国之主和君权统治核心的权威意义，以及后作为后党势力、巾帼英豪驰骋疆场的象征意义。它的着法、弈法引申古代兵法、战法，从而把封建社会存亡的规律和斗争本质生动地展现出来，把中、西象棋两种不同民族、区域地缘政治文化的艺术形式融合提高为一种普遍的科学艺术形式。

对照这一思维技术方法在对社会发展不同阶段的其他社会形态、历史现象，天人合一的自然形态及人的历史文化思维形态等的抽象中，又概括地总结和创造出其他各种类别的文化艺术形式。它们大体完整地建构起宏观理论思维工具认识的基础和参照系。这些新型棋牌玩具——新技术新发明的问世正是适应了自然进化和时代变革的需求，体现出人的进取精神和自由自觉思维的本质，将成为经济文化新的增长点，文化、体育设施扩容的核心基础。这对于整个文化的重建和东西方文化的整合都具有积极的推动意义，对棋牌文化事业及棋牌体育竞技运动则是一次质的升华。

二、实施新兴棋牌的三步方案

——启动阶段：首先通过各种新闻媒介宣传各项新型棋牌的发明成果，召开理论研讨和论证会。同时组织各方面的棋牌专家、学者收集整理有关资料，协助发明者共同完成一部《新兴棋牌微妙》专著的撰写工作。做好技术转让，棋子形制、牌面图案设计，合作开发生产以及实际使用演示等方面的工作。

——推广普及：在现有各级各部门、单位棋牌协会的基础上，重组和完善新的象棋协会、围棋协会、雀牌协会、桥牌协会和五行棋协会。在有计划形成规模生产优势的前提下，可以试行以各级棋牌协会自组织的棋牌文具消费合作社的定购和自销工作。同时将这一组织、管理模式推向国外。全面推动新兴棋牌的宣讲、交流、文化娱乐、游戏软件开发和基层比赛的活动。

——最高目标：在前面两个阶段工作的基础上，或可以发明人所创办的穹辉文具经营部——穹辉名称成立的经济实体，承担开发建设北京棋牌城娱乐商贸中心的工作，及吁请中外大企业家捐建北京奥林匹克运动场，形成棋牌组织竞赛中心与主运动会会场的犄角之势。与此同时，组建相应的国际棋牌奥委会及属下各个单项的棋牌协会。为在2001年举办第一届世界棋牌奥运会做好准备。

三、推广新兴棋牌的自身优势

棋牌竞技与体育竞技看起来是完全不同的两种形式，但是我们为什么也可以称棋牌竞技为棋牌奥运？它与奥运本身有什么必然的联系呢？我们先来看体育的现实发展及它在科学中的定位。

体育作为人的体格、体魄、体能素质全面培训养育的活动，是人的自然性和社会性基础的必然展示。它在古希腊奥林匹克竞技运动中得到了充分古典式的塑造。奥林匹克成了体育运动的代名词。体育活动对于人的社会存在来说是人们生活的一部分，即人们必须首先拥有衣、食、住、行、用之类物质生活资料、工具及其一定使用和交往方式，才能反过来再推动科学和生产的再研究、再生产，以及从事精神文化生活的消费和交往，包括其集中反映的政治生活。人们把三分之一的时间用来睡眠，其他时间则花在衣、食、行、用和科研、生产方面。行是人类物质生活的基本传动方面。人们在自然状态下，可以在水中游，向空中跳，平地掷远击打，以及行走与奔跑，一句话——运动。人们在这一基本运动形式的框架内，通过联想或模拟各种物体、动物的运动形态，并结合自身所创造的各种体育用品及交通工具的载体作用，把体育的各分类分项运动表现得丰富多彩、淋漓尽致。当然一般行的内容涵盖了人们生产、生活交往的所有互动和联系方面，特别的情形下才涉及单纯体育锻炼的方面，以及作为一种最高体育运动水平展示的竞技方面，现代是以一种商业体育产业前提、经济目的和自身需要混合的方式表现出来。那么棋牌是什么呢？棋牌产业和棋牌奥林匹克从何而来呢？

棋牌属于人们精神文化生活领域、琴棋书画文化体系中棋那一块，一个可以将自然和人类社会形态以及历史文化思维形态囊括其中的艺术殿堂，一个可以描绘出简明科学世界图景的对照模型，一个理性和智力因素活动其中可以把世界发展规律和动力机制无限调动起来并永远推向前进的精神创造领域。进一步分析，行在生活体系五行木性中又属火，而棋在文化体系五行火性中又属水，二者本质相生，体用上又相克。在整个行的形式内，体育运动行为只是人类自身体能、体质活动从一般锻炼到最强竞赛相互促进的一个有机层面，还有更广涵自然性、机械性运动之补充与消耗以及负载性劳动之搬运与改变相互转化运动的其他层面。就是说，一方面承认体育作为一种文化现象、自然功能对社会其他领域的渗透和资助力无所不在，另一方面又指出它不等于是它本身生活体系行的形式的全部。但是棋牌文化、智体活动却是它自身形式的全部，由人的现实文化生活、理性思维又波及、辐射到宏观科学体系的林林总总、方方面面。现代社会有些人也许一生都不会、不需要去下棋打牌或绘画雕塑，但他不会不通过诗书文章、影视光盘或歌舞琴弦的形式来潜移默化地接受人生哲理和科学思想的启迪、熏陶。而这一切只有通过棋牌现实产物、工具体系的文化思维才能十分通俗、有趣、直接、完整、透彻、真实地表达出来。从这个意义上说，认识新兴棋牌就是认识了你自己，珍爱新兴棋牌其实也是对你自己和人生的一种珍爱。这样，阐明棋牌文化的科学和智力竞争因素，同时借用古希腊最高体育竞技文化的蕴义，棋牌奥林匹克竞技的名称也就自然而然地契合起来了。

既然体育的传统优势不在中国，而棋牌文化的渊源和优势却在中国！历史又恰逢世纪之交和21世纪太平洋科技、文化新时代的召唤，我们何不奋力一争，抓住机遇?!于是，在中国北京兴建一座可以带动并辐射世界棋牌体育文化市场，具有中国文化特色同时又是世界性体育文化、商贸休闲建筑和经营实体代表作的棋牌城，就是必不可少、毫无疑义和定能成功的！

四、北京棋牌城的筹建和运营

北京棋牌城选址在崇文区体育馆路一线毗邻天坛东路西南角一带，是一座独具棋牌文化特色的集棋牌文化休闲智力、购物、餐饮、健身、宾馆及写字楼诸功能于一体的超大型高层商住建筑及其配套的建筑群。它是未来国际棋牌奥委会总部的办公地点。

北京棋牌城的建设资金来源，可通过以下几种方式获得：1. 销售棋牌产品的利润和专利技术转让费。2. 向各国棋牌界及企业界人士，单位和机构募集入股资金。3. 向世界各国和国际金融机构申请贷款。

北京棋牌城的功能设置和运营：进入棋牌城的消费者可自愿购买入门彩票。进入各类各项棋牌对局室可以在交纳一定对局费（或称赞助费）后，点擂竞博、与电脑程序对博或自愿结对竞博。胜者可获两倍的返还赞助金（扣除税收和管理费）。

棋牌城实行公平开放，合理合法，合乎社会主义精神文明，合乎社会公德，合乎社会、家庭责任的目标运营、管理方式。拒绝单纯赌博和纯粹博彩现象。棋牌竞博寓教于乐、寓智于博，是一项文明高雅，德、智、体并重，游艺竞博的新兴事业，使人们在欢欣娱乐中获得智慧启迪，也获得合理收益。

棋牌城面向世界，其经营额每年可达数亿美元，利税上亿美元。棋牌用品自身的效益也十分可观。仅以对扑克牌更新换代的五行扑克牌为例，国内年生产消费量2亿付，8千万付出口，全世界的生产消费量数亿美元，年利税可达上亿美元。

在棋牌城的企业所有制关系方面，我作为发明人和技术所有人郑重宣布：对所有参加了各类各项棋牌协会，具备会员资格，并直接通过棋牌消费合作社或通过其他渠道证明购买了已申请商标注册“穹辉”品牌棋牌玩具的会员消费者，20年后，将把由本人控股公司股份的绝大部分，通过各地各级棋牌协会的管理，每人每项一份无偿地返还赠给会员做公共财产均益股享用。之所以不是全部，是考虑了其后自然增加的会员资格以及某些特殊的费用支出。同时，每个会员享有的棋牌公共财产均益股也都不能继承和转让。

五、新兴棋牌奥运的目标运筹

21世纪是人类文明与文化发展的新纪元。我们拿什么来迎接新世纪的到来？假如不仅仅用鲜花和歌舞，也不是用单纯的纪念物品或纪念活动，我们拿什么来迎接新世纪的到来呢？

人类已经走过了漫长的旅程。人类社会的物质基础已经非常雄厚。人们所使用的生产工具、生活用品及信息传媒工具已经如此便捷。人类在科学的交流上除了语言障碍外，也已经变得十分容易了，体育交流更不待说。但是文化呢？东西方文化的冲突不仅表现在意识形态领域，政治、法律、宗教信仰的差异上，也表现在思维方式、思维文化工具和基本参照系的差异上。这并不是说统一性的科学标准不存在，或它们会对某些特殊性有什么特别的例外。这些标准和模式即存在于先进社会生产力基础之上先进科学、文化、思维方式和观念的统一性体系中，这些最简明科学思维成果及文化艺术形式就表现于新兴棋牌工具及其思维体系中。

我们已经有了进行文化变革的最新武器，社会政治、文化环境也已日臻宽松和充满生机。我们已经筹划了新兴棋牌文化的发展战略，棋牌城的筹建和运营，我们离棋牌奥运的最高目标只有一步之遥了。

我们谈论21世纪，21世纪究竟从哪一年开始？我们知道零是一个正整数，同时孤立地谈论一个零又是毫无意义的。任何一个零都是它前一位正整数的终结和下一位正整数的预备开始。公元纪年没有零年。任何一年都是365天分分秒秒过程的开始与终结。而第20个百年世纪的终结也正在于2000年最后一秒的逝去，新世纪的凌晨同样只会从2000年最后一秒逝去之后才会来临。所以说，1996亚特兰大奥运并不是20世纪最后一次奥运，20世纪最后一次奥运是2000年悉尼奥运。

当20世纪人类最后一次奥运盛会的帷幕悄然落下，21世纪的第一年我们做什么？让我们以人类文化和体育交往方式本身自衍与合璧的棋牌奥运作为献给新世纪的礼物。

当我们开幕式和闭幕式上的文艺表演同样具有奥运的真情和感染力，当我们棋牌竞技比赛从另一侧面展现出人类更高更强更美思维之花和智慧之果，以及无限体魄、耐力、洞察力的风采，当我们从观众中选取的以东道国队和世界联合队对垒的采用象棋盘复现最佳棋局的弈斗，同时也同步实施由弈局变化制约的传球攻防，扮演棋子者在所占点位一线上随时可以传带劲射破门之时，体育与文化的双重竞赛现实性地融合并升华为一个新的境界之时，我们还有什么构想不能实现，还有什么目的不能达到吗？我们还有什么理由怀疑我们正在从事的推动新兴棋牌发展的伟业有什么单纯美好词汇或乌托邦空想的性质吗？

1999年，新华社太原电讯两次报道了“山西一工人发明新型象棋”消息，《工人日报》、《深星时报》、中国国际广播电台、《山西青年报》等媒体都予以了转载、转播。深圳工人文化宫三棋教练方平来信，讲述了他教授中国象棋过程中的一些困惑，表示愿意与我合作。这时中国象棋协会也紧锣密鼓地要将中国象棋改称为象棋，筹建世界象棋联合会来与国际象棋联合会分庭抗礼。又出资征集会旗标志，最后定下镶嵌篆体“象”字棋子的图案。我去信劝阻：中国象棋就是地地道道中国传统文化和政治理念的产物，之所以成为世界文化百花园中的一枝，只是说你的某些本质因素和文化形式具有一定特殊性意义，而不是说你具有了世界整体的和文化普遍性的意义。较国际象棋有些偏狭的、存有个别悖理现象的小整体的世界形式还有一定质的差别。象棋文化在中国一直难登科学大雅之堂，已经够丢人的了，还要再回到一千多年前去以古人和古代思维为荣吗？

1996年成立穹辉文具经营部，1998年申请了四项产品和服务商标。“穹辉”商标图案是字母QH图形的叠印，好像是以一个平置的工字分断了一个球形，球形的下端有一条状灵动的弯钩，像一个鲜活生命的跃动。使人很自然就想到一联：“绚烂中太阳也会破碎，沉寂后尘灰亦能升华。”

我的商标图案与“快乐大本营”的图案叠印在同一张商标公告纸页的两面。那次进京的火车上，我患了一次严重的胃痛。我从小秉承了父母和祖上世代农民勤俭持家的品德又赶不上时代变化，总想着省钱，临检票了要上卫生间，见门前坐着有工作人员就出去方便，返回时错过了南同蒲进太原的车。待上了折返的车已是拥挤不堪。上车后挎包放在行李架上，人挤在车厢这头梳妆镜边，身后是提着大包小包来来往往的人流，身下塞着东西还坐着人，我只能脚尖点地斜撑着，人几乎是半悬空了。上车前又因感冒干服了几片甘草片，不一会儿胃很快拧得疼起来，车越前行胃越冒干火越拧得疼，人时时被干热和挤压的人流煎熬着。我既没带水杯子，也不知该怎么办好了，就那样硬挺着，神志也快麻木了。这时身后不断在眼前晃动的两位河北农村妇女，一位站在外面些，一位紧邻我站在背后盥洗池隔间，当我四顾茫然挣扎的目光与她相遇时，她突然开口问：“你难受了？喝点水吧。”她似乎观察我一阵了，随手取出一个普通玻璃罐头瓶子，我忙不迭地回应“好”。人流堵得死死的根本走不动，她几经倒手帮我接了一瓶开水。这一瓶救命的水啊！这两位就是那种典型河北农村妇女的装束，花布上衣，方帕头巾，每人背着一个像裹着棉花似的大布包，是棉花没有卖完还是什么？常言说：莫道前路多艰险，人生何处不春风。这春风，这甘雨，却是以这样朴实、友爱、真诚的心滋润了我，救助了我，让我一直感动到今天。这里再次衷心地道一声：“谢谢你们二位亲爱的姐妹啊！”

1999年五项发明陆续授予专利权。要生产棋子了，爸爸说：“再帮他一次吧。”上阵父子兵，令人感慨良多。除营业执照、企业代码搭全年报纸，地、国税登记，银行开户，月固定税140元，工商年检还要600元，近3000元。棋子是委托生产，棋盘光制版了三次就3000元，棋盒先办理了商标准印许可再找纸盒厂糊制出来，共花费10000多元。2000年8月19日举行了新型象棋推广的首发仪式。会场上挂出红纸标语："欢迎各位棋友光临，支持象棋改革事业。"有十多人到场，借用"中国专利技术推广网络公司"宣传册内页，我写了纪念志，大家签了名。我开始背着自制的挂盘到处讲棋，跑了榆次的十多所大学、中学和小学。唯一在太行小学讲一节课售出28副棋，主要靠辅导老师的帮助。一开始我还幼稚地想，就这么一个一个学校的跑下来，就可以组织比赛了。然而跑了一段以后发现，每次安排讲课时间很难，自己讲的也不好，同学们中也会有两种不同意见对立。再则，新棋对于同学们来说，既不能考级，又不能打比赛拿名次、为升学加分，这样跑下去太难了，只好先停下来。这期间1999年，我因治牙导致脑神经和视力又受到一次严重伤害。因右上颌部天生有阻生牙缺失一颗牙，我在某个人承包的牙科诊所做了一个所谓的固定式镶牙。说能用三年，不能取下来。然而仅一年多，因疼痛不已在市医院取下来，发现整个包裹处已把五、六颗牙的内齿面多沤成了空洞，医生对其中一个主要坏死的门牙做了根管治疗。我咽不下这口气，去找个体牙医讲理。其二话不说让我买来一支麻醉药，注射进牙根部。又用最粗的针头沿牙根扇面，下死劲扎入，随即把牙胶尖和氧化钠之类药物顺针管填充至牙龈内。我整个鼻腔面颌处肿成个馍头。之后找他多次，我没时间等，他没空治疗，就任由牙根底肿起两个白囊的脓包，自消又复肿。最后任凭药物和脓血渗入大脑血脉。突然有一天玻璃体浑浊眼花了。那之后，脑壳像箍了一层铁丝网，又疼又晕昏沉不已，早晨睁眼复如没睡，导致满头皮周期性肿疖子溃脓疮，不能梳头触碰，乃至影响到右耳廓内长期流血结脓晶，直至今天。

父亲突然意外辞世，伤痛难平

2000年工厂停产，职工全员下岗。为女儿上学照顾生活，我离晋赴鲁，是绝对绝对的错误，造成弥天后悔。我16岁参军，父亲和全家都以我参军为荣。到了部队，先在警卫排，后来去了测量排，发现身边尽是能人、聪明人，而自己总是表现平平。退伍后当工人，我又陷入另一种新的困惑，也常常为自己不够一名合格的工人而自惭自责。后来好不容易找到发明一个出口，却又重新陷入到无尽的困难和问题中。我与父亲交流极少，尤其在思想文化方面。我多想让父亲知道我在研究什么，取得哪些突破性的进展啊！父亲是个老棋迷，有时提起中国象棋的话题，他会说：“噢，那是再不能好的了。”我也不会直接反驳。我曾把刊有“传统象棋新变革”一文的杂志送给爸一本，他欣然收下。之后，说到我的目标是取代中国象棋时，爸面带微笑赞许地说：“那可不得了！”别人则当玩笑说：“那还了得？”相比之下，足见父亲对我总有希望鼓励在心中。但父亲可能并未仔细看其中的弈法规则，未能理解变革的实质意义。一次，老家的叔伯哥哥来榆次，我摆开棋给他讲。讲了一会儿各种弈法和开局，他说听不懂。也许对有些中老年人来说，你越是反复讲基本走法的细节，他可能就越不能看出全局变化的关系，看不出该怎么下，只好收棋。这时爸提起一只马问：“这只马怎么一下就跳到河沿上了？”这时我还在给哥哥讲其他一些道理，没有顾及直接回答爸的提问。也因为听了哥哥说这个棋太复杂，他马上知难而退，爸也跟着离开，使我没有抓住机会跟爸仔细解释一下马行棋可以连跳两步这个简单的规则，致我失去了一次父子间难得的心灵沟通的机会。每每想到这一点内心真有万分的自责与后悔，我不经意中这一点小小的疏忽竟成了永生的遗憾。

父亲是在2002年5月的一天，因晨练时倒着走不慎跌入路边未加盖的下水道，摔伤了。医生检查认为没有问题，就在家卧床休养。谁想到了7月8号妈妈突然打来电话，哭着告：“你爸爸的血小板突然减少了，你赶紧回来吧！”等我回到家一切都晚了，我竟没有见到父亲最后一面。父亲弥留之际长叹：“唉，孩子不听话。”侄儿问：“爷爷你说谁呢？”爸说：“你二叔呗！”哎呀，事后听到这话，我泪如泉涌，心酸不止。我了解到爸曾问过算卦的，说他当年5月有灾，应外出避一时。爸想在“五一”小长假时搭一家公司的送货车去山东看我，但家人忽略了他的愿望，没人协助安排他出行。爸爸曾抱怨说：“我就没在光光家吃过一顿饭，就算是一顿和则饭呢。”这就是我这个不孝儿子的表现。现在人们常说，“父母在应早尽孝，莫待子欲养而亲不待”，以前我确实是不懂这些道德伦理关系，也不了解父亲的内心感受，以至如今空留愧疚和绵绵思念在心里。

我在山东的漂泊，既有几分悲怆，几多艰辛不易，也有一些快乐慰藉。山东的棋文化市场和棋界人士的文化洞察力比山西要高一个层次。在天桥西侧和长途汽车站对角的街边都有大片的棋摊市场，怎么收费还真没细问，大约和台球相似。在天桥旁听了我讲棋，一位退休老师说："对啊，改革开放了，国王也能出宫，出国旅游了。"在英雄山广场我摆开棋，很快围上一群人，下了一盘我输了。已是11点我还饥肠辘辘，56中的杨波买了一副棋。在济南市公安局幼儿园讲棋引发了幼儿们的兴趣，他们的理解是："把中国象棋和国际象棋掺和到一块了。"前来的两名经五路小学的同学争相买棋。在山东大学、山大西校区、山东师大、师大东校区讲了四次，赠送了48副棋。在山大讲一次棋，竟有30多名中象协会的同学参加。在山大西校区讲棋，省棋牌管理中心主任和另一位国家级教练也参加了。这位教练看到我发的新棋交流广告，曾上门来访，我也到他的国象培训班回访过。然而在与他的三次长时间的交流中，无论我怎样反反复复地讲各种基本走法、战术，他就是看不懂，不会下，只是瞠目结舌欲言又止地摇头干着急，既不提问，也不质疑。也许是他想一下子就悟通整个全局的变化规律而把每个个别细节的变化看得太复杂，无从下手了。原省中象总教练朱锡实对新棋给予积极评价。市中象协会秘书长也上门交流。山东科技频道给做了八分钟的发明推广节目。最令人感到欣喜的是结识了轻骑厂下岗工人小梁，他的棋力有些业余三段下不过他。听我讲新围棋，他不仅能听得进去，还愿意带回去研究，帮我复印了一些空白棋图。我想等他弈完整理好一些棋谱棋图，按千字付给稿酬。但后来由于我不能满足他先付普通工资的愿望，只得作罢。

这一期间我每月只有200多元下岗生活费，经济压力和病痛接踵而来。为交一项发明的第14年年费及滞纳金7000多元，要从几处多方筹集，包括父亲仅留的3000元分别汇往同一专利号。另一项明知凑不足费用了还不管不顾地把仅剩的700元先邮寄出去，像白痴扔钱一样。以至自己的生活，一次由于吃了蚂蚁爬满过又未热透的蜂蜜，肝区向下肿起两条硬邦邦的筋，躺不下，躺下坐起来更难，又恰逢一人在家无钱看病，十多天不能吃饭。楼下老军嫂问："你每天就不吃饭？"还有因治牙引起的牙痛、头痛的折磨，牙根部每次都能捋出很臭的脓液，去齐鲁医院挂专家号，专家说，"你头疼就管头疼的事"，没法医治。接着给家乡医政部门写了医疗事故鉴定申请书。这时我的40万字《新兴棋牌微妙》书稿已经脱稿了，这是曾由北京某出版社建议开始撰写的，急需进京再联系一下。出于这些考虑，2002 年我只能离鲁赴京了。此一生没有哪次出行比此次更带有几分苍凉，几分悲壮，几分惆怅，几分无奈。我要抛下对女儿的呵护，放下对各种安全隐患的担忧，舍下我走到哪都舍不下的记载、汇集了我的思想的文稿、专利文件的纸片、资料。我背着书稿、衣物，挎着高 1.85 米横三折的挂盘，提着小包去等公交，直到根本不来车快误点了才打的上了火车。

北京几进几出，书稿先回山西交人民出版社审阅。在京，编辑电话回答说："作为游戏还是不错，还是可以的。只是前面的部分（文化学）太庞杂了。"由于"非典"返回榆次，山西的媒体真诚支持了我。榆次报、晋中晚报都以整版介绍了我发明的故事，山西晚报、生活晨报也做了报道。关于书稿，我很清楚写得粗糙、浅薄。棋理棋法只是梳理了一个大概，远不够完整透彻。尤其是文化学的提炼方面，一个纯粹外行半科盲的人，知识、资料匮乏，要概括几千年中外棋牌文化，重建一门科学，每一个概念都是现抓，都要通过短路的思维和大脑屏幕的搜索、想象，拼接出一个一个抽象的意境、画面，再推理演绎出科技的本质内涵。这似乎也就是我仅有的一点直观形象思维的优渥之处吧，并且也只能是以此一点点冥思苦想的勤来补偿思想文化贫乏之拙了，以使聊有所得，让自己看着可以不太恶心的原因所在吧！再在居住的院子里教棋，孩子们的素质和兴趣都不高，经过的人会说："人家有象棋了嘛，你叫个牛棋、马棋么？"有人介绍灵石县某亿万富豪任象棋协会会长，说对新象棋感兴趣，我乘火车数百里赶去。街边大房子里，我自己倒了两杯白开水，声嘶力竭地讲，其端坐似听非听爱搭不理的，边接洽他的生意。片刻线人赶紧领我出来，说"文化层次不行"，没有说是我讲得不对还是他们没有兴趣，开车穿过黄尘滚滚的土路把我送回坑洼地的火车站了事。我当时所处困境可想而知，无奈只有再度进京。

挥师北上，坚韧不拔磨砺中

再入北京，囊中羞涩又不挣一分钱，踯躅街头常常为下一顿饭吃什么犯愁。开始几天光吃馒头，至晚胃火灼难忍，坐卧不宁时，也就是去门口小饭店吃碗 1.5 元的馄饨压压火了事。有时买些包子也不知在哪儿吃才好。我一味寻找讲棋的机会，几乎跑遍了中关村附近的大、中、小学。多数学校都是体育老师或课余活动老师就挡了道，或者是拖了又拖，或者你背着大挂盘从中关村跑到永定门外连人也找不到。有些校长们则要看你的背景、渠道，得推且推。唯有北师大实验小学，首先保安小伙子就像邻家孩子一样热情、周到，直接告诉校长电话。副校长拖延了两次，打通硕士校长电话后，那头立即急火火地催副校长，当下就把一个因什么原因不适宜室外活动的班级安排来听我讲棋，老师也在下面发问，第二天还卖了棋。还有中关村中学的主管老师一次竟组织了数百名同学在大会场听我讲棋，过道上还有摄像的，好似礼遇有加！不过，我总是讲不好，时间有限，理论也杂乱，弈法规则也说不清、道不明的，却仍有同学当场要买棋。在水清木华园小区，有家长说，“你教棋应该收点费嘛”；有跟我学过棋的女孩殷同学清早洗漱时为我摘去挂在脸上的鼻涕痂；有一个小学生拿着他买的一副棋由爷爷陪着到地下室找我学棋，活脱脱一个小时候老实巴交的有心计的我。由于错误信息的沟通，我的千余副棋子由济南而北京又运到了地下室塞满床底，造成巨大负担。

后来住进了清华西北门附近的民工工棚。清华的老旧平房区、住宅楼接纳了不少自学、北漂的人。捡一个饮料瓶一角五，易拉罐一角八，晚自习后再绕一圈拾些废品，生活稳定下来。大学社团的活动，或是奔公益的，社会焦点、热点话题的，传统文化的，专业项目拓展的，大家都图个实惠，起码在会长一层没有找到一个愿意与你探讨文化变革话题的人。在清华中象协会办过一次正式的讲座，印发传单，登录大型电子显示屏，赠送棋具，但几乎冷了场，只有与部分感兴趣的同学交流迎合者众。在北大分别与李同学、严同学下过棋，前围观赞许者七、八人，后超过他们的计划时间下棋成为负担，旁边还有一位爱围棋做保险的人士数小时陪着，让我颇感进退取舍两难。在某专业棋界人士那里谈我的发明，讲到开局当头炮后仙人指路可以一步直进两格建根的同时邀杀敌兵开通车路，他一看兵占据了中线立刻说：“你这样兵不能正面对称了么！”我说：“你可以两翼对称嘛！”其：“不行，歇菜！”我说：“我研究新棋十六年了。”他说：“我研究二十多年了。”双方一比小巫见大巫，我只好起身走人。清华新水教室四楼每周末晚有六、七个棋牌社团同时活动，场面壮观，全国首屈一指，其中认识了一位工程物理系的硕士生。我上门教他下棋，棋子翻过来是另一种棋，一个多小时教会并各下了一盘传统、军事象棋，他均获胜并送他棋。可再找上门，正打游戏的他问："你怎么来了？"约他在楼下石桌上和小同学下棋成泡影。在北大三角地，一位考研系统论的曹同学，只是看了几眼我在长椅上摆棋自弈并攀谈了几句，突然就说："中午我请你吃面。"盛情难却，路过面馆时我知道那要6～8元，还是坚持领她去五食堂买了3元多的经济餐。我联系过多校的马克思主义协会，想谈一谈我的五项象棋的工具思维对于马克思主义的创新。他们或答："我们只读原著，不搞创新。"或答："我们也只学了点皮毛。"在一次马克思主义协会的招新现场，我对比传统象棋说："封建社会小生产的因素都异化为战争工具，不管是子嗣争夺，部将造反，还是外族侵略或农民起义，都不过是为争夺一个王权，以擒王改朝换代，重新陷入封建的劣圈。"一博士生抓其一点马上唠叨我："怎么是农民起义阻碍了社会发展？"我说："除了均田制的主张，它的统治形式还是王权嘛。你学的那点东西比我的五项象棋发明差远啦。"一次摆棋，路过的泰维投资顾问公司杨经理看见了，介绍我去一家贸易公司谈投资合作事宜。我与公司老板下了一盘精彩的全局并记录下棋谱。他们付给100元辛苦费，平生第一次讲棋受人尊重有了回报。还是在三角地偶遇山西潞安矿业公司王昱应，他研究的物质世界核素分类理论，其常数46，分解形式：1，2，4，8，16，8，4，2，1，能解释稳定核素区分布有44，45，46列的基本事实。常数46还能说明与人类细胞核中有46个染色体一致。同时与我所研究的围棋盘1～9层九宫的交错排列：1，8，27，64，125，216，343，512和729，共计有2025个九级动态集合的九宫时空域系统，为45^2，由此还可以拓展为44^2，45^2，46^2，界定为系统下界，中界，上界的数列方种的时空域范围，彼此如出一辙，并与五种象棋的棋子数均为46枚完全一致。这是一种天作之合，从不同原点出发的人，由于他们科学形式的相似性的最优化推动，他们在社会交往的偶然点上必然地交汇了。

经人传话，有一围棋协会会长的北大教授质疑说："围棋怎么还能发明？"我好不容易找到他们所在的茶楼活动场所，一谈又是无语收棋。但他爽快为我买单20元的强制茶水钱，解我一时窘迫。一位围棋协会会长的同学听我说要取代围棋，马上坚定地告诫：

“你想取代围棋，现在别想，将来别想，永远也别想！”在爱国者国际象棋俱乐部我绷紧神经地讲了十几分钟棋，一位女文员说：“你是我见过的最热爱象棋的人了。”他们为公司特有的一种“爱国者象棋”想申请专利向我咨询。“爱国者象棋”是把国际象棋下二路的两枚兵换成了两只中国象棋的炮。我建议这并没有什么创新之处，完全不必申请。他们为推广公司品牌产品在北大举办了“爱国者象棋”文化节。学生们在下面议论说：“国际象棋本来是一个开放的系统，这样一来变成封闭的了。”模仿他们的做法，我也研究、筹划了“首届北京大学、清华大学新兴象棋围棋文化节”文案，阐述了新兴棋牌文化的科学与现实意义：

棋艺新变革，千年等一回

世界上有没有一种学问叫作智慧学或谋略学？当然，泛泛地来讲是有的。前人在某一领域、某一方面了解了它的系统知识，掌握了它的发展规律，就会成为这一领域、这一方面的行家里手，就会成为聪明智慧的人。例如周公、老子、孔子、孙子、诸葛亮，后人将他们的经验和个例总结出来就成为一般宽泛的智慧学。然而，要使每一个人都成为聪明智慧的人，有没有一门在本质上就可以成为一般广泛意义上的智慧学范本的科学？有没有一门直接反映着自然和社会运动本体形态和普遍运动规律的科学？有没有一门可以使人清晰理解、轻松应用的一元化文化模式和思维工具的科学？有，当然是有的。这就是棋牌文化学——博弈本体模型，博弈科学学，智慧学，谋略学。

象棋、围棋在中国有着古老的文化渊源。从传说中的尧造围棋到魏晋时定制的传统围棋；从春秋战国时的六博棋、塞戏，北周时的一种象戏，唐代的宝应象棋，北宋的大小象戏，到南宋初定制的中国象棋，在其演进的历史过程中，凡三五百年必有一次大的变革，而这两种传统艺术从古代定制到现在已昏睡八九百年及一千多年一成不变了。国际象棋则定制于15—16世纪的欧洲。伟大导师列宁称它为“智慧的体操”，大诗人歌德赞美它是“人类智慧的试金石”。他们是肯定了它作为艺术形式所具有的独特功能和可以进行逻辑思维与智慧训练的价值意义的。然而，以今天科学的精确眼光来看，国际象棋及其他传统棋类艺术究竟是已经达到了某种科学认识的高度，还是仅仅停留在朴素辩证法和形而上学的范畴？是已臻于艺术上的完美，还是尚留有许多缺陷与弊端？它们是否需要随着时代、生产和思维方式的进步，也有所进步和提高呢？

棋牌文化作为一门科学，是对自然、社会运动普遍形式的概括和对人文思维体系高度抽象的概括。它的科学体系是指狭义的文化艺术、文化交往活动领域——琴、棋、书、画、思体系中棋文化体系所概括的一类形式，它对应着几千年棋牌玩具物质文明变革和演进的历史，这一历史过程中每个个别以其一定品格和智力因素进行思维生产和文化生活的人们，在此基础上上升为文化一般的政治理念、文化心态及智力思维的水平，以及最终所形成的客体科学世界各种弈法规则，棋理棋谱及其他各种精神材料的总汇。它不仅奠定了智力游戏的基本形式，也具有科学分类和文化认知的基本意义。以象棋为例，因为它的艺术形式——棋盘时空局道和棋子分工要素的抽象，概括了一定自然、社会的本质和发展模式，因此，不仅对于封建时代及其历史进程中会有各种与其一定经济、政治和文化发展相适应的传统象棋艺术的变革与发展，而且随着社会的进步，不同时代、不同社会生产与思维水平下对于不同社会本质的概括，还会有新的象棋艺术形式的变革与发展。这也是为什么新型传统象棋之后，还会有新型军事象棋、现代象棋、过渡象棋、大同象棋及四人象棋系列发明出现的原因。

象棋的确是集科学、文化、艺术、经济和生活方式于一体的文化和智力体育的项目。它教会人们在一个对等的平台上，宏观整体地把握社会，解析人生，它对应于各种社会经济的、政治的、军事的、法律的和人文的科学形态，本质上就是图解和诠释这些体系的一元化文化思维的模型，是与自然、社会本质同融并进的现实性、科学必然性思维工具体系和武器批判的生命之树。因此，它有助于开发普遍性思维的智力因素，培养逻辑思维和想象能力，加强分析能力、决策力和记忆力，提高思维的科学性、敏捷性和缜密性，培养全局观点和竞争意识，加强运筹的计划性、灵活性、目的性和实战性，还能丰富人们的文化生活，增强交往，增进友谊，陶冶情操，培养和塑造坚韧不拔、百折不挠的意志、信心、勇气和品格，因此受到革命导师、历史伟人的推崇和喜爱。拿破仑对它爱不释手，马克思为它废寝忘食，陈毅元帅在大战前与隐居道士华山论剑等等。

棋牌文化通俗地讲，也是博弈文化。博是较力，弈是用心；博思尚武，弈义崇文；博是指象棋，弈是指围棋；牌则是人文思维科学的一个基本体系，它的竞争形式也必然是客观规律性再提炼、再综合地二度博弈。棋牌文化还担负着一项特殊的历史使命，是要把深奥的自然和社会科学的道理以艺术和思维工具的方式加以简洁明晰化，再返回到生活世界，把哲学变为群众手中锐利的文化和思想武器。进而利用棋牌文化和博弈本体模型，还可以推广到各种经营管理、利益平衡、用人和制胜之道的领域，从而对社会的发展起到一种范式的作用。所以说，认识新兴棋牌就是认识了你自己，珍爱新兴棋牌其实也是对你自己和人生的一种珍爱。

棋牌文化如此博大精深。几千年来，有多少人为它付出了心血和挚爱，为其注入了生机与活力。进入改革开放新时期，各种民族文化、区域地缘政治文化，包括棋艺文化也都在蓬勃发展，争奇斗艳。在这些时代与文化发展的大背景上，在中西文化相互对视和碰撞中，我们现代人应该以怎样的眼光看待传统与现代文明、文化的是非得失？应该做出怎样的选择与回答？我们难道仅仅是为了适应某一民族或地缘政治文化特色的理念、心态和艺术标准而去推广各自的文化，或者仅仅出于借助某种文化的市场效应和企业文化的需要而去推广某种文化？还是说我们应该更上层楼，站在科学和人类发展的共同利益和共同标准的高度，站在现代生产与思维技术决定的现代文化交往方式、现代文明智力游戏变革的高度去发展和变革棋牌文化？

今天，在这个世界经济、文化蓬勃发展，大融合大创新的时代，在中国思想文化、教育界百花齐放、百家争鸣的大环境下，由发明人张群辉带着他的五项棋类发明来到北京大学、清华大学做推广交流活动，并在某某企业的赞助下，在两校团委的支持下，由两校正在筹建的新棋艺协会承办本次棋艺文化节。这是新兴棋艺文化走入社会，走向大学校园，接受社会检验的重要一步，不仅给当代中国青年提出了一个由谁来承担这一思想文化战线千年大变革历史责任的问题，也为传统中国文化思维、中华文明文化成果走向世界提供了绝好的契机。

这时我接触到了西方博弈论的理论。所谓“理性行动者相互作用的形式理论”就是把一种在自然和社会体系中相互竞争的形式抽象出来，至于这些体系具体是什么他们则并不清楚。我从传统文化和棋牌发明的实践经验来看，博弈论的文化和科学本体正是各种棋牌艺术和工具思维形式本身。不管博弈论体系代入怎样的个别的、特殊的因素、数据，采用怎样"攻击、不攻击"的数学方法去研究一些发展规律，它总归是要回到棋牌艺术的实际模型上来才能找到它的必然性依据。还有"那什均衡"，称决策双方给定的策略都是最好的策略，可这明明只是双方摆开棋局还没下棋呢，或者双方的策略都还停留在头脑中纸面上的决策阶段，并未付诸实施，怎么就知道孰优孰劣了呢？为此我写了《棋牌文化学·博弈本体模型和博弈不均衡理论的概述》一文：

棋牌文化是文化科学的一种。它的科学体系是指狭义的文化艺术、文化交往形式领域——琴、棋、书、画、思体系中"棋"文化体系所概括的一类形式，它对应着几千年棋牌玩具及思维教示工具演进的历史，它有着自身独特的文化的发生机制、社会效应和竞争机理。

象棋、围棋及各种牌戏作为游艺棋、牌类和智力游戏的基本形式，也具有科学和文化认知的基本意义。除了棋牌自身表达的自然和社会运动的普遍形式外，还有以各种球类运动表现的人的自然性身体技巧和能力对抗的游戏形式，以电子技术、技巧和动画表现的反映各种战斗和生活场面、戏趣情节的电脑游戏，以及在科学领域模拟各种经济的、政治的、法律的平等条件和秩序所构建的各种博弈模型。它们无论怎样千差万别，除了纯体育的游戏外，都不过是企图借助和模仿博弈游戏来重建和复述一种合理、有趣、益智的竞争形式，传达和表现一种平等竞争的愿望，以及使整个社会交往都纳入一种科学有序的"范式"中来。

各种棋牌作为博弈的本体模型和人文思维模型，它们的棋盘、棋子及牌张系统具有实验科学的意义。例如，围棋盘是以表现我们直观地球一面经纬各 180° 的球面体弧线为基准，按照纬线的平行方向，将过两个极点的各条经线放开做一圆柱形的投影，从而得到一个 19×19 道线共 361 个点的平面坐标系统。同时，由于在每一层次坐标点数量不变的系统中，斜线作为网络系统中与直角三角形相对的一条边的存在是必然的和有一定规则的，换个角度就是说在四隅方向也存在这种 19×19 道线方格系统的界定，只不过这一系统是斜向而置的，并且比前一正方向系统要大一倍，但由于这一斜方格系统是与前一正方格系统相互重叠着，并且是以正方格的系统为准，因而新型围棋盘系统是在19×19道线正方格系统的基础上，再加上四隅方向从19×19道线中减去四个对角点所占的各两道边线等于17×17道斜线组合而成。这一系统的外周有72个点，同时也有38道直线加34道斜线，共计72道直、斜线的基本体势。象棋盘则是在新型围棋盘的基础之上，截取其对隅方向纵9路的区域，其横向恰好为11路的这样一个矩形系统而成。它把围棋盘的斜方格线变为直线，把围棋的正方格线变为斜线。它由9×11道线组成，过每一个点都有任意斜线的交叉，形成99个直斜线交叉的强点和80个斜线交叉的弱点，共计179个点。棋盘采用全方的或统一的坐标编码。从而，不同棋盘提供了各个种类的可以演绎各种自然和社会运动的最大化也是最基本比例的时空地理范畴的坐标系统。

各种棋牌的棋子和牌面内容同样具有对不同自然、社会形态，不同事物本质的概括作用，以及对不同人文思维系统的概括作用。不同种类象棋的棋子反映着不同种类社会形态的本质。按照马克思主义科学体系，人类社会的发展包括三大形态（三种经济的天人关系），五种基本社会形态和历史现象的演进过程。第一大形态是“人的依赖关系”形态（自然经济阶段）。第二大形态是“以物的依赖性为基础的人的独立性”形态（商品经济阶段），是传统向现代社会的转折。之后，“在这种形态下，才形成普遍的社会物质变换、全面的关系、多方面的需求以及全面的能力体系；建立在个人全面发展和他们共同的社会生产能力成为他们的社会财富这一基础上的自由个性，是第三个阶段。”（《马克思恩格斯全集》第46卷（上），第104页。）

从社会形态来说，传统封建社会，从传统向现代社会过渡的现代军事战争形态，现代资本主义社会、社会主义社会和共产主义社会，可以看作是人类社会发展的五种基本社会形态和历史现象。在这一过程中，所有传统社会的本质都不过是围绕一个个大首领、奴隶主或国王为中心而建立起一种以人们对族权、宗法权和君权为依赖的国家关系：主体的小生产者的民众在社会中，其本质对象转化为一种异已的力量，转化为统治者的政治和战争工具，转化为士大夫阶级，手工业技术的战车，自然畜力的骑兵，更先进生产力的火炮和士兵等等的职能而同其自身相对立，并受其奴役、支配和相互残杀。

几千年原始的、封建制社会的本质不过是这样一个传统象棋的横断面。现代军事战争的分工，是在传统战争的基础上，发明了火器时代的先进武器，增加了飞机这种争夺制空权武器的立体战争的功能，并把判定战争胜败的最高目标从国王转变为表示一军法统象征的军旗上来。现代社会的本质，是建立在商品异化的各种不同分工的生产力要素，与主体劳动者相脱离的客体生产资料的私有化及国有化的生产关系的基础上而展开的争夺私有的及国际资本控制权的经济战争。社会主义社会则是一种一方面把生产资料收归社会公有，另一方面还须保留着法权形式和以纯粹劳动时间为唯一价值尺度的生产与交换的关系，其社会核心竞争目标与手段也变为半必然半自由王国自我完善的飞跃。乃至到了共产主义社会，才算真正实现了以人的全面发展为社会发展的先决条件，社会的发展成为交往形式自身的演进，社会发展的最高目标成为人与外部世界和谐统一的自由王国自我完善的飞跃。在这一发展过程中，如果说军事战争是以军事暴力的方式从传统向现代社会过渡的话，那么，社会主义社会就是以经济暴力的方式从现代向未来共产主义社会的过渡。综上所述，人类社会的本质和发展规律既如此，反映到艺术领域也必然会有新型传统象棋、军事象棋、现代象棋、过渡象棋和大同象棋等等现实娱乐玩具和思维教示工具的文明成果出现。其中有五项已被授予国家发明专利。

棋牌文化在现实中的应用非常广泛。通俗地讲，棋牌文化也是博弈文化。博是指象棋，弈是指围棋。牌则是人文思维科学的一大基本体系，一道人文思维的风景线，也是对自然和社会本质功能集大成的二度抽象，它的竞争形式也必然是客观规律性再提炼、再综合地二度博弈。

博弈论最早由西方人作为应用科学而进入结构博弈、经济博弈、管理和法律博弈等领域的。他们长于逻辑思维和辩证推理的应用，总想模拟博弈的均衡形式以及决策的均等机会而构建一种理性行动者相互作用的形式理论。他们概括了各门科学的基本要素，却不能找出这些科学所反映的统一性自然本质要素和社会分工的本质。他们构建模型大多是出于利用各种数学模型达到一种协调和均衡利益冲突的愿望，其应用只限于形式理论和对一般社会关系的理论分析，却忽视了博弈的根本目的是对不同自然和社会本质及其各种类比形式的概括、提炼，忽视了其最高形式和目标系统的不均衡性。而事实上博弈科学的目的只在于能够更多地提供给人们清晰的、可操控实验的、理性悟性的方式方法和方案、步骤，使理论能够不断地再回到现实中去，从而得到更坚实的客观规律性的支持。这就是说，以往博弈论的系统应该加以改进，应该走出纯逻辑思维和理论科学的殿堂而与棋牌文化本义、本体模型相契合，从而使其博弈的科学形式和一般效果更大众化、更易操作、更带有普遍现实性和更具有说服力。

博弈不均衡理论的核心概念

一方给定的策略和对方给定的策略，双方给定的策略作为一种主观愿望，总是带有偶发性、机缘性和特殊性的因素，因而是千差万别的，并且总是为着各自存在着各种不同利害关系的目标系统服务的；由这些存在着各种差别的策略的对立到最终效果的实现总要经过一个中间转变的过程，总会造成在一定策略空间中主体对等地位、对等条件下不同目标量化系统，不同子力权重关系此消彼长、非存即灭抑或一消一长、一存一灭的运动；这种运动的转变过程由于不同权重和策略的社会属性、目标指征的不对等和不均衡性，必然造成主体在每个个别情境下主观认识与客观条件、此一行动与彼一效果内外两两之间既相互依存又相互制约，既相互侵消又相互取代的绝对不均衡的状态。因此，不仅博弈过程策略目标的选择、制定是千差万别、绝对不均衡的，而且策略目标的实施过程子力权重的应用及其效果的实现也是千差万别，绝不均衡的。由此构成博弈不均衡运动的基本形态，同时也形成了博弈不均衡理论的核心概念。

在这样的学习、生活环境中，我逐步更深地领悟到了理论研究和经验总结的重要性。恩格斯哲学批判的名言在我脑海里复现了上百次，虽然总也记不清，每次都要再仔细地读一遍，但这一次关于自然和社会领域哲学终结的话题再度被我紧抓不放了。为什么马克思理论体系的建立和哲学终结的口号提出已经一百多年了，哲学不仅没有终结，反而作为一门学科和在人们不甚了解的新学科领域仍然不断地被重复冠以其名号，并当成一顶美丽的花冠而处处秀场呢？答案只有一个：批判一个旧世界，不等于建立一个新世界，在理论上批判地消灭一个旧世界，不等于在现实中建立一个新世界。那么我的发明的现实意义是什么呢？我只有在马克思、恩格斯批判地终结哲学的理论思维的基础上，从我所擅长的宏观理论思维的角度切入，把中国传统哲学的五行观、棋牌工具思维与马克思理论体系相结合，构建起自然、社会和思维发展的统一性体系和工具思维体系，以物质文明的现实文化交往方式的力量再度向传统哲学的终结这一历史的科学命题发出最后挑战的信号。为此我又写了《历史领域哲学的再度终结》一文：

围绕这一话题，这不仅仅是理论，而且是实践，不仅仅是思想观念和理论体系的是非之争，而且是文化交往方式、工具思维体系的演进、创新与证明。在这一命题之前有一个先决条件的命题，即“传统哲学的终结”。恩格斯在《路德维希·费尔巴哈和德国古典哲学的终结》一文中，在肯定了黑格尔哲学的合理内核，并将其头足倒置的唯心体系重新恢复过来以后，最终说：“对于已经从自然界和历史中被驱逐出去的哲学来说，要是还留下什么的话，那就只留下一个纯粹思想的领域；关于思维过程本身的规律的学说，即逻辑和辩证法。”同时，本题的话外音则是：“马克思主义和中国传统哲学的终结。”其理由何在呢？为什么把这两个看起来完全不相干的体系放在一起对比考察呢？为什么既说历史领域哲学的再度终结，又说传统哲学的终结，既说马克思主义批判的武器的永恒价值作用，又说马克思主义和中国传统哲学的终结呢？因为本题的中心主旨是对整个历史领域哲学的，不仅包括马克思对西方传统哲学批判的终结，也包括应用马克思主义哲学批判的武器对传统中国哲学批判的终结，同时还包括对马克思主义批判武器自身武器批判的终结与重建。具体说，因为哲学只是一种理论思维，哲学的对象是现实世界，它的最高发展是关于自然、社会和思维运动的本质及其规律的反映和描述。而在传统和批判传统文化意义上，以往哲学的发展中，马克思主义和中国传统哲学是人类辩证逻辑思维和人文本体思维的两个最高成就。一方面，马克思的唯物辩证法已经揭破关于自然和社会运动普遍规律的科学，揭示出人类社会由低级阶段向高级阶段发展的三种经济本质的天人关系（自然经济，商品经济和产品经济，这不仅仅是生产关系，而且是三种自然与人和谐发展不同阶段的天人关系了）和五种基本社会形态的本质，把先前人们对于社会生产和交往形式发展规律的认识由盲目变为自觉，由空想变为科学的发展。另一方面，几千年一脉相传、博大精深的中国传统哲学也以自身一整套最基本、最广涵、最具普遍性和工具理性价值的无极而太极，阴阳五行，四象八卦等的辩证思维体系，而在中医生命科学、计算机系统信息科学、博弈运筹和天人交往命运预测科学等领域日益产生着不可估量的巨大价值。那么，在西方自然和历史领域哲学的终结之后，在马克思主义和中国传统哲学对自然和社会本质科学概括、系统奠基的基础上，再借助和运用中国传统文化中同样最基本、最广涵、最具普遍性观念和工具思维价值的棋牌艺术形式对于现实的概括反映功能，把这一由马克思所揭示的历史过往的、连续的和必然发生的各种社会形态的本质要素（包括时空地理局面、运动条件因素、分工与客体工具、资源的要素）提炼出来，艺术地再现和还原于一元化典型形象的思维工具形式中，并且能够从此岸世界通通透透地映射和返回到彼岸世界（发现和重建普遍性模式）；使人们能够在日常的文化和生活交往活动中，在常识性的社会观念和行为规范的交流交往中，就可以真切地感受到文明体系客观物质性和科学必然性的存在。如此而言，也就使理论上升为实践，使思想体系还原为必然运动的本体模式。这样，马克思主义和中国传统哲学体系既可以作为与其相对应的棋牌工具思维的理论基础（如中国哲学之对应于围棋、雀牌，马克思主义之对应于传统、军事、现代、过渡和大同象棋）而长久地存在下去并发挥指导作用，同时其自身也就可以在这一能够将各种思想理念通体激活、融汇、映射和还原于自然、社会和思维本质的最高工具思维形态的意义上宣告其体系理论上的终结和消解的发生。

我们再来概略地梳理和解析一下这一过程发生发展的情形。哲学做为一种世界观和以观念形态表现的理论思维，是人们对外部世界总体认识的思想体系。它的认识对象是客体自然与社会的本质形态。客体分为自然与社会两个层次。第一层次，自然的存在是热核星球与冷凝星云、阳与阴、火与水、正与负的两极对立，在地球上又增加光粒子、引斥力作用下四时、四象、五行、八卦等物质之气、之体、之性要素的对立统一形式。黑格尔曾把物质的气、火、水、土四元素看作是比化学元素更为基本的东西，以“解释”各种物理现象。其论述中包含有一些合理的、辩证的思想。而从中华文化的人本五行物质观来看，物质在由分子向原子、基本粒子世界细分的时候，已经不是原先显性概念的物质物体分类定性的意义，而变为隐性微观世界不同质的原子量的分类定性的意义了。虽然各种原子、基本粒子决定整个物质世界的存在，但宏观世界五行物质实体本质的存在也界定了万物的实用本性和表现形式。换句话就是说，在微观世界被原子、基本粒子虚化了的物质，在现实生活中又以天行五行之气、地聚五行之体生活实质内容的形态表现出来。因而可以说，五行物质观既是科学、生产工具理性创造的起点，也是文化、生活消费享受目的的终点，正像地球是人类合于自然地相对终点，也是社会的起点一样。没有五行物质观的科学和生活世界同样是无法想象和无法进行的。第二层次，社会的存在，是在自然基础之上，人类主观创造、客观实现的二级自然的存在。这种物质存在从在天之行的两极、四象、五行之气，五种物质周流运动之元素，倒在地之聚的五行之体，五种物质本质的自然关系和生命，从与这五种基本物质关系相对照的向度的五方，色彩的五色，音律的五音，粮食的五谷，人体的五官，到与五行相配的现代社会生产力主体的工、农、商、学、兵五种分工的职能和生产、生活、文化、科学与服务五种人的素质功能与社会交往形式自身发展的功能等，以至于在文化思维领域中与五行之性相配的结构物性，方法物性，事理发展，道德和品德物性的功能等等，无一不涵盖和浸染了五行之要素和五行之属性。这种阴阳五行观不仅是中国传统文化朴素辩证法思想的精髓，而且是构建自然和社会系统模式的工具理性和思想指南。

于是，我们在人类精神认识的五行世界观和方法论上已经识破了自然和社会人文存在的本质，我们又更加全面、新颖、务实地继承和拓展了棋牌艺术对于自然、社会以及思维发展规律的概括反映功能，同时马克思辩证唯物论的思想体系也为我们揭示了人类各个时代、各种不同社会形态的本质及其内部生产关系和外部交往形式关联的发展机制。我们将这三者综合起来加以应用，就不仅限于传统文化、传统哲学的理论思维和观念形态的作用，而是到达和实现了最高自然和社会现实世界中介映射体（普遍科学形式）之工具文明的发明创造和实践活动的层次，同时也使得棋牌艺术和思维工具体系自身以全新科学、文化、竞技体育与智力因素再生产和生活交往形式自身演进的方式返回到了现实世界。马克思在论述人的解放这一命题时，曾惊世骇俗地提出“它的头脑是哲学，心脏是无产阶级”的口号。明示我们哲学解放的任务，“它不应当在某种特殊的科学的科学中，而应当在现实的科学中得到证实和表现出来”（《马恩选集》第3卷，1972版，页），并且寄希望于它的解放者是无产阶级这一现代最普遍劳动者阶层。言外之意无非是说传统哲学理论思维的发展应该简易化、常识化、具有实验科学的性质和易于为广大群众所接受。那么，我们也可以说当一种新的认知科学和系统方法突破了传统社会思想领域的哲学，不仅仅在自然和历史认识对象的意义上，而且在自然和历史体系认识本身工具思维的意义上也发现了事实的联系，把认知实践的过程转变为系统方法对事物本质的解构和重建的过程，转变为应用各种博弈模型对相应自然和社会运动的本质规律加以解析和演绎的过程，转变为从这些基本模型与各个层面、各门学科的应用形式的对照中再不断类比、引申、细分和构建出各种各样分支系统的博弈模型并加以解析演绎和实际应用的过程，转变为人的精神、思想、意志也不再是主观概念和逻辑方法的自我思辨的证明，而成为主观认识与实际交往活动，客体思维工具体系与事物本质联系内外两两之相互统一的思维构建法，棋牌工具思维，博弈科学运筹和新辩证思维的一般阐述和证明了。在此意义上，如果说自然和历史领域的哲学还留下什么的话，就只有关于主体工具思维与客体事实联系之间内在统一的关于认知实践过程一元化阴阳五行观、思维构建法，棋牌工具思维，逻辑和辩证法及博弈模型之解构和重建的科学和佐证社会发展运行机理的领头人马克思思想体系的理论精华了。

说到底，我们还又回到了开头。由于新思维的基点不是单纯的理论，而是实践，是以工具思维体系的应用来证明自身理论的现实性，所以一个人可以不必过多陷入作为生活智趣和体育竞赛的博弈，但却不能不认识了解作为科学和文化思维工具的博弈，不能不认识了解作为哲学之终结和思想武器批判的最后和最高成果的思维构建法和博弈本体模型。这就重又回到了讲解博弈基本建构原理和运行机制的文化本体上来。

例如，在反映自然本质的新围棋形式中，棋盘所反映的客观时空条件因素，是将地球一面观测的经纬各 180 度 -19 道线的球面弧线体做了一个圆柱形的投影，从而得到一个 19×19 道线的平面系统；新增加的 17×17 道斜线是表示同一比例更大一层系统在对角方向与前一系统的重叠，只是由于我们仍然采用了前一正方系统，减去其四角所代表的四条边线，故而少了 2×2 道斜线。棋各有一枚“王”子和 179 枚“兵”子。两“王”表示太阴和太阳，两极物质核心体作用于地球两种能量形式的存在和人类社会反作用力的核心代表。棋盘除天元点外每方底线中心各有一半圆点为大本营。天元点表示南北两极轴线与赤道线相交的中点，人类视觉思维中心。两方大本营可以看作是阴阳两极物质能量作用于地球两半球的最近接触点。全局分为入局和破局两个阶段。开局两王分别摆在天元点的两侧。下棋过程，两王恰似太极符号阴阳鱼的两只眼，推动两极能量以不变的阴阳两半球对冲的态势而作用于万变的地球时空地理条件之上，在人类实践的反作用形式中，则是以两王统率的能量权重大军的相互对抗交错发展着。这种对抗在最高意境上是要追寻一种均衡和谐的发展，一种以局部利害得失的调控来把握全局的能力。但在实际弈争中却成为了一种必然要打破均衡地对最佳目标路线、棋形联系、子目效率和整体效力因素的争夺，成为了一种以不变的弈法原则（如最快出动占领区域中心分定势子，选择最合适破局路线联系划分势力范围，采用最佳子力算度和最有利的战术手段攻城略地）来对千变万化的局面联系进行选择和争夺。因此，入局阶段所形成的子目实空强弱多寡的对比并不构成胜负的依据，不能把局部弈争手段所实现的子目实空的利害关系累加为一个全局的利害关系，直接把手段转化为结果，而只是构成了破局争胜的条件。结局以破局阶段两王凭借己方子在入局时获得的子目优势，赢得几目可先行几步，而后依次依据己方子所形成的棋形点线联系过九星破局出围。“王”子行棋时遇己方子形成的联系可直接通过，遇到对方子的阻拦可攻吃并停顿一步，己方兵子也可为阻塞对方或为己方搭桥而行棋一步。最终以哪方王子争先一步到达并突破对方底线中心点判胜负。同步到达则为和棋。这是从围棋天体中心两侧次天元王位弱点上突破对方子力权重实空因素而返回地面两极对抗底线中心点制胜的过程。

北漂的日子还有许多生活的花絮发生。我的中医朋友李金生来京行医，我介绍他给北大文学硕士李伟看病，二人在治疗的过程中合作吟唱了一首《西江月·点金》：“大木覆没数万，怒发冲冠变颜。黑天玄地点乌金，千锤百炼成焰！斗转志惊春雷，海田不改信愿。绢石遍地堆似玉，光彩世界争绚！”其中大木、绢石、争绚词语是我的推敲改作。为此我写了长篇纪实文学“心火长啸”。很多大学生看了都说很感动。在清华三教与“芙蓉姐姐”相遇，聊上几句她的考研和我的发明。住同一公寓的女生反复要求和我再下一盘，我嫌费时间回绝了，事后于心挺不忍的。还有在献血活动中认识了山西籍经管系女生张同学，又由于她和我相识了，她身边的另一位黄同学，初识就蛮有兴趣地和我谈发明，摆开棋局了解了一番。对比其他一些社团女会长，或是说“不感兴趣”，或是嘀咕：“你还能不出一点费用就讲呢？”这已让我很感动了。

清华学生会的墙报专栏思想活跃，文笔精萃，独树一帜。一位生物系北京女生温同学“关于哲学”一文惊诧了我，她上半节讲哲学的现状和对哲学的态度，从以往哲学的作用说到而今哲学的角色似乎日愈为科学所取代，在科学和日益娱乐化、商业化的文艺创作面前，哲学的位置越显得尴尬；无论玩弄几个后现代哲学术语，展现所谓“思想前卫”的手段，滥用“解构”的名头，到头来都反给哲学惹来一身的笑话；在二十世纪的开头，人们说“上帝死了”，而当这个世纪结束以后，我们发现哲学似乎也摇摇欲坠。下半节写几位中国哲学的大家们基本上是在研究古代中国哲学的历史，而中国哲学的固有体系是唯我独尊的，等到洋人打来，苦头吃够，一变而为全盘无所适从；哲学走入新的起点，也要经历一次涅槃。我惊诧普通女生对哲学的认识如此达观、通透，很想见面交谈几句，但被一口回绝了。一次在郑裕彤讲堂，适逢清华学生社团年终总结大会。自由发言时，恰巧大会主席下来走到后排，我请求说几句话，她同意了，但身边左右两位宣传部部长抢夺话筒死活不让讲，会场上响起“让他讲，让他讲”的声音也制止不了。待我说：“我是一个山西来的下岗工人，北漂游学在清华园里住了两年了。我有十项象棋、围棋发明，和学校的象棋协会做过正式的讲棋交流活动。我看到同学们在学习基础知识的同时，能积极地参加各种社会文化交往活动的实践，深感钦佩不已。这次的参与旁听对我来说是人生难得的、不再有的机会，我想……。”话筒还是被抢去了，我懊丧地掀开棉门帘一下蹲靠在门墙下。两位同学跟出来批评说：“不能随便发言，遇上法轮功怎么办？”我却只顾自责不已地说：“唉，没讲好。”

校园里听各种讲座社交面很广，一位熟识的云南某高校进修教师王同学，是敢言“谈哲学谁也别跟我争”的达人，我再送他《哲学终结》一文开口要一元工本费，他同意付钱又赠予了我一百元。有任同学多少旁听到一些我讲述发明的意义，就想要帮助我一点生活费。有高同学与我话语投机常能路遇，还提出要在放假期间把饭卡给我使用。一次宋楚瑜访问清华时遇一画报记者，很热情跟踪我到教室、住所拍摄了照片。听说我的无成本生活方式也要去拍，我告知不是我不让你拍，是因为违规不能公之于众。还有一位仅一面之交生物系的男生，近1米9的帅小伙，我们在四教晚自习后偶然相遇，听我说了几句他就全心投入关注，我翻不到一份资料了，他反身飞奔上空无一人的二楼去找，得知我在校园里住又要送我回去，聊了一路。我记得他姓徐，却没记下他的班级、电话，虽然只是匆匆一见又分开，但总有一种即刻生成的一家人的感觉，留在心里总也放不下。另一李同学有相当思想深度，不知他是怎么了解了我的情况，他站在四教边路口上远远望着我从五教走来，问我能不能合作写论文，他几个东北的同学在找课题。我说当然好了，把当时已写成的一篇论文《关于新型象棋盘9×11道线加对角线系统作为黄金分割法发生原理和原生体系的证明》（以下简称“黄分法原理证明”）给他一份。对《黄金分割法原理证明》一文，经管系一研究生看了说：“你说的太虚了。”当然我说我也只能如此。不过我看了她写的一个“攻击、不攻击”的数列公式，认为这是为什么呢？从大道理上也很难说得过去。另一数学系的研究生听（看）了我说可以在象棋盘直、斜向交叉对称一、二级整格比各四个比值的分割中，以最佳决策域上界和下界的比值，求出其平均值趋近于和更为趋近于黄金分割率等式的介绍后，追问：“那又怎么样？”是啊，这也正是我想要请教数学界的问题呢！

最令人感动和感谢不尽的要数北京自考专升本的女孩张莉。我仅仅是从南门进来的路上帮她们一行四人驮了一段行李，挑头的“大姐”再见面时都恍若陌路了，她却一见如故，愈益表现出亲切的交流愿望。在五教自习功课时，她很随意地送我一本《发现》杂志，偏偏那期登载着一篇介绍黄金分割法的文章。这一两级比的三段式线段的分割法，对照我的新型象棋盘两相对称的模式，很快找出：其二级比4/6（0.666）为各自一方的肯定域，一级比6/10（0.6）为各自的扩大肯定域，中心两格为不定域。由10格系统可以推衍至11格乃至n格系统。其11格系统的模式：其一级比7/11（0.636），二级比4/7（0.571）。这两个系统的一、二级比作为紧邻黄金分割点整格比基础格域的上界和下界，其平均值都趋近于0.618。它们按一定规律的发展，格数越多，分得越细，比值更细化而已。同时由于象棋盘是从围棋盘对角内切而来，象棋盘的间二路对角斜比是围棋盘的正比。在斜格比的关系上，对应围棋盘均衡三等分一级比12/18（0.666），二级比6/12（0.5），及它的11格系统斜格一级比11/19（0.579），二级比8/11（0.727），它们作为最优化斜格域一、二级比的上界和下界，其平均值更为趋近于0.618。至此，我只是从自然天文系统与社会必然系统的抽象形式上发现了一个整体为8×10排方格加对角线两相对称的最优化分割系统与其无限发展系统对于黄金分割率关系界定的原生体系，并认为以此完全可以解释黄金分割率体系的发生原理。这引导并打开了我从纯棋牌文化研究转向博弈科学体系研究的路径和大门。这也真可谓是贵人相助，滴水之恩被当涌泉相报了。在五教室门口我们一块儿讨论新棋的话题，我自认为她的有些问题太天真，拍一下她的肩膀，同时也让开门口。到中午她执意给我买来一份炒饼，因我有饭转送给了同屋民工的家属。

写出《黄分法原理的证明》一文后，易同学帮发到了BBS上，李同学帮送到中科院数学所，我给某大学学报投了稿。原认为以此就可以说明和解开这个科学之谜，还会有其他意外收获。后来自己也意识到这想法太天真了。虽然我从数学控制模型和比例关系上发现了趋近于黄分法体系的界定模式，发现了正、斜向交叉互动的决策域控制模式对于黄分法最优化比例关系的主导作用，发现了黄分法两相对称多层级金字塔式无限分割的模式，但对于黄分法与棋盘整格比控制系统内部关系的其他方方面面还认识不清，没有以数学公式证明出来。等于还是没有说明问题，重又陷入新的困惑之中。

心无旁顾，著书立说从头越

从棋盘最佳决策域的研究开始，我认识到了文化理论研究的重要性，对于我的棋牌发明重要的不在于匹马单枪去推动市场，而在于先要做好文化理论的宣传先导工作。

2005年子弟学校整体改制，收归教育系统，我被重新分配到农村寄宿制小学做生活老师。我仍固执己见，以为仅凭《黄分法原理的证明》一文，再努一把力就能改变命运。又因为北漂的固定的生活方式和那一张小小床位的窝，及散落各处的棋子杂物的拖累，死活不想返校。第一学期我7天一个假条被扣去全部工资，第二学期也几乎全部扣光。2006年8月份已计划返校了，在十四食堂外，又因求卖一个“再来一瓶”盖子可以兑换一瓶饮料的琐事，与人发生言语冲突。先被一研究生一拳打在左颈部几乎眩晕摔倒。接着跟到小树林边，又因牵拽另一研究生小挂包带理论，被照面一拳，打掉假牙，打出碎牙屑（口腔内缝了5针）。多亏一声哭喊，考博生“小五子”从长廊跑出前来救助。对方恶人先报了警。后因警员徇私枉法，不予结案，致答应免费为我做诉讼代理的律师助理空等一场。我落魄返校。

漂泊的心，动荡的家，30平方米的简易楼房2005年20000元已卖了，家什物件和资料从山东又散落到北京，要静下来，稳下来，实属不易。在学校，手上有个计算器，坐下来就摁个数字，求证个棋盘控制比值。在寄宿的家，桌边只有“马恩四卷”“四书五经”等几本资料可资参考。一晃2008年内退了去一家幼儿园做门卫。由于住在一楼北面的一间屋子里，阴湿24小时不见太阳，一年下来得了严重的风湿痹症，走路双胯“啪啪”作响。这期间写出《博弈科学学》一书的引论和第一章科学体系。之后又去了一处居民楼小院看门房。手边没有什么资料，懂的知识又极其有限，写作越来越慢，这样下去何时是个头？我还有没有什么其他捷径和简捷的方式，首先来证明我研究的方向正确、基础牢固，或者能够在此岸性工具思维的层面上，先直接概括反映并证明出彼岸世界自然、社会和思维运动的普遍完整形态及其统一性的科学体系，让我重点突破呢？

柳暗花明，幡然醒悟奔主旨

之前，在我前进的每一步几乎时时处处都有五行理论相伴，都有五行要素和五行特性贯穿统辖着思维的路径和思维的武器。如果说12年前《哲学的终结》一文是再度宣布了以马克思思想体系对西方传统哲学的批判的终结，同时是应用马克思辩证思维和五行方法论对中国传统哲学的批判的终结，并以其为一切物质存在的依据和运动的起点，同时是以新棋牌发明的新成果作为对中国传统棋牌文明文化遗产的批判的终结，并以其为新思维工具创造和思维新支点的话；那么，今天在这些新文化、新思想、新发明成就的基础上，是不是能够提炼出一种集大成无所不包、无所不用其极的原生原发的自然、社会和思维运动本质反映的三位一体的大体系呢？这促使我立即放下以前手头的写作，迅速投入到五行构建法亦即思维构建法的对于五行体系建构的研究写作中。

我是按照申请发明专利的格式来写，“权利要求书”改称“本质确认书”（属于“系统的构成”部分），因为我不能把精神的科学本质的发现据为己有，只能确认它。在五行体系本质的确认中，此岸是主体思维对于五行体系构建方式方法的特殊性的表述，彼岸是五行体系五种基本要素及其物质属性的存在与运动。对于五行体系的建构，首先要找出彼岸一般金、木、水、火、土五种基本物质元素的表现形态，找出由这五种基本物质元素支配的各种基本物质形态、物质现象及其特有物质属性定性关系的表现形态，找出它们与微观世界阴阳两性的各种原子、粒子的对应关系，找出它们从自然到人，从人的物质生命功能到人的物质与精神，思维与行动功能的表现形态，它们囿于传统社会各种政治、经济、文化、道德和人文交往活动特有属性的表现形态，找出它们社会发展五种连续形态的或政治、军事分工的，或社会分工职能、劳动技能、素质功能分类及客体工具、资源价值功能的五行之性的表现形态，乃至于最后找出它们在一般精神思想和思维运动集大成概括反映的大文化科学体系的表现形态，从而说明在自然、社会和思维运动领域无一不涵盖和浸染了五行要素及五行之性，无一不可以归纳到五行体系之中。这是五行体系宏观定性关系的本质要素方面。在定性关系之上还有它的定位、定量关系。进而，在五行体系第一项定性、定位、定量关系的基础上，再揭示出它们从属的五行相生相克关系，三合统筹关系及对立因素的相互转化的关系，从而构建起一个最大化宏观世界的五行体系。最后，作为这一体系发现者和第一表述人的我，是以我的独特视角和对外部世界三位一体大体系一般建构过程及其运行机制的集大成经验总汇的描述，完成了五行构建法形式体系的建构和思维普遍性运动规律的概括。对于五行体系不能说它已经完美无缺了，相反地它预留了细化和改进的空间，但它却是以每个个体都会认识到，都会介入其中，也会不断丰富它的一般性思维的方式走入这一普遍性体系，共建和遵从它的统一性标准，从而完成思维运动从此岸到彼岸、从个别到一般、从特殊性到普遍性的升华，使每个个体自身的思维运动都可以再回复到彼岸三位一体大体系的运动序列和发展规律中。“本质确认书”的写作似乎相对容易一些，只需多翻几遍几本手头仅有的书，提炼罗列、归纳演绎一番就行了。但写“说明书”，即“理论来源与依据”部分就困难重重了。对哲学史所知寥寥，各名家观点所知寥寥，要连贯起来加以批判，扬弃其糟粕，吸收其精华，总结几千年哲学发展的功过得失，要在新体系的意义上阐明其理论来源和立论的依据，要思辨地阐明新思维的现实和科学意义，只能一点一点地攻关。

三年的看门生涯如同北漂四年的生涯一样，过着苦行僧的生活。期间，我义务看护一位偏瘫病人15个月。跑十多趟各个政府部门，帮他办二代身份证，开出婚姻离异证明，被工厂开除无业证明，重新办理享受了低保待遇。照顾他生活，并打扫卫生，通过法律援助中心聘请了律师作为原诉案件代理人，准备起诉区民政局追偿之前停发15个月的低保生活费。只是由于民政局一直推卸责任，拖延不对“行政复议书”做出答复，直到病人去世了，才作罢。在小区看门时，晋华纺织厂宣传部部长赵开端帮我推敲弈者境界内容，建议将“知行合一”改为“谋而后动”，真为一词之师。这期间因食用洛阳一种保质期三个月的面粉，及误食其他不洁食物，肝区长期憋痛，又自作主张服用了五盒克拉霉素仍不见病情转轻，最终住进了医院，结束了看门工作。

2012年底去京处理散落各处的棋子、资料和杂物。在亦庄亲戚屋内，清点了各项发明文件资料袋，各项文件资料一样不少。特别欣慰的是包括军事象棋、现代象棋、过渡象棋和大同象棋，1990年初记录的60余盘象棋自弈实战全局谱仍然保留着，未被遗失损坏。这是一些记录在九十年代初由全国各地发来学校推销教学仪器被弃置的信封皮纸内面上的棋谱，它记录了当时认知水平下的实弈全局，证明了五项象棋发明在申请初期就是实用的，具有现实科学意义的。在我看来，所有资料丢了都可以重来，唯独这后三种象棋要让人相信它们在一开始就不是凭空杜撰，是具有现实历史和科学意义的，这几十局全局谱弥足珍贵，是无可替代的宝。令人犯急和心慌的是丢失了1989年象棋推广首发仪式上与会者签名的纪念册，册中还夹藏着一封塞在一个牛皮纸信封内贴有清朝青、黄色小龙邮票各一枚的实寄封，是我在八十年代初花200元，在去往太原北营附近的路边向平遥人购买的，是第二次凑足了钱上门买的，其中盖有包括重庆在内的多枚邮戳，还有十来枚孙中山像民国邮票，还有一张工人、农民头像的50元版人民币错版的珍藏，其水印是一只清晰的狮子。拿走这一物品的除了熟人就只有租房客了。另一件伤心事是丢失了自制的1.5m×1.85m横三折的象棋挂盘。我返晋时，挂盘放在了清华校园内和几位自考生合住的西北门旁民工房内。再联系时房子也拆了。请同屋的王同学帮我查问下落，他轻淡地说“你再画一张”。是这么简单吗？那种水曲柳五合板没有了；制作时要先刷一遍天蓝色底漆，再用硬物划出棋盘线道印痕，用靛青色画笔描出，再刷一层清漆；在每个交叉点上要用钉子打通一个眼，以便带钉子的棋子能在上面移动。别说材料、工艺难以复制了，那其中渗透了我太多的心血寄托，我晃动它眼前的辛苦奔波，我与众多大、中、小学生的倾心交流，我陪伴它沐风栉雨的体温辉光，这些是可以再画一张的吗？那次返晋后，又托人进京转运了棋子杂物。这些棋子在地下室转运时被人折翻散落一堆，书籍杂物丢失4件，稍一争辩，交着寄存费管理员立即把杂物拖出来，还威胁要给我扔出去。后从地下室转运至清河亲戚家八年，又从清河转运至远郊一企业库房里。

2013年写完“五行构建法”第一稿，我去大学城与某高校老师交谈了一阵，我无非说了些“我以五行构建法的形式把彼岸自然界、社会和思维的运动都概括为一个大的五行体系，此一时彼一时，此岸是每个个别特殊性思维的我，彼岸是客观世界，此岸是五行构建法表现的悟性客体的科学形式，彼岸是客观实在的五行体系的运动；在构建法里哲学变成现实的联系，一切理论思维都进入实验科学的层次，具有了物质性的力量”之类。她听了夸赞说：“我从来没见过像你这样有智慧的人。”我以为找到了知音。她帮我把“本质确认书”转送给山西大学教师审稿，评语是：“概念比较清晰，论述全面。提出了一些拓展性的观念及主动思维方式。思维的深度广度不足，依据来源不明，文字对应的清晰度有待改进，文字把控能力有待提高。”老师的评语从文字水平上我完全同意，但由于他只是看了“本质确认书”，未看“说明书”，因此也是不全面的。

在后续的修改中，我偶尔看到一本《简明形式逻辑读本》的书。

我发现形式逻辑的基本规律的同一律与辩证法的对立统一规律是同一个问题的两个方面。以前的写作中已经叙述了辩证法对构建法的依附关系，这次新发现原来形式逻辑的基本规律也有四项，也同样是从构建法的形式中引申出来的。因为在构建法中，对立不仅是水与火、木与金异性相吸相克的对立，同时还有火与木、水与金同性相斥相生的对立，这些对立通过土的交集形成统一的五行体系。辩证法对立统一的规律讲的正是这五种元素的对立统一关系，而逻辑的同一律则不仅讲体系横向平面的五种元素及其特有属性形式上统一性发展的同一，也讲它们纵向单个因素的相同属性相似性发展的同一性关系。二者不管是物质元素的对立统一关系，还是概念的同一律的关系，都必须归结到五行体系的定性、定位、定量关系的本质形态中才能找到真实科学性的依据。

接下再一看，所谓逻辑的基本规律的第二项矛盾律，第三项排中律，它们是把这二者在先同时具有的作为一般概念的单称、特称和全称判断的矛盾和反对关系，单独挑出来又重新作为一种新的发现而列入基本规律中，一看就是冒名顶替凑数，无病呻吟。所谓矛盾律和排中律，只是把绝对判断的先求真法和一般判断的先质伪法单独拎出来，想要以此证明前者一个判断和它的否定不能同真，求证出真的，必能证明假的；证明后者一个判断及其否定不能同假，求证出假的，也能证明另一个是真的。这种简单逻辑推理能说明什么？在现实中，我们先证明了罪犯，即可排除无辜。然而即使排除所有嫌犯，但也不能证明一个是罪犯。这只是有解的案与无解的案，绝对矛盾的和一般矛盾的关系问题。先求真或是先质伪不分先后，都可以是绝对矛盾的判断。而在前述一般判断的反对关系中，既然也承认已知有一个是假的，另一个不必定是真，那又何必非杜撰一个排中律的规律呢？那么，逻辑的基本规律的第二项应该是什么呢？我们从构建法的第二项五行生克关系中发现，物质基本元素之间无论相生相克的运动，都是基于一种以一方为主导以另一方为从属的关系而展开。或是水克火，火正克于水；或是火反克水，水反克于火。或是火克金，金克于火；金反克火，火反克于金。或是金克木，木克于金；木反克金，金反克于木。或是木克水，水反克于木；水反克木，木反克于水。或是水生金，金生于水；金反生水，水反生于金。或是火生木，木生于火；木反生火，火反生于木。相克是一种物质作用于另一种物质发生的质变为量变，产生新能量、新形态的过程，相生是一种物质的能量作用于另一种物质发生的量变为新质，产生新物质、新形态的过程。例如：或者水克灭火，或者人和水反被烈日之火灼烤或被危险化学品之火克灭，二者直接发生通透存灭的转化；或者太阳之火的能量作用于生物细胞发生生物体的生长、生育结果或生命物种质的进化，或者木（包括炭、石油）的能量通过火的质变的作用转化为新的热与电的能量，这其中无论是相克还是相生的对立，都体现的是矛盾双方不同五行物质属性，不同质量及不同人的能量对立的相互作用。或是矛刺穿盾，或是盾阻挡矛，或是势均力敌；或是进攻方胜，或是防守方胜，或是和局。总之，不能既言此，又言彼；

既说是，又说否；既言水无火不克，又言火无水不克；既言盾结实无毁，又说矛无坚不摧；既说他打死老虎，又说他被虎吃了；既言消防员扑灭了危化品大火，又说危化品大火吞噬了消防员。二者必居其一，必得其五行之一种生克对立统一的指向性的转化，或言和局，不能自相矛盾，人为制造绝对矛盾的对立关系。因此，作为概念对于矛盾事物对立斗争情形反映的逻辑的基本规律的第二项，无疑应该是主从律，即同一概念描述的主项与谓项之间的相互作用关系，必然是以一方为主导，另一方为从属关系所导致的变化，再无二致。对等条件，相似属性和人为因素导致的和局，是另一种相生相合的主从律。

接下，逻辑的基本规律的第三项，仍然根据构建法的三合的关系推衍，世间一切相对独立事物内在关联性复合式的发展究竟是怎样的呢？世间一切事物的变化，总是基于前提条件的各项实质内容关联性的原因，基于中间附加变化条件与前提条件转承关系的原因，才能推导出最后因果性关系的结论。反映在复合的、三段式概念的逻辑关系中，其第一段由主项和谓项结成前提条件的判断，第二段由主项外延或谓项外延给出中项接转前提条件的判断，到第三段通过中项接转附加前提条件的媒介作用，从与两个前提关联的推理中给出一个结论性的判断。这一三段式复合判断的推理，亦即辩证法的否定的否定的规律，讲的都是同一件事，即构建法的三合形式。这一变化按五行生克三合的关系大略有 72 种变化，按辩证思维的肯定、否定与合题的基本形式也最少有 8 种变化。构建法的三合形式是从三种五行要素不同向度关联性复合式螺旋上升的内在发展形势做出认定，辩证法是应用理论思维来对这一正、反、合题发展过程加以思辨的证明，归结到概念的对于事物三段式意涵复合反映的逻辑的基本规律则必然是统合律。

进而，逻辑的基本规律的第四项反转律，仍然从五行构建法的第四项对立的转化关系来看，并对比辩证法的第四项内、外因的相互转化规律，这一项看起来是收尾之作，难免有牵强凑数之嫌。

事实上，在实践的主体思维的每一环节，都存在着由五行生克关系制约的作用与反作用，主动性与被动性关系的对立，存在着基于这种对立关系所蕴含的深层的另一种完全相反相成的对立的反作用机制和效应。诚如：此一时我是此岸精神思维的主宰，彼岸自然与人是我精神主宰的对象；彼一时我与自然一道在彼岸是客观运动的主宰，我的精神思维成为被物质主宰的对象。此一时，阴性物质和人都是自然，是水；彼一时，大自然包括水和火，人也包括水和火及金、木、土五行之性。自然的基础之性为水，最高属性为火。人的基础属性为水，最高精神属性又为火。所以，大千世界自然与人、人的物质与精神、人的精神思维与思维物化的精神成果的对立是绝对的，对立的统一是相对的；同时反过来说，对立的转化又是绝对的，统一中的对立也是相对的。任何对立的事物总是此一时、彼一时，非此即彼，亦此亦彼地相对立而存在，相互转化而运动的。刚想抓住这一面，它又转化为了另一面。反转律的表述形式，恰恰是指一个由两个支概念组成的完整概念的由每个支概念的主项对谓项关系的对立，由于它们变换一个角度，变换一种因果性的联系，变换一种主动性与被动性，内因与外因因素的对立关系，彼此之间就会发生一种完全相反相成的关系，彼此相对相应地向相反的方面转化。正如恩格斯《自然辩证法》中所说："我们可以把遗传看作正的保存遗传特征的方面，把适应看作负的不断破坏遗传特征的方面，但是，我们同样也可以认为，适应是从事创造的、主动的、正的活动，遗传是进行抗拒的、被动的、负的活动。"（①《马克思恩格斯选集》第3卷第534页）

同样，根据构建法第四项第一条所列彼岸与此岸因素间的关系，我们同样既可以把彼岸自然和人的运动看作正的体现本质因素、本质特征的保持和谐有序关系的基元的方面，把此岸人的精神思维和思维创造的科学体系看作是负的不断揭破自然本质，有意识改变自然形态和秩序的反作用的破坏力的方面，反之，也可以把此岸人的精神思维和思维创造的科学体系看作是从事创造的、主动的、具有实用价值和改变命运的正能量的活动，把彼岸自然和人的生存看作是进行抗拒的、惰性惯性自生自灭的、排斥外来改变的、盲目自我减耗负能量的运动。综合起来，这种由两段式两个并列支概念组成的一个完整概念，由每个支概念的主项对谓项相反相对的关系，由于彼此间的主动性与被动性关系和内因与外因作用的改变，就会使彼此之间原有的相反相对的主谓关系发生一种相互对应的完全向相反关系方面的转化，这种转化的规律就是反转律。从本质上说，所有五行生克相对的两种属性的事物，在它们各自主项对谓项的关系上都可以发生这种彼此相对而向相反方面反转的关系。反转律不仅是截然相反相成事物之间的反转，也会是五行四方五点五位一体纵横交叉生克化合关系的反转。例如，火生木亦生灰、生土，为积极的、正的、创造的方面，土赖火才能烧结为陶瓷、砖，为被动的、消极的、负的方面；反之，土消解火，坩埚可熔化金属抗火焚，压制火山熔浆，为积极的、正作用的方面，火可焦灼大地，焚裂山石爆裂地壳，焚毁煤炭资源，又是负的、破坏作用的方面。

又如，正题：一个贫困的母亲在六一节前为给患病的女儿送一份礼物偷了超市的东西。正题内涵：单独看，这位母亲做了小偷是社会的负面破坏因素，超市抓小偷是正向维稳因素。正题反转：反之，众人捐善款把正能量投给这位一时犯糊涂做了“小偷”的母亲，同时也给她的合情不合理行为找回了一点善良、正能量本性的原因，而社会救济体制的不完善也有该反思的方面。这其中也有五行之性，小偷破坏力，众人捐款，母亲的善良为生产力方面，为金，超市管理，社会救助机制，政府服务为生产关系方面，为木。彼一时，木反克金，此一时，金终克木。如此等等。总之，反转律逻辑思维的规律，是按照五行生克转化关系，运用辩证法的内、外因相互转化的规律，而在反映同一事物本质联系的内在反转关系中做出深层的复合式关系反转的、演绎推理判断的逻辑思维的基本规律。

同时，在亚里士多德、黑格尔形式逻辑和马克思、恩格斯辩证逻辑的基础上，还丰富了形式逻辑三段论的形式并创新出五行实证逻辑体系。其中突破了形式逻辑定论的由“两个否定前提、两个特称前提不能得出结论的规则”（《逻辑学词典》吉林人民出版社 1983 年 6 月版第 29 页），将肯定与否定判断的三段式命题拓展为共八种形式：

1. 肯定、肯定、肯定。（亚里士多德等。简称：K、K、K）略。

2. 肯定、否定、否定的否定。（黑格尔，马克思、恩格斯等。简称 K、F、FF）略。

3. 否定、否定、否定，三个特称否定的命题：思维的花朵 1（简称 F、F、F）。

有一种被称为地球上最美的花朵的思维的花朵是不会凋零的。（大前提，原因，特称否定。五行之性火后天反向相克于水，具有永恒生命。）

固然此花不是彼花，不会随着彼生物、植物花朵的四季开放又凋零而凋零；即使每个个别的思维的花朵会随着地球和一切生命花朵的毁灭而毁灭、凋零，但以铁的必然性毁灭地球和一切生命花朵的法则，又必然会以同样的铁的法则在世界的某个地方将它再创造出来。（小前提，动因，续因，特称否定。五行之性火相生于木但不等于木，并高于木，最终火仍将反制并永恒相对于水而再造木、土。）

所以，地球上最美的思维的花朵是不会凋零的。（结论，特称否定。火后天反向相对于木、土、水，具有永恒正能量和无限创造力。）

4. 否定、肯定、肯定的否定，三段式的命题：思维花朵 2（简 F、K、KF）。

有一种被称为地球上最美的花朵的思维的花朵是不会凋零的。（大前提特称否定）

虽然孕育了每个个别的思维花朵的生命的花朵从以地球为中心的天文学、地质学的观点看，最终都会随着地球的毁灭而毁灭、凋零。（小前提，前置条件续因的特称肯定。五行之性木依附于水、火、土而生。）

但此花不是彼花，即使孕育了每个个别思维花朵的一切生物、植物和生命的花朵最终都会随着地球的毁灭而毁灭、凋零，但以铁的必然性毁灭地球和一切生命花朵的法则，最终又必然会以同样的铁的法则在世界的某个地方将它再创造出来，因此地球上最美的思维的花朵是不会凋零的。（结论，对续因肯定因素的否定，肯定的否定。五行之性，被毁灭的木、土，最终总会由火水的对立再造出来，思维花朵不凋。）

5. 三段式肯定、肯定的否定、否定的命题：传统的文化科学性质（简称 K、KF、F）。

从一般传统观念的角度来看，文化科学形态属于上层建筑领域，五行之位居上，五行之性属火。（大前提，原因，特称肯定。水火之位变异性倒置。）

然而由于一般传统意义上的文化科学知识只掌握在少数文人士大夫阶级手中，它们更多表现为上层人士的思想文化智慧和理论学说，或由他们代表、代言一定的文化科学的水平，这扭曲和颠倒了文化与科学在实质上作为自然和社会变革的客观依据，科学技术作为第一生产力要素的基础作用，以及科学技术五行之位居下，五行之性属水的性质。（小前提，续因，肯定的否定。说明为什么水火之性之位被颠倒。）

因此，作为一种文化变异的、特定传统观念视角下政治定位的文化科学形态，其在本质意义上并不属于上层建筑，五行之位不居上，五行之性亦不属于火。（结论，否定。五行之性应恢复本位。）

6. 否定、否定的肯定、否定的命题：思维花朵 3（简称 F、FK、F）。

有一种被称为地球上最美的花朵的思维的花朵是不会凋零的。（大前提，原因，特称否定）

因为此花不是彼花，不会随着彼生物、植物花朵的四季开放又凋零而凋零。（小前提，续因，特称否定的肯定。五行之火独立并高于木、土。）

即使孕育了思维花朵的每个个别的生命的花朵最终都会随着日月穿梭和地球的毁灭而毁灭、凋零，但以铁的必然性能够毁灭地球和一切生命花朵的法则，又必然会以同样的铁的法则在世界的某个地方将它再创造出来，因此地球上最美的思维的花朵是不会凋零的。（结论，特称否定。被毁灭的土、木最终总会再造出来，火性的思维之花不凋。）

7. 肯定、肯定、肯定的否定的命题：思维花朵 4（简称 K、K、KF）。

头脑中思维的花朵告诉我们什么花朵才是最美的，包括原子核花形的美。（大前提，原因，特称肯定。五行火生木，火反克水，起主导反制作用，以能动性讲火是生命和美的源头。）

相较于思维的花朵，人们眼中自然界各种生物、植物生命的花朵只具有感官色彩的、外部形态和气蕴的美。（小前提，续因，特称肯定。火对水反克作用不是单独静止不变的，水也在正克火的同时，还以它反克相消木的小前提反制生合于火，使得在火对水的极限原子核花形之美之外，还存在着一种火对于木的二级层次的生命花朵的美。）

因此，那些生物、植物花朵的美丽相较于思维花朵的美丽并不具有深层永恒本真意义上的美，终究比不上思维的花朵最美。（结论，特称肯定的否定。因为人和花美美一时，水木之美从属于火水之本质对立的美。）

8. 否定、否定、否定的肯定的命题：焦大眼中。（简称 F、F、FK）。

焦大眼中的林妹妹肯定是不美的。（大前提，原因，特称否定。土木对比水木。）

不美的林妹妹因为她不是焦大生活所需的那种人。（小前提，续因，特称否定。水木不如土木实惠。）

因此，不是焦大之所需的林妹妹的不美被看成是必然的。（结论，否定的肯定。意识之火驱动下，知性之土需求论证的中性土木实惠之美更胜过了水木根源的形态、气韵之美。）

2014年10月的一天，我误将甲硝唑与小檗碱一块空腹服用，引起便血。中医大夫按肠胃型感冒开中药方，且坚持不改诊断。我那些天几乎天天腹痛身软，头重脚轻，出去看病一个人竟很难走回来。以前我身体本来较弱，60年代因割牛吃的“芦拔草”，自行车倒了田鼠啃吃了玉米饼干粮，加热阴风交错得了副伤寒，高烧40度不退，输了10多天氯霉素（那时若得一剂张仲景的“小柴胡汤”调治该有多好啊。70年代在山大一院八病房因肝区痛曾建议做剖腹探查。）我坚持只靠槐角丸、小瓶云南白药治便血。到12月初，突然左小腹疼痛不能动，疼的什么也不能干了。还是这位中医师开了小柴胡汤，马上止了痛。之后隔三岔五又总是便血，人瘦得跟刀子削出来的。有时揉一下肚脐，人瘫软昏睡在床，急便时一股子红血像粘膜一般下渗铺满盛水的盆底子。市医院急诊室量体温38.3°，让用降温栓，服白药。第二天80元挂的号，北京名中医师号了脉停诊退号，让检查清病再开药。住市医院胃镜检查说“散见出血点”，但不做任何解释，其他检查均正常。出院后一次误用了一药店无处方违规推荐售卖的处方药“吲哚美辛呋喃唑酮栓”，人浑身疼痛寸步难行，第三天早大便呈隔一段一节乌红一节正常色交杂排列的条状。此违法事实举报到食药监局，处理结果告知：药品证件合格，经营合法，无过错。答非所问，颠倒黑白，渎职枉法。后做了肠镜也正常。然这一次误服西药就像打开了潘多拉魔盒，胃疼、肝疼和便血不断。后来怀疑当时曾未间断地服一种外甥女留美学习时买的过期了味道很呛的鱼肝油，是加重便血肚子疼的原因之一。三天两头倒在床上，头晕眼黑，哭天喊妈的，无法存活。之后不能吃的东西越来越多，几种面一吃就肝疼、胃疼，吃小醋厂零打的醋便血整桶倒掉，时间长一点的油、酱油、肉、杂粮糊也不能吃，经常饿急了找几口能吃的干粮垫巴一下继续昏睡。医生诊断不清，不收治，饭不能吃，服中药时好时坏，这样的日子一直煎熬着。以至到2016年4月下旬，胃疼不能进食，两腿难以行走。市两所医院均建议赴京转诊。北大三院教授说：“你太焦虑了，看精神科吧。”六院做五种检查均正常，因我从嘱来查，医生仍建议系统药物合并心理治疗。理由是：“如果你这辈子就这样子了（啥病也查不清），你又怎么办？”还是多亏了协和医院中医副教授7元挂号费两次诊治几十元的中药，第一付药把我放倒床上昏睡大半天，下午起床体质体能恢复了许多。到309医院住院诊断胃部散在出血点，出血斑，肠道盲肠部散在出血点，伴着点状糜烂，慢性结肠炎，后要做自费5000元内窥镜了，我因连饿数日太受罪、太花钱退缩了。医生说，你就是厌食症，植物神经功能紊乱、抑郁。可一回山西没几天，又是断续二十七、八次便血，难受昏睡，小腹疼得不能碰，污血擦在中药包装纸上滴的满地都是，此番总归是用相机留了照片。恰巧5月26日16点50分央广“中国之声”报道，南方一位潘先生多年求医无果，医生都说他“很多病是吓出来的”，诊断他是“焦虑、精神病”，但最后在上海确诊是小粒肺癌。我则继续改不了惜财如命的积癖，一些不能吃的“阿胶糊”“土蜂蜜”礼品舍不得扔，越吃越有病，越治病吃药症状越多病越重。无奈还去太原某寺庙找万通法师针灸，服药20余天。12月再去北京协和医院服中药仍止不住血。21号又因服安宫牛黄丸出血，昏睡5天，26号便出一小团象空心网状圆形黏膜样的东西。硬挣扎着去了西苑医院，输了一千多元白眉蛇毒止血酶和根本不能用的奥美拉唑。当天血常规四项指标下降，包括两种淋巴细胞，仍“考虑不排除肛肠系统疾病”。27号再去求治，又被病房主治大夫强势批评教育了一通：“你那些情况见过多了！你就是痔疮挂了点儿血，又不贫血。你太精神焦虑了，要是不解决心态问题，住院治疗也没有效果。不是说你有精神病，是你植物神经功能紊乱！”到肛肠科检查，主任说：“指检疫一丝丝血，那以上有多层原因，复杂着呢，这出血跟痔疮没一点儿关系。”依旧只是开、服中药，病更严重了。28号去北大三院急诊，诊断“血色素下降至121g/L，考虑有消化道出血，留观住院治疗。”一天各两袋乳酸左氧氟沙星液，尖吻腹蛇止血酶，泮托拉唑钠等，连输了六七天，算是对症了，闯过一关。可之后的病仍多次反复，凶险迭出。这是后话。

在这样的病情中我断断续续地写。5月初构建法脱稿，6月打成电子稿，却怎么也发不出去，找不到可以投稿的学报或出版社。只给据说是方舟子的邮箱发过一份文稿。6月份开始修改“新兴棋牌微妙”。先把“棋牌文化学”第一章科学体系从文字到语义过了一遍，历史演进一章大体未动，发生机制一章改的费了点劲。社会效应一章感觉不难不急，竞争机理一章茫然不知所措，都先放一放。接着，从我的十项发明的第一项起，作为第一篇，开始修改“新型传统象棋”。前五章都只是大体上过一遍，做些修修补补，第六章是重新补写的。最后改的文化学的社会效应和竞争机理两章。社会效应写到烂柯山传奇故事，勾起我无限思乡之情，对亲人的怀念和往事的回想。那一个个既遥远又亲近，既模糊又清晰的面庞——奶奶、老姥爷、姥爷、姥姥的面庞不时在脑海中闪现，还有那些发生在家乡的故事。竞争机理以前觉得无内容可写，看第一稿写的不着边际，实在汗颜，尤其我对下棋又是门外汉。可事情逼到跟前忽然悟通，棋下的好不好并不重要，再好的妙着也只是一个偶然，也越不出棋局变化的范畴。我只需确定必然的形式，发掘基本弈法规则，说明它最本真的竞争关系和对人文发展形态的意义，从中大体地引导出一些弈争的基本规律和战术形式就足够了。就凭我苦心孤诣推敲琢磨出的这些棋理棋谱弈法规律，日后为推广讲说新棋，何尝不是可以大展一番拳手的好凭借、好依托呢？

实至名归，文化珍宝细品味

说到烂柯山，我也并没有去过。据古书载，其起源地之一在山西沁县和武乡的交界处。由于世事变迁，今天烂柯山的归属地由沁县移到了武乡县，在武乡县西面故城镇外与沁县交界处，一旁和后面是全国重点文物保护单位大云寺和洪济院，南与沁县洪教院、观音水阁及全国重点文保单位大云禅寺遥相望。

我父亲张镇东是武乡故县村西河沟人。儿时与纪登奎是同学，他们的老师是纪的哥哥纪登瀛，常晚上钻一个被窝。父亲1936年底就参加了红军北上后共产党开办的“国民兵军官教导团”，是土地革命战争后期和抗日战争前期的老红军。60年代随父母回乡，记得祖居小院距故县西城墙不过数十米，慈善的奶奶盘腿坐在正房的土炕上，两边厢房堆放杂物已不住人了，小院显出衰微冷清景象。

故县老城南临漳河水，坐落于北原山坡上，西邻关河水库。顺着村边一条道路前行二三里至东河沟南亩里，是后赵皇帝石勒的出生地。相传曾建有龙门，石勒寨，行宫。如今一片荒凉，难觅遗踪。与故县城一河之隔东南隅上有南神山普济寺，是在西晋末年由西域高僧佛图澄（232—348）来东土首辟的佛教道场。石勒要借助佛法因果报应说巩固统治，又轻信其玩弄法术，称他为大和尚，将佛教定为国教，大力推广、传播。再向东几十里至韩北乡北上合村西北两华里处德峰山上，还有法显高僧坐化地离相寺。日寇侵华期间，因战乱大殿佛像全被倒毁，法显大师的真身包骨像同时推倒，罪孽深重。日本兵还拆毁了故县北原山上有“上党第一庙”之称的文庙，木料掠去段村修了据点，从此改变了县治。

武乡抗日胜迹比比皆是，八路军抗战英名传扬天下。母亲桂珍是沁县故县镇南仁西圪坨人。姥姥家抗战时期曾是中共沁县县委驻地，后来的前晋中地委书记王绣锦曾在家里居住过一段时间。母亲 1942 年上了太岳中学读书，她把 1945 年 8 月 15 日中国人民抗日战争胜利日即她的入党日登记为参加工作时间，因此为“解放干部”。姥姥王凤孩，姥爷桂水旺对我们兄妹最是亲切，三年困难时期每年都寄来几大包萝卜干、南瓜干和炒面，既解馋又解了一时之急。那些年炒面怎么那么香呢？姥姥曾多年照料我们生活。

1969 年我回姥姥家探望。姥姥家平时做饭烧秸秆和杂草，冬天烧炕则需花几元钱一担向乡亲们买松柴用。我碰巧与九姥爷相伴进大松山里砍过几次柴。砍柴要带一根扁担，两条柴绳，一把斧头。出了村沿河渠右岸的土石路往东数里就到了慢坡底一带。那里山不大却望不到边际，我们砍柴的松树 30 ～ 40 厘米粗，四、五人高。小松树当然是不会伤害的。也看不到其他砍柴人的身影。人很轻松就能爬上树去，沿下部把 4 ～ 5 厘米粗的松枝子砍下几圈来。不一会儿就堆起两堆柴。捆柴时手拽绳子套在另一端木柄的弯扣里，脚一踩手一拉，来回几下打个活结就捆好了。然后扁担插进柴捆里横着一拧，砍两根树枝子上下被牢就可以担柴下山了。我当年 16 周岁，血气方刚，1.8 米的个头，挑起百十斤重的松柴颤悠悠一路轻松奔走，把九姥爷落在身后，不断歇下来等他。这种当一回樵夫的感觉真好，回想起来总有一种田园风光和农耕文明的滋味甜在心头，一幅新美图画气蕴隽永，定格在那里。

以前也曾几次回乡。一次看到的是“文革”中小学教室门前批斗地主的场面，那节衣缩食过的穷巴巴的地主是我的一位远房老姥爷，我的一位老退伍军人的贫农七姥爷成了造反派的骨干，批斗紧跟全国形势，也不讲理，人人必须高举拳头，同声高呼口号清算剥削的罪过，而接下来全是凶神恶煞般的威胁和人身摧残。当然快乐的方面还是主要的。那逢年过节时小戏班子咚咚锵锵的锣鼓声和演唱，村里为参加公社文艺会演编排的小节目。我的堂妗妗、表姨，还有那位村里十八九岁的女支书，都是很有文艺才能的，她们编排的表扬先进、批评落后分子的小戏，那家乡的小调韵律时常萦绕在耳畔，我常常哼哼起这些家乡小调，断不了这些沾满泥土味的小调也给了我一些故乡文化的启蒙。

在我们家父亲是当然的主心骨，母亲却是粘合剂和主要的操盘手。父亲才华横溢，曾是第二届中央马列主义学院毕业生。父亲常说自己一生就是一心跟着共产党走，为党的事业工作奋斗一生。但他的一生并不顺利。父亲年轻时性格有点急，不够和人，工作能力强，但有时言行不当会得罪人。因此政治上屡遭挫折。母亲凡事谦让，会审时度势，坚持原则又该退则退。在公安部时，杨献珍找她谈话，推荐她上北京大学，她因孩子们的拖累放弃了。五十年代末，她怀着弟弟，自己得了风湿病腰痛，疼得不能动，打着封闭针，还坚持从太原五一广场上马街老官巷拉着两岁的二妹妹步行两三站车程赶到山大二院，参加那里由医生们举办的街边义诊，给妹妹看腮腺炎。问她为什么不坐公交呢？答：“没有公交。”她的那种坚韧坚强，面对困难的勇气能力是神仙天王爷也难以想象，难以做得到的呀！三年困难时期，全家在省厅大食堂吃饭，机关为防止工作人员患上浮肿病，给每人供应半斤羊奶，母亲省下她的一份，哥哥和我把半碗奶从旁门的门缝底下塞出来，端回家给营养不良的弟弟喝。她的工作能力和为人在省公安厅劳改系统内为人交口称道。六十年代初省女子监狱又称山西日化厂由教导员制升为监狱长和政委制时，她被拟委任为第一任政委，她为防政治风险主动要求担任了副政委。一次她光顾着在单位组织开会呢，家里的弟弟高烧40℃还是别人帮着送进医院，她下班了才知道。她生活十分俭朴，“文革”初的一天她穿着膝盖上缝着两块大补丁的劳动布裤子去上班，一位平时口中好说“唐僧取经上西天，我们取经学毛选”的看门李大爷用半质疑的口气问：“你穿的是工作服？”怀疑母亲穿了工人的工作服。母亲正言又带了几分愠色地回答：“这是在高家堡农场我自己做的裤子”。那些年，母亲还利用一切工作之余搓麻绳、纳鞋底，为我们缝制布鞋、棉鞋。每当回忆起当年有同学嘲笑我穿的布鞋土气时，母亲总会骄傲地代我说出当时我的回答：“你说‘那还是我妈一针一线缝的呢！’”在我的心目中，我的母亲如同天下最平凡的母亲那样，是最好、最合格、最朴实、最善良、最勇敢无畏、最值得尊敬的母亲。她行政17级始终未变，有升级机会也谦让于人，直到退休还是副县、团级。父母给我的家训是通过言传身教，潜移默化实现的，就是勤俭持家，老实做人，真诚做事。

到八九月份，我的构建法书稿发给山西某出版社一编辑两个月了。多次电话催问，他人像是藏在深山旮旯儿里，手机声极微弱且伴有电声嘈杂刺耳，总算听清了其答复说："稿子不对路，我们主要是文教、卫生类题目，今年的任务已排满了。"我十分灰心，这自费出书有这么难么？去年又在省出版大厦楼上楼下多家出版社推介我的"新兴棋牌微妙"书稿，多名编辑相互推诿。好不容易找到一个同意看稿的，这下等于是将两本书都推掉了。一天下午时段偶然听"中国之声"广播，说第25届全国图书交易博览会于25—27日在太原举办。这是一次必然要去抓住的机会。我于26日骑车赶到了会场。以前每年年初的北京图书交易会我看多了，每个人都以自己的功利性目光来审视自己的对象，我找编辑。很快在中版集团数字传媒有限公司展台前与运营总监一拍即合。他免费给我出电子版图书，利润四、六分。我达到自己能出版，可以去宣讲自己学术成果的目的。他因此还获得通过第三方转授权获得的收益以及因影视剧等改编产生的收益。双方有舍必有得。不过我的必然成功给予对方的获益将是巨大的，而对方的付出会是很小很小。恰巧我身上能支配的现金连一万也拿不出。又到会场上转了一圈，再找不出第二家这样的出版商了，甚至连一个编辑也见不到。

山西自古凭借地理地形优势富庶一方，称雄一方，山西人自古亦有小富即安，故步自封的传统心态。如今，山西的交通、物流、商业也在紧跟全国的步伐，市场相对活跃，富裕阶层，行当风生水起，当仁不让。但山西的现代制造业，科技生产力和民营经济还是匮乏或稍逊一筹。山西的GDP年增长率全国倒数第二。山西政界雪崩式的腐败窝案大爆发，政府办事机构懒政、怠政、庸政情形尚未根本改观，以权谋私、钱权交易心态和做法根深蒂固。向政府陈情渠道流于形式，反馈追责机制缺失。社会监督，群众和舆论监督苍白无力。山西政界喜好把晋善晋美这句比附套用成语的形容词当作前缀定语来用，说晋善晋美的山西怎样怎样。而山水和人文历史只能是各具特色，专项领先一些，哪有什么尽善尽美，至臻至善的社会环境和人文条件呢？

当然，山西自古人杰地灵，文化底蕴深厚，历朝历代不乏英雄豪杰，锐意改革进取之士辈出。如尧舜禹实行禅让制，躬行原始公社制选贤兴能的大同社会政治理想。赵武灵王专行军事改革，胡服骑射，不拘一格。武圣关羽，忠义仁勇信，行为世范，神武圣德，树万代道德人品楷模。东晋高僧法显，不惧艰险，舍身示法，首开留学西方之先河。北魏拓跋氏开疆辟土，励精图治，雄踞长江以北。现代名人高君宇、徐向前、彭真、薄一波等高风亮节，声名赫赫。

历史走到今天，在社会生产方式深刻变革，尖端科学和信息技术革命风起云涌，大爆发、大变革的时代，我们每个人该以怎样的视角、定位来观察、总结历史，审视科学，做出自己应有的判断和最大的贡献呢？中国古代科学技术发明在历史上曾领先西方几百、上千年。中国古代科技发明史是一个科学的体系，有着它内在的科学关联性，同样也赋予了其自然、人文和科学本质的五行之性。以中国古代四大发明说起，指南针为物理学成果，五行之性属火；火药为化学成果，五行属水；造纸术为生物利用技术，五行属木；活字印刷术为简单机械技术，五行属金。那么按五行体系的必然性推导，还缺了一个五行属土，科学分类为数学类的项目，这个项目应该是什么呢？今天中国的技术发明领域风起云涌，争奇斗艳。有说是袁隆平的杂交水稻，有说是五笔字型输入法，有说是王选的中文激光照排技术，也有又回到传统领域说是珠算，还有说是 24 节气的。但杂交水稻是现代高科技在生物学领域的成就，五笔字型技术分类和功能作用太小，属依附性技术，激光照排只是改变了中文输入技术，且与活字印刷术同项重复，珠算则太单纯，且实用性日渐衰微，24 节气是生活经验。还有青蒿素等等挂一漏万的技术发明，因它们都属于高新技术领域，并不是我们这里提及的古代发明技术体系的范畴，我们这里涉及的只是在恢复和挖掘既有体系意义上的重建。这里必须要满足几个基本条件。第一，必须是从既有中国古代技术发明体系中走过来的。第二，在中国古代技术发明体系中应该具有相当影响力和大的科学分类意义。第三，同时要满足属于传统手工业技术发明的特点。第四，必须是有着最广泛传播效应，人人都涉及或容易理解的项目。那么这一项目究竟是什么呢？唯有哪个项目才能填补这一空缺，配得上中国古代五大发明体系之第五项发明呢？据《中华遗产》杂志载“毛泽东的麻将智慧”一文介绍说，毛泽东不止一次对麻将做过评价。在延安期间，他曾说：“中国对世界有三大贡献，第一是中医，第二是曹雪芹的《红楼梦》，第三是麻将牌。”“不要看轻了麻将……，你要是会打麻将，就可以更了解偶然性与必然性的关系。麻将牌里有哲学哩。”西方科技史专家李约瑟博士和他的助手在精选《中国古代发明100例》时，为什么从浩繁技术体系中选了中国象棋？可见中国棋类、牌类发明在伟人和世人眼中的分量有多重。而且棋牌并不是小玩意儿，不单是一个玩具，它是一个大的文化交往生活和交往形式的体系，是能够与现代文明和科学体系接轨，可以登上科学大雅之堂的现代发明的系列项目。因此我要说可以填补这一中国古代五大发明体系空缺的唯有我的十项新型棋牌发明。同时在此意义上，由于既保留了传统科技发明基本类型的特点，又赋予了现代科技发明的内涵，因此再称古代五大发明明显不妥，那么就称为中国传统发明光大版的中国五大发明好了。

11月18日，写到社会效应章节经典诗文部分，出于对美好事物的追求和未来的憧憬，对自己发明的自信，这种自信心从拨动第一根发明神经至今一直异常兴奋和感觉良好，似乎就是那种只有你自己内心深处才能体会得到地对事物本来面貌的发现，和期待推进这一事物本质形态快速进化的迫切心情和内驱的动力，这是把天下发明都放在一起的竞赛，我永远站在最前端、最高点，这是天人合一的科学本体的自然和必然形式的集大成，永远创新发展，与时俱进的工具思维模式的突破，涵盖一切科技领域，引领无数具体工具、用品发明，以不变应万变的发明，谁人能超越之，出其右？于是，我诗兴大发，写出一首似乎像样的平生只会驾驭的打油诗《超前思》：“天下发明谁敌手？十项棋牌领千秋，莫道品类无相比，超前思维越上头。”12月29日全书完稿。2016年1月4日发出完整的两本书的电子版稿件。

中华文明是建立在五千年古代先民生产、生活交往活动和交往方式以及古代科学技术发明基础之上的。文明是文化的基石，文化是文明的衍化。中华文化之根脉和渊源是阴阳五行、太极八卦学说，是周易、诗经、尚书。往后春秋战国时期诸子百家言论则各是其传统封建文化之一家之言和文化之源流了。人是社会的主宰，最高物质表现和生命的灵动，是生产力、社会分工，劳动技能与素质因素。人与人之间结成的关系，如家庭、公社、国家、公司是生产关系、社会关系和交往形态，及由此结成的思想、道德、伦理、人文和法律关系。人依据生活的衣、食、住、行、用的交往活动而存于自然之中；

人同时要经过车、钳、仪、冶、造的生产的交往活动和交往形式的进步，不断改变和促进生活质量和交往方式的进步；同时人们也就在生产中，在物质和精神劳动的相互作用中提升了精神思维和科学生产力的生产，使得自然、社会、人文、决策和思维科学的交往活动日新月异，不断提升了科学交往方式和科学的新内涵；接下来，人们才能在一定物质文明和揭示出文明本质的思想和科学认识的基础上形成相应的文化的琴、棋、书、画、思五大类文化交往活动和交往形式的形态；最终也才能在核心的一点上从事无差别、大科学、大思想、大数据五行本质之天人合一的交往形式的演绎活动。这一核心的科学形态，就是关于自然、社会和思维运动集大成的形态，即思维特殊性反作用的关于思维本身普遍运动规律的科学形态，即知性的构建法思维形式普遍运用和证明的五行体系的科学形态。这一形态在以往传统社会的传统理论思维中被称为哲学。在马克思那里升格为辩证唯物论和历史唯物论。在中国传统文化中则是以儒、道、释三家的理论和宗教为载体统领运筹着。把儒学与宗教相提并论，是出于对儒学地位的拔高和神化，其实是贬低了儒学的社会意义，因为孔子“不语怪、力、乱、神”，儒家本身是无神论的。虽然儒、道、释三家各自的追求和路径不同，但却万法归宗，殊途同归。最终儒家成圣，道家成仙，释家成佛，无非都是要摆脱世间的痛苦与烦恼，从而迈向生命的最大圆满。现实中，儒家要存心养性，正己修身；道家要修心炼性，去恶行善；佛家则明心见性，功德度世；都是从心性做起的。三家各自所追求的最高境界：儒家穷理尽性，格物致知；道家道法自然，返璞归真；佛家四大皆空，心佛两忘。儒家是现实的，要求空间和秩序；道家是理想的，希冀时间和永恒；而佛家却既在现实又在理想，既在时空又超时空，使得虚实为一，时空不二。既想“超出三界外，不在五行中”，又要追问“真空妙有”，即物质的四种元素“地、水、火、风”四大。这也是印度哲学的根源。而印度哲学也影响了黑格尔哲学的发展。这样绕了一圈，我们重又回到了由五行构建法描述的知性实验的五行体系中。马克思的无产阶级解放和社会变革的实践和理论思维，结束了自然和历史领域内的哲学，在纯思想的领域只留下了一个逻辑和辩证法的科学。今天，纯粹的逻辑和辩证法在五行构建法描述的自然、社会和思维运动普遍形式的五行体系中，可以得到新的印证、改造和发展。所谓哲学体系是不可能以某种绝对真理的形式来完成的。构建法通过描述自然、社会和思维运动本质形式的大体轮廓和大略的模式，却可以为自己搭建一座通向绝对真理顶端的金字塔框架。彼岸绝对真理的认识是无止境的，永远不会停止在某一个个别认识的节点上。但此岸绝对真理的统一性科学体系或思维认识工具、思维模式的建立却是必然的，五行体系就是它的最初宏观大略的模式。最优、最大化绝对真理的体系就将以此种形式而告终结。

在第四次工业浪潮——信息大数据服务业、人工智能和生物技术革命的浪潮中，中国也有许多新技术发明正在加速研发，以期实现弯道超车。但在当代世界发明序列中有中国标记的发明除青蒿素外仍乏善可陈，从曲别针、拉链、尼龙扣到电灯、电话、蒸汽机、汽车、飞机、电视、计算机，无一不是外国人的发明。十项新型棋牌发明可以首先跻身其列，担负起历史责任，在新技术发明与中国古代发明的衔接点上，在传统手工业技术与现代高新思维技术发明的结合上，完成一个告别旧时代，开启新时代的奠基礼。

恍然回首间，我也60多了，进入晚年了，老了，虽然心还年轻着。正如孔夫子所说："其为人也，默而识之，学而不厌，诲人不倦，发愤忘食，乐以忘忧，不知老之将至。"孟夫子所说："天将降大任于斯人也，必先苦其心志，劳其筋骨，饿其体肤，空乏其身，行拂乱其所为，所以动心忍性，曾益其所不能。"我也正是这样的一个亲历者和感悟者，虽然人生充满苦难，颠簸不定，但结局好，一切好。至此，我可以很自信地告慰父亲在彼岸之灵和上天的眼睛了。他总会以某种方式感知儿的有所作为，有所成就，有所继往开来血脉的跳动。作为儿子我本应及时尽孝，及时与父亲交流，多关心他的生活起居，多倾听他的思想感受。但迫于生活的压力和事业的艰辛，我更多偏向和选择了侍奉国家、侍奉科学和侍奉公众利益，这种集无数小家之爱之孝于一个大国、大家、大事业之爱的行为，不能不说是一种大忠大孝吧。自古忠孝不能两全，然而忠孝两全者亦比比皆是。我的成功不仅是必然指日可待而且是一定已然历历在目了。我也可以很自豪地对自己说一声，你的心血没有白费，你的努力——那些"破玩意儿"是有价值的，不会一直被遗弃着，蒙蔽灰尘。栽什么树苗结什么果，有付出必有回报。我也会苦尽甘来，经济上翻个身。"收拾金瓯一片"，接下的路还很长，要做的事还很多很重呢。还可以把希望的火再播撒开来，点的更亮些吧。

泰戈尔说："天空没有留下翅膀的痕迹，但鸟儿已经飞过。"我要说，思想的翅膀划过寰宇苍穹，人间尘世，固然不留一点痕迹，但思想所凝结的文化符号却闪亮地停留在那里，这不仅有火的热烈，泥土芬芳，生命的执着，还有穿透历史时空的人的趄趄前行的身影。

读者有缘看到本书是我的福分。本书肯定不如我的第一本未发表的《五行构建法》是必备必用的工具书。这本书大多数人扫一眼就够了。至于想学棋嘛，看我以后的教学节目或文化片要轻松省事多了。若急于学棋的人，复盘一下全局选录的最后两局棋就可以了。这本书的实弈部分，读者不要看得太仔细、太认真，有些写法和表达完全不合棋书棋谱的规范，有些杂乱，错漏和浅薄评述之处多多，大家只当它是一篇反映发明人发明生涯的故事来看就好了。

不过好歹这本书作为一门学科的奠基之作和新型传统象棋的基础体系还是有用的，有实用价值的。建立一门科学要有体系，要有体系表述的实质内涵和体系建构的法则与程式。有些领域如历史学的确算一门学科，是一门基础理论知识，是历史考据参照系和师范教学知识的学科，但它本身又太笼统、太宽泛，只是依附于其他各门各类具体科学的发展过程而成立的，不是一门完全独立有自然或历史必然性本质形态的科学。棋牌文化学体系就完全不同了。它体系虽小，但它体系的通透性、传导性，本质因素的辐射面却足够大，具备了所有科学的基本要素和实用功能。十多年前我在参与北大附中选修课竞标及与清华附中老师的交流中曾言之凿凿地确信，不出两年新型象棋就会成为大中小学的选修课，他们说不可能，我也不多争辩，让事实和历史说话吧。这并不是说我怎么样是个有文化的人，要把自己的知识成果强加于人，而是说棋牌这一独特的视角，一类独特艺术形式对自然、社会和思维本质形态的概括，对各门学科本质交融的辐射作用，典型示范效应，它的趣味性、简洁性、通俗性、实用性，使它的生命力和艺术魅力不可抑制地顽强生长和表现出来，光耀科学，福被桑梓。当然，当时对成功的估计是太乐观了一些，由于自己的准备还不充分，主观努力还不到位，尤其是文化学的阐述和足以与传统中国象棋、国际象棋抗衡的新型传统象棋的文化体系、弈法规则及实用规律等方面的研究撰述还未完成，沉寂一段难免。可以想见一定文明进程，一项新发明的推广，在文化的昌明与文明的衍化之间，文化自身的完善和文明实践的努力是多么的重要！

好在今天一本书算是大体地修改、润色完成了。我一直羡慕别人写书的速度和文笔的文学性深度，而我只会用白描和写日记的方式来写，并且像我这样的人就像一个老农，几十年来或是走农业的回头路，或者每天只是爬格格，耕耘着自己的那一亩三分地，几乎是与现代科技隔绝的不会用电脑，不上网，2014 年才有了自己名字登记的手机。身体因治牙左眼球或是眼皮内长出一根小肉刺一直扎着眼珠，包括玻璃体混浊加肝功能损害造成的视力模糊、视线跳荡难聚焦的伤痛折磨着我，头顶上同时五个脓包点一天能溢结成三四茬突兀如若干大米粒大的脓晶，每天早起一醒来还是脑门眼眶疼，眼皮重得抬不起来睁不开。但我还是坚持着，决不言放弃，决不能自动地倒下，因为目标还没有实现。在成书的过程中，本地打印社安然人生的张军小哥和另两位同学为将书稿打印成电子版付出了劳动，出版社的编辑为编辑成书付出了辛勤努力，在此一并致谢。尤其是李松福先生、张如安先生棋史研究的丰硕成果为我的研究总结提供了多方的便捷，特此表示深切的谢意。

到 2 月 22 日，后记写了一个半月了，仅凭记忆，搜肠刮肚般来写，没敢去检索比对日记，也就是找出几份以前的小文章掺和着写，方才写出 20 页，好难写啊！一上午又胡思乱想，躁动的心又想到了以后把《新兴棋牌微妙》书中由文化学部分叙述的那些有关于棋牌文化的发展、变革和竞技的话题下一步拍成电视文化片的事。心里老是想着烂柯山，烂柯山。于是想该写一首歌词了，给电视片作插曲，试一试吧。以前也有过写歌词的冲动，可总是以词不达意，毫无一点歌词意味、意境的状况不了了之。实在是怀疑自己写歌词的能力啊。歌词以“烂柯山上斧柯烂从风，美丽的故事传了上千年”开头。第二天又重新立意拟成今天这样基本框架的词句。又经数日的反复推敲，总觉歌词不够精练，词意不够准确，不知问题出在哪里。后来用自己记忆的一点沁县小调的曲谱来对照、修改歌词，同时也不断修改曲谱。说到曲谱有三段，但怎么编配实在是含糊不清，搞不懂的事。就这样反复修改，反复编配，最后总算编配、改好了一首完整的歌。这歌要唱出家乡的调子，要放开喉咙，要模仿砍柴人的心态，要表达出代代下棋人的希冀与期望，才能唱出它本真的韵味来。有时一唱入了情境，还真像一个爱唱歌的人在唱一首像样的歌。5月初在京，许多旁人都夸奖说："呦，还押韵呢，挺棒的，挺好的。"那就再来听我唱一遍这首歌吧——

烂柯山传奇

沁县小调 2/4

（一）

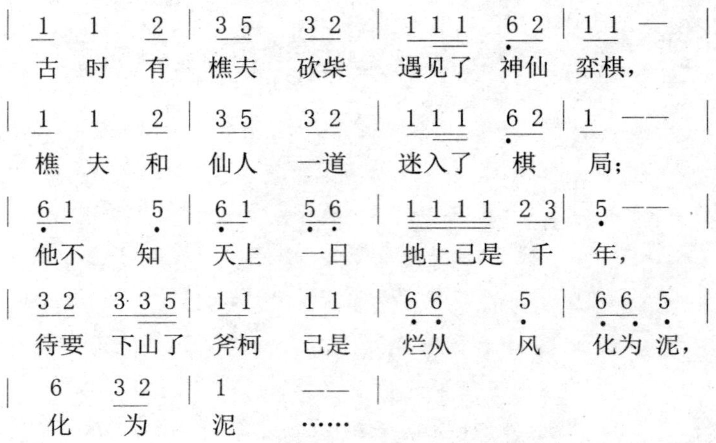

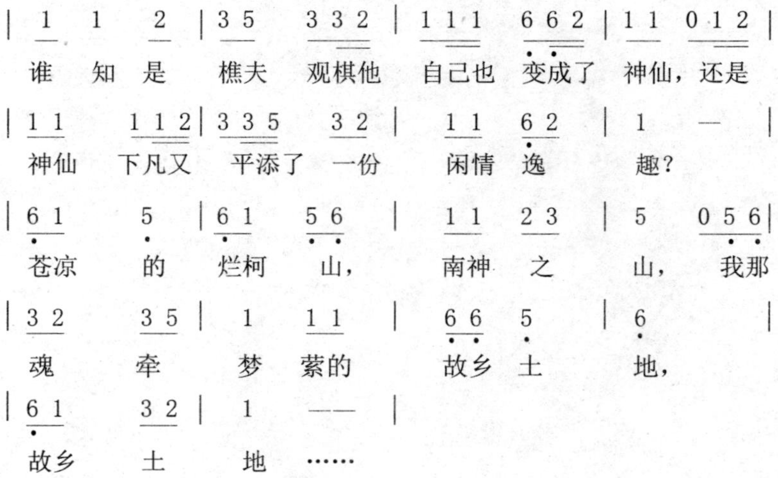